教育部哲学社会科学研究重大课题攻关项目成果

胡德坤 主编

反法西斯战争时期的中国与世界研究

（第二卷）

中国抗战与美英东亚战略的演变

韩永利 著

WUHAN UNIVERSITY PRESS
武汉大学出版社

图书在版编目(CIP)数据

反法西斯战争时期的中国与世界研究.第2卷,中国抗战与美英东亚战略的演变/韩永利著.—武汉:武汉大学出版社,2010.1
教育部哲学社会科学研究重大课题攻关项目成果/胡德坤主编
ISBN 978-7-307-07423-1

Ⅰ.反… Ⅱ.韩… Ⅲ.①第二次世界大战(1939~1945)—研究 ②抗日战争—研究—中国—1931~1945 Ⅳ.①K152 ②D265.07

中国版本图书馆CIP数据核字(2009)第205067号

责任编辑:杨 华　　责任校对:黄添生　　版式设计:马 佳

出版发行:**武汉大学出版社** (430072 武昌 珞珈山)
(电子邮件:cbs22@whu.edu.cn 网址:www.wdp.com.cn)
印刷:武汉中远印务有限公司
开本:720×1000 1/16 印张:26.5 字数:380千字 插页:3
版次:2010年1月第1版 2012年12月第2次印刷
ISBN 978-7-307-07423-1/K·434 定价:54.00元

出版说明

以中国为主要参战国的反法西斯第二次世界大战，是一场光明与黑暗的生死搏斗，是将人类从法西斯侵略与暴政下解放出来的正义战争，是人类历史上最伟大的事件之一，是20世纪世界历史的转折点，既决定着人类的命运，也决定着战后世界历史的发展方向，其意义之重大，影响之深远，是过去任何一个事件都无法比拟的。

中国是世界反法西斯四大国之一。中国抗日战争是世界反法西斯战争不可分割的重要组成部分。中国是最先站起来同法西斯战斗的国家，在世界上开辟了最早、持续时间最长的反法西斯战场，也是世界反法西斯战争的四大主战场之一。中国抗日战争的胜利不仅为夺取世界反法西斯战争的胜利，进而为推动世界历史从动荡与战争的旧时期走向和平与发展的新时期作出了重大贡献，也为中国历史从半封建半殖民地的旧中国走向社会主义的新中国奠定了基础，开辟了道路，从而也就成为中国独立解放与和平崛起的起点与开端。

由此可见，中国抗日战争与反法西斯的第二次世界大战是密不可分的整体。但在国际学术界，战后由于西方冷战思维和中苏关系破裂的影响，更有个别战争发起国对侵略战争缺乏反省，使得美、英、苏、日等国的大多数学者在第二次世界大战史研究中，对中国战场很少提及，对中国战场的作用视而不见，更有甚者还加以贬低、歪曲。因此，研究与探讨中国在第二次世界大战中的地位与作用，厘清第二次世界大战时期中国与世界的相互关系，便成为中国史学工作者义不容辞的任务。

出于上述考虑，本课题组设计了教育部哲学社会科学研究重大攻关课题：“反法西斯战争时期的中国与世界研究。”本课题力图对反法西斯战争时期的中国与世界的关系进行系统的研究，最终成果为一部九卷本的著作，书名为《反法西斯战争时期的中国与世界研究》。本书按内容分为九卷。第一、第二、第三卷主要从中国抗日战争与日本世界战略、中国抗日战争与美英东亚战略、中国抗日战争与国际关系等角度，探讨中国抗日战争的历史地位；第四、第五卷主要探讨战时中国外交战略与对外政策；第六、第七、第八、第九卷主要探讨战时美、英、苏、德等大国的对华政策。本书的九卷是从不同角度探讨反法西斯战争时期的中国与世界的关系，是紧密联系、不可分割的一个整体，这同一般的研究丛书是不同的。

本书的出版是集体智慧和辛劳的成果。本课题组由武汉大学校内外同行20余人组成，其中许多人是著作等身的专家，已有丰富的学术积累，为完成本课题奠定了良好的基础。本书在主编确定编写指导思想、编写要求、编写大纲的基础上，各分卷分头执笔撰写。成稿后先由各分卷作者审稿，再经主编审稿、集体审稿修改、主编终审，最后交付出版社。

我要特别感谢的是齐世荣先生。齐先生是我国世界史学科的领军人物。早在20世纪80年代，齐先生发表的论文《论中国抗日战争在第二次世界大战中的地位和作用》(《历史研究》，1985年第4期)、《中国抗日战争与国际关系》(《世界历史》，1987年第4期)，对中国抗日战争在世界反法西斯战争中的地位与作用、对第二次世界大战时期的中国与国际关系，进行了系统全面的论证，代表了我国学术界的最高水平，堪称第二次世界大战时期的中国与世界这一研究领域的奠基之作。本课题得到了齐先生的悉心指导，在本书成稿之际，齐先生又欣然应允将《论中国抗日战争在第二次世界大战中的地位和作用》一文作为本书代序，从而提升了本书的学术价值。

参加本书编写人员的工作已在各卷出版后记中说明。此外，在本课题早期阶段，罗志刚教授、熊伟民教授分别承担了第八卷、第六卷的大纲编写和部分资料准备工作；武汉大学吴友法教授、向荣教授、严双伍教授、杨泽伟教授、潘迎春副教授等，参加了课题的申报论证、每年一次的学术研讨会、提供资料等工作，特此致谢。本课题于2006年3月正式启动，历时三年有余。课题组成员大多是各单位的学术带头人或骨干，肩负重担，但大家都能克服困难，完成书稿，实属不易。作为项目主持人，我由衷地表示崇高的敬意和深深的谢意。

本课题从申报、开题、编写、定稿到出版，得到了教育部社会科学司，武汉大学校党委和校行政，武汉大学社会科学部、历史学院、世界史所、国际问题研究院、中国边界研究院、武汉大学出版社等单位的指导和支持；陈庆辉社长，刘爱松副社长，陶佳珞分社长，责任编辑王军风、杨华、朱凌云、黎晓方、李琼为本书的出版付出了辛勤劳动；课题组各成员的家人也给予了大力支持。在此，我代表课题组一并致谢！

从主观愿望来看，作者力图完整收集和运用中国大陆和台湾的中文资料以及英、日、俄、德等外文资料，写出一部能代表当代中国学术界水平的专著。但因为时间紧迫，来不及精心打磨，书稿错误疏漏之处在所难免；加之书稿是以问题展开的，有些地方内容有重复与交叉现象，很难完全达到预定目标，恳请同行和读者批评指正。

胡德坤

2009年10月3日中秋节于珞珈山

目　录

引　言

一、学术前史介绍

第二次世界大战结束以来，中美英史学界对战时中美、中英关系，美英东亚政策有不少的论著；在美英东亚政策、军事战略，美英在东亚的战略合作方面以及与之相关的中国抗战的作用问题，有较多的探讨；同时，对中国抗战地位以及与美英东亚政策与战略之间的关系也作了相应的研究。

在美英东亚政策与战略方面，美英学者有较多的著述，比较集中探讨的是关于美英在日本侵华问题以及东亚的政策与军事战略问题。

关于美英的东亚政策，美英学者比较集中地探讨了美英是否对日本侵略中国实行了妥协政策问题。克利福德在1967年出版的《从中国撤退，英国的远东政策》中认为，1937年到1941年间，随着日本势力的强大，以及西欧大陆的沦陷，英国的力量逐渐萎缩，处于一种力量收缩的态势；同时，将美国的力量引入东亚地区，成为这一时期它在远东的战略。① 在发表的相关文章中他指出，由于美国认为顺从英国的做法将是为其“火中取栗”，因而拒绝积极介入远东事务，造成了这一时期两国在东亚地区合作中的失败，没能阻止日本的侵略步伐，间接导致了太平洋战争的爆发。② 1973年英

---

① Nicholas R. Clifford. *Retreat from China*: *British Policy in the Far East*, *1937-1941*. London: Longmans, 1967.

② Nicholas R. Clifford. *Britain*, *America*, *and the Far East*, *1937-1940*: *A Failure in Cooperation*. *The Journal of British Studies*, 1963, Vol. 3, No. 1.

国学者布雷福德·A. 李发表文章，认为英国对东亚危机的态度远远不同于同时期其对德意在欧洲行为的态度，对日本没有实行绥靖。美英之间充满了不信任和误解。英国的可悲之处在于，它在没有足够实力的情况下，依然幻想维持英国的世界大国地位，在远东地区超越日本，理所当然地要遭到失败。① 1987 年英国学者 C. A. 麦克唐纳的著作《美国、英国与绥靖(1936—1939)》考证了美、英、法、德、意和苏联的文件、日记、回忆录等史料，分析了英美在东亚问题上的不同观点。作者得出的结论是，英国十分不满于美国在东亚的畏缩不前，导致了张伯伦对美国的不信任。② 1992 年英国学者贝内特在《近代亚洲研究》上发表文章，考察了 1933—1936 年间英国财政部和外交部在远东问题上的政策，指出由于英国在华利益的特点，这一时期英国财政部甚至扮演了比外交部还重要的角色。虽然两个部门获取信息的来源不同导致了它们之间的误解，但在基本问题上，财政部和外交部的观点还是接近的。在财政大臣张伯伦的直接影响下，英国的东亚政策以绥靖日本为主。③

与英国东亚政策相联系的是英国的对日经济政策。部分英国学者认为由于英国的"欧洲第一，远东第二"或者"本土水域第一；远东第二；地中海第三"的战略制定，政府对日本的扩张一直采取的是绥靖政策。特别是为了防止英国处于面临两个或三个战场的局面，应尽量避免与日本的关系恶化。尽管英日同盟解散，但英日经济往来仍然十分频繁，两国间矛盾最突出时仍然没有断绝。阿特沃特在《英国对战争资源出口的控制》一文中讲述了英国对战争资源控制的演变。在中日战争期间，英国同时对中日两国实行武器禁运，以阻止战争扩大，但考虑到仅仅禁运并不能达到预期目的，所以很快就取

---

① Bradford A. Lee. *Britain and the Sino-Japanese War, 1937-1939*. California: Stanford University Press, 1973.

② [英]C. A. 麦克唐纳著，何抗生等译：《美国、英国与绥靖(1936—1939)》，北京：中国对外翻译出版公司 1987 年版。

③ Gill Bennett. *British Policy in the Far East 1933-1936, Treasury and Foreign Office. Modern Asian Studies*, 1992, Vol. 26, No. 3.

消了。① 阿伦·谢在所著《东方战争的起源：英国、中国和日本，1937—1939》一书中认为，从1934年开始英国对日本在中国的行径采取的是绥靖政策，无论在政治还是经济上，英国希望设法与日本修好。另有学者认为，财政和经济稳定被英国视为国家力量的"第四军种"，自治领、殖民地成为英国最理想的原料产地和商品市场。第一次世界大战后，这些地区对英国的经济复苏具有重要的意义，中国则是"最有潜力的市场"，所以英国发生经济危机后，面对日本的经济扩张，加重了自己在这些地区的经济分量，并采取有效措施抵抗日本的扩张，即使张伯伦执政期间英国在经济上对日也是有一定限制的。② 安·特罗特在《英国与东亚，1933—1937》一书中认为，由于英国对日本的地位在这一时期无法界定，英国处于防御阶段，但由于英国对于远东考虑更多的是经济问题，所以积极支援中国，控制日本的侵略，但也有绥靖日本的表现。③ 伊恩·尼施在《英日离异1919—1952》一书中从两个视角来阐述：即英国对日本的看法以及日本对英国的看法。两者之间由于种种误解而最终分离，日本认为英国总是阻碍其发展，英国认为日本总是企图打破原来现状，损害英国利益，不得不对日作出反应，经济上即使不制裁，也会加强控制。作者分析，英国政府认为既然其军事力量不足以与日本抗衡，但日本缺乏原料资源，近年来与英国殖民地或英联邦贸易往来频繁，可以与第三国合作控制日本，所以"经济武器"是一个有效的选择。④

美国学者对美国远东政策的研究也有诸多著述。20世纪50至60年代，美国历史学家威廉斯在《美国外交的悲剧》一文中，提出美日合作论。认为美国远东政策的实质是合作而不是遏制。美国所谓"门

① JSTOR, Elton Atwater. *British Control Over the Export of War Materials. The American Journal of International Law*, 1939, Vol. 33, No. 2, pp. 292-317.

② Aron Shai. *Origins of the War in the East: Britain, China and Japan, 1937-1939.* London: Croom Helm, 1976.

③ Ann Trotter. *Britain and East Asia 1933-1937.* London and New York: Cambridge University Press, 1975.

④ Ian Nish. *Anglo-Japanese Alienation 1919-1952.* London: Cambridge University Press, 1982.

户开放”、“机会均等”实施的结果，是试图把其他国家变成美国的商业与工业附庸。为了这个目的，美国努力维持远东现状使之不发生剧变。① 赫伯特·菲斯在《通向珍珠港之路：美日战争的来临》一书中以美日关系在20世纪30年代的发展演变为主线，认为美日战争是不可避免的。② 比尔德在《罗斯福总统与战争的来临》一书中，将珍珠港事件的爆发归因于罗斯福个人倾向，认为罗斯福政府为了通过亚洲的“后门”加入欧洲的战争，有意促成了日本偷袭珍珠港，因此美日战争并非不可避免。③ 博格的《美国与远东危机：1933—1938》一书仔细梳理了20世纪30年代中期美国远东外交的过程。该书将美国这一时期远东政策分为两个阶段：1933年至1936年间，美国政策的主要目的是避免美日冲突。在1937年中日全面战争爆发以后，美国逐步开始阻止日本的侵略，其动机在于维护现存的国际和平框架，以防止亚洲的战争向欧洲蔓延。但是，美国政府本身并不想在阻止日本的道路上走得太远，并非只是受到孤立主义运动的压力。④

1978年，日美学者联合召开学术会议，出版论文集《作为历史的珍珠港事件，1931—1941年的日美关系》，其中美方学者对美国在珍珠港事件之前美国对日政策与美日关系做了比较细致的探讨，如对总统胡佛、F. D. 罗斯福的作用，国务院、财政部、商务部、海军部、陆军部等的作用等，特别是美国高层在对日政策上不同意见，以及政策在对日本侵略问题上采取强硬或者妥协政策的不确定性等。⑤

---

① 转引自欧内斯特编：《美中关系史论》，北京：中国社会科学出版社1991年版，第177页。

② ［美］赫伯特·菲斯：《通向珍珠港之路：美日战争的来临》，北京：商务印书馆1983年版。

③ Charles A. Beard. *President Roosevelt and Coming of the War.* New Haver: Yale University Press, 1948.

④ Dorothy Borg. *The United States and the Far Eastern Crisis of 1933-1938.* Combridge, Massachusetts: Harvard University Press, 1964.

⑤ Dorothy Borg, Shumpei Okamoto. *Pearl Harbor as History, Japanese-American Relations 1931-1941.* New York and London: Columbia University Press, 1973.

美国外交史家马克斯对20世纪40年代初的美国远东政策进行了重新的考察，他发现有一系列证据表明，一旦日本对泰国、荷兰或英属殖民地进行攻击，罗斯福政府就保证给予受侵略方军事上的支持。这个保证是在1940年秋季做出的，而不是人们普遍认为的是在珍珠港事件爆发前夕。甚至在欧战爆发以前，罗斯福也对欧洲民主国家的领袖们做过类似的承诺。正是有了美国的这项保证，英国才做出了重开缅甸路的决定。① 1979年罗伯特·达莱克所著的《罗斯福与美国对外政策，1932—1945》一书中，美国远东政策也是一个重要的内容。②

关于战时美英在东亚的军事战略问题，美英学者的著述也是比较丰富的。1979年，日英两国历史学家在英国召开了二战史学术会议，伊恩·尼斯主编出版了这次会议的论文集，论文集分为三个部分：疏远的过程(1919—1940)、战争年代(1941—1945)、展望战后。内容涉及1919—1952年间的日英关系、1919—1941年间日本外交政策的主线以及英国对日政策的演变。同时对英国的远东战略——主要是针对新加坡的防御、英国战时对远东未来的考虑和规划也有所涉及。③ 英国学者唐尼森在《英国远东军事当局 》一书中考察了1943—1946年间英国远东军事当局的活动，主题是在应对日本入侵、占领以及获得解放的过程中，英国军政府在它的远东殖民地的作为。著作将很大的篇幅应用于缅甸、马来亚以及中国香港，在阐述战争结束时也提到了印度尼西亚。但该著作缺少相应的档案文件的证明。④ J. R. M. 巴特勒的《大战略》是一部详尽论述英

① Frederick W. Marks. *The Origin of FDR's Promise to Support Britain Militarily in the Far East: A New Look. The Pacific Historical Review, 1984*, Vol. 53, No. 4.

② Robert Dallek. *Franklin D. Roosevelt and American Foreign Policy, 1932—1945*. New York: Oxford University Press, 1979.(中译本)罗伯特·达莱克：《罗斯福与美国外交政策，1932—1945》，北京：商务印书馆1984年版。

③ Ian Nish. *Anglo-Japanese Alienation, 1919-1952*. London: Cambridge University Press, 1982.

④ F. S. V. Donnison. *British Military Administration in the Far East, 1943-1946*. London: H. M. Stationery Office, 1956.

国在第二次世界大战中军事战略的著作，书中涉及远东对日作战的部分包括：战前与日本的关系，海军问题，新加坡的防守，滇缅路的关闭，远东的加强，战时远东的防守与反攻等。①

与战时美英东亚政策与战略相联系的是美英之间的矛盾与合作问题。克里斯托弗·索恩的《徒有其名的同盟：美国、英国与对日本的战争，1941—1945》，是研究太平洋战争期间英美关系的代表性著作。作者指出，有着"特殊关系"的英美两国在远东战略和目标上经常存在着很大的分歧，它们只是徒有其名的同盟。② 美国学者哈林顿在文章中认为，1939 年欧洲战争爆发时，美国陆军部还坚决抵抗英国要求其在远东地区承担责任的要求，在 1941 年 1 月到 3 月召开的英美两国军方联席会议上，针对太平洋地区达成的唯一共识即是将之视为次于欧洲的二级战场，美国拒绝承认亚太地区的重要性，而将主要力量放在大西洋上。总体来说，美国在太平洋上处于一种观望的状态，而这决定了其在东亚地区不可能有所作为。③ 格雷斯·珀森·海耶斯的《第二次世界大战中的参谋长联席会议史：对日作战》是一部比较系统介绍美国参谋长联席会议及英美联合参谋首脑会议在战时做出各项战略决策的著作。作者描述的不仅仅是参谋长会议关于对日作战的战略决定，而且还有关于这些决定的演变过程。例如，在关于缅甸和东南亚的行动中，讨论争执的记载就占据了大量的篇幅。英国参谋长们在其中一些问题上起到了很大的作用。④

基思·圣茨伯里在所著《转折点：罗斯福、斯大林、丘吉尔与蒋介石，1943 年的莫斯科、开罗、德黑兰会议》一书中认为，德黑

---

① J. R. M. Butler. *Grand Strategy*. London: Her Majesty Stationery Office, 1957.

② Christopher Thorne. *Allies of a Kind: the United States, British and the War Against Japan, 1941-1945*. New York: Oxford University Press, 1978.

③ Daniel F. Harrington. *A Careless Hope: American Air Power and Japan, 1941. The Pacific Historical Review*, 1979, Vol. 48, No. 2.

④ Grace Person Hayes. *The History of the Joint Chiefs of Staff in World War II: the War Against Japan*. Annapolis, Maryland: Naval Institute Press, 1973.

兰会议的重要性并不比雅尔塔与波茨坦会议差，事实上德黑兰会议是战争的“转折点”。书中有关于英国远东政策的各次会议记录。① 迈克尔·霍华德编著的《大战略》一书的主要内容包括1942年6月到1943年底的远东问题。作者认为，在卡萨布兰卡会议上，美英再次确认了“德国第一”的原则，英国承诺在打败德国后，将其全部力量转向远东转向日本。书中也比较详细地介绍了美英中联合反攻缅甸的“安纳吉姆”计划的终结。② 格雷格·肯尼迪在《英美战略关系与远东，1933—1939》一书中系统分析了这一时期英美在对日本侵略问题上的合作与分歧问题。③

关于中国抗战对美英东亚战略的影响问题，美英学者没有系统的研究著作问世，对中国抗战的评价，散见于美英学者关于美英东亚政策的论著之中。早在1941年5月，伊文·福代斯·卡尔森就在《远东观察》杂志上发表文章，分析了中国的战略地位。在综合分析了日本的战争战略和中国的抗战形势以后，他预言，尽管中国的命运在很大程度上系于不列颠之战的结果，但同时，如果中国抗战崩溃，也将会在同等程度上改善希特勒在不列颠之战中的处境；希特勒如果打败英国，会进一步改变西太平洋上的战略平衡，以至于日本可以轻易南下。作者最后得出结论说，西方国家将会很快发现，中国将是他们可钦可佩的盟友。④

“二战”后美英学者对中国的抗战认识与分析就和战时美英观察家的看法有相当大的差异，受到战后冷战局面的影响。对于中国抗战与美英东亚政策与战略之间的联系，美国学者在论及战时美国

① Keith Saintsbury. *The Turning Point, Roosevelt, Stalin, Churchill, and Chiang-Kai-Shek, 1943, The Moscow, Cairo, and Teheran Conferences.* New York: Oxford University Press, 1985.

② Michael Howard. *Grand Strategy.* London: Her Maiesty's Stationery Office, 1972.

③ Greg Kennedy. *Anglo-American Strategy Relations and the Far East, 1933-1939.* UK: Imperial Crossroads, Joint Services Commond and Stuff College, 2002.

④ Evans Fordyce Carlson. *Strategy of the Sino-Japanese War. Far Eastern Survey*, 1941, Vol. 10, No. 9.

大战略与中国战场的关系问题时，一般是将中国放在受援国身份的框架之内进行评述的。① 给人们展示的就是，战时中美关系中似乎只有美国单方面的对中国的援助。也有学者提出了不同的看法，原中国国民政府的美籍顾问阿瑟·杨格和美籍华人政治学家邹谠在1963年相继出版的《中国与援助之手，1937—1945》和《美国在中国的失败，1941—1949》中认为，美国战时对中国的援助太少，国民党的失败是与这一问题相连接的。② 美国赫伯特·菲斯于1953年出版的《中国的纠葛》一书中，对中国抗日战场在美国战略中所占位置是这样描述的：美国政府想使中国继续作战的愿望是坚定的，但我们在尽力支援各地的清单中宁可把中国排在将近最后的位置，而不愿加紧对它的营救而危害别处生死攸关的军事形势。对于中国抗日战场的战略地位，他认为，开罗会议期间，“中国在赢得战争中的必要性和价值正在变小，对比之下，采取措施保证其未来的统一和地位的必要性都变得比较重要”。③ 而美国学者福雷斯特·波格在《第二次世界大战中的美国的政治及其战略的形成》一文中认为，1944年的史迪威事件是中国战场地位下降的标志。“美国由于看到尼米兹的部队在中太平洋进展顺利……中国战区在美国战略中

① The U. S. Department of State. *United States Relations with China, with Special Reference to the Period 1944-1949*. Division of Publication, Office of Public Affairs, U. S. A., 1949. 中译本《中美关系资料汇编》第一辑，北京：世界知识出版社1957年版；Herbert Feis. *The China Tangle, The American Effort in China*. New Jersey: Princeton University Press, 1953；中译本，林海等译：《中国的纠葛》，北京：北京大学出版社1989年版；Charles F. Romanus and Sunderland. *Stilwell's Mission to China*; *Stilwell's Command Problems*; *Time Runs out in CBI*. Washington D. C.: Office of the Chief of Military History of U. S. Army, 1953, 1956, 1959.

② Arthur N. Yong. *China and Helping Hand 1937-1945*. Cambridge Massachusetts: Harvard University Press, 1963. Tang Tsou: *America's Failure in China 1941-1949*. Chicago University Press, 1963. 中译本，王宁等译：《美国在中国的失败》，上海：上海人民出版社1997年版。

③ [美]赫伯特·菲斯著，林海等译：《中国的纠葛》，北京：北京大学出版社1989年版，第46，48，61，80，97~98，121页。

的地位就显得不再那么重要了。"①

对美国军事战略和中美军事关系方面比较集中考察的是美国学者迈克尔·库伯林。他在1984年撰写的博士论文题目是《中国在美国军事战略中的作用，从珍珠港事件到1944年秋》。文中较为系统地、分阶段阐述了珍珠港事件到1944年秋美国对华军事政策中中国的作用。视角集中在中缅印战区和中国正面战场，史迪威和陈纳德对中国战场不同战略思想的争执及运用，中美之间在战略和援华物资上的争执。② 他认为，在"德国第一"原则之下，"从1941年12月珍珠港事件到1944年期间，美国对中国的希望就是以最少的美国人的牺牲，尽快地打败日本"。为达到这一目标，"美国尽力改革中国军队使中国成为陆军强国"，利用中国东部地区建筑打击日本岛屿的空军基地。③ 1976年美国学者迈克尔·沙勒发表文章考察了1939—1941年间美国在中国的空军战略。美国在中国发展秘密力量作为其外交政策的一个有效组成部分，鼓励、支持"飞虎队"的发展成为此时美国的远东空军战略。这一战略最终并没有奏效，它随着远东政治环境的变化和美国全球主义的进一步发展而改变。④

美国学者巴巴拉·塔奇曼在《史迪威与美国在华经验(1911—1945)》中关于美国战略与中国抗战的关系的表述是："这种'欧洲第一'的战略……决定了这场战争的打法，其中包括史迪威的作用，对中美关系产生了深远影响。"⑤美国军事历史学者拉塞尔·

---

① 卡尔·德雷奇斯尔勒等著，军事科学院外国军事研究部译：《第二次世界大战中的政治与战略》，北京：军事科学出版社1983年版，第117页。

② Michael B. Kublin. *The Role of China in American Military Strategy from Pearl Harbor to the Fall of 1944.* Printed by microfilm/ xerography on acid-free paper by University Microfilms International Ann Arbor, Michigan, U. S. A., 1984.

③ Michael B. Kublin. *The Role of China in American Military Strategy from Pearl Harbor to the Fall of 1944*, pp. 1-7.

④ Michael Schaller. *American Air Strategy in China, 1939-1941: The Origins of Clandestine Air Warfare. American Quarterly*, 1976, Vol. 28, No. 1.

⑤ 巴巴拉·塔奇曼著；陆增平译：《史迪威与美国在华经验》上、下册，北京：商务印书馆1984年版，第299，309，316，335，360，435页。

F. 韦格利在《美国的战争方式：美国军事战略与政策史》一书中评述："一些美国军事人员一度曾把中国发展成为一个对日逐渐增压源抱有不切实际的期望。"①1994 年，美国学者戴维·雷纳兹，沃伦·F. 金博尔和俄国学者亚历山大·查巴里扬合作编辑了论文集《战争中的联盟，苏联，美国和英国的经验 1939—1945》。其中，美国学者马克·斯托勒所撰《美国：全球战略》一文，较为全面评述了美国在"二战"时期的战略运作，认为罗斯福和美国军事首脑们明确知晓政治因素，并将此包含在美国军事战略的思考之中。美国全球战略在战争中获得了以最少生命代价换得显著成功的最大成果。文中还提到："尽管在军事上虚弱和缺乏战场中的主动行动，蒋介石的继续作战还是牵制了日本陆军多于半数的师团，也杜绝了东京使战争成为全体亚洲人反英美殖民和种族斗争意图的成功。中国也被看做是最后空中进攻日本的极好基地。"但是，作者没有展开论说美国战略与中国战场的关系问题。特别是反攻阶段对中国战场的战略作用，作者也仍以传统说法为据，只是提到蒋介石的正面战场。② 在纪念世界反法西斯战争 60 周年之际，英美俄等国的学者撰文，肯定中国抗日战争在世界反法西斯战争中的战略贡献，呼吁重视对这一问题的研究。

总之，从美英学者的研究著述中可以看到，涉及美英两国的东亚政策与军事战略是丰富的，但是也留有许多值得研究的问题。比如美英东亚政策在日本东亚侵略的每一阶段是如何演进的，与国际形势的发展是一个什么关系？尤其重要的是，中国抗战对美英东亚战略的演进是一个什么关系，为什么美英东亚战略的发展演变的历程与欧洲非洲方面完全不同？中国抗战与美英摆脱太平洋初期战略危机和成功实施"先德后日"战略关系如何？中美英战时战略合作

① Russell F. Weigley. *The American Way of War, A History of United States Military Strategy and Policy*, London: Indiana University Press, 1973, pp. 170, 281-282.

② David Reynolds, Warren F. Kimball, A. O. Chubarian. *Allies at War, the Soviet, American, and British Experience 1939-1945*. New York: ST. Martin's Press, 1984, pp. 69-75.

关系是如何建立的，与中国抗战的战略作用有何联系？中美英传统关系在战时的突破与转折及其意义，也是需要根据史料实事求是地分析研究的。

中国学者关于中美、中英战时关系研究的著述甚丰，对英美两国各自东亚政策的演变、英美与中国的关系作了研究。对中国抗战在反法西斯战争中的地位与作用也联系美英东亚政策作了初步探讨。近些年也开始进行中国抗战与美英东亚战略与演变方面的初步探讨，并联系东亚国际关系格局的演变进行了考察。

关于英国东亚战略与政策演变的研究方面，王绳祖主编的《国际关系史》第六卷(1939—1945)“二战”时期国际关系是重要部分。关于远东问题，在该书第二章《第二次世界大战初期的远东国际关系》，第四章《太平洋战争爆发和远东国际关系》以及后面的其他章节中都作了介绍。徐蓝的《英国与中日战争 1931—1941》以英国对中日战争的政策为对象。在经济方面，作者分析了第一次世界大战后英国经济的日益衰落，面对自 19 世纪建立起来的世界大帝国巨大的防御难题，20 世纪 20 年代英国统治阶级把恢复经济放在首位，大力削弱国防开支，使远东防御处于空虚状态。30 年代，英国重整军备，但政府始终把保住经济利益放在第一位，规定重整军备不得干扰正常的商业活动。这种面对东西方强敌局面而无视国防利益的错误政策一直到 1938 年 3 月才予以取消，而军事力量的薄弱使英国无法对日采取制裁。该著作重点放在政治外交方面，主要说明太平洋战争爆发前英国在中日战争问题上对日实施的绥靖政策。① 李世安著的《太平洋战争时期的中英关系》论述了太平洋战争时期至朝鲜战争期间的中英关系，作者分专题探讨了中英在一些基本问题上的矛盾分歧，如关于中国西藏、东三省问题，滇缅公路与缅甸战役等。② 汪文军论文对 1931—1937 年英国远东政策进行

① 徐蓝：《英国与中日战争 1931—1941》，北京：北京师范学院出版社 1991 年版。

② 李世安：《太平洋战争时期的中英关系》，北京：中国社会科学出版社 1994 年版。

了考察，他认为“九一八”事变期间，对付日本的侵略扩张是英国远东政策面临的中心任务。为此，英国采取了软弱的和解即绥靖政策。这暴露了它自身及其构筑的和平体系的虚弱本质，助长了日本的侵略扩张活动。在一定程度上，英国的远东政策是影响远东国际局势变化的一个重要因素。① 汪文军认为，1933—1937 年间，英国继续在远东推行对日妥协政策，希望缓和由日本侵华引起的中日矛盾和英日矛盾，维持英美日在亚太地区的均势。为此，一方面它企图迫使中国承认伪满洲国，发展英日在华的经济合作；另一方面希望通过与日本的妥协，使日本同意延长将于 1936 年满期的海军军备条约。然而日本以发动全面侵华战争作为回答，英国远东政策以失败告终。② 傅敏认为，以“七七”事变为分界点，由于日本侵华战争的扩大已经危及了英国在华权益和远东利益，英国不得不作出与日本疏离而与中国交好的现实选择。其对中日战争态度由绥靖转向强硬，反映了英国外交传统中的务实原则，客观上对中国抗战事业起了积极的作用。③

邱霖在考察了 1937—1939 年的中英关系后得出结论，认为抗战初期中国渴望得到英国的物资援助和信用借款，但失望而回。英国此举是虽为保全在华利益，却让日本对它更加蔑视，最终，日本的战刀挥到了英国人头上。结果是一度在华占压倒优势的英国在中国抗战结束后，在中国政府的国际关系考虑中降为二流。④ 崔树菊认为 20 世纪 30 年代大规模的经济危机，激化了帝国主义之间的矛盾，出现了激烈的“经济战”和以“经济战”为中心的“外交战”。其中较为详细分析了英国放弃“自由贸易”政策的原因。面对日本大

① 汪文军：《九一八事变期间英国的远东政策》，《武汉大学学报》，1989 年第 3 期。

② 汪文军：《1933—1937 年英国的远东政策》，《武汉大学学报》，1992 年第 5 期。

③ 傅敏：《七七事变与英国的远东对日政策转变》，《民国档案》，2002 年第 3 期。

④ 邱霖：《抗战初期的中英关系，1937. 7—1939. 9》，《史学月刊》，1994 年第 5 期。

量商品侵入英联邦市场，英国设立帝国特惠制以对抗日本、美国。①

张来仪根据美国对华政策的演变轨迹，将抗战时期(1931—1945)的中美关系分为中立观望、援华制日、联合作战三个阶段，认为国民政府积极发展中美关系的外交政策是正确的，客观上有利于中国的抗战和国际地位的提高。而美国所采取的政策无一不是为了自己的切身利益，对华政策虽不乏明智之举，但也有短视、失误之处。② 张胜男则考察了战时中美两国政府的关系以及美国与中共的关系。他认为，战时中美关系由开始的消极状态发展到互相需要的盟国积极合作，又发展到战争后期国民政府的"统一"与美国东亚战略的利益需要。与此同时，中共领导下迅速发展的人民力量在中国政治生活中发挥了越来越大的作用，特别是在战争后期，它极大地制约了美国在华利益的扩张和实现。③ 朱贵生也对此作了考察。他认为，战时中美关系经历了隔岸观火、坐收渔利(1937—1941)，援华抗日、联盟作战(1941—1944)，同时，还奉行抬举中国、壮大美国，考察延安、促蒋联共的政策，以及最后扶蒋反共、挑起内战(1944—1945)的阶段，美国以援华抗日开始，以扶蒋反共告终，又与中国人民对立，酿成了战时中美关系的悲剧。④ 台湾地区学者李荣秋在其博士论文中提到，在珍珠港事变以后，美国对亚洲、太平洋地区共同战略的反应远不及中国积极，它既没有派出陆军来华协同作战，也不曾运送大量物资援助中国，在战略上重欧轻亚；而到战争后期，美国又表现出一种重苏轻华的倾向，不仅对中国隐瞒苏联参加对日战争的消息，还在东亚地区实行美英苏三国同

① 崔树菊：《二十世纪三十年代的国际经济战》，《天津师范学院学报》，1982年第2期。

② 张来仪：《抗战时期的中美关系述评》，《华南师范大学学报》，1997年第5期。

③ 张胜男：《抗日战争时期中美关系的演变》，《内蒙古大学学报》，1995年第4期。

④ 朱贵生：《抗日战争时期的中美关系》，《世界历史》，1995年第4期。

盟合作方针，中国的战略地位被进一步弱化。①

关于美英的东亚军事战略，中国学者对不同时期战略中的主要问题进行了分析。周旭东的文章从海军战略与外交这一角度对英国的远东政策进行考察，重点探讨1939—1941年间的演变过程。欧洲战争爆发后，英国为保卫本土，逐渐收缩力量，把海军力量集中于欧洲。这种战略影响了英国的远东政策。它主要不再由英国来执行而是寄希望于美国海军，它不再具有先前的威慑作用而是纯防御性质，英国在远东的军事地位已变得越来越虚弱。这种虚弱一方面使英国不得不在“维持与中国的友好而与日本关系恶化或以放弃中国为代价获得与日本缓和之间作出选择”时一次次地选择后者；另一方面，在远东的外交活动中也不得不跟随美国一起对日本进行一定的遏制，把牵制日本的因素融进了其远东政策，成为自“七七”事变以来英国远东政策中唯一积极的因素。② 周旭东认为，这一时期英国在东、西方同时受到德国和日本的威胁，有限的国力与其所承担的义务越来越不协调。英国确立了“欧洲第一”的大战略，但是仍然希望维护其在远东的利益。英国在海军军备和外交等方面作了一定的努力。由于主观指导的贻误，英国的海军军备并不如意；由于客观上的原因，英国也没有获得美国的合作和意大利的中立。这样，英国在远东就处于极易受到攻击的被动地位，为战时初期英国的溃败和战后英国逐渐退出远东埋下伏笔。③

高学军着眼于中缅战场，认为太平洋战争前，英美奉行“先欧后亚”的战略方针，在远东没有一个整体防御战略；战争爆发后，英美在“欧洲第一”总战略不变前提下，不断调整其远东政策，特别是中缅战场的战略方针。但是，由于英美在远东地区的利益差异

① 李荣秋：《珍珠港事变到雅尔塔协定期间的美国对华关系》，台湾政治大学1975届博士论文，http://etds.ncl.edu.tw/theabs/site/sh/detail_result.jsp。

② 周旭东：《二战爆发前后英国海军战略与远东政策的演变》，《浙江师范大学学报(社会科学版)》，1997年第4期。

③ 周旭东：《1936—1938年的英国海军战略和远东政策》，《华东师范大学学报(哲学社会科学版)》，1998年第6期。

和对缅甸问题的不同态度，导致盟军在中缅战场上的失利。① 王小民也是从盟国内部的战略分歧入手，认为中美英三国对缅甸战役的态度不同，由此导致各自的战略计划也不一致。史迪威主张进攻战略，但这种进攻战略与蒋介石小心谨慎的纵深防御战略发生冲突。而英国军队则打算撤退。由于盟国在战略计划上未能达成一致，各自为战，最终导致缅甸战役失利。② 王家福从中苏美战略关系演化的角度来评述美国战时东亚战略的实施，指出中国战场既是苏联避免两线作战的基点，也在客观上是美国推行“先欧后亚”的战略基地，但结局却使中国权益受到战略性重创，这在雅尔塔会议中得到鲜明的体现。③ 韩永利认为这一时期的美国远东政策经历了由绥靖到抗衡的转变，尤其进入20世纪40年代以后，更是出现了两种策略交织出现的情况。④ 他认为，由于美国“先欧后亚”战略制定者仅从美国自身利益和安全以及追求目标着眼，致使该战略在其原则与具体计划之间存在不小差异，重点反映在如何实施“太平洋守势”构想以及为之进行切实可行的积极准备的问题上。由于战略计划的缺憾，导致太平洋战争爆发前美国远东政策的种种失误并酿成美英盟国与日争战之初失利，其情势反而在一段时期内危及了反法西斯战争的战略全局。⑤ 徐康江认为1941—1943年间是美国对华新政策的形成时期，出于对日本战争和战后考虑的需要，美国的东亚政策集中于对华政策，其目的有二：保持中国于战争之中以及培养中国成大国。但由于美国自身利益至上的缘故，最终导致了两国

---

① 高学军：《太平洋战争后英美在中缅战场上的战略演变》，《齐齐哈尔大学学报(哲学社会科学版)》，2003年第9期。

② 王小民：《中美英战略分歧对缅甸战役的影响》，《广西社会科学》，2007年第3期。

③ 王家福：《二战时期远东中苏美关系的战略演化》，《史学集刊》，1995年第2期。

④ 韩永利：《绥靖与抗衡：太平洋战争爆发前美国远东政策研究》，武汉：武汉大学出版社1994年版。

⑤ 韩永利：《“先欧后亚”战略与太平洋战争爆发前的美国远东政策》，《武汉大学学报》，1996年第5期。

关系的破裂乃至隔绝。①

中国抗战地位是中国学者长期以来研讨的一个重要课题，中国抗战对美英东亚政策与战略的影响也在研究范围之内。从20世纪80年代初至今，中国学者在编著的第二次世界大战通史性著作中都将中国抗日战争的内容作为有机组成部分进行了阐述，客观反映了中国抗日战争在第二次世界大战历史进程中的历史地位，丰富和补充了国外学术界在编撰二战史著作中的缺憾。在中国抗战的世界性地位、作用及影响方面，中国学者提出了一系列重要观点。其中，也对中国抗战对美英东亚战略演变作了初步探讨。

20世纪80年代是中国学界关于中国抗日战争地位研讨的奠基阶段。1980年7月，中国社会科学院刘思慕作为中国史学会派出的代表团团员出席在罗马尼亚布加勒斯特召开的第15届国际历史科学大会，在会上发表《中国抗日战争的特点及其国际地位》一文，提出："中国人民抗日战争，不单是保卫本民族生存，争取民族解放的战争，而且是全世界人民的反法西斯战争一个不可缺少的组成部分，并起了前驱、先锋的作用。""中国反法西斯民族解放战争，得到了各国人民以及苏联和民主国家政府和人民的大力支援和帮助。与此同时，中国作为反法西斯国家之一，对第二次世界大战的发展和进程，也发挥了自己的重要作用。忽略任何一个方面，第二次世界大战中的若干历史实践就得不到科学的解释。"②1985年齐世荣发表了《中国抗日战争在世界反法西斯战争中的地位和作用》一文。文中认为："第二次世界大战的胜利，是广泛的国际反法西斯统一战线的胜利。中国人民的抗日战争既得到了许多国家的支援，反过来又支援了其他国家的反法西斯战争。"文章还认为，中国抗日战争在太平洋战争初期起到了阻遏日本切断英国经红海到达埃及的交通线，从而与德国在中东会师的危险。文章指出，中国对

① 徐康江：《试论1941—1945年美国对华政策及其演变》，《湖南师大学报》，1985年第4期。

② 中国第二次世界大战史研究会编：《第二次世界大战史论文集》，北京：三联书店1985年版，第2，12页。

打击法西斯集团中实力仅次于德国的日本起到了重大作用，并将此分为三个阶段：1937 年 7 月到 1939 年 9 月，是中国人民孤军奋战时期；1939 年 9 月到 1941 年 12 月，中国是东方唯一抗击日本法西斯的国家；太平洋战争爆发后到将近战争结束，中国战场是亚洲大陆抗击日本法西斯的主要战场。① 1988 年胡德坤著述出版了《中日战争史》一书。书中依据翔实的中日文史料对中日战争进程进行了客观阐述，对中国在极其困难的条件下抗击日本，不断消耗日军的有生力量，始终牵制日本陆军主力于中国战场，制约日本侵略战略问题作了详细考证，提出"中国在世界反法西斯战争中尽了它的伟大责任"；"牵制了日本的世界战略，有力地支援了反法西斯盟国"，制约了日本北进，延缓了日本南进，"影响了日、德配合，加速了法西斯的崩溃"。中国抗战是"美英'先欧后亚'战略的一个重要前提"。② 胡德坤的著作与其相关系列文章为其后进一步研究中国战场制约日本侵略以及支持其他各大战场的研究等方面奠定了基础。

20 世纪 90 年代是中国学术界在该领域研究成果较多的时期。王振德 1991 年著述出版《第二次世界大战中的中国战场》。书中提出："世界大战和人类历史上的一切战争不同，它要解决的是世界性的问题。它的性质取决于当时国际社会中的主要矛盾。"第二次世界大战时的国际社会中的主要矛盾是"法西斯侵略国与反法西斯各国人民之间的矛盾"。关于中国战场的地位，书中提出：中国揭开了反法西斯第二次世界大战的序幕，开辟了第一个反法西斯战场及对国际新格局形成产生影响，中国战场对第二次世界的战略转变发挥了不可磨灭的作用，中国战场的反攻作战牵制了日本大量兵力。作者认为，在反法西斯盟国全球反攻阶段，中国抗战的战略地位，对盟国"先欧后亚"战略实施的贡献仍然是值得肯

① 齐世荣：《中国抗日战争在世界反法西斯战争中的地位和作用》，《历史研究》1985 年第 4 期。齐世荣的另一篇相关文章是《中国抗日战争与国际关系（1931—1941）》，《世界历史》，1987 年第 4 期。

② 胡德坤：《中日战争史》，武汉：武汉大学出版社 1988 年版，第 487 ~ 493 页。

定的。① 宋时轮的《不可磨灭的历史贡献》和罗焕章的《中国抗战与世界反法西斯战争》认为，“中国处于世界反法西斯战争的一个战略枢纽地位”，并影响着英美，苏联的战争战略。也就是说，美英和苏联都视中国战场为其战争成败的重要因素。② 1994 年，军事科学院军事历史研究部著述出版了三卷本的《中国抗日战争史》，对中国抗日战争的进程和实际战况做了系统的阐述。并进一步论说道：“第二次世界大战是世界性的联盟战争，参战的同盟国的各个成员国都为赢得这场战争的胜利做出了自己的贡献。中国作为全世界反法西斯战争的五个最大的国家之一和亚洲大陆上反对日本侵略的主要国家，为取得反法西斯战争的胜利做出了重大的牺牲和不可磨灭的贡献。”③时广东、冀伯祥在《中国远征军史》一书中系统地阐述了中国赴缅远征军对日作战的历史过程，“较为客观、公正地论述和评价了中国远征军在第二次世界大战和中国抗日战争中的地位、作用、影响”。④ 1995 年，陶文钊、杨奎松、王建朗著述出版了《抗日战争时期中国对外关系》。该书阐述了抗战时期中国外交及中国对外关系的发展演变过程，中国抗日战争对战时中国政府外交运作及中国战时国际地位的影响。⑤ 关于中国战时大国地位的确定，也有专门论文阐述中国抗日战争与战时中国大国地位的关系。⑥

---

① 王振德：《第二次世界大战中的中国战场》，北京：社会科学出版社 1991 年版，第 221 ~ 281 页。

② 第二次世界大战史研究会编：《第二次世界大战史论文集》，北京：国防大学出版社 1986 年版，第 9 页。黄玉章主编：《世界反法西斯战争中的中国抗战》，北京：国防大学出版社 1989 年版，第 36 页。

③ 军事科学院军事历史研究部：《中国抗日战争史》上卷，北京：解放军出版社 1994 年版，第 8 页。

④ 时广东，冀伯祥：《中国远征军史》，重庆：重庆出版社 1994 年版，第 1 ~ 2 页。

⑤ 陶文钊，杨奎松，王建朗：《抗日战争时期中国对外关系》，北京：中共党史出版社 1995 年版。

⑥ 韩渝辉：《中国是怎样得以在抗战时期实现废约的》，《近代史研究》，1986 年第 5 期。徐光寿：《第二次世界大战与中国大国地位的确定》，《民国档案》，1996 年第 2 期。

关于中美战时军事关系，陶文钊的《中国战场、缅甸战役与盟国战略的转变》，王建朗的《试析 1942—1944 年间美国对华军事战略的演变》①两篇论文都较清晰地阐述了美国对华军事战略的演变过程，论说集中在美国军事政策与中缅印战区、中国正面战场的关系。陶文钊的主要论点是：美国对日反攻路线的变化不能解释美国战略的转变；开罗会议后罗斯福对蒋介石的看法并未发生根本转变；美国从更为长远的政治因素考虑，并没有忽视中国的战略价值。作者特别指出："不管中国战场在美国战略构想中的地位如何变化，中国战场的一个首要的意义没有消失，那就是牵制大量日军。"对 1944 年 10 月史迪威结束在华使命，"美国由此放弃了中国战场"的说法，陶文钊以 1944 年夏季以后美国对华物资援助明显增加的事实，说明美国并未忽略中国战场，其原因是："在美国决策者的眼中，中国作为军事斗争舞台的意义在减弱，但作为政治斗争舞台的意义则在增长。"在"战时中美关系的若干问题"中，作者也谈到中美特殊关系建立的政治含义。② 作者这些由美国战时对华军事政策研究而引申的对中国抗日战场地位的讨论，显然对拓宽研究领域和视野具有启示意义。1993 年，陶文钊撰写出版了《中美关系史 1911—1950》，其中抗战时期中美关系占一半的篇幅，并对战时中美外交关系中的积极面作了详细而肯定性的阐述。著作比较精细地梳理了战时中美政府外交关系的基本脉络，对一些问题作出了客观的评述。如对抗战前期美国政策向援华制日方向的发展，美国与蒋介石国民政府特殊关系的形成，战争末期美国对华政策的转变等。认为这一关系并非美国施舍，而是中国抗战的结果。③ 关于战时中美租借关系，是了解战时中美关系和中国抗战地位的重要方

① 王建朗：《试析 1942—1944 年间美国对华军事战略的演变》，载于中美关系史丛书编委会编：《中美关系史论文集》第 2 辑，重庆：重庆出版社 1988 年版。陶文钊：《中国战场、缅甸战役与盟军战略的转变》，《抗日战争研究》，1991 年第 2 期。

② 陶文钊：《开罗会议是美国对华政策的转折点吗?》，《历史研究》，1995 年第 6 期。《战时中美关系的若干问题》，《美国研究》，1995 年第 3 期。

③ 陶文钊：《中美关系史 1911—1950》，重庆：重庆出版社 1993 年版。

面，中国学者对这一问题作了很多有益的探讨。1994 年，吴景平发表了《抗战时期中美租借关系述评》一文。文章从战时美中租借关系中相互作用的层面分析中美战时相互依存的关系，阐述美国对中国的援助并非是单向的。文章的结论是："就本质和基本面而言，中美战时租借关系应属于共同利益和共同目标基础上的互相援助关系，是以往中美关系中未曾有过的新型关系，也是整个第二次世界大战中各国人民相互支援，共同奋斗历史的组成部分。"①

军事科学院军事历史研究所编著的《第二次世界大战史》，是中国二战通史研究的多卷本著作。关于亚太章节部分，该书较详细地描述了日本发动太平洋战争后的迅速进军、中国远征军入缅作战的经过以及收复缅甸的具体过程。该书以军事斗争为主线，包括英美在太平洋地区的防御与进攻作战。② 20 世纪 90 年代，中国学术界发表的近千篇论文中，关于中华民国时期的中美关系内容占 4/5 以上。③

21 世纪初是中国学术界对中国抗日战争地位研究进一步走向深入和发展的时期。2002 年 10 月，中国第二次世界大战研究会在重庆召开学术讨论会，探讨第二次世界大战中反法西斯盟国的战时国际合作问题，与会者的多篇论文将中国抗日战争放在盟国整体战争战略、经济后勤、双边与多边关系的协调与合作的框架中进行阐述，促进了中国抗日战争世界性战略地位问题研究向纵深方向发展。④ 在中国战场与美国远东政策演变关系问题上，从美国远东政策变化轨迹和对局部战争阶段世界其他地区的比较出发，韩永利特

---

① 吴景平：《抗战时期中美租借关系述评》，《历史研究》，1995 年第 4 期。

② 军事科学院军事历史研究所：《第二次世界大战史》，北京：军事科学出版社 1998 年版。

③ 任东来：《争吵不休的伙伴：美援与中美抗日同盟》，桂林：广西师范大学出版社 2000 年版。还见任东来：《被遗忘的危机：1944 年中美两国在谈判贷款和在华美军开支问题上的争吵》，《抗日战争研究》，1995 年第 1 期；《略论美援与中美抗日同盟》，《抗日战争研究》，1996 年第 2 期。

④ 苑鲁，谢先辉：《第二次世界大战与亚太国际合作》（论文集），重庆：重庆出版社 2003 年版。

别指出是中国抗日战争改变了西方大国主导国际关系的历史轨迹。中国伟大的抗日战争既拯救了自己的民族，也推动了美国远东政策的转变，促进了亚太地区反法西斯战争格局的最终形成。① 韩永利著的《战时美国大战略与中国抗日战场(1941—1945)》一书，以较为翔实的史料梳理第二次世界大战时期美国大战略的运行过程，从总体上考察了美国大战略与中国抗日战场的关系，比较客观、系统地阐述了战时美国大战略的制定、调整、正式实施和完成的全过程，并特别强调二战期间的中美战略关系是一种相互支持的互动关系。② 王松考察了抗战初期国民政府的求和与英美调停活动，认为抗战初期中国政府联合英美谋求停战议和的策略，是中国国民政府军事外交的一个重要部分，也是同日本进行外交战的一个重要步骤。它虽然没有、也完全不可能立刻阻止日本帝国主义的侵略，但是还是争取到了英美国内一些有识之士对中国抗战正义性的认识，为后来争取英美对华援助，直至结成同英美的军事同盟奠定了基础，客观上起到了一定的历史作用。③

2005 年是中国抗日战争和世界反法西斯战争胜利 60 周年，中国学术界在中国抗战地位问题的研究方面又有一系列的相关著作和论文出版和发表。在著作方面，胡德坤、韩永利著述了《中国抗战与世界反法西斯战争》。这本著作从中国抗战对日本世界战略的巨大影响和制约作用，中国战场对其他各大反法西斯战场的巨大支援，对英美苏等盟国的重大支持，推动战后国际政治经济新秩序建立中的作用等作了研讨，是著者多年来在考察中国抗战地位和作用方面阶段性的总结。书中鲜明提出："中国的崛起有着深厚的历史原因，中国的抗日战争，中国在世界反法西斯战争中的巨大贡献，

① 韩永利:《中国抗日战争与美国远东政策的演变》,《武汉大学学报》, 2005 年第 4 期。

② 韩永利:《战时美国大战略与中国抗日战场(1941—1945)》, 武汉: 武汉大学出版社 2003 年版。

③ 王松:《抗战初期国民政府的求和与英美调停》,《民国档案》, 2003 年第 2 期。

是中国崛起的起点和开端。”①

中国学者的上述研究和努力在很大程度上补充了以往国际学术界不重视中国抗日战争问题的缺憾，从宏观上分析中国抗战对反法西斯战争历史进程的影响，在中国抗战地位的具体问题研究上也有了相应的突破。如，中国抗战对日本对外侵略的世界战略的制约，中国抗战对中外关系的影响，中国抗战的特点及在中国抗战中的作用，中国战时大国地位，中国抗战与盟国战略关系等。同时，也说明在一系列问题上还需要进一步进行学术探讨。在中国抗战与美英东亚战略的演变问题上，还需要依据翔实的史料进一步从纵向与横向进行考察，阐述中国抗战的战时战略地位与在东亚国际关系中的历史地位，阐述中美英战时战略关系对现当代国际关系的启示意义。

二、学术价值与现实意义

第二次世界大战时期中国抗战与美英战略的演变研究，是考察中国与美英战时战略关系和中国抗日战争的战时地位和历史地位的一个重要方面，也是考察现当代中国与世界的关系、东亚国际关系演进历程的一个重要组成部分，有利于从历史层面深入思考中美关系的过去、现在与未来。因此，本专著在以往学术界诸多研究的基础上，希望能从以下几个方面作一点探讨：

第一，进一步论证与探讨中国抗日战争的战时战略地位与在中国与世界发展中的历史地位。中美英战时战略关系建立的起因是中国抗日战争。中国在抗战之前，无论从国际地位，还是从国家实力，都很难在国际舞台上进行平等的对话，在外敌侵略面前，中国只能作为他国为了自身利益进行讨价还价的筹码，这也反映在中国全面抗战开始之前的中美英关系之中。中国全面抗战开始之后，中国的国际影响与地位发生了重大的转变，中国从战略层面进入国际视野。在反法西斯战争中，中美英战略关系建立，中国作为四大国

① 胡德坤，韩永利：《中国抗战与世界反法西斯战争》，北京：社会科学文献出版社 2005 年版，第 3 页。

参与了盟国战时与战后的战略规划，从而完成了国际地位的重大跨越。中国战时的变化，为中国战后在世界和平与发展问题上的重要作用奠定了基础，也为中美英最终确立平等战略互动关系奠定了历史基础。

第二，进一步论证与探讨中国抗日战争对美英战时东亚战略演变的影响。美英战时东亚战略有一个从开始消极维护自身权益的东亚战略转变到制约并抗击日本法西斯侵略的过程。这一转变过程与中国抗战对美英的影响以及中国的推动密切相连，也与美英在世界及东亚形势发展过程中对中国抗战的战略认识不断深化密切相连。到太平洋战争爆发以及战争发生战略转折后，美英不仅将中国视为全球反法西斯战略构架中的关键因素，同时也将中国视为战后世界构建的四大国之一。美英战时东亚战略的转折，也标志着中美英传统关系发生重大的变化。而这一变化的基础是中国抗日战争与美国及英国从战略层面认识中国及中美英关系的结果。

第三，考察中国抗战与美英东亚战略演变，也具有深刻的现实意义。中美英作为东西方大国，在国际关系中起着极其重要的作用，影响着国际社会发展的历史进程。从第二次世界大战的历史看，只要从战略高度处理相互之间的关系，受益者就不仅是中美英自身，还扩及整个世界。在第二次世界大战中的几个重要阶段与转折关头，中美英关系都在经历了曲折磨合之后，迈进更加深入的战略互动层面。也就是说，中美英及其他反法西斯盟国最终都从世界总体发展与共同面临的主要问题来处理相互间的关系，求大同，存小异，共同推进了它们的战时战略关系稳定发展。

中美英三国的相互认识与战略互动的源头是第二次世界大战。在这场事关世界前途的国际正义力量与非正义力量空前残酷地搏杀与较量中，中美英在决定人类未来走向与维护本国根本利益方面找到了交汇点，建立起了战时战略关系，会同其他世界反法西斯国家与力量，终于赢得了反法西斯战争的胜利。在回溯战时中美英战略关系的发展历程时，可以看到，恰如战后中美英关系发展进程一样，经历了诸多的磨合；但是，对世界总体局势的战略观察、思考与判断并制定与实施与之相适应的战略与政策，是中美英做出良性互动战略选择的推动力，这一点对当代中美英关系发展的启示意义是深刻的。

三、总体构思与基本结构

本论著分六章来考察与论证中国抗战与美英东亚战略演变这一主题。

1. 日本开始侵略中国与美英奉行维护自身权益的东亚战略

从1931年日本发动侵略中国的“九一八”事变到1937年7月中国全面抗战爆发，美英基本上是循着第一次世界大战后建立的华盛顿体系的框架，奉行维护自身在东亚及中国权益的战略。因此，对日本法西斯的侵略实施妥协绥靖政策。在战略认识上，美英并没有将日本侵华看成是其称霸东亚与世界战略的一个关键性步骤。对于日本侵略最终会危及美英自身安全认识淡漠。美国对日本侵略初始步骤的对应，是加剧日本在中国大陆南下侵略的重要原因之一。此时中国国内政治向着全民族抗战方向发展，预示着美英奉行的这一东亚战略不可能持久。

2. 中国全面抗战与美英东亚战略向援华制日转换

从1938年到1940年6月，中国全面抗战坚持下来并形成制约日本的抗日战场，标志着日本不可能达到短期征服中国的目的，同时也标志着日本对外第一步侵略计划受挫。在中国的推动下，美英认识到中国抗战对维护美英东亚权益有着重要作用，因此，开始有限地援华与有限地制约日本。这一变化的意义在于，美英东亚战略的内涵开始发生变化，开始注入支持中国抗战的因素。但是，美英对中日战争奉行着双重政策，尤其是没有对日本战争物资采取制约。

3. 中国抗战与美英制衡日本战略的确立

从1940年6月法国败降到太平洋战争爆发，由于国际格局发生重大的转变，日本在东亚方面开始准备南进侵略太平洋地区，威胁到美英在东亚的核心利益圈，英国正在本土对德进行抵抗战争，在东亚也面临与日本战争的危险。日本南进同时也威胁到美国国家安全，美日战争逼近。中国在坚持抗战的同时进一步促进东亚抗日同盟的建立。美英认识到中国战场对日本南进牵制的战略价值，加大了援助中国的力度，并与中国开始军事战略联系。然而，美国因为消极实施“先德后日”原则，在制衡日本中，对日妥协意向仍然有所延留。

4. 中国抗战与美英东亚抗衡日本的战略

从1941年12月到1942年中期，是美国及英国全力抵抗日本进攻的时期。太平洋战争爆发后，美国最终参加到东亚抗日战争的行列。由于战争初期美英的失利，严重地影响到反法西斯战争的全局，在美英抵抗日本攻击的过程中，中国战场起到了极其重要的作用。同时，中国战场对日本的牵制与打击，使美英能渡过全球战略危机阶段，美国对中国的战略地位有了更加深切的认识，因此，“保持中国于战争之中”成为美英在战争全过程中坚守的原则。

5. 中国抗战与美英成功实施“德国第一”战略

1942年中期到战争结束，是美英成功实施“先德后日”战略时期。在这期间，中国抗战在战略投入极端不足的困难条件下坚持牵制与打击日本陆军主力，维护亚太战场的格局，以极大的民族代价与牺牲支持了美国“先打败德国”战略的成功实施。

6. 中国抗战与美英全面反攻日本的战略

在美英对德作战取得决定性胜利的情况下，美英开始考虑并实施对日本的战略反攻。在这一阶段，中国抗战仍然是反法西斯盟国最后反攻的重要一环。中国不仅继续抗击日本陆军主力，为美英苏盟国争取向东亚方面战略转移的时间，同时，中国战场也为反攻日本做好了充分准备。中国还直接参与了作为西南太平洋反攻关键环节的缅甸反攻作战，中美英苏及其盟国终于赢得了反法西斯战争的最终胜利。

《综论》部分说明了研究的基本结论，即中国抗战是中美英关系转折的重要因素：

第一，中国抗战推动了美英东亚战略的转换，是世界反法西斯战争局部阶段的一个独特现象。因此，不同于非洲与欧洲，东亚国际关系是向着反法西斯方向良性发展的。

第二，中国抗战支持了美英战时战略的成功运行，这反映在中国在美英“先德后日”战略从制定到成功实施的每一个关键性阶段，充分体现了中国抗战的世界性战略地位。

第三，中国抗战是战时中美英战略关系的前提。中国抗战改变了中国的国际地位，中美英也由此建立了相互支持的战时战略关系，并从法理层面奠定了中美英平等国家关系的基础，反映了中国抗战所引起的中外关系历史性变化，也突出显示了中国抗战是反法西斯战争不可或缺的组成部分。

第四，中国抗战奠定了中美英新型国家关系的基础。中国抗战为中国取得彻底独立解放奠定了坚实的基础，最显著的标志就是中国共产党领导的抗日军民在抗日战争中的发展壮大，并取得了新民主主义革命的伟大胜利，建立了独立自主的社会主义国家。新中国不仅对中国的发展，同时也为东亚的和平与发展做出了极其重要的贡献。战后经过曲折发展之后中美英最终建立起平等合作的新型关系，是与中国抗日战争这一历史铺垫密切联系在一起的。

第一章　中国抗战全面爆发前的美英东亚绥靖战略

中国抗战全面爆发前，美英为了维护自身在华盛顿体系框架下从中国与东亚所获取的既得权益，对日本侵略中国实施了消极的绥靖妥协政策，纵容日本在“九一八”事变之后进一步扩大对华战争，并最终发动全面侵华战争。中国则是在这一时期开始了对日本侵略中国的局部抵抗，中国共产党与抗日人士在全国掀起了号召全民族抗日的热潮，奠定了全面抗战的基础。中国坚决反对美英对日绥靖，并吁请国际社会关注并制约日本的侵略行径。这些都预示着中国将对美英东亚战略的推行产生深刻的影响。

第一节　日本发动侵华战争与美英的妥协绥靖

1931 年 9 月 18 日，日本武力侵略中国东北，迈出了全面侵略中国和整个东亚的第一步，这是对美英主导的华盛顿体系冲击的开始。但是，美英对日本的侵略没有敏锐深刻的战略认识，其应对只是消极地维护自身在华利益，希望通过对日本侵略的妥协绥靖达到这一目的。美英的消极应对反而刺激了日本的野心，日本进一步在中国南下侵略并最后发动全面侵华战争，美英消极维护自身权益的战略选择显然是错误的。

一、华盛顿体系下的东亚政治格局

19 世纪后半期，帝国主义世界性扩张发展到顶峰，并引发了重新分割世界的第一次世界大战。大战的结果不仅给世界人民带来深重的灾难，同时，也使各参战国遭受了重大损失。第一次世界大战后，英法等战胜国主导建立了凡尔赛体系，大致规范了战后欧洲秩序；之后美英等国又建立了华盛顿体系，规范了战后东亚秩序。从战争与和平角度观察，“一战”后，国际社会第一次在世界范围内规范战后秩序，以防止新的世界大战，并试图用国际组织及国际条约体系的形式来维护这一秩序。但是，由于世界殖民主义结构并没有崩溃，凡尔赛—华盛顿体系本质上是体现战胜国对世界殖民地势力范围的重新分配，帝国主义各国之间的矛盾依旧尖锐，因此，在这一体系之下的战后秩序是建立在极不稳定的火山之上的，为新的世界大战埋下了巨大的隐患。世界经历了20世纪20年代短暂的稳定之后，马上又重新跌入世界大战危机的深渊。

同时应该看到的是，与第一次世界大战前相比，世界在战争与和平问题上发生了深刻的变化，俄国十月革命的成功并建立起人类第一个社会主义国家，导引了殖民地半殖民地国家民族解放运动的全新发展，极大地改变了世界历史进程并深刻地影响着国际关系格局。从战争与和平层面看，这种时代的变化，标志着以往国际社会单一的对外扩张战争势力之间的相互制衡、力量消长并最终将区域战争引向世界战争的传统格局出现了缺口。

第一次世界大战也给予资本主义国家一个强烈的警示，这就是自近代以来资本主义国家通过战争扩张追求国家利益的既有方式首次遭到了冲击。在第一次世界大战中，帝国主义两大集团各国都遭到了战争的沉重打击，付出了巨大的代价。英法等战胜国尽管赢得了这场战争，在殖民地势力范围上维持了主导地位，并获得了更多权益，但是第一次世界大战对其国内社会政治经济、民众心理的冲击并不亚于战败国。因此，英法美诸国的上层希望在既得利益条件下维持战后既定秩序，民众则是普遍不愿意第一次世界大战的悲剧重演。这是资本主义国家在世界战争与和平问题上发生的重大分化，不同于第一次世界大战前两大帝国主义集团各国都精心策划部署战争来实现维持与重新分割世界的目标，这是国际关系中的一个新特点。因此，凡尔赛—华盛顿体系是英法美维护既得利益现状的集中反映。从第二次世界大战起源观之，也正是这一特点给英法美等国提出了一个新的课题，即在新的世界战争危险面前作何种战略选择来维持现状。

就华盛顿体系下的东亚政治局面而言，具有不同于第一次世界大战前的两个显著特点。

第一个特点就是华盛顿体系中孕育着新的战争危机，但是源头不是来自所有资本主义国家，而是来自日本企图以武力侵略争夺亚洲霸权、摧垮华盛顿体系的战略目标，而美英法等国则是处于维护传统权益的守成地位。

第二个特点就是第一次世界大战后的东亚国际社会中也存在着制约战争的现实因素，其代表既有追求民族独立、坚决反对外来武力侵略的中国，追求国际和平环境以利于自身建设的苏联，也有希望维持一战后秩序与现状的美英。

20 世纪 20 年代末 30 年代初世界形势发生了深刻的变化，从东亚日本法西斯兴起并开始对中国发动侵略开始，这两个特点就极其明显地反映在东亚政治格局的演进之中。

第一次世界大战结束后，凡尔赛—华盛顿体系暂时规范了战后世界政治经济秩序，调整了资本主义各大国之间的关系，国际政治权力格局达到相对的平衡。然而，从整体世界发展进程看，战后世界并没有彻底改变帝国主义殖民体系的政治经济构架。世界经济仍然在表面的整体发展下维持着殖民势力范围分割的局面，极大地阻碍了世界生产力发展的空间，蕴藏着深刻的结构性矛盾与问题。到 20 世纪 20 年代末 30 年代初，随着世界性经济危机的爆发，这一结构性矛盾的全部问题就突出表现出来。在国际关系中负有国际安全重大责任的西方资本主义大国固守殖民地势力范围，采取排他性的经济手段，设置经济壁垒欲求自保，造成世界范围内的关税战、金融战、贸易战等经济大战。英美法等国纷纷利用自身的优势，在其势力范围内设置排他性障碍，以应对经济危机的冲击，从而激化了本来就在凡尔赛—华盛顿体系中潜藏着的矛盾。对现存国际体系存有不满的德意日等国国内极端民族主义情绪高涨，法西斯主义和集团由此得到迅猛发展，并获得政权。法西斯主义是殖民帝国主义与种族主义的最为反动、最为极端、最为落后的产物，主张对内进行野蛮的独裁统治，对外精心策划疯狂侵略扩张战争，建立起统治全人类的更为落后的殖民大帝国。法西斯是世界战争的谋划者与挑动者，而这一挑动是从东亚日本武力侵略中国开始的。

华盛顿体系在战后东亚利益分配上没能满足日本获取新的殖民地和势力范围的需要。在华盛顿体系框架中，美国与英国迫使日本在海军军备上接受了主力舰吨位5∶5∶3的比率，迫使日本与中国签约，把日本在中国山东的权益归还给中国。1922年2月6日签署的《九国公约》，规定各缔约国需尊重中国的主权、领土与行政完整，同时也规定必须遵守“门户开放”与“机会均等”的传统原则。美国在华盛顿会议上通过各种手段分化了近代以来东亚国际关系中重要一环的英日联盟，代之以1921年12月31日美英法日签署的《关于太平洋区域岛屿属地与领地的条约》，即《四国同盟》条约，并规定缔约国相互尊重、共同维护各自在太平洋区域的权益。可以说，建筑在上述条约基础上的华盛顿体系，更多地是限制了日本在东亚的扩张势头，形成英美日共同支配东亚的政治格局。

但是，华盛顿体系的建立并没有消除西方国家与日本之间的深刻矛盾。受到条约制约的日本对华盛顿体系的规范极为不满。在表面上，20世纪20年代，日本奉行所谓与美英西方国家的“协调外交”，但是在“协调”外交的背后则是在垄断资本集团支持下的日本军国主义势力埋头发展军备，突破“协调外交”的框架，准备在英美主导的东亚秩序中以武力的优势弥补经济竞争与势力范围上的弱势。日本制定的国防方针把美英两国作为未来打击对象，并把美国列为第一假想敌国。

1930年春，经济危机风暴波及日本，1931年日本处于危机最严重的阶段，其工业总产值从1929年的74.2亿日元降到1931年的49.9亿日元，下降32.9%。煤产量下降30.7%，生铁下降30.5%，钢下降47.2%，石油下降41.9%，铜下降29.6%，造船下降88.2%，棉织品下降30.7%，对外贸易总额及生产总额都有了大幅下降。① 日本为摆脱经济危机，对内加强军事国家垄断资本主义，对外一开始走的是武力和经济外交结合的双重路线。日本从1918年

① 樊亢，宋则行主编：《外国经济史(近代现代)》第三册，北京：人民出版社1983年版，第184～185页。

就开始传播法西斯理论，20 世纪 20 年代初到 30 年代兴起民间法西斯运动和军部法西斯运动，鼓吹法西斯化的“国家改造”和“军部法西斯化”，并在发动全面侵略中国战争前建立起完备的法西斯体制。①

早在 1927 年，日本内阁就根据“东方会议”精神制定了《田中奏折》，集中表明了日本对华盛顿条约体系的看法：“华盛顿会议成立九国公约，我之满蒙特权及利益，概被限制，不能自由行动，我国之存立，随亦感受动摇。此种难关，如不极力打开，则我国之存立即不能巩固，国力自无由发展矣。”“若夫华盛顿九国公约，纯为贸易商战之精神，乃英、美富国欲以其富力，征服我日本在支那(中国)之势力。即军备案亦不外英、美等国欲限制我国军力之盛大，使无征服广大支那领土之军备能力，而置之那富源于英、美富力吸引之下，无一非打倒我日本之策略也。”“将来欲制支那，必以打倒美国势力为先决问题……惟欲征服支那，必先征服满、蒙，如欲征服世界，必先征服支那。倘支那完全可被我国征服，其它如小中亚细亚及印度、南洋等异服之民族，必畏我敬我而降于我。”②日本军国主义分子对日本在东亚殖民地与势力范围的占有极为不满，并以此为标准划分出所谓“富有”与“贫乏”国家，认为世界斗争无非是“富足”(haves)的国家和“贫乏”(have-nots)的国家之间的斗争，这种斗争是在极不平等的基础上展开的，假如这种不平等不能予以矫正，“富足者”坚持拒绝将已获得的特权转给“贫乏者”，那么，“除战争之外，别无他法”。③ 日本在华盛顿会议之后，在准备侵略中国的同时，还逐步将太平洋上的南洋群岛变成了军事要塞。在台湾、琉球、库页岛、千岛群岛和马绍尔群岛、马里亚纳

① 胡德坤：《中日战争史(1931—1945)》(修订本)，武汉：武汉大学出版社 2005 年版，第 49 ~ 54 页。(后文引述该书，仅出注作者及书名、卷数、页码)

② 彭明主编：《中国现代史资料选辑》第三册，北京：中国人民大学出版社 1988 年版，第 80 ~ 81 页。

③ Ian Nish. *Anglo-Japanese Alienation 1919-1952*, *Papers of the Anglo-Japanese Conference on the History of the Second World War.* London：Cambridge University Press，1982，p. 81.

群岛上修建了许多海、空军基地。1936年，日本进一步把“向南方海洋方面发展”定为国策。① 从日本总纲领和战略意图中我们可以看出，侵略中国只是日本争霸战争中的第一步，目的在于寻求未来扩大战争中的“立足点”。② 而在迈出这一步的同时，日本作好了与美英为敌的充分思想与政策准备，最终走向挑起与美英的战争冲突是日本达到对外侵略扩张战略目标中的关键步骤之一。

可以说，侵占中国仅仅是日本战略目标的第一步，而更大的战略目标则是侵占美英的太平洋领地，彻底摧垮华盛顿体系，以建立起日本东亚殖民大帝国。同时，日本将美国作为未来主要打击对手也是明确的。因此，日本具有挑动战争的主动性。经济大危机的形势极大地推动与刺激了日本军国主义势力，使其恶性膨胀与进一步变异为极端的法西斯集团，其对外侵略的构想也就逐渐演化为一场全面更改现存东亚格局的大规模战争的规划。1931年到1936年，日本军费支出增加了一倍以上，在国家总支出中所占比重从30.8%上升到47.2%，6年中日本用于发展军事的支出达70亿日元。从1934年到1937年，日本军队总人数达到107.8万人，增加了一倍以上。1930年时日本海军的发展速度就超过了美英，达到华盛顿海军会议所定比率的96%。③ 到了1936年，日本海军主力舰吨位增长了45%，而同期美英主力舰却分别减少了12%和5%。④ 日本为了实现其“海洋政策”，20世纪20年代就把它委任统辖的南洋群岛变为

① 复旦大学历史系编译：《日本帝国主义对外侵略史料选编》，上海：上海人民出版社1983年版，第136~137页。（后文引述该书，仅出注作者及书名、卷数、页码。）

② Herbert Feis. *The Road to Pearl Harbor, the Coming of the War Between the United States and Japan*. Princeton: Princeton University Press, 1963, p. 9.（后文引述该书，仅出注作者及书名、卷数、页码）

③ 樊亢等著：《主要资本主义国家经济简史》，北京：人民出版社1973年版，第331~335页。

④ James R. Leutze. *Bargaining for Supremacy: Anglo-American Naval Collaboration, 1937-1941*. Chapel Hill: University of North Carolina Press, 1977, p. 161.

军事要塞。很明显，在同日本的对峙中，美英处于不利境地，其受到日本攻击的危险性较之苏联更大。可以说，在发动全面侵华战争之前，日本就选择了军事实力相对不足的美英作为主要打击对象。进攻中国东北，向中国华北渗透，退出国联，废除海军条约等，都是日本向美英疯狂挑战的具体表现。

英国在“一战”后东亚格局中的地位恰如其在全球的地位，勉强维持“日不落”帝国，维护近代以来在东亚的传统势力范围与权益是英国的主要战略目标。由于英国整体实力在“一战”后明显下降，因此，在东亚日本需要认真对待的是具有强大经济实力的美国。美国在华盛顿体系中基本上获取了希望的所得，因此与英国一样也是战后东亚既定秩序的维护者。美国“门户开放”、“利益均沾”传统原则在“一战”后的再确定，有利于具有强大经济实力的美国通过经济竞争达到国家目的。但是美国及英国在未来日本的挑战与冲击面前并不占绝对优势。特别是世界经济大危机到来之时，更是迫使美国在日本的挑战面前处于守势地位。在20世纪30年代初的世界经济大危机中，从1929年到1933年，美国全国工业生产下降了55.6%，危机最严重的时候，钢铁工业仅开工15%。① 英国工业生产从1929年到1933年下降了16.5%。② 铁产量下降了27.5%，钢产量下降了46%，造船工业下降了91%。③ 而经济危机的冲击必然影响军事力量的提升。

美国在东亚方面能对日本构成威慑的是海军。从1916年开始至1918年，美国就修订了主要针对日本的海军扩军计划，20世纪20年代，美国海军也曾将日本视为“假想敌国”，1921年由美国陆海军部长批准的“橘计划”(Orange Plan)中规定要尽快在西太平洋

① ［苏］维戈斯基等著；大连外语学院俄语系翻译组译：《外交史》第三卷(下)，北京：三联书店1979年版，第47页。(后文引述该书，仅出注作者及书名、卷数、页码)

② 樊亢，宋则行主编：《外国经济史(近代现代)》第三册，北京：人民出版社1983年版，第9页。

③ ［苏］维戈斯基等著；大连外语学院俄语系翻译组译：《外交史》第三卷(下)，第87页。

掌握制海权，并以海军为主承担对日进攻战。① 但是美国上层在国内呼吁缩小庞大军费开支的压力下不可能完全实施计划所需要的海军舰只建造。美国总统赫伯特·胡佛(Herbert C. Hoover)执政时期，美国政府将扩张性军备收缩为防卫性军备，并在太平洋海军方面一度放弃视日本为"假想敌国"的军事战略。② 1932 年，美国总统胡佛将海军裁减从 1/4 增至 1/3，甚至放弃了 6 艘新驱逐舰的建造。F. D. 罗斯福(Franklin D. Roosevelt) 就任总统后，提出大规模扩充海军的提案，由于国会反对没有成功。1934 年 5 月，驻守马尼拉(Manila)的美国陆海军司令联名向上司提出：对付日本的"橘计划"不可能有效实行。罗斯福承认，"同日本海军相比，美方处明显劣势"。据美国《亚细亚月刊》报道，1935 年美国仅在主力舰方面接近于华盛顿条约所规定的吨位，而在其他舰艇的实力对比上，美国为 10，日本为 14.4，美国比条约规定的数字要少 430500 吨，明显落后于日本。同时，地处两洋的美国，海军力量分散。到 1938 年，美国国会才通过了美众议院海军事务委员会主席、共和党议员卡尔·文森(Carl Vinson) 1934 年提出的大力加强海军建设的提案——《文森海军法案》(*The Vinson-Trammell Act*)。③ 从美国在太平洋上的军事部署来看，美国应付日本武力冲突的准备也是不充分的。从北部的阿拉斯加(Alaska)，经中部的中途岛(Midway Island)到南部的西萨摩亚(Samoa Islands)的帕果帕果岛(Pago Pago)，是美国称为它在太平洋上的"进攻型"的、富有战略价值的势力圈。但是，华盛顿条约规定，美国不得在阿留申岛(Aleutian Islands)、菲律宾(Philippine)、关岛(Guam)等接近日本区域建立和扩建海军基地。美国"一战"以后几乎没有在这些地域

---

① Dorothy Borg, Shumpei Okamoto. *Pearl Harbor as History, Japanese-American Relations 1931-1941*. New York and London: Columbia University Press, 1973, p. 198. (后文引述该书，仅出注作者及书名、卷数、页码)

② Kenneth J. Hagan. *In Peace and War: Interpretations of American Naval History, 1775-1978*. Westport: Greenwood Press, 1978, p. 230.

③ Edgar B. Nixon. *Franklin D. Roosevelt and Foreign Affairs*. Cambridge: Harvard University Press, 1969, p. 370.

设防和增防。① 也就是说，在日本发动对中国的侵略时期，美国在太平洋上不仅没有一套所谓“进攻型”的体系，就连“防卫型”的体系也未建立。因此，美国军方认为，由于美国过去一直忽视海陆军建设，它不可能在西太平洋上与日本打仗。② 菲律宾作为重要的军事基地建设迟至太平洋战争爆发前才开始仓促进行。

英国在东亚也处于类似状态。据统计，1932 年是英国在第一次世界大战后防务开支最少的一年。由于海军实力有限，在“一战”中集中于英国本国海域的太平洋舰只无法重返远东。当时任财政部长的内维尔·张伯伦(Neville Chamberlain)说：“我们肯定经不起重建我们的作战舰队。”③在陆军方面，美国更是大大落后于日本，从 1922 年到 1935 年，美国陆军现役人数只在 14 万人左右徘徊，仅达到 1920 年国防法规定人数的一半，而且装备陈旧，缺乏训练。据 1935 年美国《幸福》月刊的报道，虽然美国步兵决定采用 M-1 加仑德半自动步枪，但总数还不足装备一个团。美国陆军主力部署在西半球，防御重点在欧洲方面。直到 1939 年第二次世界大战爆发，美国陆军才由 20 世纪 30 年代初期的 14.5 万人发展到 19 万人。由于经济危机的影响和其他种种因素，部队的装备陈旧，大多数人都还使用着“一战”时期遗留的武器。④ 因此，在应对日本咄咄逼人的武力侵略挑战的初期，处于守势的英国与美国，对付日本军备扩张，更多地是谋求与日本一起进行所谓国际裁军，并采取各种方式尽量维护东亚既得利益和所坚守的“门户开放”原则的战略。

华盛顿体系下的东亚格局也呈现出不同于第一次世界大战前的第二个特点，这就是东亚存在着制约世界战争的综合性因素。

---

① Dorothy Borg, Shumpei Okamoto. *Pearl Harbor as History, Japanese-American Relations 1931-1941*, p. 174.

② Herbert Feis. *The Road to Pearl Harbor*, p. 14.

③ Rohan Butler. *Documents on British Foreign Policy: 1919-1939*, Volume 4, London, Her Majesty Stationery Office, 1965, No. 267.

④ Dorothy Borg, Shumpei Okamoto. *Pearl Harbor as History, Japanese-American Relations 1931-1941*, pp. 165-166.

与第一次世界大战前相比，世界在战争与和平问题上发生了深刻的变化。俄国十月革命的成功并建立起人类第一个社会主义国家，导引着殖民地半殖民地国家的民族解放运动的全新发展，极大地改变了世界历史进程并深刻地影响着国际关系格局。同时，由于第一次世界大战的灾难性后果，资本主义世界也出现不愿意用世界大战的方式来达到自身目的的国家，这就是以美英为代表形成的维持国际现状的集团。也就是说，法西斯通过世界战争来达到侵略扩张目的所面对的国际综合对手拥有强大的道义与物资力量，其中美英在东西方国际关系中更是居于某种主导地位。法西斯只有通过各种手段分化所要攻击的对手，从局部战争入手渐进地向最终战略目标靠近。

就东亚而言，日本法西斯对外侵略并非易事。日本所从事的战争是与世界人民为敌的战争，发动和扩大这种战争，日本有着致命的弱点。日本对外侵略扩张面对的是华盛顿体系中除日本之外的一切国家。在道义上，它面对的是所有它试图侵略的东亚国家与人民；在利益上，它面对的是与东亚有着相关利益的一切国家，尤其是西方大国；在地缘上，它面对的是北有苏联、中有中国、南有美英的所有大国；在战争物资上，美英等西方大国拥有制约日本侵略所需的重要军事资源。特别应该注意的是，中国尽管当时积贫积弱，但从第一次世界大战开始，中国就一直警惕日本对中国的武力侵占，抵制着日本独霸中国的行动。中国的民族解放运动在“一战”后也发展到一个新的高度。20 世纪 20 年代，中国反对帝国主义统治奴役中国的民族解放运动高涨，代表时代进步的中国共产党的诞生，也标志着中国有了号召与凝聚全民族的现实力量。变化了的中国将在追求民族独立的同时，坚决反对一切外来武力侵略，中国将是日本实施对外侵略步骤首先面对的对手。正因为如此，日本才选择采取先打中国的战略，获取中国的资源，摆脱美英束缚，占领中国获取攻击美英苏的战略基地。从其后的历史发展观之，在侵略中国的每一步中，特别在发动全面侵华战争之前，日本确实并非随心所欲，极为害怕美英苏的干涉，因此运用武力渐进侵略的方针。在外交上，日本则采用纵横捭阖分化中美英苏之手段。

历史表明，在20世纪30年代法西斯国家开始进行的局部战争中，由于其侵略步骤首先是侵占殖民地半殖民地国家的领土，因此，受到法西斯侵略战火波及的国家和人民成为首先起来坚决反对法西斯侵略的力量。这说明在第二次世界大战全面爆发前，国际社会存在着制约战争恶性发展的现实因素。国际关系格局在战争与和平层面存在着法西斯对外侵略与反对法西斯侵略力量之间的制衡结构。同时，受到法西斯世界战争威胁的各国无论处于国际社会的何种位置，都不可避免地面临着一个共同的课题——如何对付法西斯挑动世界大战。即是说，第二次世界大战的初始时期，如何制约战争的走向与国际社会对这一共同问题的认识与判断、采取的应对政策与战略息息相关。这一点，作为国际关系中的主导国家能否从战略层面来看待与处理国际事务就至关重要。但第二次世界大战起源的历史表明，在这方面美英法在国际舞台上都走过了一段艰难曲折的路程，给当代人类提供了深刻的经验教训。

总之，东亚是世界法西斯发动对外侵略战争的起始点，同时也考验着东亚国际社会，尤其是华盛顿体系的主导国美英对这一问题的态度与政策：或者囿于传统权益观、权力观应对日本侵略的挑战，或者顺应时势对法西斯对外侵略进行准确的战略判断，形成制约法西斯侵略的有效机制与组合。历史的逻辑是，如同世界其他地域，东亚制约法西斯侵略的战略态势的形成还要经历一个较长的过程。美英东亚战略也经历了对法西斯侵略的绥靖与抵抗、妥协与遏制、被动与主动，最终走向反抗日本法西斯联盟的转换，而中国抗日战争对美英的这一转换则起到了主要推动作用。

二、日本侵略中国初期美英消极维护东亚权益的战略

从1931年“九一八”事变时期到1937年“七七”事变爆发，美英的绥靖妥协推动了日本在中国大陆步步南下，中国处在被日本蚕食殆尽的危险边缘，而美英在远东太平洋的战略态势也极为被动。英国是国际联盟的主导者，也是在中国有着头等利益的西方大国，从国际关系层面讲，英国的态度和政策举足轻重。但是，由于英国

在第一次世界大战后国力衰竭，勉强地支撑着庞大的帝国，在日本发动“九一八”事变后对英国在远东和中国的既得利益和势力范围的挑战，其应对明显力不从心。同时，日本侵华是向华盛顿体系展开全面冲击、彻底破坏东亚秩序的第一步。对美国而言，面临的将是东亚结构性危险，其未来发展趋势涉及美国自身的国家安全。因此，作为华盛顿体系的主导国美国的战略选择就显得十分重要，关系着日本侵略的未来走向。但是，在日本实施战略步骤的初始阶段，美英的应对是迟钝的，采取了消极维护自身东亚权益的战略。

日本发动“九一八”事变期间，以英国为首的国际联盟(League of Nations)在处理“事变”上采取了对日绥靖妥协的政策。1931年9月21日，中国将“事变”问题诉诸国际联盟，作为主导国联事务的英国持消极态度，对于事变的处理态度完全依据自身在华利益的维持程度。国际联盟的决议则是要求中日双方停止一切冲突。11月英国内阁决定，英国远东政策“应该是一种和解政策”。“我们的目标始终是促成和平解决，使我们自己避免卷入任何一方。”①英国外交大臣约翰·西蒙(John Simon)在下院明确表示，英国政府对日本只能用“友善与协调的方法”。② 在中国政府代表向国联提出起诉，要求国联采取行动制止日本侵略后，英国先是不分是非曲直，要求中日双方停止冲突，撤退军队。为了阻止国联作出制裁日本的决议，英国采取了以下偏袒日本的措施：一是明确表明反对在国联通过制裁日本的决议；二是对国联进行情报封锁，精心挑选向国联提交的情报。11月13日，英国官员范西塔特(Vansittart)写道：“我们得到的情报绝大多数无疑是非常不利于日本的。我认为，在这个关键时刻披露它们是不明智的。”③

① Christopher Thorne. *The Limits of Foreign Policy: The West, the League, and the Far Eastern Crisis of 1931-1933*. London: Oxford University, 1972, p. 211.(后文引述该书，仅出注作者及书名、卷数、页码)

② 方连庆:《国际关系史》(现代卷)，北京：北京大学出版社2004年版，第194页。

③ Christopher Thorne. *The Limits of Foreign Policy: the West, the League, and the Far Eastern Crisis of 1931-1933*, p. 191.

美国则是担心日本完全放弃20世纪20年代以来它所奉行的与美英西方国家的"协调"外交。美国对日本发动"九一八"事变的最初反应是关注"门户开放"原则，自身在华权益是否能够维护的问题。由于美日之间经济上的密切关系，美国更重视所谓远东美日之间的"友好"、"协调"关系。美国总统胡佛坚决反对制裁日本，认为日本在中国东北的侵略行动是"恢复秩序"，美国不能提出"异议"。美国国务院远东司斯坦利·霍恩贝克(Stanley Hombek)将日本侵华视为中日争端，反对美国参与国联活动。其观点得到胡佛的支持。① 美国驻华公使纳尔逊·T. 詹森(Nelson T. Johnson) 在1931年9月21日给美国国务卿亨利·L. 史汀生（Henry L. Stimson）的电文中阐述自己的看法时曾认为，日本军人的这一行动是有预谋的。② 但是，詹森的看法在当时却不为美国上层人物认可。以推行所谓对美英"协调外交"著称的"稳健派"代表人物日本外相币原重喜郎，由于反复宣扬美日亲善，深得美国的好感。美国也由此一直将日本在中国的武装挑衅活动看成是日本军方的激进分子所为。9月22日，史汀生对日本驻美大使谈到，他始终对币原重喜郎以及他对和平的企望充满信心。史汀生表示，鉴于币原与日本一些军人之间存在尖锐的矛盾，因此，他目前正在做的就是努力加强币原的地位。③ 美国驻日大使约瑟夫·格鲁（Joseph Grew)在给美国国务卿的电文中认为："处理中日争端，必须克制……有一点压力，不论是军事的或经济的，我相信都会促使(日本)全国团结成为军部的后盾，以致完全压倒稳健派势力。"④

---

① Dorothy Borg, Shumpei Okamoto. *Pearl Harbor as History*, *Japanese-American Relations 1931-1941*. p. 27.

② U. S. Department of States. *Papers Relating to the Foreign Relations of the United States*(以下注释中简称 *FRUS*), *Japan*: *1931-1941*, Volume Ⅰ, 1943, pp. 20-21.（后文引述该书，仅出注作者及书名、卷数、页码）

③ *FRUS*, *Japan*: *1931-1941*, Volume Ⅰ, pp. 27-28.

④ [美]约瑟夫·格鲁著；蒋湘泽译：《使日十年》，北京：商务印书馆1983年版，第70～76页。（后文引述该书，仅出注作者及书名、卷数、页码）

但是日本在中国东北继续扩大侵略的行径使史汀生不能不重视事变发展的趋势。1931年10月11日，史汀生致电美驻日代办内维尔(Neville)，让其向币原外相提出，美国国务卿"认为(日本)轰炸锦州是一件非常严重的事件"，希望澄清这一问题。① 10月20日，史汀生指令内维尔以照会形式将美方文件交给日本外相，内称，"希望中日两国制止任何可以导致战争的行动，并且在最近的将来能寻求用和平方法……解决目前的争论问题"。② 国联和美国的态度，都是试图在中日之间采取不偏不倚的姿态，根本不敢正视日本侵略的事实。这样，所谓依据《九国公约》(Nine-Power Treaty)维护中国主权、领土与行政完整就完全是空话。10月24日，国联行政院作出自"九一八"事变以来最为"强硬"的决议，即要求日本在11月16日以前将军队撤退到"南满"铁路区域之内，但是，决议仍然没有谴责日本为侵略者。而美国国务院坚决反对这项规定时间限制的决议，担心会刺激日本人民的"爱国热情"，从而加强日本军部的势力。其后日本在东北南下扩大侵略，美国方面也明白了日本所挑起的不是一次偶然性的事件，但是美国政府经过讨论，决定谨慎反应，并与国际联盟保持距离。③ 11月19日，美国驻日内瓦(Geneva)普遍裁军会议代表诺曼·戴维斯(Norman Davis)对日本驻国际联盟代表团团长松冈洋右说："美国了解日本的利益和困难，(美国)国务卿对日本并无敌意，反而确信日本最佳利益之所在，恰如确信美国在一些条约和世界和平利益中的权利和责任……假如日本采取积极态度，在世界各国的道义支持下与各国合作解决这个问题，日本会得到非常有益的机会，日本应当抓住这个机会。"④

可以说，美国对日本侵略中国的最初反应是将"事变"看成日

① *FRUS*, *Japan*: *1931-1941*, Volume Ⅰ, p. 21.

② *FRUS*, *Japan*: *1931-1941*, Volume Ⅰ, p. 27.

③ Dorothy Borg, Shumpei Okamoto, *Pearl Harbor as History*, *Japanese-American Relations 1931-1941*, p. 94, 27.

④ *FRUS*, *Japan*: *1931-1941*, Volume Ⅰ, p. 105.

本的一般扩张问题，关注的是美国权益的维护，这比较集中地反映在史汀生“不承认原则”(Stimson Doctrine)的提出。1932年1月7日，史汀生致电美国驻日大使福勃斯(Forbes)，让其代表美国政府向日本外务省递交照会，照会中称：“……鉴于目前局势及美国在该地区(中国东北南部地区——作者注)的权利及义务，美国政府认为有责任通告日本帝国政府和中华民国政府，美国政府不能承认任何既成事实情势的合法性，也将不承认由中、日两国政府，或者其他任何代理方所订立的有损于美国，或者有损于美国在华公民的条约权利，也包括关于中华民国的主权、独立或领土及行政完整，或有损于有关中国的国际政策，即普遍认知的门户开放政策的任何条约或协议；也不准备承认可能与1928年8月27日中、日、美三国均为缔约国的《巴黎公约》(Pact of Paris)的条款和义务相背离而造成的任何局势、条约和协议。”①照会是向中日双方提出的。内容不是谴责日本对中国领土主权的侵犯，关注的重点是美国在华利益的“门户开放”政策及条约权利。史汀生则把“不承认原则”称为对日本的“心理战”，吓一下日本。正如一位美国学者指出的，这种做法除了一无所获外，别无它得。他引用英国爵士卡赛尔的话总结说：“如果我们依赖的是舆论的话，那末，我们全部的错事均在于此。”②

但是，即使对美国的“不承认原则”这样一种对日本没有任何制约的宣示，英国也采取了不配合的做法。在日本攻占了中国东北的锦州后，史汀生认识到事态严重，他希望与英法同时对日本和中国发出照会，不承认日本以武力改变中国现状。1932年1月5日，英国驻美大使罗纳德·林赛(Ronald Lindsay)把美国的这一要求通知了英国外交部，遭到了英外交部远东司官员们几乎一致的反对。史汀生只好在1月7日单独发表“不承认原则”的政策声明。声明发表后，史汀生仍指望得到英国的配合。1月8日，英国外交大臣

---

① *FRUS*, *Japan*: *1931-1941*, Volume Ⅰ, p. 76.

② Dorothy Borg, Shumpei Okamoto. *Pearl Harbor as History*, *Japanese-American Relations 1931-1941*, pp. 386-391.

西蒙对日本驻英大使继续重申："'门户开放'原则对于在满洲(中国东北——作者注)的国际贸易来说是受到华盛顿九国公约保护的，英国认为这一原则是最为重要的……充分注意到日本(1931年——作者注)10月在日内瓦国联理事会上的表态：'日本在满洲没有领土野心；但是有至关重要的政治与经济利益。'对于各国在满洲的经济活动而言，平等机会与'门户开放'原则是受到保护的。日本首相在12月28日也说日本将遵守'门户开放'政策，欢迎外部在满洲参加与合作开办企业。"1月9日，西蒙在给林赛的电文中称，对于日本的表态，没有理由怀疑。① 3月，日本在中国东北成立分割中国领土与破坏中国主权的"满洲国"，英国在中国东北的利益受到进一步打击。但是英国只是希望日本维护英国在东北的权益，认为应尽量避免与日本的经济冲突，认为"经济战争是最坏的战争形式，英国不能实行"。②

在美英上层中还有从意识形态为基点看待国际问题的人士，认为或者希望日本侵略中国东北的进一步发展是北进苏联。格鲁为日本辩解说，"日本许多当权人物虽曾助长侵略行动，却抱有自以为防御的心理"；"我坚持认为他们的力量是扎根于一种防御的态度，即恐惧俄国，担心日本的安全"。③ 胡佛说得更直接："如果日本人对我们公开声明说：我们不能再遵守华盛顿协定……除了北方和布尔什维主义的俄国接壤外，还要处在可能布尔什维化的中国的侧面，那就使我国的生存受到威胁，所以，请你们给我国恢复中国秩序的机会。如果他们向我们公开声明这一点，我们也许就不能提出

---

① Kenneth Bourne, D. Cameron Watt, Micheael Partridge (General Editors). *British Documents on Foreign Affairs: Reports and Papers from the Foreign Office Confidential Print* (以下注释简称 *BDFA*), Part Ⅱ *From the First to the Second World War*, Series E, *Asia*, Volume 40, *China*, University Publications of America, 1996, p. 4, 6. (后文引述该书，仅出注作者及书名、卷数、页码)

② 中国社会科学院近代史研究所译：《顾维钧回忆录》第二分册，北京：中华书局1985年版，第17～18页。(后文引述该书，仅出注作者及书名、卷数、页码)

③ [美]约瑟夫·格鲁著；蒋湘泽译：《使日十年》，第92～93页。

异议了。"①英国总参谋长米勒(Millor)指出："日本对'满洲'控制的扩大比不可避免的另一种结果——苏维埃影响的扩大对英帝国的危害要小。"②英国阿舒尔(Ashur)爵士则在上院公开表示，英国必须使日本的扩张不是向南而是向北。③ 英国驻日大使认为，日本进兵中国东北是可以理解的，"满洲"之于日本，如同爱尔兰(Ireland)和埃及(Egypt)之于英国"。④

事实正是如此。日本在发动"事变"以前还未曾试过"集体意志"的力量，美英的反应表明不仅没有所谓"集体意志"，就连起码的强硬态度和措施也没有，反而使日本夺得了全面侵华的重要战略地势和资源供给地。英国一位官员后来回忆说："如果在日本军国主义恶性膨胀前要由外部干涉遏制它的话，那么日军进入满洲屯(中国沈阳)时是很好的时机。"⑤这种说法有一定道理，因为日本进攻中国东北的时候还不具备打大仗的能力，极为害怕西方国家和苏联的联合干预。"事变"第二天，日本内阁紧急会议还决定了"竭力不使事态扩大"的方针。⑥ 1932 年 8 月 27 日日本内阁会议指出，日本面临的形势"今后也包藏着许多难关"，需"努力利用各国间的友好关系"。⑦ 1936 年日本四相会议提出的外交方针是："目前要尊重美国对华通商上的利益。""对欧洲，调整日英关系。同时以日、美间经济上的相互

① Sara R. Smith. *The Manchurian Crisis, 1931-1932: A Tragedy in International Relations.* New York: Columbia University Press, 1948, pp. 149-150.

② Christopher Thorne. *The Limits of Foreign Policy.* London: Macmillan Company, 1973, p. 358.

③ [苏]伊万诺夫：《第二次世界大战期间的国际关系概述》，北京：高等教育出版社 1959 年版，第 42 页。

④ William Roger Louis. *British Strategy in the Far East 1919-1939.* New York: Oxford University Press, 1971, p. 6.

⑤ Robert Craigie. *Behind the Japanese Mask.* London: Hutchinson, 1945, p. 9.

⑥ 复旦大学历史系编译：《日本帝国主义对外侵略史料选编》，上海：上海人民出版社 1983 年版，第 181～186 页。(后文引述该书，仅出注作者及书名、卷数、页码)

⑦ 复旦大学历史系编译：《日本帝国主义对外侵略史料选编》，第 141～148页。

依靠关系为基础，力求增进亲善关系，并竭力使它不阻挠帝国实现东亚政策。”①可以证明，日本在实施侵略政策的过程中并非一味骄横，而是顾虑重重，中心点就在于怕英、美、苏联合反对它对中国的侵略，从政治、经济、军事诸方面干扰它实施霸权计划。

比较“九一八”事变，英美等西方国家更重视日本侵略中国问题是在1932年的“一·二八”事变，这是由于日本的侵略涉及它们的在华权益的核心部位——上海。由于美英等国的在华重要利益和势力范围受到威胁，因此采取了较“九一八”事变相对强硬的反应。如派兵舰到上海，并出面调停所谓“中日冲突”。1932年1月31日，美国国务卿史汀生告知美国驻日大使福勃斯，说海军部已命令驻马尼拉的美国亚洲舰队司令泰勒(Taylor)上将，率领旗舰豪斯顿号及若干驱逐舰开到上海。2月1日，史汀生指示福勃斯向日本外相递交美国照会——列强对停止冲突的建议：两国间不再动员或准备任何进一步的敌对行为；中日交战部队从上海各交战地点后撤；建立中立区以分割交战部队，以保护公共租界。② 2月1日，美国就上海问题向中日双方提出“劝告”：“一、中日双方立即停止一切暴力行为及暴力行动准备；二、中日双方不能进行(军事)动员及动员准备；三、上海中日双方军队接触之地立即划开；四、划开之地由友军驻扎；五、停止冲突后，由列强居间从事交涉，以解决中日间的一切争端。根据《非战公约》(Kellogg-Briand Pact，也称《凯洛格—白里安公约》、《凯洛格公约》或《巴黎公约》——作者注)及国联行政院12月9日决议，中日双方不得有预先要求或其他保留之条件，并由列强列席或参加交涉。”③2月2日，由英、美、法、意、德等国照会中日两国，提出停止冲突的提案。提案貌似公正，但实质与李顿调查团(Lytton Commisson)报告书所取态度和观点一

---

① 复旦大学历史系编译：《日本帝国主义对外侵略史料选编》，第199～203页。

② *FRUS*, *Japan*: *1931-1941*, Volume Ⅰ, pp. 168-169, 174-175.

③ 彭明主编：《中国现代史资料选辑》第四册，北京：中国人民大学出版社1989年版，第8～9页。(后文引述该书，仅出注作者及书名、卷数、页码)

样。提案提出，“双方……立即停止各种暴力行为……此后不再有动员或准备任何敌对行为……设立中立区域，分离双方作战人员，以保护公共租界，该项区域由中立国军警驻防，各种办法，由领事团拟定”。① 可见，美英对日本侵略中国的关注点和原则掌握是明确的，就是以自身利益是否受到根本侵害为转移。

在美英的妥协退让之下，也由于中国当时陷于内战之中而片面依赖国联“仲裁”，因此，日本得以通过武力侵略将中国东北据为自己独占的殖民地。1932 年，日本与其扶植的傀儡政权“满洲国”组成“日满经济集团”，推行所谓“日满统治经济政策”，统治中国东北关税贸易，排斥他国商品，形成独占市场。1933 年，日本对华输出总额为 9.7%，② 仅次于英国。日本对中国东北三省的输出远远超过输入，实施对中国东北倾销商品、疯狂掠夺中国资源的战略措施。日本以前在中国市场与英美竞争失去的份额都在控制掠夺中国东北金融命脉、资源、矿藏、铁路交通的活动中完全补偿回来，同时，中国东北也成了日本经济战略要地。③ 更为重要的是，日本侵占中国东北，也就与其独占的殖民地朝鲜形成了一个相对稳固的扩大侵略中国战火的战略后方基地，中国被日本独占与美英在华权益完全被排除是中美英面临的严峻形势。

“九一八”事变后，日本在中国大陆步步南下，“要把整个中国从几个帝国主义国家都有份的半殖民地状态改变为日本独占的殖民地状态”。④ 但是，美英消极维护东亚利益的基本战略并没有发生

① 转引自军事科学院军事历史研究部：《中国抗日战争史》上卷，北京：解放军出版社 1991 年版，第 221 页。（后文引述该书，仅出注作者及书名、卷数、页码）

② 仇华飞：《试论“九一八”后日本与英、美对中国市场的竞争》，《档案与史学》，1997 年第 6 期。

③ 仇华飞：《试论“九一八”后日本与英、美对中国市场的竞争》，《档案与史学》，1997 年第 6 期。

④ 中共中央文献研究室编：《毛泽东选集》第一卷，北京：人民出版社 1991 年版，第 143 页。（后文引述该书，仅出注作者及书名、卷数、页码）

实质性的改变。1933年初，日本在山海关发动战事，在中国大陆南下的趋向明显，也进一步威胁英美在中国的主要利益区域。英国财政大臣张伯伦认为，没必要限制日本的贸易扩张。这样，英国政府就打算用改善英日关系的办法来防止日本对其利益的损害，希望英日两国在中国划分两个势力范围和贸易范围。① 日本驻美大使还公开向史汀生表示：提倡在"满洲国"问题上妥协的日本内阁不可能在日本存在下去。史汀生回答，他的看法是，如果是这样，日本就只有退出国际联盟和《凯洛格公约》。② 2月24日，国际联盟通过决议，表示对"中日争端"的发展不能"漠不关心"，要求会员国能在关于"满洲"局势问题上采取一致行动，"为尽力促进在远东建立与本决议所建议的相符的情势"。史汀生对国联通过的决议表示同意，并表示"美国的意图大致与国联相符合"，但是，史汀生不愿开罪日本，又强调说，美国的态度"目的在于以和平方式维持和平和解决国际纠纷"。③ 罗斯福1933年就任总统后宣布，不准备鼓动对日本实行制裁。④ 美英的态度使日本更加胆大妄为，其扩大侵略的野心和对美英挑战的气焰也毫不掩饰。

1934年1月5日，日本统制派军人在"处理政治事变纲要"中提到："此后仍以武力支持对华国策的实行，要有不惜挑起对英美战争的决心。"⑤4月17日，日本外务省国际情报部主任天羽英二发表"非正式"声明："由于日本在与中国关系上的特殊地位，日本在关于中国问题上的观点和态度或许在每一方面与其他各国不相一致，但是必须认清，日本肩负着尽最大努力实行它的使命和履行它

---

① Ann Trotter. *Britain and East Asia 1933-1937*. London and New York: Cambridge University Press, 1975, p. 374.

② *FRUS*, *Japan*: *1931-1941*, Volume Ⅰ, p. 108.

③ *FRUS*, *Japan*: *1931-1941*, Volume Ⅰ, p. 113, 115.

④ [美]约翰·科斯塔洛著；王伟，夏海涛等译：《太平洋战争史》上册，北京：东方出版社1985年版，第55～56页。(后文引述该书，仅出注作者及书名、卷数、页码)

⑤ 复旦大学历史系：《日本帝国主义对外侵略史料选编》，第116页。

在东亚的特殊责任。”①美国国务卿科德尔·赫尔(Cordell Hull)尽管表示了不满，同时又安抚日本，希望美日之间“以十分友好和互相谅解的方式共同工作”，表示美国将“走一半的路去迎合日本政府”。② 赫尔一方面表示对日本的不满，另一方面则是继续对日妥协纵容，指示远东司制定一个方案，尽量减少与日本的摩擦。③ 美国国务院远东司根据赫尔旨意提出方案：美国不必再贷款给中国；必须劝阻美国公众提出的给中国政府当军事顾问的要求，反对美国在中国的军事人员支持或参加抗日行动；严格控制对中国的武器、军需品的供应，美国对华经济援助应严格遵循美日友好原则。美国财政部长亨利·摩根索（Henry Morgenthau）曾提出给中国5亿美元贷款以稳定其财政，但罗斯福赞同赫尔的意见，唯恐与“天羽声明”发生冲突，否决了摩根索的建议，并表示“赫尔走多远，我就走多远”。同时指示赫尔，避免参加其他国家的援华活动。④ 美英尽管都认识到“天羽声明”是日本独霸中国乃至远东野心的表露，对日本分别提出了咨询，但总的反应温和。赫尔还指示国务院远东司制定方案，尽量减少与日本的摩擦。⑤

日本向中国华北步步进逼之际，英国和美国基本上采取了妥协姿态。其后，就是美日间在中国东北石油产品问题上长时间的交涉往返。8月2日，日本外务省向美国驻日大使格鲁递交了一份“关于‘满洲’石油计划”的非正式备忘录。8月31日，美国驻日大使向日本外务省答复美国政府的声明：“美国政府只能得出这样的结论：实施这样的计划会在‘满洲’导致对石油工业的垄断和控制。

① *FRUS*, *Japan*: *1931-1941*, Volume Ⅰ, p. 224.

② Dorothy Borg. *The United States and the Far Eastern Crisis of 1933-1938*, Cambridge: Harvard University Press, 1964, p. 94.

③ Dorothy Borg, Shumpei Okamoto. *Pearl Harbor as History*, *Japanese-American Relations 1931-1941*. p. 109.

④ Dorothy Borg, Shumpei Okamoto. *Pearl Harbor as History*, *Japanese-American Relations 1931-1941*. p. 346.

⑤ Dorothy Borg, Shumpei Okamoto. *Pearl Harbor as History*, *Japanese-American Relations 1931-1941*, p. 109.

在任何领域实行垄断和控制都将损害美国公民的条约权利，也与门户开放原则相背离。”11月30日，美国政府再次提请日本政府注意“满洲”的石油产品垄断问题，希望日本政府“劝阻垄断计划的发起者放弃这项计划”。1935年4月16日，美国驻日大使格鲁发表口头声明，进一步表示美国对日本在中国东北的石油垄断不满。①

对于英美的妥协，日本并没有止住脚步，反而直接对华盛顿体系条约规范公开提出挑战。1934年10月，日本在英美日伦敦有关华盛顿会议海军条约续订问题的会谈中，提出各种军舰的吨位与英美均等的要求。12月29日，日本驻美大使斋藤博照会美国，宣布日本将于1936年12月31日终止在1922年华盛顿会议签署的海军条约。1935年，日本财阀狂妄叫嚣：“以军事力量确保东洋市场。”1936年8月7日，日本五相会议决定：“帝国鉴于内外形势，认为帝国当前应该确立的根本国策，在于外交和国防互相配合，一方面确保帝国在东亚大陆的地位，另一方面向南洋发展。”②

美英对于日本在中国华北渗透所采取的态度同样是消极应对。1936年1月间，美国驻日大使格鲁分析认为，日本军事计划在华北并没有稳步地实行，原因主要是为了巩固日本在“满洲”的不稳定地位，以对付苏联。因此，美国明智的政策是保护美国在远东的长远利益，主张美国与日本保持特殊的关系。③ 2月7日，同样围绕美国东亚权益问题，格鲁分析，日本在中国华北的扩张主义行动将极大地损害美国在中国华北的权益，恰如日本在“满洲”已经做的那样。同样，也会损害比美国更多的英国权益。格鲁主张美国可以与日本签订一系列政治条约，同时美国拥有一支足以进行防卫的

---

① *FRUS*, *Japan*: *1931-1941*, Volume Ⅰ, pp. 133, 143-144, 150-151.

② ［日］信夫清三郎编；天津社会科学院日本问题研究所译：《日本外交史》下册，北京：商务印书馆1980年版，第395页。(后文引述该书，仅出注作者及书名、卷数、页码)复旦大学历史系编译：《日本帝国主义对外侵略史料选编》，第136页。

③ *FRUS*, *1936*, Volume Ⅳ, *The Far East*, Washington: United States Government Printing Office, 1954, pp. 7-8. (后文引述该书，仅出注作者及书名、卷数、页码)

舰队，就可以使美国在保护自己的远东利益中获得良好的地位。①10月7日，美国副国务卿致电美驻华使馆顾问佩克(Peck)，重申美国坚持九国公约立场不变，美国将继续保持与发展同中国与日本的密切关系。② 与对日本侵华态度形成反差的是，美国此间密切注视日本政府对未来扩张方向的讨论，特别是是否会涉及美国及英国在太平洋的权益问题。美国也极为关注日本对中国海关职能和关税的破坏，因为这种行动“使(中国)海关不能偿付外国贷款及赔偿”。③ 另外，在日本加紧对中国华北渗透期间，美国在日本增兵华北活动、日本华北走私、美国在华北驻军去留等问题上，都保持了相当的低调，总的原则就是不要卷入到中日冲突之中，希望尽可能地保留美国在华的各项权益不受侵害。

可以说，美英对日本侵华问题在这一阶段的消极态度，主要根源是消极维护美英东亚权益战略。在这一战略下，美英上层对日本侵略战争走向和未来目标的分析是不清晰、不准确的。美英在日本侵略中国东北，并逐步扩大对中国华北的渗透问题上的消极对应，是日本敢于挑起全面侵华战火的重要原因之一。

中日全面战争初期，美英的政策还没有发生重大变化，其军政上层还在观望，看中国能否坚持抗战。西方的一些报刊预言：“中国人不懂得现代战争。训练有素的日军将像刀子切黄油一样在中国人中开辟通道。几周之内一切都将结束。”④对于“七七”事变，英美基本态度一致，毫不区分侵略与被侵略，温和地劝阻中日双方进行所谓“克制”，除了要求日本保护在华外国人的生命财产外，对日本没有任何强硬的表示。1937年7月12日，美国国务院发布新闻简报的说法是：“日中之间的武装冲突将对世界和平及进步构成

---

① *FRUS*, *1936*, Volume Ⅳ, *The Far East*. p. 48.

② *FRUS*, *1936*, Volume Ⅳ, *The Far East*, p. 344.

③ *FRUS*, *Japan*: *1931-1941*, Volome Ⅰ, pp. 729-754.

④ [日]矶野富士子整理；吴心伯译：《蒋介石的美国顾问——欧文·拉铁摩尔》，上海：复旦大学出版社1996年版，第61页。(后文引述该书，仅出注作者及书名、卷数、页码)

重大打击。”①同时，美国政府仍然将关注点集中在维护自身的在华权益之上，更多地是关注上海方面的战事。② 同日，美国国务院远东司顾问霍恩贝克对中国驻美参赞谈到，（美国）国务卿已经对中日冲突表明了立场，不希望中日冲突进一步发展。霍恩贝克还表示，希望中日双方克制，双方需要考虑到两国人民的利益，同时也要考虑到全世界的利益。没有国家会允许自己卷入战争。③ 同日，赫尔在与日本驻美大使的谈话中表示，希望日本自我克制。美国政府极其关注世界任何地方和平的维持。热切希望日本向着营造一个恢复和平与稳定的机会的方向做出贡献，而不是通过严重的军事作战的方式失去这一机会。同日下午，在与中日驻美外交人士的谈话中，赫尔将中日同等对待，认为“中日的武装冲突对世界和平与进步是一个严重打击”。④

美英对中国请求调停的建议采取了避却的态度。1937 年 7 月 13 日，美国驻英国大使在给美国国务卿的电文中，报告了中国提出请英国调停中日战争，英国表示，除非中日双方都提出这一要求，而日本方面并没有表示这一愿望，因此，英国在任何情况下都将不参与调停。美驻日大使格鲁也认为，美国没有任何理由参与调停行动。⑤ 7 月 14 日，霍恩贝克遵照罗斯福批准的答复，对英国驻美大使进一步表示，美国已经向中日双方提出了维护和平的重要性，也希望英国向中日双方提出，但是，美国没有可能进行调停。其后美国对英方表示，在对中日冲突问题上，美国采取与英国平行行动的立场。⑥ 7 月 16 日，赫尔在回应中国驻美大使要求美国援引《九国公约》处理中日冲突时，仅仅表示希望维护和平，没有正

---

① *FRUS*, *Japan*: *1931-1941* Volume Ⅰ, p. 321.

② *FRUS*, *Japan*: *1931-1941* Vol. Ⅰ, pp. 355-356.

③ *FRUS*, *1937*, Volume Ⅲ, *The Far East*, Washington: United States Government Printing Office, 1954, pp. 143-144.（后文引述该书，仅出注作者及书名、卷数、页码）

④ *FRUS*, *1937*, Volume Ⅲ, *The Far East*, pp. 147-148.

⑤ *FRUS*, *1937*, Volume Ⅲ, *The Far East*, p. 154, 157.

⑥ *FRUS*, *1937*, Volume Ⅲ, *The Far East*, pp. 159-161.

面回答。① 在7月16日的声明中，赫尔谈道："中日之间的武装冲突，对和平和世界进步事业将是一个重大打击。"要求中日双方停止敌对行动。葡萄牙报刊文章严厉批评说："(赫尔)声明反映了那种用含糊公式以求得解决严重国际问题的习惯。"②

对于中国多次要求美英等西方国家援引《九国公约》与《非战公约》对日本侵略中国行径予以谴责的问题，美英都采取了回避态度，维持着美国国务院声明的基本思路。美国也极力回避与英国的共同行动。7月20日，英国使馆致电赫尔，表示英国希望与美国共同对中日双方提出，中日停止增兵，由美英联合提出建议以解决目前(中日冲突)的僵局。赫尔的回电回避了美英合作提出建议的问题，表示美国将独自向中日双方提出避免武力冲突。21日英使馆再次提出美英联合行动问题，美国则是坚持平行行动，单独向日驻美大使表示了与赫尔声明相一致的态度，其中没有谴责日本侵略的意思。③ 美国驻华大使詹森1937年7月间给美国国务院的电文中多数内容是关于反对日本在"满洲国"建立排他性的垄断地位，批评英国寻求与日本的某种合作，反对日本排斥美英在中国东北利益方面等。④ 格鲁在7月24日的电文中甚至认为，美国(对日本)可能的抗议应该限制在日本干扰美国在华公民与财产的情况下做出，并应该注意抗议的方式。⑤ 8月6日，赫尔在与中国驻美大使的谈话中，否认美国曾向英国提议在中日战争问题上共同援引《九国公约》的说法。⑥

美英在"七七"事变后对中日战争做出比较实际的反应是在"八一三"事变爆发时期，这与1932年美英对"一·二八"事变的态

---

① *FRUS*, *1937*, Volume Ⅲ, *The Far East*, pp. 189-190.

② [美]罗伯特·达莱克著；伊伟等译：《罗斯福与外交政策(1932—1945)》上册，北京：商务印书馆1984年版，第210页。(后文引述该书，仅出注作者及书名、卷数、页码)

③ *FRUS*, *1937*, Volume Ⅲ, *The Far East*, pp. 226-228.

④ *FRUS*, *1936*, Volume Ⅳ, *The Far East*, pp. 600-619.

⑤ *FRUS*, *1937*, Volume Ⅲ, *The Far East*, p. 256.

⑥ *FRUS*, *1937*, Volume Ⅲ, *The Far East*, p. 333.

度类似。在上海问题上，美国并不太多地强调美英平行行动，而是希望美英法德意诸国的驻华领事官员共同对中日进行交涉，这是美英维护自身在华权益总体思考的集中体现。1937 年 8 月 7 日，赫尔对上海方面事态表示严重关注，在给詹森的电文中，赫尔指示其与英国驻华大使及其他国家大使一道商议，向中日提出：保证其军队驻扎于距离国际租借区 10 公里的地域；不能将租借区以及周围区域作为军队的军事基地。① 8 月 9 日，赫尔再次指示詹森会同其他西方国家外交同僚向中日提出不要将上海作为冲突的地区，并将上海与可能冲突的地区分隔开来。② 8 月 11 日，美英德法意驻华使节联合向中国外交部与日本驻华使馆致信，希望中国政府采取一切措施将上海与可能冲突的地区分割开来，避免在上海发生所有冲突。相信中日能做到这一点。③ 12 日，赫尔再次指示美驻上海总领事高斯(Gauss)会同其他国家外交同僚，要求其向中国政府提出稳定上海局势；还授权詹森向中日提出建议，中日双方就避免在上海的冲突进行和平谈判。④ 13 日，詹森与英国大使共同敦促中国提出避免上海冲突。赫尔表示赞同。⑤ 同日，赫尔对日本大使强调，中日在上海的冲突将引起严重的后果，如果上海成为战斗的战场，世界将认为冲突双方都将承担责任。赫尔并将谈话转告英国驻美大使，通知其在南京的同僚，敦促中国政府避免局势的恶化。⑥ 14 日，詹森再次向蒋介石提出保护在上海的外国侨民问题。同日，格鲁报告，英国驻上海领事馆外交官员多兹(Dodds)在发给英外交部的电文中也认为，中日双方都应对上海冲突负责。⑦ 霍恩贝克在与日本驻美大使谈话中，针对日本大使将责任全部推到中国方面的说法，详尽地阐述了美方认为中日双方应对上海军事形势负道义责

---

① *FRUS*, *1937*, Volume Ⅲ, *The Far East*, p. 352.
② *FRUS*, *1937*, Volume Ⅲ, *The Far East*, pp. 363-364.
③ *FRUS*, *1937*, Volume Ⅲ, *The Far East*, p. 376.
④ *FRUS*, *1937*, Volume Ⅲ, *The Far East*, pp. 382-383, 388.
⑤ *FRUS*, *1937*, Volume Ⅲ, *The Far East*, pp. 391-393.
⑥ *FRUS*, *1937*, Volume Ⅲ, *The Far East*, pp. 400-401.
⑦ *FRUS*, *1937*, Volume Ⅲ, *The Far East*, p. 405, 410.

任的看法，认为，如果中日双方任何一方不将军队派到上海，就不会有战斗，如果任何一方军队不滞留在那里，也不会有战斗。① 英国驻华大使 14 日也向中国外长王宠惠转达了英国政府与美国相似的意见。② 15 日，美国亚洲舰队司令亚内尔(Yarnell)提出从美国圣迭哥(San Diego)派遣 1000 名海军陆战队员到上海的建议。霍恩贝克表示同意。赫尔则在 8 月 16 日给詹森的电文中希望得到詹森关于中国反应的看法，为罗斯福援引 1935 年 5 月 1 日的中立法采取行动提供参照。③ 美海军部 8 月 17 日派遣 1200 名海军陆战队员从圣迭哥与加利福尼亚起航赴上海撤离美国公民。④ 18 日，赫尔致电驻法大使蒲立特(Bullitt)，告知"因为中日双方都不能结束上海战事，罗斯福在 17 日决定对中日双方实行中立法，24 小时生效"。赫尔认为应敦促中日双方在这一时间之内从上海撤军结束冲突。⑤

但是，美英对上海问题的严重关注并没有改变美英所谓在"中日冲突"保持"不偏不倚"的原则态度。1937 年 8 月 23 日，日本大规模进攻上海。27 日，美国驻日本大使格鲁致电美国国务院，认为美国对中日战事应该采取的政策是"避免介入……保持中立……维护美日双方的传统友谊"。8 月 27 日，针对日本封锁中国上海到汕头海岸线的行动，赫尔在声明中称，日本与中国对于封锁给美国利益带来的损失将负同等责任。9 月 2 日，赫尔复电格鲁，基本同意他的意见。赫尔电中称："在目前紧张局势中，美国政府努力遵循一条完全客观的路线……国务卿欣慰地得知日本感到美国的方针旨在公正和无偏见……美国的基本目标应包括：(1)避免卷入。(2)保护美国(在华)公民的生命、财产和权利……国务卿不希望日本对美国政府形成下述印象：美国对日本的方针不能给予像英国政

① *FRUS*, *1937*, Volume Ⅲ, *The Far East*, p. 411.

② *FRUS*, *1937*, Volume Ⅲ, *The Far East*, p. 413.

③ *FRUS*, *1937*, Volume Ⅲ, *The Far East*, pp. 420-424.

④ *FRUS*, *1937*, Volume Ⅲ, *The Far East*, p. 430.

⑤ *FRUS*, *1937*, Volume Ⅲ, *The Far East*, p. 442.

府给予的谅解，或者在不赞成的态度上超过英国政府的态度，或者对日本正在实行的任何方针都采取不宽容的态度。”①9月14日美国国务院的正式声明指出：“属于美国政府的商船在得到进一步指示之前，不许运送任何种类的军火、军用品和军事装备去中国或日本……其他悬挂美国国旗的商船，在得到进一步指示之前，若企图运送上述物资去中国和日本，一切责任和危险由自己承担。”对于美国的态度，日本求之不得。9月22日，格鲁电文报告，日本陆军深切感谢美国在“中国事件”中严格遵守中立。② 在德、英、法对日本轰炸中国南京与广州造成大量平民伤亡向日本提出抗议之后，9月27日，赫尔对日本驻美使馆官员陈述了日本轰炸南京、广州造成大量“非战斗人员”伤亡的事实。9月29日，赫尔电告格鲁关注日本轰炸对美国利益造成损害，并坚持将这一情况作为对日交涉的主题。③ 10月1日，美国国务院指示格鲁向日本陈述了日本轰炸造成后果的事实，但未表明美国的明确谴责态度。④

美英的态度发生微妙转变是鉴于中国与国际社会对日本在华暴行的普遍谴责，但是在是否对日本实施制裁问题上仍然坚持不赞成态度。在对日制裁问题上，英国认为只有美国合作才能进行，而美国则不赞成制裁，更不愿与英国在这方面合作，影响美日关系。美国甚至有人认为美国不应该为英国“火中取栗”。1937年10月2日，美国驻英使馆参赞报道了英国民众对日本在中国屠杀中国市民表示抗议，认为日本在中国的行径也侵犯了英国的利益，主张对日实施经济制裁。但是，英国政府内的保守派则对政府施压，认为不能抵制日货，因为没有美国的参与对日经济禁运是无效的。⑤ 10月6日，国际联盟全体大会通过第一个报告的结论，结论谈到，

① *FRUS*, *Japan: 1931-1941*, Volume Ⅰ, pp. 362-363.

② *FRUS*, *1937*, Volume Ⅲ, *The Far East*, p. 543.

③ *FRUS*, *1937*, Volume Ⅲ, *The Far East*, p. 558.

④ *FRUS*, *1937*, Volume Ⅲ, *The Far East*, p. 554, 559

⑤ *FRUS*, *1937*, Volume Ⅲ, *The Far East*, pp. 573-574.

“无可争辩的情况是，强大的日本军队侵入了中国领土，并对中国包括北平在内的广大地域进行了军事控制。日本政府还用海军封锁中国海岸，禁止运输船舶进入中国。日本空军也正在对中国大片地域进行轰炸……日本目前通过陆、海、空从事对中国的军事作战，其在程度上完全超出了开始引发冲突的事件……这些行为不论从现有的法律文件或者从自卫权利原则上来看，都不能证明它是合理的，而它又是与日本在 1922 年 2 月 6 日签署的《九国公约》和 1928 年 8 月 27 日签署的《巴黎公约》(即《非战公约》)所承担的责任相违背的”。国联顾问委员会向大会提议，以国联全体大会的名义向中国表示道义上的支持，并建议国联成员国停止任何可能减低中国能力与增加中国在当前冲突中的困难的行动，并应该考虑各国如何能各自扩展对中国的援助。同一天，美国国务院发表新闻稿，认为日本在中国的行动违反了《九国公约》、《凯洛格—白里安公约》的有关规定。并阐明美国政府得出的结论与国联全体大会的那些结论是一致的。①

10 月 19 日，日本外务省致电美国驻日大使馆，表示日本在上海的行动，是因为中国反日行动所致，是为了防御。② 10 月 12 日，美国远东司司长马克斯韦尔 · M. 汉密尔顿(Maxwell M. Hamilton)在分析了日本自全面侵略中国以后的形势后认为，日本无法实现短期占领中国的目标。但同时认为，日本在华军事行动还没有使日本滑到经济衰弱的地步。美国应反对日本的战争，促使其解决军部控制政治的状况。但是，不能以经济制裁危及日本经济安全。同时，美国对日贸易 2 倍于欧洲对日贸易，不能背上因为制裁带来的沉重包袱。因此，汉密尔顿不主张对日本进行制裁。③ 11 月 16 日，罗斯福致电日本首相近卫，理解近卫关于加强美日之间理解、尊重与信任的表态，希望美日关系友好发展与强化。但是存在的中日冲突损害了这一进程。希望尽快寻求在正义与公正基础上

---

① *FRUS*, *Japan*: *1931-1941* Volume Ⅰ, pp. 384-397.

② *FRUS*, *Japan*: *1931-1941* Volume. Ⅰ, pp. 403-404.

③ *FRUS*, *1937*, Volume Ⅲ, *The Far East*, pp. 597-600.

和平解决的途径，促进持久和平与稳定。① 为了避免卷入中日战争冲突，美国政府也力阻本国军人参加中国抗战。1937 年 8 月 6 日，格鲁报告日本外务省新闻局非正式表示，相当数量的美国人正在计划作为航空人员加入中国军队，暗示美国政府违背中立法。格鲁则向日方表示美国将采取一切法律手段制止美国人参加外国军队作战。② 日本外务大臣广田弘毅对美国的态度表示满意。9 月到 10 月间，美国明确禁止对华输送军火以及禁止美国军事人员服务于中国。③

美英消极维护东亚利益的战略在布鲁塞尔(Brussel)会议期间表现得也是极为明显的。1937 年 9 月 10 日，中国向国联阐明关于日本挑起卢沟桥事变的事实，并向国联提出正式申诉书，请求国联按国联会章第十条、第十一条、第十七条处理和制裁日本挑起事变的责任。④ 1937 年 11 月 3 日，应中国要求，《九国公约》缔约国和后来加入的国家以及特邀苏联共 19 国在布鲁塞尔开会，日本和德国拒绝参加。在此之前，英国多次试探美国，看能否愿与英国一道采取对日强硬措施，美国明确表示不愿“充当一个不是心甘情愿的领袖”。⑤ 英国亦宣称“决不带头行动”。⑥ 美国的态度是明确的，如赫尔认为的如果对日本施加经济制裁，美国就得承担最沉重的负担，因为日美之间的贸易额为所有欧洲国家对日贸易总和的 2 倍。而如果经济制裁导致战争，美国同样得承受最沉重的负担。⑦ 而英

① *FRUS*, *1937*, Volume Ⅲ, *The Far East*, p. 683.

② *FRUS*, *1937*, Volume Ⅲ, *The Far East*, pp. 336-337.

③ *FRUS*, *Japan*: *1931-1941*, Volume Ⅰ, 1943, p. 339.

④ 彭明主编：《中国现代史资料选辑》第五册(下)，第 130 ~ 134 页。

⑤ Dorothy Borg. *The United States and the Far Eastern Crisis of 1933-1938*, pp. 356-357.

⑥ Irving S. Friedman. *British Relations with China*, *1931-1939*. New York: Institute of Pacific Relations, 1940, p.104.

⑦ Cordell Hull. *The Memoirs of Cordell Hull*, Vol. Ⅰ, New York: The Macmillan Company, 1948, p. 553. (后文引述该书，仅出注作者及书名、卷数、页码。)

国的态度如英国外相安东尼·艾登(Anthony Eden)所说，英国只会走得跟美国一样远，而且在“目前危机中将自己的政策建立在美国政策的基础上”。① 11 月 17 日，赫尔致电戴维斯转告其他国家，美国不会对日本采取压制的行动。11 月 19 日，针对英国关于制裁日本的想法，赫尔表示，布鲁塞尔会议对解决中日问题的协议应由《九国公约》签字国共同提出，而不是由英美任何一方单方面提出。② 11 月 21 日，赫尔在电文中也告知戴维斯，美国媒体对布鲁塞尔会议的结果提出了批评。③ 12 月 2 日，戴维斯对中国代表顾维钧表示，布鲁塞尔会议坚持《九国公约》原则是服务于中国的，不是对日本的投降。④

布鲁塞尔会议没有就日本全面侵略中国问题作出任何有效决议，在会上只有苏联代表主张制裁日本，并认为美英对日断绝贷款比贸易制裁还重要，提出不要再制造第二个无效的李顿报告书。⑤ 布鲁塞尔会议所发表的宣言也只是重申必须尊重《九国公约》所确定的原则，要求中日双方停止敌对行动，对于中国的抗战，连口头支持也没有。布鲁塞尔会议草草收场的结果表明，美英对日本发动全面侵华战争对自身所要造成的威胁，对业已开始的中国抗日战争对美英国家安全的重大意义反应是迟缓的。美英只是对日本进攻上海危及自身在华核心利益区表示重视，希望通过会议对这一权益进行维护。⑥ 因此，会议的无结果是与美英等国的狭隘利益联系在一起的，不能有效实施对日本的制裁措施与支持中国抗战是其客观结

① 阿瑟·林克等著:《1900 年以来的美国史》中册，北京：中国社会科学院出版社 1983 年版，第 143 页。(后文引述该书，仅出注作者及书名、卷数、页码)

② *FRUS*, *1937*, Volume Ⅲ, The *Far East*, pp. 699-700.

③ *FRUS*, *1937*, Volume Ⅳ, *The Far East*. Washington: United States Government Printing Office, 1954, pp. 203-204, 225-226. (后文引述该书，仅出注作者及书名、卷数、页码)

④ *FRUS*, *1937*, Volume Ⅳ, *The Far East*, pp. 231-233.

⑤ *FRUS*, *1937*, Volume Ⅳ, *The Far East*, p. 88.

⑥ *FRUS*, *1937*, Volume Ⅲ, *The Far East*, p. 681.

果。维护东亚权益的消极战略仍然主导着美英对华对日政策以及对中日战争的基本态度。中国政府寄希望于与会的英美等西方国家在国际联盟框架内制裁日本的幻想彻底破灭。这次会议无结果的负面影响绝非仅限于中日战争，它预示了欧亚法西斯将在美英等国的绥靖妥协下更加肆无忌惮地扩展侵略战争。

在日本开始侵略中国的过程中，美国仍然维持紧密的美日经济关系，尤其是给日本提供战争工业紧缺的战略资源，这是日本扩大侵华战火的重要原因之一。从 1932 年到 1936 年，美国对日本的出口超过南美洲，美国对日本出口的战争战略物资和原料占美国总出口的 1/3；1936 年到 1937 年间，美国对日本输出的石油和废钢铁增加了 1 倍。① 日本从美国进口战争所需资源占其战争所需资源总进口的情况是：废钢铁 90%，铅 45%，铜 90%，石油和石油制品 65%，发展制造飞机和坦克的工业所需的机床占 70%。② 在中日全面战争爆发及之后的几年中，美国对华贸易大幅度下降。相反，美国战略物资却源源不断地输入日本。1937 年下半年，中国从美国进口额下降到 7300 万美元，1938 年下降幅度更大。据显然缩小了的官方材料，日本 1937—1939 年间获得了 7.609 亿美元的各种美国商品，其中 1937 年至 1938 年获得 5.28 亿美元以上。③

美国对日本战争经济所需资源采取如此的输送政策，是与其摆脱经济危机的需要相联系的。20 世纪 30 年代中期，在经济危机打击之下，美国在 20 年代世界贸易中“独具魁首”的地位暂告结束。英国利用占据庞大殖民地和势力范围的优势地位，在危机中与其他资本主义大国进行角逐，在英联邦的主要地区建立了“英镑集团”，④ 从

① Dorothy Borg, Shumpei Okamoto. *Pearl Harbor as History, Japanese-American Relations 1931-1941*, p. 109, 346, 372.

② 樊亢等：《外国经济史》第三卷，北京：人民出版社 1980 年版，第 189 页。（后文引述该书，仅出注作者及书名、卷数、页码）

③ 谢沃斯基扬洛夫：《美国现代史纲》，北京：三联书店 1965 年版，第 391 页。

④ 樊亢，宋则行等：《外国经济史 · 现代部分》上册，北京：人民出版社 1965 年版，第 57 页。

而加强了自身在世界经济中的统治地位。以法国为首的"法郎集团"控制了中西欧市场。重新崛起的德国建立起东南欧、南美诸国在内的"广泛经济圈"，使美国对欧洲等地的商品和资本输出受到了极大的限制。美国对外贸易额急剧下降，国外投资由 1929 年的 173 亿美元下降为 1939 年的 114 亿美元，减少了 1/3。① 由于大西洋彼岸的欧洲已经形成了一道不可逾越的经济壁垒，美国不得不把主要视线集中于拉美和远东地区。在亚洲，日本则是美国加工工业的主要市场。据美国经济学家安娜·罗伯特所著的《美国的统治者》一书记载，20 世纪 30 年代美国国家资源委员会对美国最大的 250 家大公司进行调查的结果表明，以摩根、洛克菲勒等财团为首的八大财团控制着美国的经济命脉，其中，摩根、杜邦、洛克菲勒等财团早就与日本财阀建立了密切的关系。它们利用中日战争贩卖军火和战争物资获取巨额利润，不希望罗斯福政府对日本实行经济制裁。它们支持的亲德派、亲日派及孤立派，在国会两院中占据了绝对优势，决定着美国这一时期远东政策的制定与实施。慑于它们的压力，罗斯福未能对日采取强硬的政策。

关于美国对日本经济支持与战争资源的供应，美国从民众到上层的一些人士从一开始就指出这是纵容日本的侵略，将来会危及美国自身。美国历史学家 A. 惠特尼·格里斯伍德和威廉·约翰斯顿谴责美国经济集团在援助亚洲潜在的敌人。中国问题专家弗雷达·阿特蕾指责美国商人默许日本控制亚洲的侵略行径。托马斯·A. 比森指出，日本的侵略直接威胁到美国在这一地区的利益，而美国商人却在帮助日本建立他们的帝国。伊西多尔·F. 斯顿谴责美国商人与日本进行贸易是在从人性的痛苦里获取利益。② 史汀生坦率地指出："日本的侵略得到我国大力支持，这种侵略行为不仅受到支持，而且我们的援助是如此有效，如此举足轻重，如若断绝

① 樊亢，宋则行等：《外国经济史》第三卷，第 62 页。

② Peter C. Hoffer. *American Businessmen and the Japan Trade, 1931-1941: A Case Study of Attitude Formation. The Pacific Historical Review*, 1972, Vol. 41, No. 2, p. 190.

援助，这种侵略就可能被制止和停止。”①罗斯福政府的副国务卿萨姆纳·韦尔斯(Sumner Welles)承认：日本经济主要依赖于美国和英国的市场，“如果失去了这些市场，它便不可能指望继续前进”。某些西方历史学者认为美英正是在这一期间失掉了制止日本侵略的“机会”。② 日本对美国的经济支持自然是欢迎的，否则日本会从一开始就失去战争物资的依托。1937 年 11 月，日本内阁设立委员会专门研究是否对中国正式宣战问题。该委员会成员认为，假如宣战，将迫使美国全面实行“中立法”。这样，日本重要战略物资来源就会被切断，将导致日军在对华战争中处于不利的境地。最后，日本内阁作出了“还是不发布宣战书”的决定。③

毛泽东后来分析了美国供应日本战略物资与日本侵略中国，以及未来对美国构成威胁之间的内在联系，并深刻地指出：“日本就是在美国的帮助下才占了大半个中国。日本没有铁，没有石油，煤也很少。这三样东西都是美国源源不断地给日本送去的。但是，美国扶植了一个力量，却造成了一个珍珠港事件。”④1936 年 9 月，苏联学者对日本侵略中国初期的东亚国际形势表达了自己的观点。认为东亚是由美英日主导的地区，指出日本军事或经济上的扩张在实质上都会受到美英政策转换的影响，但是美英保护其远东利益的基本目标却没有改变。除此之外，英国，在一定程度上还有美国，还有自己的考虑，即，将日本的扩张用来对付苏联和中国革命以保证自己在东亚的地位和利益。美英对其东亚利益的维护最终还要靠一条

---

① 维戈兹基等编；大连外语学院俄语系翻译组译：《外交史》第三卷下册，北京：三联书店 1979 年版，第 892 页。(后文引述该书，仅出注作者及书名、卷数、页码)

② Herbert Feis. *The Road to Pearl Harbor*, *the Coming of the War Between the United States and Japan*, Chapter Ⅰ & Ⅱ.

③ [日]信夫清三郎编；天津社会科学院日本问题研究所译：《日本外交史》下册，第 624 页。

④ 中共中央文献研究室编：《毛泽东文集》第八卷，北京：人民出版社 1999 年版，第 187 页。(后文引述该书，仅出注作者及书名、卷数、页码)

国际反日战线的形成。① 这些看法既反映了美英在"九一八"事变到"七七"事变这一阶段的政策实际，也为东亚事态发展的历史所证实。

可以说，在日本开始侵华时期，美英东亚战略的核心就是以消极方式维护自身在东亚及中国的权益，反映在对日本侵略方面，就是实行妥协绥靖，其结果是促使日本扩大了侵华战火，美英自身权益反而受到更大的损害。随着日本继续在华扩大侵略战火，尤其是所谓"东亚新秩序"的提出，就将日本战略目标不是仅限于中国，而是整个东亚的意图明显暴露出来，美英消极维护自身利益的战略就无法奉行下去。尤其值得注意的是，中国全民族走向并实现了团结统一抗战，并在抗战中坚持了下来，形成制约日本肆意侵略的严重障碍。这些都将对美英东亚战略的调整产生深刻的影响。

第二节　中国反对美英妥协与美英东亚战略转换的潜在因素

从日本侵略中国东北到全面侵略中国期间，中国共产党就始终号召与推动全民族起来抗击日本的侵略，组织和支持反抗日本侵略的局部战争，推动中国国民政府改变倒行逆施的内战政策。在中国共产党与全国各阶层抗日力量的共同努力下，以国共为基础的抗日民族统一战线的基础奠定，形成了中华民族团结一致抗击外来侵略的政治局面。中国也以各种方法反对美英对日本的妥协绥靖政策。中国的巨变预示着中国将以积极主动的姿态影响东亚国际关系，也将加强美英国内主张对日本侵略制衡的力量，从而推动美英东亚战略的转变。

一、中国反对美英对日妥协绥靖政策

从"九一八"事变到"七七"事变，中国在走向全民族抗战的同时，就多次反对美国与英国对日本实行的绥靖纵容政策，希望美英

① Harriet Moore. *A Soviet Study of the American Position in the Far East. Pacific Affairs*, 1936, Vol. 9, No. 3.

等西方国家认清法西斯侵略的本质以及称霸世界的野心，而在东亚，就是不能将日本侵华与中国抗战单纯地看成是局部性问题，而是与美英自身安全紧密联系的。

早在1936年，毛泽东在和美国记者埃德加·P. 斯诺(Edger P. Snow)的谈话中，就分析了日本发动的侵略中国战争及其最终战略目标，也指出了西方国家奉行的消极维护自身利益、对日本采取妥协政策的战略短视，明确地提出应以"和平不可分割"的理念来确定政策，应推动建立国际反法西斯统一战线。他指出："日本侵略不仅威胁中国，而且也威胁世界和平，尤其是太平洋的和平。日本帝国主义不仅是中国的敌人，同时也是要求和平的世界各国人民的敌人，特别是和太平洋有利害关系的各国即美、英、法、苏等国的人民的敌人。""如果中国完全殖民地化，太平洋的未来就真是一片黑暗了。这将不仅意味着中国独立的毁灭，也将意味着太平洋沿岸各国人民和文化遭到毁灭的威胁，将是一长串可怕的、愚昧的战争的开始。"毛泽东认为在这样的世界背景下，美英等西方国家"必须做出选择。中国人民自己将走同压迫者进行斗争的道路，我们希望外国的政治家和人民也将同我们一起在这条道路上迈进，而不要走帝国主义血腥历史铺设的黑暗小道"。"日本的大陆政策已经确定了，那些以为同日本妥协，再牺牲一些中国的领土主权就能够停止日本进攻的人们，他们的想法只是一种幻想……日本还想占领菲律宾、暹罗、越南、马来半岛和荷属东印度，把外国和中国切开，独占西南太平洋。这又是日本的海洋政策。"①毛泽东从时代和战略高度阐发的论述，点明了法西斯发动局部战争的历史走向，这种对外扩张的侵略战争，不是局限于某一国家、某一民族和某一地域，而是全世界。法西斯反人类的本质，确定世界一切反法西斯力量必须联合起来。中国全面抗战前夕，毛泽东进一步明确提出建立东亚相关大国之间的抗日联合阵线。

1937年3月1日，毛泽东在与史沫特莱(Agnes Smedley)的谈话

① 中共中央文献研究室：《毛泽东文集》第一卷，北京：人民出版社1993年版，第399、402页。(后文引述该书，仅出注作者及书名、卷数、页码)

中说："我们主张中、英、美、法、苏五国建立太平洋联合阵线。这种联合阵线是援助中国的，同时也是各国互助的。因为日本的侵略不但是中国的大祸，也是世界的大祸，如像德国是世界的大祸一样。何况这两个侵略国现在已经联合起来了。我以为中、英、美、法、苏五国应该赶快地联合一致，否则有被敌人各个击破之虞。"①5 月 15 日，毛泽东进一步分析指出，现在世界上已分为"和平阵线与法西斯阵线"，"世界和平阵线的组织正在深入扩大，而且也正在进行着准备裁制一切法西斯主义"。② 1938 年 7 月 2 日，毛泽东在同世界学联代表团的谈话中进一步明确指出："中国的抗战，同时也就是帮助世界人民反对共同的敌人……世界和平不能分割，世界是一个整体，这是现在世界政治的特点。"③

中国共产党坚决反对西方国家对日采取绥靖政策，抵制美英对日本侵略中国的妥协政策，并尽力争取这一政策的改变。1937 年 7 月 21 日，中共中央在《目前形势的指示》中指出："国际上英法对中国虽表示某些同情的论调，但他们不赞成中国实行全国性的抗战，希望中日妥协。他们这种态度，客观上将有利于日本。美国还保持着静观态度。"④1938 年 10 月，毛泽东指出："'法西斯主义就是战争'，一点也不错。在此情势下，一方面日德意组成了侵略阵线，实行大规模的侵略。另方面各民主国家却为保守已得利益而在和平的名义之下准备战争；但至今不愿用实力制裁侵略者，尤其是英国的妥协政策实际上帮助了侵略者。在这种情况下，中国东四省首先被牺牲，接着亚比西尼亚（今埃塞俄比亚——作者注）亡于意大利，西班牙则助长了叛军的气焰，中国又受到日寇新的大规模的侵略，到最近，奥国与捷克又先后牺牲于希特勒。全世界已有六万万人口进入了战争，范围普及到亚、非、欧三洲，这就是新的世界战争的现时状况。"⑤

---

① 中共中央文献研究室：《毛泽东文集》第一卷，第 487 页。

② 中共中央文献研究室：《毛泽东文集》第一卷，第 503 页。

③ 中共中央文献研究室：《毛泽东文集》第二卷，第 133 页。

④ 彭明：《中国现代史资料选辑》第五册（上），第 190 ~ 191 页。

⑤ 中央档案馆：《中共中央文件集》第十一册，中共中央党校出版社 1991 年版，第 636 页。（后文引述该书，仅出注作者及书名、卷数、页码）

中国全面抗战开始前后，鉴于英美奉行消极维护自身权益的对日政策，中国政府也加强了抵制批评的力度。在中国全面抗战开启前夕，中国国民政府官员就向美国表示中国将全面抗战，同时也批评美国没有战略眼光，敦促美国加入到制约日本侵略的行列。1936年2月28日，驻苏大使蒲立特致电美国国务院，报告中国驻苏大使告知，如果日本强压中国接受广田三原则，或者如果日本向山东进军，蒋介石将肯定迎战。① 3月5日，孔祥熙在与美国驻中国大使的谈话中指出："令人惊讶的是美国与欧洲大国对日本帝国主义野心对国际和平与安全构成的威胁缺乏认识，正是这一野心追求，日本将中国作为获得日本帝国有效扩张的工具。日本的野心不仅囊括全亚洲，而且囊括全世界。"所谓"亚洲是亚洲人的亚洲"，中国从日本现实的作为看可以理解，这一口号"仅仅是对日本扩张控制野心的一个掩饰"。孔祥熙还指出，日本陆军相信可以从苏联与中国夺取大陆领土，海军相信下一步扩张的逻辑方向应该是在南太平洋以及亚洲大陆东南沿岸的岛屿，包括欧洲国家在该地的领地。孔祥熙表示，需要一个致力于"集体安全"的政策，要求受威胁的各国应该采取步骤抑制日本的现实行动与未来野心。② 1937年3月9日，詹森报告美国国务院，蒋介石批评美国对远东问题的漠视，希望美国关注维护远东的和平与稳定问题。③ 中国在批评美国对日妥协的同时，也力促美国能在中日战争问题上表明支持中国的立场。5月8日，詹森在给美国国务卿的电文中报告，中国外长王宠惠表示，尽管中国受到了外国的侵略，但仍然相信国际联盟与《非战公约》提出的理念是维护普遍和平的最有效手段。中国政府全力支持建立普遍的集体安全体制以加强和平措施的努力。④ 6月25日，美驻上海总领事高斯在给詹森的电文中称蒋介石在6月17日表示，

---

① *FRUS*, *1936*, Volume Ⅳ, *The Far East*, p. 68.

② *FRUS*, *1936*, Volume Ⅳ, *The Far East*, pp. 73-74.

③ *FRUS*, *1937*, Volume Ⅲ, *The Far East*, pp. 36-37.

④ *FRUS*, *1937*, Volume Ⅲ, *The Far East*, p. 81.

中国不会在“满洲国”问题上对日让步。①

中国全面抗战开启后，对于英国张伯伦1937年上台后全力促使与日本订立互不侵犯条约，准备拿中国东北与日本作交易的问题，中国政府官员明确指出，这是想“牺牲中国”②。7月24日，蒋介石对《纽约时报》记者的谈话中告诫说：“美国之小心翼翼，不欲卷入战争漩涡……但就吾国而言，和平已遭侵略者之魔手所破坏，而美已感受侵略者之影响……妥协与规避，决不能维持和平。”③7月30日，中国代表顾维钧在日内瓦国联会议上呼吁国联与美英法西方大国在经济与军事物资上援助中国。9月15日，他再次呼吁国联采取紧急行动应对日本全面侵略中国问题，并指出日本的侵略目标是准备占领整个亚洲。中国也直接向美国驻华大使表示对美英的消极态度非常不满，希望美英法联合制约日本得到外部资源物资的能力。④

8月13日，詹森给美国国务卿的电文中报告了中国关于“八一三”事件的声明，中国政府表示，日本在中国华北与上海的战争行动都表明了日本的领土野心，所有这些行动都破坏了中国的领土主权，也违背各种国际条约。在这一情势下，中国除了采取自卫的行动抗击侵略和违背条约的行为之外，没有其他选择。形势发展的全部后果将完全由日本负责。⑤ 8月23日，詹森报告了蒋介石对美国的失望态度，认为美国现在没有与英国合作就像1931年在“满洲”问题上英国西蒙没有与美国合作而失败一样。美国不应该丢失在世界上主持公正的优势地位。如果坚持“史汀生不承认主义”，美国将能阻止目前的冲突向世界其他国家包括美国蔓延。现在行动

---

① *FRUS*, *1937*, Volume Ⅲ, *The Far East*, p. 121.

② Ann Trotter. *Britain and East Asia 1933-1937*. London and New York: Cambridge University Press, 1975, pp. 199-203.

③ 章伯锋，庄建平主编：《抗日战争》第4卷《外交》上卷，成都：四川大学出版社1997年版，第284页。（后文引述该书，仅出注作者及书名、卷数、页码）

④ *FRUS*, *1937*, Volume Ⅳ, *The Far East*, pp. 2-3, 18-19 .

⑤ *FRUS*, *1937*, Volume Ⅲ, *The Far East*, p. 391.

还不晚，相信美国正在努力为了永久和平实施正义解决方案。①

中国对美国对中日双方不加区别地准备实施“中立法”程序表示强烈的反对，并尽力争取国际社会援华制日。9月7日，詹森报告说，中国对美国向中日两国实施“中立法”申请程序表示不满。宋美龄对美国撤走商船和不允许航空教官赴华感到愤怒，认为这是对中国正在从事的生死战斗设置障碍。她指出，“相对比的是，德国与意大利对日本采取了友好态度，它们服务于日本的航空教官没有受到干扰。中立法申请程序给她与支持她丈夫的人们提供了一个证明，即美国实际上是试图将中国在自卫的尝试中置于无能的地位”。② 9月17日，中国驻美大使对赫尔谈到，中国政府对美国对华实行武器禁运正式表示非常失望。③ 9月27日，中国向国联提出援引国联条约第17条宣布日本为侵略者，英国避免回应这一问题。9月28日，中国向美方提出对日本禁运石油的建议，并征询美国对这一问题的态度。美方避免回应。④ 10月4日，在中国的多方努力下，国联分组会议拟就谴责日本侵略的草案。5日，在草案修改过程中，苏联坚决支持中国立场，主张对日本实施部分禁运。比利时等国代表有条件支持。国联分组会议最后通过议案，道义支持中国。⑤ 这是中国以及中国外交人员努力所获得的局部成果。1937年10月21日，宋庆龄在对美国广播演说中指出：“几十年来，日本帝国主义不断侵略中国，攫取我们的土地，最近六年来，日本的侵略现已发展为进攻华北、上海，达到中国生死存亡的关头。可是白利安凯洛非战公约（即《凯洛格—白里安公约》——作者注）和九国公约签字国，却坐视条约被签字国之一的日本撕毁，不加阻止，被日本军阀认为‘圣经’的田中奏折，是日本征服全亚洲的既定计划，世人对这一点，是否还需要我们来提醒？……我们

① *FRUS*, *1937*, Volume Ⅲ, *The Far East*, pp. 460-461.

② *FRUS*, *1937*, Volume Ⅲ, *The Far East*, pp. 516-517.

③ *FRUS*, *1937*, Volume Ⅲ, *The Far East*, p. 531.

④ *FRUS*, *1937*, Volume Ⅳ, *The Far East*, pp. 36-37, 38-39.

⑤ *FRUS*, *1937*, Volume Ⅳ, *The Far East*, pp. 52-53, 54-58.

自然当以自己的力量来抗拒侵略者，可是我们已听到全世界的同情之声，因之庆幸我们并不孤立。我深信美国对我国争取自由独立的奋斗，必然同情。我们的抗争，不单是为了我们自己，也是为了爱护自由民主的人们。"①

中国政府也以宣示抗战的坚强信心来影响和说服美英改变消极政策。1937年7月24日，蒋介石在给罗斯福的信中说，我们为中华民族自由而战，为反抗人类共同威胁而战。我们不仅保卫我们自己，而且捍卫条约，特别是《九国公约》的神圣原则。中国主权、独立与领土行政完整应该受到日本与其他签字国尊重。我们不会向日本野蛮军队投降，将继续抗战直至日本政府放弃它的侵略政策。② 7月25日，蒋介石向詹森表示了中国政府不会接受日本解决冲突的条件，日本发动"卢沟桥事变"的根本目的是将河北与察哈尔从中国中央政府的管辖下分割出去。蒋介石希望美英密切关注日本在中国的动向，中日战争的转化有赖于美英采取比目前更为积极的合作行动。中日战争将影响到美英在华利益，美英作为《九国公约》的签字国承担着道义义务。美英是两个能使日本停止战争计划的国家，应该立即采取行动。③

11月12日，中国工业部部长向詹森分析了日本对中国形势的错误判断。日本不相信中国会对日本的侵略进行任何抵抗；中国将在(战争)恐吓面前低头。而这种错误判断导致日本付出了25亿日元军费的代价与2倍于这一数目的经济损失。中国能长期坚持抗战是因为农业经济以及人民有着无穷的艰苦奋斗的能力，并处于极端低下的生活水平。④ 11月13日，美国驻广东总领事致电美国国务院，报告中国表示对日本在华侵略坚决抵抗，也希望布鲁塞尔会议

---

① 彭明：《中国现代史资料选辑》第五册(上)，第556页。

② 转引自 Arthur N. Young. *China and Foreign Help Hand.* Cambridge Massachusetts：Harvard University Press，1963，p. 29.（后文引述该书，仅出注作者及书名、卷数、页码）

③ *FRUS*，*1937*，Volume Ⅲ，*The Far East*，pp. 256-258.

④ *FRUS*，*1937*，Volume Ⅲ，*The Far East*，pp. 675-676.

能对日进行经济制裁。① 11 月 20 日，中国驻美使馆致电美国国务卿，通报中国政府迁都重庆的消息，并表示中国将坚持抗战到最后胜利。11 月 22 日，在回答赫尔关于中国迁都及未来前景问题的询问时，中国驻美大使表示中国的计划是战斗到最后，唯一困难就是军火与其他战争物资的缺乏，但不知其他国家政府在这一问题上能提供怎样合作。同日，胡适在给汉密尔顿的电文中，谈到罗斯福曾在 10 月 12 日询问中国的战斗能否在是年冬季坚持下来，胡适作了肯定的回答。蒋介石在给胡适的电文中也明确表示，中国军队必须战斗到最后，不会对敌人让步。中国必须继续战斗，不仅在今年冬季，而且在未来的时间内长期战斗。希望胡适将中国这一决心转告给美国。② 12 月 31 日，中国驻美大使转交蒋介石给罗斯福的信，希望美国援助中国，并强调中国的抗战不仅是为了中国自己，而且是为了《九国公约》所提出的维护中国的主权、独立和领土与行政完整。希望通过罗斯福告知美国人民，援助中国是为世界和平而斗争。③

可以说，中国与世界其他地区反法西斯局部战争与抵抗有着明显的区别，这一区别除了中国正确地分析日本侵华导致的中国主要矛盾的变化，并确立持久抗战的大战略之外，最为重要的就是中国从世界大势分析并正确判断了法西斯侵略导致的世界主要矛盾的变化，从而使中国在挽救民族危亡的同时，能以战略的主动坚决反对西方国家的对日绥靖，从而推动美英的东亚战略向积极制衡日本侵略的方向发展。这是为什么西方国家在东亚不可能持续奉行对日绥靖政策的根本原因。这样，与欧洲在德波大战爆发前反对德国法西斯侵略的力量不断被分化与削弱相反，东亚形势是朝着组合起制约与反抗日本法西斯侵略的联合阵线方向发展的。

二、美英东亚战略转换的潜在因素

应该注意的是，美英政界在对待日本侵略中国的问题上，也存

① *FRUS*, *1937*, Volume Ⅲ, *The Far East*, p. 679.

② *FRUS*, *1937*, Volume Ⅲ, *The Far East*, pp. 703-706, 711.

③ *FRUS*, *1937*, Volume Ⅲ, *The Far East*, pp. 832-833.

在着妥协与制衡的两种不同观点和理念，后一种随着日本扩大侵略而不断强化，并影响美英对日态度与政策的微妙变化。也就是说，在英美政府奉行对日妥协绥靖政策期间，美英也存在着对法西斯的战争威胁有较深刻认识、有战略眼光的人士，他们不断向社会警示法西斯对世界以及本国安全构成重大危险的趋势。可以说，美英其后东亚战略的调整与变化，也不是突然发生的，也存在着其国内的某种基础。中国有效地限制日本战略步骤，陷日本军队主力于中国的现实，也有效加强了美英国内援华制日的声音，不断推动美英减弱对日绥靖妥协成分而加强援华制日的分量，为最终走向确立制衡日本战略奠定了基础。

"九一八"事变爆发后，美国国务卿史汀生鉴于日本向中国东北南部锦州方向推进进攻的状况，也曾向胡佛建议对日本实施制裁。史汀生提出的"不承认原则"总体上反映了美国对日妥协的战略思路，但是也在一定程度上反映了美国国内"干涉派"或"国际主义派"坚守华盛顿体系框架下东亚秩序的立场。在日本继续向中国华北渗透时期，美国也在一定程度上表示出与英国不同的看法。1934 年，英国提出与日本订立互不侵犯条约。英国外务大臣西蒙说："我们应该缔结，日本想要什么作回报呢？承认'满洲国'算是等价交换了吧？"美国自然不愿看到英日再次接近，担心英日联盟的恢复，因此激烈反对英国与日本再合作的态势出现。1934 年 11 月，罗斯福指示戴维斯让英国知道，如果英国宁愿同日本交往而疏远美国，那么美国将拉拢加拿大、澳大利亚、新西兰，"使大英帝国的自治领清楚地认识到它们的未来是同美国人在一起的"。①

在日本向中国华北渗透期间，美国驻华大使詹森在 1936 年 1 月 9 日的电文中反对英国提出的与东亚相关国家同日本签署互不侵犯条约。他认为，日本不会放弃对中国这个亚洲大国的独霸政策，日本在亚洲大陆的扩张将不可避免地引起日本与苏联在北方的利益冲突，向南扩张引起与英国在南方的利益冲突。日本无视国联、

① Robert Dallek. *Franklin D. Roosevelt and American Foreign Policy*：*1932-1945*. New York：Oxford University Press，1979，p. 89.

《九国公约》和《凯洛格公约》就是为了执行这一独霸政策。那种认为接受与日本签订互不侵犯条约就能使日本放弃对亚洲大陆野心计划的看法是荒谬的。① 在日本向中国华北军事施压的情况下，罗斯福政府也曾考虑将美驻北平使馆完全迁往南京，表明维持与中国国民政府外交关系的立场。1936 年 4 月 14 日，罗斯福给国务卿赫尔的电文中认为，迁移(美驻华使馆)利大于弊，希望与中国政府协商此事宜。英国在迁移驻华使馆问题上的态度与美国基本一致。②这是美国在中日战争全面爆发之后，一直保持与中国国民政府的正式外交关系，并最后将驻华使馆迁移到陪都重庆，不承认汪伪政权立场的前期表现。1936 年间，美国与中国政府在转让美国海军飞机给中国问题上进行了交涉协商。同时，美国在中国华北问题上基本坚持了不撤退驻军的态度。③ 8 月 28 日，赫尔在给詹森的电文中，明确表示美方的立场："作为政策，美国不会改变现时美国在华北的外交与军事存在。"④尽管这主要是为了保护美国在华公民和在华利益，但是也隐含着不接受日本对中国华北军事威慑的态度。

中国全面抗战爆发初期，美国一方面总体上维持了"九一八"事变时期的战略与政策，一方面，美国政府内支持中国与批评日本的声音也在增长。同时美国政界人士对日本在中国南下以及向太平洋扩张野心的关注也在上升。美国有一部分官员主张对日本实行经济制裁，维护美国在远东的传统利益。美国驻中国大使詹森曾警告说，日本一旦在太平洋上的亚洲一侧占据统治地位，它就会使用廉价的中国劳动力去生产商品，再用廉价的日本船只运输，"在美国市场向我们挑战"。⑤ 这些人士还不断敦促政府对日本断绝战略物资供应。参议院外交委员会主席基・皮特曼(Key Pittman)发表演

① *FRUS*, *1936*, Volume Ⅳ, *The Far East*, pp. 5-6.

② *FRUS*, *1936*, Volume Ⅳ, *The Far East*, pp. 541-544.

③ *FRUS*, *1936*, Volume Ⅳ, *The Far East*, pp. 531-535.

④ *FRUS*, *1936*, Volume Ⅳ, *The Far East*, pp. 551-552.

⑤ Dorothy Borg. *The United States and the Far Eastern Crisis of* 1933-1938, p. 315.

说，谴责日本对中国的侵略。美国前国务卿史汀生在《纽约时报》刊登的一封信中陈述了美国应停止对日战略物资贸易的理由。他认为，要是继续与日贸易，“将来就会给我们带来战争的危险，而这正是我们现在力求避免的”。① 美国财政部长亨利·摩根索(Henry Morgenthau)认为，日本进攻中国实际上“是法西斯的挑战”；制止日本，就应“全力支援中国”，“经济制裁日本”。他向美国国务院大胆提出：“联合苏联，组成中、苏、美、英对日统一行动阵线。”②1937 年 7 月 14 日，霍恩贝克在备忘录中较为全面地回顾了日本自“九一八”事变之后对中国华北的渗透，结论是日本是进攻方，而中国是防守方。③ 这是区别于美国公开发表的声明的态度。7 月 15 日，美国驻法大使蒲立特(Bullitt)在与法方谈话时，关注德国是否会利用日本在中国南下侵略的有利形势侵略奥地利与捷克斯洛伐克，④ 反映出美国部分官员将日本与欧洲方面侵略问题联系起来考虑的思路。美国在布鲁塞尔会议上基本采取了所谓不介入中日冲突问题的态度，但是，美国官员也有不同的声音。11 月 10 日，参加会议的美国代表戴维斯在发给国务卿的电文中就提出建议，美国表态不支持日本的军事行动。12 月 2 日，他在电文中转述顾维钧的看法，中国游击战争可以抵御住日本的侵略占领，希望美国对日禁运石油并参与调停中日冲突。⑤ 尽管戴维斯的提议以及其传达的中国要求没能及时地被美国政府采纳，但也说明了美国政府内有不少同情与支持中国抗战的人士。

1937 年 9 月开始，随着日本对上海的攻击以及向长江流域西方国家在华核心利益地区进一步扩张侵略战争的行动，美国高层对日本侵略目标的看法开始发生变化，开始改变对“中日冲突”的不偏不倚的态度，开始加重对日本在中国问题上应遵守国际条约原则

---

① *New York Time*, Oct. 7, 1937.

② Dorothy Borg, Shumpei Okamoto: *Pearl Harbor as History*, *Japanese-American Relations*, 1931-1941, p. 264.

③ *FRUS*, *1937*, Volume Ⅲ, *The Far East*, p. 167.

④ *FRUS*, *1937*, Volume Ⅲ, *The Far East*, p. 175.

⑤ *FRUS*, *1937*, Volume Ⅲ, *The Far East*, pp. 175-177.

的宣示。9月2日，赫尔在给格鲁的长电中，仍然坚持促使中日双方合作以及促使中日双方对其他国家采取合作态度，坚持7月16日表明美国对中日事态提出的原则，认为中日双方当前行动都不符合美国提出的原则精神。同时，也明确指出了"日本正在奉行的路线则是直接与原则的许多方面相悖"。"美国不想将关系凝固在(中日)交战双方的任何一方。反对(中日)双方正在推行的行动路线，尤其是日本正在推行的行动路线。"赫尔还指出，"美国民众激愤于战斗双方的战略与方法，特别是日本正在进行的军事行动，批评日本舆论增长"。赫尔要求格鲁不失时机地向日本重申美国国务院7月16日与23日声明提出的原则，使日本认识自己正奉行的路线是在摧毁世界人民的良好愿望，将自己置身于世界人民怀疑、不信任、普遍的憎恶、潜在的排斥之中。而这些影响(日本)可能需付出许多许多年的良好努力才能够得以消除。① 这就与"七七"事变刚爆发时期美国国务院声明与赫尔的谈话有了区别，重心向批评日本行为方面倾斜。9月6日，美国驻香港领事多诺万(Donovan)电文转述詹森的观点说，"世界迟早会认识到在中国发生了什么，并开始采取良好的行动。不能否认中国在自己的领水领土保卫自己的权利。日本的行为无疑证明，日本现在在中国的战争很大程度上是为了日本实现代替西方在中国的影响的野心"。②

从观念与立场上讲，罗斯福总统是反法西斯主义的，对法西斯侵略给世界和平造成的危害有比较明确的认识。1937年10月5日，罗斯福总统发表了"隔离"演说(Quarantine Address)。在演说中，阐发了他对世界形势的看法，"世界的政治情势近来发展得越来越恶劣，引起了那些希望同其他国家和民族和平友好相处的一切民族和国家的严重关切和焦虑"。对于国际和平秩序的维持与危险，罗斯福认为："大约十五年前，人类对于持久国际和平的希望十分高涨，当时六十多个国家庄严地保证在促进其国家目标和政策时不使用武力。在白里安—凯洛格和平法案中所表达的高超抱负以

---

① *FRUS*, *1937*, Volume Ⅲ, *The Far East*, pp. 506-508.

② *FRUS*, *1937*, Volume Ⅲ, *The Far East*, pp. 513-514.

及由此引起的和平希望，最近由一种对灾难的习惯性恐惧所替代。目前的恐怖盛行和国际上无法无天的情况开始于几年以前。它开始于对别国内部事务的非法干预或者违反条约规定去侵入外国领土，现在它已达到严重威胁文明社会本身的基础的地步。”罗斯福在演说中隐讳地对日本在中国、德意在西班牙内战、德国在拉美国家的侵略暴行以及渗透颠覆提出批评，“未经宣战，没有预警或任何正当理由，包括大批妇女和儿童在内的平民正在空袭中遭到残酷的屠杀。在所谓和平的状况下，船只无缘无故和未经预先通知就遭到潜艇攻击并被击沉。有的国家在从未危害过它们的国家中煽动内战，并在内战中支持一方”。罗斯福还指出了侵略国的目的，“无辜的人民，无辜的国家正在因为贪婪势力范围和霸权而被残忍地当做牺牲，这种贪婪是缺乏任何正义感和人道主义的考虑的”。值得注意的是，罗斯福在演说中指出了欧亚非的战争与美洲安全之间的关系，认为在世界其他地区的战争冲突中，“不要设想美洲将会逃脱，美洲可能幸免，西半球将不会遭受攻击，并将继续安宁地、和平地维持文明社会的道德和学术(准则)”。“我和你们都在被迫向前看。世界上百分之九十的人口，他们的和平、自由和安全受到威胁着要使一切国际间的法律和秩序陷于崩溃的其余百分之十的人口的损害。”关于如何应对侵略问题，罗斯福用比喻来阐发他的观点，“不幸的是，世界上无法无天的流行症看来确实在蔓延中。在生理上的流行症开始蔓延时，社会就会认可并把病人隔离起来，以保障社会健康和防止疾病传染”。关于形势的前景，罗斯福认为，“不论宣布与否，战争都会蔓延。战争可以席卷远离原来战场的国家与人民。我们决心置身于战争之外，然而我们并不能保证我们不受战争灾难的影响和避免战争的危险。我们正在采取措施尽可能缩小卷入的风险，但是世界处于骚乱之中，信任和安全已经崩溃，我们并无安全的保障”。① 10 月 6 日，美国国务院声明第

---

① ［美］富兰克林·德·罗斯福著；关在汉编译：《罗斯福选集》，北京：商务印书馆 1989 年版，第 150 ~ 155 页。（后文引述该书，仅出注作者及书名、卷数、页码）

一次明确提出，美国政府不得不得出结论，日本在中国的行为违背了《九国公约》与《非战公约》的原则。①

罗斯福芝加哥“隔离”演说之后，中国与日本马上做出了正负两方面的反应。中国政府与民众及媒体广泛赞誉罗斯福的芝加哥演说。蒋介石在与美驻华大使的谈话及给罗斯福的电文中，都表示这是伸张正义的说法。美国驻苏大使戴维斯电文报告，中国对英国放弃经济制裁日本计划感到失望，而对罗斯福芝加哥演说持欢迎态度，并将获得大量道义支持的希望从英国转向美国。② 宋庆龄在10月21日对美广播演说中也谈到，“罗斯福总统的演说说出了全世界对国际恶棍的暴行”，请美国民众“拥护他的演说，使他的话能见诸行动，趁残酷的火焰尚未延烧到全世界之前将它扑灭”。③

对于美国态度的变化，日本密切关注。同时也在很大程度上影响到日本社会对美日关系的看法。1937年10月7日，日本驻苏大使询问美国驻苏大使戴维斯美国对日政策是否有变，担心美国附和苏联在国联提议对日经济制裁。④ 10月2日，格鲁在电文中表示，日本民众已经对美国转变看法，认为美国采取了与英国同样的反日立场。⑤ 他在10月22日电文中认为，日本媒体对美看法的转变是因为美国公众反对日本在华使美国利益受到损害的行径，同时也源于罗斯福芝加哥演说与国务院声明反映了施压日本的态度。⑥

应该说，罗斯福在演说中对世界形势的看法与中国有着主要共同点，尤其是对国际和平与安全的相互依存、法西斯反人类的本性以及其侵略战争的目的等，都反映出罗斯福的明确立场与战略视野。可以说，罗斯福的看法与理念是美国最终改变东亚战略的重要环节之一。但是，美国国内政治特征与盛行的孤立主义思潮和派

① *FRUS*, *1937*, Volume Ⅳ, *The Far East*, pp. 65-66.

② *FRUS*, *1937*, Volume Ⅲ, *The Far East*, p. 641.

③ 彭明：《中国现代史资料选辑》第五册(上)，第555～556页。

④ *FRUS*, *1937*, Volume Ⅲ, *The Far East*, pp. 586-590.

⑤ *FRUS*, *1937*, Volume Ⅲ, *The Far East*, pp. 575-577.

⑥ *FRUS*, *1937*, Volume Ⅲ, *The Far East*, pp. 632-633.

别，以及美国仍然未能摆脱经济危机冲击的现实，使罗斯福不可能将其理念马上落实到政策之中。也就是说，美国还不可能旗帜鲜明地在道义和物资上支持被侵略国的反抗斗争，特别是用美国所拥有的关键性经济手段去制约侵略国，美国对外政策及东亚战略转换仍然还要经历缓慢而摇摆的改变过程。美国学者查理斯·A. 比尔德在著述中认为，罗斯福"并不想通过他在芝加哥的声明，让全世界都来加强对日本的制裁或采取陆、海军行动"。罗斯福甚至说："'制裁'是难听的字眼，它已被抛弃了。"①同时，罗斯福也不想对日实施经济制裁影响美日经济关系。摩根索等多次向罗斯福提出"经济制裁"，并且拿出具体方案，都遭到罗斯福的拒绝。②

关注太平洋利益也是美国此时观察中国局势与东亚形势走向的一个重要方面，日本始终存在着的南进派别与南进战略意图，也就成为美国调整东亚战略，并首先反映在对中日战争态度微妙变化的一个隐含原因。早在1936年4月30日，格鲁致电国务卿赫尔，报告日本军部"大陆派"(Continental School)与"海洋派"(Oceanic School)或"蓝水派"(Blue Water School)的分歧，报告日本军政界关于用多种理由鼓吹南进的宣传声音加大。报告中提到一些观察人士认为，日本海军鼓吹南进，是为了计划最终从荷属东印度(Netherlands East Indies，今印度尼西亚 Indonesia)获得石油。格鲁电文中还谈到荷印当局总督告诉他，如果欧洲局势不能缓解，英国将舰队留在本土或本土附近水域，50%的可能是，日本海军将在6个月内南进荷属东印度，并占取其石油产地。③ 尽管这些信息在日本南进时间的推测上并不准确，但也反映了什么是刺激美国更为担忧的关注点。1936年8月3日，霍恩贝克在与英军方人士谈话中表示，美国比英国更关注太平洋局势。英国的观点仅仅是奠基在英

① Charles Austin Beard. *American Foreign Policy in the Making 1932-1940: A Study in Responsibilities.* New Haven: Yale University Press, 1946, p. 187.

② John Morton Blum. *From the Morgenthau Diaries: years of crisis, 1928-1938.* Boston: Houghton Mifflin Company, 1959, pp. 159-173.

③ *FRUS*, *1936*, Volume Ⅳ, *The Far East*, pp. 129-133.

远东帝国受到日本的威胁。① 从 1936 年 6 月到 11 月，美多次提出美国及英国舰只访问太平洋日本委任岛屿，遭到日本的拒绝。②

可见，美国在中日战争初期所奉行的消极战略也是有一定限度的。一旦了解日本将对美国太平洋核心利益区域的底线构成威胁，美国战略就会有所变化。恰如罗斯福 1937 年同苏联全权代表谈到中日战争问题时，对美国意图的表述："条约是靠不住的，主要的保证是强大的海军……我们且看日本人是否经得住海上的竞争。"③从东亚权益维护观念出发，美国及英国的东亚权益分为核心与外围各个层面，日本对美英东亚核心区域太平洋的觊觎显然是触动美英神经的一个根本性问题。而由于这一问题随着日本侵略扩大而上升时，中美英之间的战略交汇点就会更加明晰，美英也就更加接近中国对东亚局势的战略看法，更加认识到中国抗战对美英本身安全与利益的战略含义。

英国由于在华经济利益最大，日本侵略中国，使英国处于两难境地：一方面害怕与日本发生直接冲突，另一方面又对日本独霸中国极其不满。因此，在对日妥协绥靖之下，英日之间的利益冲突与经济竞争是英国其后配合美国调整对华对日政策的内在因素。

"九一八"事变后，英国在东北的利益几乎完全被排挤出去。随着日本向华北、华中的扩张，英国与日本的竞争更加趋于激烈。日本极力冲击英美在华市场，并进而抢占整个亚太地区的市场。英国则是实行通货膨胀，加大发行英镑与日本进行竞争。英国政府官员韦勒斯(Wellesz)认为："如果(日本)运用'经济武器'，就会改变战争形势。"④沃伦·费舍(Vollun Fecher)也提出看法，主张首先以经济手段对付日本，指出："对日本采取军事行动是毫无价值

① *FRUS*, *1936*, Volume Ⅳ, *The Far East*, p. 549.

② *FRUS*, *1936*, Volume Ⅳ, *The Far East*, pp. 984-993.

③ 维戈兹基等编；大连外语学院俄语系翻译组译：《外交史》第三卷(下)，第 897 页。

④ Jstor, Kweku Ampiah. *British Commercial Policies Against Japanese Expansionism in East and West Africa, 1932-1935*. *The International Journal of African Historical Studies*, 1990, Vol. 23, No. 4, p. 636.

的，英国在欧洲的防御应放在第一位。"①因此，他们力主在不与日本发生战争的情况下，英国利用经济战争来抵制日本，如利用对日本出口到中国的商品征收关税和实行进口限额制。但他们的这一看法与英国内阁、外交部官员的看法不一致，后者认为对日经济战不可行，只能间接地抵制日本的竞争。这种间接抵制反映在对华相关商品的输出方面。首先，在中国履行新税则之际，英国加强对中国市场棉货产品的输出，对日本棉货的抵制明显可见。其中，在砂糖方面，1931 年英国从中国香港和荷属东印度输入中国大陆稳定并有所增加：中国香港 1930 年为 34.8%，1931 年为 40.2%，1932 年为 30.9%，荷属东印度 1930 年为 37.1%，1931 年为 32.4%，1932 年为 48.9%。而这一时期日本输出到中国的砂糖数量明显下降，由 28.2%下降到 20.4%。② 在纸类、麦粉方面的也有类似情况。而在对华机械、钢铁输入上，由于英国等国的增加，日本则锐减。

英国是日本全面侵华战争中受损失和影响最大的西方国家。英国在华利益是在以中国沿海为中心的转口贸易基础上发展起来的，船、自动机车、铁路、飞机、河流、公路、铁路等交通网络将港口与中国内部市场联系起来，而日本对这些地区的军事入侵截断了这些联系。由于日本对沿海进行封锁，使英国商品进入中国内地的通路被拦截，因此，英国在华经济利益的损失几乎是灾难性的。英国在中国华北利益受到日本在中国大陆南下的重大打击，英国在这一地区的利益是由转口贸易区与内地的联系而存在，但由于日本对华北的渗透几尽崩溃。天津是华北最重要的贸易港口，英国在天津及其周围的利益涵盖了许多领域，尤其是在贸易方面。日本为将英国利益排挤出华北，在华北加强垄断，限制出口，控制交易，修订关

---

① Jstor, Kweku Ampiah. *British Commercial Policies Against Japanese Expansionism in East and West Africa, 1932-1935. The International Journal of African Historical Studies*, 1990, Vol. 23, No. 4, p. 640.

② *Conflicting Interests in Pacific Islands. Far Eastern Survey*, March 23, 1938.

税，这很大程度上颠覆了英国在华北的权利。在航运方面，日本通过海上封锁，取得了巨大利益。青岛原来是英国在华北贸易的一个重要中心，是时实际上已对英国贸易关闭。原来通过汉口或上海的棉花出口，由于日本在长江流域的军事行动，英国不得不寻求其他出路，日本首次取代英国在长江航运上的统治地位。随着日本将战火烧到上海，英国在华核心利益圈遭到沉重打击。长江流域是英国在中国拥有最重要利益的区域，1937 年初英国在中国的总投资的 60% 都在上海。① 日本占领上海后进而对长江下游地区实行占领封锁及控制港口铁路等政策。任“上海经济委员会”主席的英国人士马歇尔(Marshell)谈到，“日本对内陆水上的垄断对英国贸易造成了严重损害，日本已控制了中国所有水上运输港口”。② 1938 年间，从英国经上海对中国的出口下降了 57%。③ 英国在中国的沿海运输也遭禁止。日本对中国沿海港口的封锁威胁到了英国在中国沿海地区的利益。浙江港口和温州港口是这些港口的中心，英国通过这些地区出口到上海的巨量航运实际停止。④ 汉口是英国在中国内地的利益中心。1937 年 8 月，日本不断对广东至汉口铁路以及长江中下游航路进行轰炸，汉口所有铁路水路交通被推迟使用，英国的在华贸易受到进一步打击。

可以说，英日之间在中国与东亚问题上的矛盾，以及英国不愿轻易地失去在远东的既有地位，决定了英国在东亚对日妥协中也有争夺。但是英国受到欧亚形势的双重制约，其中，自身实力地位的下降是其症结。这既是英国在中日问题上寻求与日本妥协绥靖的原因，也是英国在其后东亚总体形势有利于英国方面的时候，最终确

① *Conflicting Interests in Pacific Islands. Far Eastern Survey*, March 23, 1938.

② *Britain's China Stake on the Eve of European War. Far Eastern Survey*, September 27, 1939.

③ *Britain's China Stake on the Eve of European War. Far Eastern Survey*, September 27, 1939.

④ *Britain's China Stake on the Eve of European War. Far Eastern Survey*, September 27, 1939.

立对日抗衡战略的潜在因素。

总之，从近代以来的东亚国际关系演进历程看，在中国全面抗战之前与全面抗战初期，基本上是英美法日等为了殖民地和势力范围进行争夺角逐。但是，由于德意日法西斯侵略对国际形势根本性的改变，美英对抗日本的潜在因素也具有了积极的内涵。然而，这一潜在因素由于传统的惯性还不可能自动地向积极方面转化，日本侵华初期美英在消极维护东亚权益下的对日妥协就证明了这一点。而中国抗日战争为东亚国际关系增添了一个全新的因素，是民族解放战争与世界反法西斯战争的有机结合，反映了东亚国际关系的巨大变化。正由于此，中国抗战与抵制英美的妥协绥靖政策，都将推动美英转换东亚战略，使其向着顺应时代要求，将对抗日本侵略的潜在因素转化为制衡，向确立抗击日本法西斯战争的积极战略方向发展。

第二章　中国全面抗战与美英东亚战略的转换

中国全面抗战引起了国际社会的广泛同情与支持，美英国内也逐渐兴起了要求援华制日的呼声。同时，中国抗日战争向世界展示了以弱制强的“奇迹”，中国不仅没有被日本的猖狂进攻摧垮，反而形成了世界第一个长期制约和打击日本侵略的反法西斯战场。中国加强了对美英上层与民众的工作力度，要求美英从东亚全局以及美英自身利益出发，援助中国，制裁日本。鉴于对中国抗战逐渐加深的认识，美英政府东亚战略开始发生变化，向支持中国抗战与制约日本侵略方面发展。

第一节　中国抗战与美英社会援华制日呼声

世界反法西斯局部战争阶段，中国全面抗战成为最能引动国际社会与美英社会广泛同情与支持的英勇壮举。中国人民在抗战中展现出来的不屈不挠的精神力量，感动着世界。美英从下层民众到上层官员，越来越多地要求美英政府改变现行的东亚政策，成为美英转换东亚战略坚实的社会基础。

一、中国全面抗战对国际社会的影响

1937 年“七七”事变爆发后，中华民族同仇敌忾，开始了抗击日本侵略的壮烈历程。7 月 15 日，朱德在《解放周刊》发表《实行对日抗战》的文章，全面分析了日本侵华所存在的困难，指出：“联合各党各派各军一致抗日的口号应立即变为实际行动！团结一切力量，动员一切力量，武装一切力量，奔向全国一致对日抗

战的总目标!”①7月17日，蒋介石发表“对于卢沟桥事件之严正表示”讲话，表明不再与日本妥协，进行坚决抗战的立场，声明：“我们即是一个弱国，如果临到最后关头，便只有拼全民族的生命，以求国家生存，那时节再不容许我们中途妥协，须知中途妥协的条件，便是整个投降，整个灭亡的条件。全国国民最要认清，所谓最后关头的意义，最后关头一到，我们只有牺牲到底。唯有‘牺牲到底’的决心，才能博得最后的胜利。”蒋介石还提出在中日交涉中“任何解决，不得侵害中国主权与领土之完整”的立场。7月29日，蒋介石在与新闻记者的谈话中表示：“政府有保卫领土主权与人民之责，唯有发动整个之计划，领导全国一致奋斗，为捍卫国家而牺牲到底，此后决无局部解决之可能……决无妥协与屈服之理”。8月1日，宋美龄在中国妇女慰劳自卫抗战将士总会成立大会上指出：“凡是自爱的民族所能忍耐的，我们都已经忍受了，我们不要再迟疑，要勇往直前，用尽我们的全副力量，来救国家的危急……国家最后的胜利，无论延迟到那一天，终久会达到目的，我们一定能扫清重重叠叠堆在我们心头的日历的国耻!”②7月23日，国民革命军29路军全体官兵在复沪各团体的电文中坚决表示“保卫国疆分所当然”，“本军受国家人民付托之重，保卫国疆，几不容辞……凡我官兵，慷慨赴义，分所当然”。③

中国抗日战争全面开展后，根据中国国力贫弱的国情，要将兴起的抗日战争坚持下来，并为世界反法西斯战争作出应有的贡献，必须结合中国的国情确定正确的战略战术。中国共产党在敌后开展广泛的游击战争，组成有效制约日军的敌后战场，成为中国抗日战场的支撑点之一。1937年8月1日，毛泽东提出《关于红军作战的原则》：“在整个战略方针下执行独立自主的分散作战的游击战争，而不是阵地战，因此不能在战役战术上受束缚。只有如此才能发挥红

① 彭明：《中国现代史资料选辑》第五册(上)，第189~190页。

② 彭明：《中国现代史资料选辑》第五册(上)，第25，27，29，30~31页。

③ 彭明：《中国现代史资料选辑》第五册(上)，第65页。

军特长，给日寇以相当打击。"①8月22日至25日，中共中央在陕西洛川召开政治局扩大会议，会议决定在敌后开展独立自主的山地游击战的战略方针。为加深八路军指战员对这一方针的理解，保证顺利实现向抗日游击战争的战略转变，并使友军也了解与同意八路军的这一方针，毛泽东于1937年9月间多次致电周恩来、朱德、彭德怀、任弼时、刘少奇等，进一步阐明战略方针，并从战略原则、战术方法、动员民众、社会改革、军民培训等层面作了详细部署，为在敌后展开规模广泛、机动灵活的游击战争，建立起各区域相互独立又相互依托的游击战争网络和敌后抗日战场奠定了思想理论基础。

1937年末，华北、华中的大片领土，北平、天津、上海、南京等重要城市相继陷落。在这种形势下，1938年5月，毛泽东总结了抗战10个月以来的经验教训，写下了《抗日游击战争的战略问题》一书，从理论上完整地阐述了在中国特殊环境中，游击战争的地位和作用，指出，第一，中国是一个大而弱的国家，没有现代化的国防，"但是却处于进步的时代"，依靠和发动人民群众，开展持久的游击战争，就能战胜敌人。第二，中国是一个大国，土地广大，日本以少兵临大国，只能占据某些城市和交通要道，广大农村为开展游击战争提供了活动的地盘。第三，有中国共产党领导的坚强的军队和广大人民群众的存在，就能坚持长期的游击战争。由于这一系列的原因，"于是中国抗日的游击战争，就从战术范围跑了出来向战略敲门，要求把游击战争的问题放在战略的观点上加以考察"。② 毛泽东在《论持久战》中以阿比西尼亚(Abyssinia，即埃塞俄比亚Ethiopia)、西班牙(Spain)内战的教训为例，说明消耗型阵地战不利于中国抗战，而"中国农民有很大的潜伏力，只要组织和指挥得当，能使日本军队一天忙碌二十四小时，使之疲于奔命"。③ 1937年9月，八路军东渡黄河奔赴抗日前线作战，首战平

① 中共中央文献研究室：《毛泽东文集》第二卷，第1页。

② 中共中央文献编辑委员会：《毛泽东选集》第二卷，第404～405页。

③ 北京大学法律系编：《毛泽东同志国际问题言论选录》，北京：世界知识出版社1960年版，第35页。

型关，全歼日军第五十团一部，打破了所谓“皇军不可战胜”的神话。同年11月太原失陷后，八路军深入华北敌后，广泛发动群众，开展游击战争，建立抗日根据地，开辟了敌后战场。1938年五六月，新四军挺进大江南北，在华中建立了抗日根据地。到1938年10月武汉沦陷前后，八路军、新四军在华北和华中先后开辟了晋察冀、晋冀鲁豫、晋绥、山东、苏南和江北6个抗日根据地，八路军、新四军增加到181700人。在中国共产党的领导下，各少数民族的抗日斗争如火如荼，加入伟大的全民族抗日战争洪流。东北少数民族加入抗日游击队和抗日联军。蒙汉抗日游击队活跃于大青山、平绥铁路及公路沿线。回民组成的抗日队伍在陕甘宁边区和山西地区、冀中地区等地立下赫赫战功。广西、云南、海南岛、新疆、台湾等地都有各族人民英勇抗击日本侵略者的武装及各种形式的斗争。①

全面抗战开始后，中国正面战场进行了一系列的保卫与防御作战，并于1938年3月间取得台儿庄战役的胜利，与敌后战场一起粉碎了日本“速战速决”的战略目标。国民政府还致力于从事大后方建设的各项经济、政治、军事方面的准备和经营。据杨格(Arthur N. Young)统计，国民党政府从沿海和长江流域向中国西南腹地转移600多家工厂，120000吨工业设备和工业成品。② 这些为持久作战打下基础。1938年武汉会战之后，正面战场的大体防线形成。同时，中国也积极进行外援通路的建设。到1938年底，中国除了原来的苏联援华路之外，也建成了滇缅公路。这对于中日战争转入相持阶段后正面战场防御体系的维持，坚持持久抗战无疑是有利的。从1937年11月太原会战到1938年10月武汉会战期间，中国两大战场相互支撑的、稳定的持久抗战战略格局就大致形成，同时也标志着日本短期占领中国的战略意图彻底破产。这期间，虽

① 彭明：《中国现代史资料选辑》第五册(上)，第576～579页。

② Arthur N. Young. *China and Foreign Help Hand.* Cambridge Massachusetts: Harvard University Press, 1963, p. 40.(后文引述该书，仅出注作者及书名、卷数、页码)

然国民党军队大规模正面作战失利，但共产党在敌后建立起了晋察冀、晋西北、晋西南、晋冀鲁豫等抗日根据地，大致形成了敌后制约日军的战场格局，有力地支援了国民党组建大后方的防线。国民党军队的大规模作战，也支持了共产党在敌后的战略行动，使日本不能倾全力进攻和摧毁中国任何一个战场，这是中国战场在艰难情况下得以坚持的基础之一。

中国全面抗战的开启和与日本侵略军相对峙的中国战场，破灭了日本短期灭亡中国的战略计划，由此奠定了中国在国际范围内的战略地位，也奠定了中国抗战外交的基础。对中外关系来说，标志着中国可以在很大程度上走出单纯依赖国联和西方大国来解决日本侵华问题的传统弱势外交的怪圈，增加了中国政府在国际上说话的分量。面对法西斯祸水横流的世界整体危险局面，受到威胁的世界各国，特别是各大国，都不可能在战略对策中忽略中国。同时，中国在国际舞台上以寻求外援为中心外交的意义，就不是消极被动的求援，而是具有了反法西斯战争中国际战略合作的意义，极大地拓展了中国外交的空间和内涵。而这种积极意义上的外交，虽然充满艰辛，还不可能完全摆脱不平等的状态，但已是带着强烈的互存、互利、互助的战时特点。这是中国抗日战争开展并得以坚持之使然。

中国全面抗日战争的开展和坚持，改变了中国的国际形象。毛泽东在 1937 年 10 月 25 日与英国记者贝特兰的谈话中指出："现在的抗日战争，是自有帝国主义侵略中国以来所没有的。它在地域上是真正全国的战争。这个战争的性质是革命的……唤起了国际舆论的同情。国际间过去鄙视中国不抵抗的，现在转变为尊敬中国的抵抗了……如果说过去日寇差不多不费一点力气唾手而得东四省，现在就非经过血战不能占领中国的土地了。日寇原欲在中国求偿其大欲，但中国的长期抵抗，将使日本帝国主义本身走上崩溃的道路。从这一方面说，中国的抗战不但为了自救，且在全世界反法西斯阵线中尽了它的伟大责任。"①

① 中共中央文献编辑委员会：《毛泽东选集》第二卷，第 374～375 页。

共产国际号召各国共产党和无产阶级行动起来援华抗日，并作出决议号召对日本实行“群众制裁”。苏联《真理报》从“七七”事变到1937年底，发表关于中国抗战的报道和评论达108篇，表示对中国抗日战争的支持。① 苏联《真理报》连续发表文章，谴责日本侵略中国，赞扬中国抗战，并预言“日本军队在一夜之间能够占领几十个城市的时代已经一去不复返了”。② 1937年9月25日，《真理报》文章赞扬中国八路军平型关大捷说：“八路军的斗争及其丰功伟绩，鼓舞着全中国人民为争取祖国的自由和独立而斗争。”③《俄文每日新闻社》在1937年8月16日致宋庆龄的信中说：“我们正在准备与中国携起手来，和中俄之敌人斗争。”④苏联许多青年表示：“假如中国需要自愿兵，只要一下命令，保管一天之内，就有十万人去报名。”苏联援华空军大队长库里申科说：“说实话，我像体验着我国的灾难一样，体验着中国劳动人民正在遭受的灾难，我每当看到日本飞机炸毁的建筑物和逃难的人群就难过。”共产国际号召各国共产党和无产阶级行动起来援华抗日，对日本实行“群众制裁”。法共《人道报》载文说：“中国民族为保卫领土……兹已一致奋起，决心抗战。全世界进步分子咸向之表示同情。”“七七”事变爆发后，英国共产党迅即表明了声援中国抗战的立场，并在声明中指出：“世界的和平事业在很大程度上取决于中国人民的胜利，中国的防御是世界和平的防御。”号召英国工人阶级援助中国，保卫远东和平。⑤ 英国共产党机关报《工人日报》也于7月14日发表

---

① 沈庆林：《中国抗战时期的国际援助》，上海：上海人民出版社2000年版，第26~27页。（后文引述该书，仅出注作者及书名、卷数、页码）

② 周文琪，褚良如编著：《特殊而复杂的课题——共产国际、苏联和中国共产党关系编年史(1919—1991)》，武汉：湖北人民出版社1993年版，第319页。

③ 王真：《抗日战争与中国的国际地位》，北京：社会科学文献出版社2003年版，第33~34页。（后文引述该书，仅出注作者及书名、卷数、页码）

④ 彭明：《中国现代史资料选辑》第五册(上)，第628~629页。

⑤ 彭明：《中国现代史资料选辑》第五册(上)，第644页。

社论指出，日本在中国的行动是“赤裸裸的侵略……中国人民必须得到援助”。一周后，该报再次刊载文章指出，“战争已经在中国爆发”，呼吁民众对中国局势的关注。8月21日又登载英共执行委员会的宣言，号召英国工人阶级援助中国，保卫远东和平；并主张拒绝装卸日货和英国输出日本的货物，敦促英国工党采取援华措施。日本共产党1937年8月15日号召日本士兵不要充当法西斯的炮灰，并热情赞扬中国抗战。① 苏联公开在国联中支持中国的申诉，明确主张国际社会集体制裁日本。美国、英国、法国、加拿大和其他欧洲国家，印度、马来亚、菲律宾及其他亚洲国家，南非、澳大利亚、墨西哥、阿根廷等国共产党和其他政党以及各界人士也纷纷要求政府停止对日本输送战争物资，发动抵制日货、为中国抗战募捐、声援中国抗日战争的运动。许多国家派遣援华志愿队直接参加中国的抗战。②

世界各国自发组织民间团体声援中国抗战，很多外国友人亲赴中国投入战斗。1938年1月，加拿大和美国共产党派遣以白求恩大夫为首的加美援华流动医疗队到中国。白求恩在晋察冀边区筹建了第一所国际和平医院。奥地利工人在十分困难的条件下开展拒运军火赴日的斗争。③ 加拿大民间建立援华委员会、中国战时救济基金会、医药援华委员会、反战大同盟等组织，进行援华宣传与募捐。在淞沪抗战中，德国旅沪侨商总会主席普尔兴于1937年8月27日代表上海全体德商向上海市长捐助17510元法币，以救助中国战争难民。④ 英国“民权保障会”发起成立“援华会”，开展声援中国、抵制日货的运动。法国“人民阵线”的政府在贷款和打通印支援华路方面给予了一定的帮助。法国民间成立多个援华组织，如中国人民之友社、法国援

① 彭明：《中国现代史资料选辑》第五册（上），第636～637，644，648～649页。

② 沈庆林：《中国抗战时期的国际援助》，第78～122页。

③ 沈庆林：《中国抗战时期的国际援助》，第109～111页。

④ 彭明：《中国现代史资料选辑》第五册（上），第648页。

华委员会等，并推动法国议员在议会中组织援华集团，有一百多名议员参加。① 法国记者蕾娜1938年8月21日向世界广播，介绍“在中国所见的一切”，告诉世界中国的团结统一、日本正处于危机、中国抗战热情高涨、日本在中国的轰炸罪行、中国长期抗战的胜利趋势等，并呼吁世界及法国人民，对中国不应再袖手旁观，应对侵略者进行有效制裁，积极援助中国抗战，认为“救中国即所以救世界，援助中国人民即所以救助自己”。②

中国抗战唤起了美国人民的同情和尊敬。美国各阶层民众通过召开公共集会，向报纸写信以及组织各种群众团体等方式进行援华活动。1937年8月29日，美国“反对战争反对法西斯主义同盟”上书美国国务卿赫尔，要求“改变美国观望政策”。11月5日，美国劳工联盟领袖发表声援中国抗战的演说，热情地赞扬中国抗战“是世界上最顶光荣的一页”。他强烈批评美国政府对日本侵略的纵容政策：“如果我们默许日本帝国主义，以其全部新锐的武器来对付中国民众而毫不牵制它，那么，我们实际上是在帮助日本侵略，并给美国种下祸根。”“我们再也不能让美国被日本用来作为进攻中国民众的根据地。”③荷兰、比利时、丹麦、挪威、西班牙、瑞士、瑞典、印度、马来亚、菲律宾、南非、澳大利亚、新西兰、古巴、墨西哥、阿根廷的各界人民都有不同程度的支援中国抗战、反对日本侵华的运动和活动。在华朝鲜、越南的抗日组织和武装与中国人民并肩战斗。在华日本人也建立反战组织。援助中国抗日的声浪遍及全球各大洲的国家、地区。此外，国际群众组织如“反侵略运动总会”、“国际工会联合会”、世界学生联合会、国际红十字会、世界青年大会等组织也都积极开展了援华运动。④ 1937年9月8日，国

① 沈庆林：《中国抗战时期的国际援助》，第91～96，105，107～108页。

② 彭明：《中国现代史资料选辑》第五册（上），第644页。

③ 彭明：《中国现代史资料选辑》第五册（上），第640页。

④ 沈庆林：《中国抗战时期的国际援助》，第177～196页。

际工会联合会发表宣言称："中国为遭强暴者不断威胁，不得不起而抵御，以期打破其侵略之迷梦，跻世界于和平。"号召采取有效办法声援中国，制止日本侵略。① 12 月 13 日，世界著名学者如美国著名教育家杜威、科学家爱因斯坦、英国著名哲学家罗素、法国著名左翼作家罗曼·罗兰联名发表宣言书，吁请各国人民，自动组织抵制日货运动，直到日本放弃侵略政策为止。②

"七七"事变后，英美等国人士访问陕甘宁边区形成高潮。美国作家艾格尼丝·史沫特莱、斯诺的夫人海伦·福斯特·斯诺、记者安娜·路易斯·斯特朗、美国总统富兰克林·罗斯福的使节埃文斯·福代斯·卡尔逊、记者霍尔多·汉森、美国外交政策协会远东问题专家托马斯·毕森、《太平洋事务》杂志主编欧文·拉铁摩尔、美国《美亚》杂志主编菲力普·贾菲、摄影师哈里逊·福尔曼、英国记者詹姆斯·贝特兰、世界学生联合会代表团的英国人詹姆斯·柯乐满、加拿大人雷克难、美国人莫莉·雅德等人相继到访延安。毛泽东关于中国抗日战争的前途、建立国际反法西斯统一战线的思想、解放区建设和敌后战场的抗战给他们留下了深刻印象。③ 著名美国记者埃德加·斯诺早在 1936 年访问陕北苏区，1937 年 10 月，在伦敦出版《红星照耀下的中国》，积极支持和掩护中国爱国青年的抗日活动。1938 年他和妻子海伦·福斯特等人发起组织了中国工业合作协会，捐出自己全部私人积蓄，支持中国抗战。美国合众社记者依斯雷尔·爱泼斯坦"七七"事变后在华报道战争真实情况，1939 年汇集成《人民之战》一书在英国出版。④

中国如此引起世界的瞩目，原因如吴玉章 1938 年 4 月 25 日对记者谈话中说："我们因为有了国共及各抗日党派的抗日民族统一战线的树立而坚决抗战，我们才能得到这样广大的国际同情。"陶

① 彭明：《中国现代史资料选辑》第五册(上)，第 651 页。

② 彭明：《中国现代史资料选辑》第五册(上)，第 652 页。

③ 沙健孙主编：《中国共产党与抗日战争》(下)，北京：中共中央文献出版社 2005 年版，第 631 ~ 634 页。(后文引述该书，仅出注作者及书名、卷数、页码)

④ 沈庆林：《中国抗战时期的国际援助》，第 228，232 页。

行知先生在谈到国际援华问题时也认为："最主要的是我国的国际地位因抗战而提高。由被人轻视转到特别尊重。"①

海外华侨热切关注和支持祖国的抗战事业。当时全世界约有800万华侨，有一半以上的人参加了各种不同方式的援助祖国抗战活动。据中国国民政府侨务部门统计，从1937年下半年到1940年初，华侨捐献的各种物资总数达3000批以上，平均每月100批。战时回国服务的各类华侨团体有数十个。参加中国空军的归侨有数百人，不少人血洒蓝天。南洋华侨带头发起抵制日货运动，日矿的大量华工纷纷离矿罢工。美国华侨多次掀起阻运废钢铁到日本等援华运动。纽约华侨组织发起的抗日援华的"中国周运动"，参加和响应者达百万人之多。欧洲英、法等国的华侨纷纷加入当地援华组织，参加各种大型国际会议，协助中国使节开展抗日外交等活动。不少华侨青年克服重重阻力，奔赴延安和其他抗日根据地，为敌后抗日战场和解放区建设作出了重要贡献。华侨总会海外华侨还捐献大量药品，组织一批批医疗救护队回国效力。中国共产党热情赞扬华侨在抗战中的伟大作用："所有这些直接参加抗战的工作以及对政府财政上的帮助，都说明了华侨在抗战中的伟大作用，没有他们的努力，国内的抗战一定是更加困难的。"中国国民党五届六中全会认为："海外侨胞为抗战建国力量之源泉之一……抗战期间，其重要性尤倍于往日。"②

中国全面抗日战争的开展和坚持，对世界另一个更为重要的影响，就是促使了远东国际关系格局发生历史性的变化。第二次世界大战是从局部战争走向全面战争的。在多种因素，特别是西方绥靖政策的影响下，除中国抗日战争之外，欧洲非洲的局部战争都未能阻止住法西斯战争祸水的蔓延，归于失败。1935年意大利法西斯

---

① 1938年4月25日汉口《新华日报》，转引自重庆市政协文史资料研究委员会编：《抗战时期国共合作纪实》上卷，重庆：重庆出版社1992年版，第394～397页。

② 沙健孙：《中国共产党与抗日战争》（下），第610～615，576，587页。

入侵埃塞俄比亚，1936 年德国、意大利法西斯联合干涉西班牙内战，1938 年德国法西斯吞并奥地利，1939 年肢解捷克斯洛伐克。由于法西斯这一系列的军事行动的成功，使欧洲、非洲的局部战争不断升级，迅猛地向世界大战发展。1939 年德国法西斯侵略波兰，终于将局部战争扩大为全面世界战争。从 1935 年到 1939 年，仅用了 4 年的时间，就使第二次世界大战成为不可遏阻的现实，特别是法国的短期败降，大大加速了第二次世界大战的进程，使国际关系格局的力量重心向着法西斯方面倾斜，并成为全球战争的先导。苏联改变"九一八"事变时期的"中立"态势，与中国签订《互不侵犯条约》，表明了对中国抗战声援的立场，中国与苏联之间的战略支持关系由此建立。中国抗日战争的全面展开也是对国际绥靖主义的批驳。在局部战争阶段其他弱小国家的失利，既是其自身的民族灾难，也是世界的灾难，因为造成的结果是都成为了法西斯走向世界战争阶梯，中国的抗日战争改变了这一似乎成为定律的普遍现象，不仅使中国避免了亡国的灾难，同时也改变了日本世界战略的运行轨迹，成为反法西斯战争战场格局的先导，极大地抑制着法西斯世界祸水横流的趋势。

"七七"事变爆发伊始，中国国民政府就派人与苏联驻华大使鲍格莫洛夫商谈由苏联供应军事装备并缔结中苏互助条约一事，并于 1937 年 8 月 21 日与苏联签订了互不侵犯条约，苏联率先援华。当时的法国报纸评论中苏条约是"插入日本蛮牛颈上的一支火箭"。① 关于中国抗战对苏联的战略价值，1938 年初，斯大林对访苏的中国行政院院长孙科坦言，他"深知中国不仅是为自己作战，也是为苏联作战；日本人的最终目的，是占领整个西伯利亚直到贝加尔湖"。② 这如实地说明了中国全面抗战形成了东亚制约日本侵略的全新格局，以及进一步构建中苏相互支撑的战略局面具有极其重要的现实与长远的意义。为了支持中国抗战，苏联帮助修建了从

① 沈庆林：《中国抗战时期的国际援助》，第 29 页。

② 吴东芝主编：《中国外交史》（中华民国时期 1911—1949），长沙：湖南人民出版社 1990 年版，第 93 页。

苏联境内的萨雷奥泽克到中国新疆的乌鲁木齐、再到甘肃兰州全长2925千米的公路，援助中国军事物资。1937年10月17日，苏联第一批军用物资紧急运往中国。随后，4艘大轮向中国运送各式机枪、大炮、弹药以及航空和装甲设备约6万件。第一批由苏联志愿飞行人员驾驶的战斗机和轰炸机开始起程飞往中国。① 此后苏联空军直接参加了中国抗日战争，为保卫南京、武汉、南昌、广东、兰州、重庆、成都、西安等城市做出了杰出贡献，甚至远征台湾。苏联还在国联会议上声援中国，呼吁经济制裁日本；并大幅度削减与日本的贸易，禁止向日本出口军事战略资源，并以货易货的方式贷款给中国。1938年10月以后，苏联继续援助中国抗战。1938年两次对华贷款1亿美元，1939年4月，斯大林会见中国代表孙科，询问了中国的抗战情况，欣然同意向中国提供1.5亿美元，并嘱苏联对外贸易委员会委员米高扬同孙科签订合同。后继续向中国提供信用贷款，以购买各种军用物资。② 1941年苏日条约签订后，苏联也没有放弃对华援助。而中国则一如既往，立足于自身的艰苦努力坚持抵抗，缓解了苏联的安全压力。

苏联援华支持了中国的抗战，中国战场则牵制了日本北进苏联。1938年2月，周恩来在《目前抗战形势与八路军作战》文章中谈到，日本全面侵华使其"军事上的效能已发挥到最高度。据国际最精确的估计，日本能出动前线的兵力不过二百万人，现在出动到中国来已有四十五万人，伤亡已过十万人，连补充兵额，总计出动已将近七十万人。而它可能出动到中国来的兵额，决不能超过其出动总数的三分之一"。③ 日本近卫内阁的智囊机构"昭和研究会中国问题研究所"承认，由于"我国正倾全力设法迅速解决中国事变"这样的事实，"不应该对苏关系上分配超过必要的程度的力量……

① 向青：《苏联与中国革命》，北京：中央编译出版社1994年版，第330～331页。（后文引述该书，仅出注作者及书名、卷数、页码）

② 向青：《苏联与中国革命》，第336页。

③ 中共中央文献研究室：《周恩来军事文选》第二卷，北京：人民出版社1997年版，第99～100页。（后文引述该书，仅出注作者及书名、卷数、页码）

我国至少要排除采取攻击的态度”。① 总之，中国全面抗战开始以后，中苏相互支持共同对峙日本的战略格局逐渐形成，苏联东部安全比之其欧洲方面的基础更加坚实。这是中国与苏联共同努力的结果。

中苏战略关系的建立与发展，对构筑起东亚抗击日本的格局的影响极为重大。美国及英国也不能固守以往的消极对日战略。可以说，正是在中国全面抗日战争开启和坚持下来时期，在东亚国际关系中起主导作用和起着重要影响作用的美英苏之间，开始了“九一八”事变以来没有过的相互之间的频繁外交往来，这种远东大国之间关系的演变，标志着中国全面抗战爆发后国际格局的新变化。美国学者入江昭曾指出：“中日战争使世界主要强国重新组合……它导致苏联与英美二强互相更关注对方，如果可能的话，联合作出反应以抑制日本。”②

总之，中国抗战制约了日本法西斯的战略步骤，鼓舞了世界人民战胜法西斯的信心，同时也开通了反法西斯大联合的航路，中国抗战对国际社会的巨大影响，必将深刻地影响美英东亚战略的调整与变化。

二、中国全面抗战引起美英社会的同情与支持

中国人民的英勇抗战精神，赢得了世界各国人民的同情和支持，英美两国的民众也涌动着广泛的援华抗日的热潮，以各种方式表达对中国的声援。

如前所述，“七七”事变爆发后，英国共产党率先表明了声援中国抗战的立场，并在声明中指出：“世界的和平事业在很大程度上取决于中国人民的胜利，中国的防御是世界和平的防御。”号召

---

① ［日］服部卓四郎著；张玉祥等译：《大东亚战争全史》第一册，北京：商务印书馆 1984 年版，第 266～267 页。（后文引述该书，仅出注作者及书名、卷数、页码）

② ［美］费正清等编：《剑桥中华民国史 1912—1949》下卷，北京：中国社会科学院 1993 年版，第 594 页。（后文引述该书，仅出注作者及书名、卷数、页码）

英国工人阶级援助中国，保卫远东和平。① 1937 年 8 月 24 日，"劳工党联合体国家理事会"、"商业联盟会议"以及"合作社联盟"呼吁英国政府和民众采取行动抗议日本的侵略活动，强烈谴责日本对中国的侵略是一种无视国际法的行为。它还敦促英国政府在国联和其他条约义务之下，分别与国联尤其是与美国采取联合行动"以维护对国际条约的尊重"。②

英国"妇女国际联盟"的英国分部也是最早行动的民间团体之一。该组织于 1937 年 7 月 15 日发表声明，对中国的局势表示极为关切，并呼吁英国政府与美国政府相磋商，以采取联合行动来"阻止日本对中国的进一步侵略"。英国上层的某些有识之士也公开表明自己的观点，8 月 5 日，《曼彻斯特卫报》发表了李斯特·威尔勋爵的题为《对世界和平的威胁》的公开信。信中指出，日本军国主义分子推行无限期扩张政策的意图已昭然若揭，这必然会导致世界大战的爆发。③ 9 月 23 日，英国民间组织"中国人民之友"发起成立了"中国运动委员会"，由英国文化界的著名人士维克多·高兰士任会长，陶乐茜·伍德门女士任秘书。高兰士是英国"左翼书友会"的领导人，她通过左翼书友会同社会各界进行广泛的联系，从而不断扩大英国国内援华的力量。"中国运动委员会"成立之初就明确了自身的主要任务：一是向中国提供医药和资金等援助；二是进行各类援华制日的宣传，使民众了解日本侵华及中国抗战的情况，并号召积极抵制日本商品。除"中国运动委员会"外，还有许多其他个人和团体也积极加入援华制日的运动当中。它们分别各自或与"中国运动委员会"一起开展各种活动。英国宗教界人士也对日本侵略者在华暴行表示了极大的愤慨。他们积极召开会议，抨击日军在中国的兽行，并催促英国政府号召世界商讨办法来阻止日军

---

① 彭明：《中国现代史资料选辑 1937—1945》第五册(上)，第 644 页。

② Arthur Clegg. *Aid China*, *1937-1949*: *a memoir of a forgotten campaign*. Beijing: Foreign Languages Press, 2003, p16.（后文引述该书，仅出注作者及书名、卷数、页码）

③ Arthur Clegg. *Aid China*, *1937-1949*: *a memoir of a forgotten campaign*, p15.

暴行。

1937年9月，日军轰炸扩散到中国广东，制造了危害中国无辜平民与外国在华人员伤亡的惨剧。英国国内民众与民间组织要求政府采取行动的呼声也日益高涨。"国家联合同盟"要求政府履行它的职责；"不列颠青年和平集会"呼吁"不要给日本以任何协助"；"国家和平议会"也在一定程度上改变了以往的空泛和平主义的理念，呼吁其下属的所有团体抗议日本的侵略行为；"国家劳工议会"要求政府"禁止英国公民向日本出售战争物资或向日本提供贷款"，并向民众发出了抵制日本商品的号召，此举还得到了"国际劳工同盟"和"劳工和社会主义者国际"的广泛支持。此外还有许多团体也纷纷呼吁其成员不要购买日本商品。① 在英国的"中国运动委员会"则是从事援华制日运动的最主要团体。到英国政府逐渐改变其远东政策之前，英国的援华运动一直处于此起彼伏的状态。从1937年7月开始，"中国运动委员会"召开会议近三千次，发放传单约一百万份，发行了各类小册子、报刊以及新闻报道，举行重要会谈，积极抵制日本商品、拒运日货，开展"中国周"活动，开办"国际和平医院"，并支援其他在中国的组织，如"工业合作社"以及"中国红十字会培训学校"等，为中国的抗战做出了巨大的贡献。他们在艰难的情况下，开展各项活动，反对日本法西斯的侵略行径，支援中国斗争。

美国社会各界民众以及对政府有影响的团体从中日全面战争爆发开始，就力主援华制日，是美国其后东亚战略转换的社会动因。1937年8月29日，美国"反对战争反对法西斯主义同盟"上书美国国务卿赫尔，要求"美国政府对于日军侵略中国，立即援引《九国公约》及改变美国观望政策"。美国同情中国抗日的人士抗议美日间进行的战争物资交易，并召集公共集会，向报纸写信以及组织各种群众团体，表明美国爱好和平人士认为"日本是在进行一场侵略中国的战争"。10月6日，《纽约时报》发表了美国前国务卿史汀生

---

① Arthur Clegg. *Aid China, 1937-1949: a memoir of a forgotten campaign*, p. 17.

的一封信。信中指出："可悲的事实是，日本现在正在被美国和英国援助(指英美向日本出口各种用于战争的物资)，这些援助是如此的有效和重要，以至于如果没有这些援助，日本的对华侵略很可能早被迅速地制止了"。①

在中国抗日战争全面开展以后，美国国内成立了大量的援华团体，它们积极宣传中国的抗战情况，要求援助中国并对日本采取强硬政策，这些团体包括国外教士团体、集体安全提倡者、妇女社团、进步报纸、劳工组织。卡耐基国际和平基金会、援盟护国委员会、妇女选民联盟、美国女大学生社团等组织参与了推进对日禁运的运动。在美国诸多援华团体中，影响最大最为成功的团体之一就是"美国不参与日本侵略委员会"。该委员会成立于1938年夏，由教士亨利·普利兹和法兰克·普利兹两兄弟创建。该团体的工作重点是通过各种活动呼吁美国政府和商人停止向日本出口战争物资，以便尽快制止日本侵华。受到亨利·普利兹的邀请，美国前国务卿史汀生担任该委员会的名誉主席，故该委员会也称为"史汀生援华委员会"。该委员会在成立之初就发表了著名的"停止武装日本"②的宣言，并考察终止向日本提供战争贷款和战争物资的途径和手段，以寻求结束日本的侵略战争。"史汀生援华委员会"最主要的努力是激发公众要求政府采取行动禁止向日本继续运送军事物资。经过长期的努力，该委员会组织民众不断地向白宫、国务院、议员以及对日出口商写抗议信。许多支持者还创建了委员会地方分会，不间断地向美国院外利益集团发送请求和抗议信。其中最大的一次运动是大约10.2万名清教徒写信要求对日禁运。随着中日战争的继续，尤其是中国顶住强势日本军队疯狂进攻、粉碎了日本短期取得胜利的图谋之后，美国民众的观点开始逐渐发生了变化：一方面，更多人同情中国的抗战；另一方面，民众逐渐开始接受运用经济压力作为制止日本侵略的手段，美国孤立主义思潮的影响也逐渐

① Arthur Clegg. *Aid China, 1937-1949: a memoir of a forgotten campaign*, pp. 17-19.

② 即"Stop arming Japan"。

减弱。据芝加哥大学国际法学者怀特等人 1941 年 5 月 19 日的统计，1937 年 1 月到 1938 年 3 月美国报刊有关中日战争的社论大概有 5000 篇，其中，无一篇为日本的侵略行为辩护，也无一篇谴责中国的抵抗。无论美国新闻界还是公众舆论，都对中国的抗战表示同情，这种同情在“七七”事变以后更为明显。① 1938 年 9 月慕尼黑危机之后，美国民众明显支持运用美国的物质力量支援那些反抗独裁者占领的斗争。在远东问题上，也日益要求停止向日本运送军事物资，尤其在他们得知美国的物资对于日本持续其侵略行为至关重要时，这种呼声也更为高涨。1939 年春，美国民众向美国国会施加压力，要求通过禁止向日本运送物资的法律。6 月 16 日，胡适致中国外交部电文指出，美国民众意见结果今日发表：“同情中国者 74%，同情日本者 2%，中立者 24%；赞同不买日货者 66%，反对者 34%；赞同禁运军用品予日本者 72%，反对者 28%。”②

许多在中国工作的外国记者和作家通过宣传中国抗战促进了英美民众了解日本在华侵略罪行和中国人民的英勇抗战，是英美民间援华抗日活动不断高涨的一个重要引导因素。“中国人民的朋友”美国进步记者埃德加·斯诺通过《红星照耀中国》向西方民众广泛宣传中国共产党艰苦卓绝的抗战功绩。爱泼斯坦作为美国驻华战地记者，奔走于反法西斯战争的东方战场，采访过著名的台儿庄战役、常德会战等。1938 年秋，参加宋庆龄在香港创建的保卫中国同盟，负责国际宣传，争取世界人民对中国抗战的了解与援助。③ 1939 年，将中国人民英勇抗战的事迹汇集成书——《人民之战》在英国出版。④

美国及英国民间团体一方面积极为中国谋取各种医药以及医疗器材，另一方面积极在中国组建“国际和平医院”。白求恩医疗队

---

① Quincy Wright，Carl J. Nelson. *American Attitudes Toward Japan and China，1937-1938. The Public Opinion Quarterly*，1939，Vol. 3，No. 1.

② 章伯锋，庄建平：《抗日战争》第四卷《外交》（上），第 381 页。

③ 黄华：《从国际主义到爱国主义的爱泼斯坦》，《今日中国（中文版）》，2005 年第 4 期。

④ 沈庆林：《中国抗战时期的国际援助》，第 232 页。

受美国共产党和加拿大共产党的派遣，直接加入到中国抗日战争之中。美国沃尔特·贾德医生不仅在中国为抗战提供直接的医疗服务，而且在他回到美国后还积极揭露日军的暴行，热情宣传中国人民英勇抗战的事迹，呼吁民众支援中国的抗战。乔治·A. 菲奇夫妇在回到美国后也积极宣传中国的抗战，向美国民众讲述了他们亲身经历的日军在南京惨绝人寰的暴行，呼吁民众抗议日本，支持中国抗战。在抗战早期，从英国筹集的抗日款项多用于中国国际红十字会，但随着日军在中国侵略的扩张，越来越多的红十字会医院都纳入了日军的占领范围。成立于香港的"中国抵抗联盟"在经过仔细考察之后，建议这些援助应该给予中国红十字会。为解决八路军和新四军医疗物品稀缺的问题，"中国运动委员会"建议在中国建立外国援助医院，并命名为"国际和平医院"，此举受到"中国抵抗联盟"的支持。到 1938 年 4 月，第一所国际和平医院正式建立。8 月，大约有 3 所外国医院与"国际和平医院"建立了联系。此时，八路军和新四军可以通过这些医院获得药品和医疗设施。经过英国民众和各援华组织的共同努力，到 1939 年底，在中国建成 4 所"国际和平医院"，所有这些医院都位于中国敌后抗日战场。1939 年 7 月 1 日，"中国运动委员会"再次举办"中国周"活动。除"中国周"外，还将 7 月 8 日定为"中国星期日"，以便为"国际和平医院"筹集更多经费。12 月，"中国运动委员会"开办了一个专门出售中国商品的市场。这个市场出售精美的中国珠宝、丝织品、扇子、瓷器以及儿童玩具，居住在伦敦的中国女性积极参与这一活动并得到《泰晤士报》很大的帮助。①《曼彻斯特卫报》也多次发表文章呼吁民众为"国际和平医院"捐资，此举受到诸多贸易联盟的支持。英国谢菲尔德市为"国际和平医院"收集香皂等其他用品运往中国，并向中国派遣医生，到 1939 年底共向中国派出 20 名援助医生。②

---

① D. H. Quo, Evelyn Maclean, Flora Kate Hayim. *In Aid of China* (*Letters to the Editor*). *The Times*, Wednesday, Oct. 20, 1937, p. 10.

② Arthur Clegg. *Aid China*, *1937-1949*, *a memoir of a forgotten campaign*, p. 56, 106, 108.

值得一提的是，在中国抗战的艰难时刻，中外著名人士发起和组织了民间工业合作(简称“工合”)运动，对中国抗战大后方经济起了重要推动作用，并支持了中国敌后根据地经济。这一运动的发起者包括美国著名记者斯诺和他的夫人，他们不仅在中国为促进中国战时工业发展做宣传推动工作，而且呼吁美国政府支持中国的工合事业。1940年7月，斯诺与夫人给罗斯福总统写信，请求美国给予中国工合贷款，加强中国抗战的工业基础，并说明这对保卫一个独立自由的中国的生存，维护远东的稳定、世界的和平以及美国的安全都有重要的意义。在信上签名的有美国军界将军、著名作家赛珍珠、著名哲学家杜威等美国知名人士。1941年初，美国卡尔逊少校作为美国促进中国工合委员会代表，考察了中国东南7省的工合运动。美国人普艾达女士积极投身于工合运动，到香港帮助组织“工合”国际委员会，并受宋庆龄委托去美国开展工合推动活动，在纽约成立了“美国促进中国工业合作运动委员会”，通过努力使罗斯福总统的夫人担任了该会名誉主席，原美国太平洋舰队司令雅纳尔任主席，委员有美国陆军部长史汀生等百余人。美国费城、波士顿、华盛顿等主要城市也成立了促进中国“工合”运动的机构。斯诺夫妇在菲律宾组织促进中国工合委员会，美国驻菲律宾高级官员麦克纳特的夫人担任主席。这些机构除了宣传中国工合运动外，主要任务就是为运动争取捐助与贷款。据统计，“从1938年工合组织建立到1945年底，中国工合事业共获得贷款、捐款折合中国法币1.8亿元……而由美国各界人士通过美国促进中国工合委员会，以及全美战争基金委员和美国援华联合会捐助的为1.2亿元”。在中国共产党领导的敌后抗日根据地中，工合运动得到很大发展，全部经费来自于海外华侨和美国人士。美国技术人员在运动中靠国际合作建立起来的培黎学校中担任教员，培养中国技术人员。①

① 乔玲梅：《试论抗战时期的工合运动与国际合作》，载于苑鲁，谢先辉主编：《第二次世界大战与国际亚太合作——中国第二次世界大战史(重庆)学术研讨会论文集》，重庆：重庆出版社2003年版，第311～316页。(后文引述该书，仅出注作者及书名、卷数、页码)

从1937年7月到1938年7月，在美国民众抵制日本商品的情况下，美国从日本进口的货物由前一年的2.04亿日元下降到1.52亿日元，下降幅度达到26%。其中在美国东北部，抵制日本商品的运动最为强烈。1937年年底美国军舰“帕奈号”被日军击沉后，引起了美国民众极大的气愤，抵制日本商品的运动也发展得非常迅速。中产阶级、劳工以及专业团体是最积极的抵制者。此外有无数各种各样的组织支持民众的抵制运动，包括制造商协会、劳工联盟、退伍军人组织、教会、教士团体、消费者团体、社会服务协会、基督教女青年会、青年组织、学会团体、共济会、和平社团、进步组织以及一些特别为宣传抵制运动而成立的组织。其中，最为重要的是“抗议日本侵略抵制委员会”和“美国和平与民主联盟援华理事会”。① 他们在商店橱窗上粘贴海报，在汽车上粘贴拒绝日本商品的标语，在电台演说，在杂志上刊登广告，发放宣传册、传单，举行大众集会，焚烧日本商品，呼吁大学女生不穿丝袜，等等，以号召民众起来抵制日本商品，抗议日本的侵略行为。1938年10月，美国民意调查协会公布，有37%的美国人支持抵制日本商品。抵制的商品包括从日本进口的玩具、电灯、洋娃娃、金枪鱼、蟹肉、瓷器、陶器、毛刷、棉毯、针织品以及其他棉织品等。它们占当时美国从日本进口商品的23%。到1938年10月，这类商品的进口大概减少了0.202亿日元，占整个进口的43%。② 其次是生丝，占美国从日本进口商品的52%，也是日本最主要的出口商品。到1938年10月，其进口量由1.06亿日元下降到0.86亿日元，降幅达22%。③

在披露日军在华暴行和宣传中国抗战方面做出重要贡献的还有

① Nathan M. Becker. *The Anti-Japanese Boycott in the United States. Far Eastern Survey*, 1939, Vol. 8, No. 5, p. 51.

② Nathan M. Becker. *The Anti-Japanese Boycott in the United States. Far Eastern Survey*, 1939, Vol. 8, No. 5, pp. 51-54.

③ Nathan M. Becker. *The Anti-Japanese Boycott in the United States. Far Eastern Survey*, 1939, Vol. 8, No. 5, p. 52.

英美传教士。相对于美国驻中国记者数量之极少，美国在华的教士则非常多。当时的美国几乎所有的社区都有一座或几座教堂，每一教堂都会资助一名或几名在国外的传教士，这些在国外的传教士大部分都在中国工作。1937 年中日战争爆发后，美国孤立主义分子强烈要求撤走在华的美国公民，以防止美日之间产生冲突。然而教士阶层拒绝撤出，他们要求继续在中国工作，为中国的抗战提供精神和物质层面的支持。在中日战争爆发初期，美国国务院就要求在华教士撤回美国，然而随着战争的继续，在华教士及其在美国国内的组织认为有必要继续留在中国。到日军占领长江流域时，从中国撤出的教士还不到其总数的 10%。他们每年都向资助他们的教堂邮寄大量的信件，从而使许多民众了解到中国的情况。这些来自中国的信息对于形成民众对华态度起到了巨大的作用。此外，每年从中国回国的传教士都会接触大量的民众，他们向民众讲述他们在中国的所见所闻，让民众切身感受到中国的状况。许多有影响力的教士还在他们的支持者、友人中建立广阔的信息网，将大量来自中国的信件油印出来发放到全国各地。同时，一些教士和宗教刊物也会定期刊载这些信件。这些寄回美国的信件，揭露了日军惨绝人寰的暴行：残杀平民，烧毁房屋，拆散家庭，轰炸平民区。一位美国教士在见证日军南京暴行后，在寄往国内的一封信中写道："现在是圣诞节前夜。我应当从 12 月 10 日说起。在过去短短的两个星期内，南京遭受了日军的包围；中国部队撤出南京，日军占领了这个城市。到那天为止，南京还是一座值得我们为之骄傲的美丽的城市。但今天，它已是一座遭受蹂躏、被洗劫一空的废城。这座城市已经处于完全的无序状态，日军到处横行，他们强奸妇女、杀害平民，随意驱赶外国人，因为他们不想他们的暴行曝光于世人面前。我们只能眼睁睁地看着日军在如此寒冷的冬天抢走穷人最后的衣物，眼睁睁看着日军将成千上万放下武器前来寻求避难的军人以及无辜的平民带走当做练习刺刀的活靶子。当无数的妇女跪在我们面前请求你帮助她们时，我们却无能为力，无法将她们从那些禽兽中解救出来。当我们看着我们的国旗被一次又一次的凌辱的时候，只能呆呆站在一边。我们的住所被烧毁，我们深爱的并打算为之奉献一生最好时光的学校也被日军烧毁，这是我从未见过的人间地狱。”①

美英民众及团体还积极呼吁抵制日本商品。1937年9月30日，英国“中国运动委员会”在怀特菲尔德大礼拜堂举行了第一次公开会议，会议号召对日本实施全面禁运并抵制一切日本商品。9月28日，日内瓦国联会议的失败以及是年11月底《九国公约》签字国在布鲁塞尔会议上国联及相关大国没有能达成对日采取行动的决议，更触发了美英民众抵制日本商品的运动走向深入。“妇女国际联盟”等团体提出，在政府不采取行动制止日本侵略中国的情况下，应号召个人抵制日本商品。随即，各项抵制日本商品的运动自发展开。“伦敦合作社”和“皇家军工合作社”开始禁止购买日本的商品，许多其他的团体也相继加入这一运动的行列。② 1938年1月15日，“劳工社会主义者国际”和“贸易联合国际同盟”在布鲁塞尔召开联合会议，号召所有工人联合起来抗议日本的侵略，抵制日本的商品，并向他们各自的政府施加压力以“履行他们对中国的国际责任”。与此同时，“美国和平与民主联盟”报道了大量的美国公民和劳工组织积极支持抵制日本商品的消息，认为抵制日本商品将有利于维持“人道主义、和平与民主”。③ 2月5日，一些组织在伦敦举行了一场规模宏大的抵制日货游行，示威游行的队伍覆盖了伦敦26个行政区，各组织还将这一天定为“抵制日”。2月9日在牛津大街再次举行抵制游行，并用货车向民众发放援华和抵制日本商品的传单。2月12日，“国际和平运动”在伦敦召开了一次国际会议，来自21个国家的约800名代表参加了会议。会议的主题是讨论如何“挽救中国、挽救和平”。会议报告重申消费者和政府都应该抵制日本商品。与会的飞利浦·诺埃尔·贝克承诺将向议会提起一项议案：将所有来自日本的商品明确标上“日本制造”，而不是仅仅只笼统印上“外国制

① John W. Masland. *Missionary Influence upon American Far Eastern Policy. The Pacific Historical Review*, 1941, Vol. 10, No. 3, p. 285.

② Arthur Clegg. *Aid China, 1937-1949: a memoir of a forgotten campaign*, p. 27.

③ Arthur Clegg. *Aid China, 1937-1949: a memoir of a forgotten campaign*, p. 34.

造”，以便于消费者进行区分。该法案最终在1939年生效。随着中国战事的发展，到了8月，又相继有更多的商家加入了抵制日本商品的行列，其中有一些是先前不愿抵制日本商品的商家。“中国运动委员会”发起了圣诞节抵制日本的玩具的运动，其后又抵制日本的丝织品。《儿童报》也参与到这一运动中。该报专门给出一个评论版面呼吁儿童和父母不要购买日本的产品，尤其是日本的玩具，并希望他们向“中国运动委员会”捐资以便开展援助中国的活动。《新闻纪事报》、《先驱日报》、《曼彻斯特卫报》、《工人日报》以及《明镜日报》等也参与到抵制日本商品运动之中。《工人日报》专门发表了一篇题为《你的消费与谋杀》的文章激发人们参与到抵制日本商品的运动中，并告诉人们如何去抵制日本商品，选用其他的代用商品。到1939年2月，“拒绝丝织品”运动达到顶峰。

据统计，由于英美民众抵制日本商品的运动，到1939年3月，日本对英出口贸易比前一年下降了约23%。其中，日本出口最主要的商品生丝下降51%，玩具下降43%，毛织品下降25%，灰布下降64%，鱼和鲸油下降50%。日本对美出口的商品大约下降了1500万日元，占美国从日进口总量的7.4%。除英美之外还有许多其他国家也开展了抵制日本商品的运动，其中包括法国、印度、加拿大、澳大利亚、新西兰以及其他一些国家。由于所有这些国家民众开展的援华抵制日本商品运动，日本总的出口下降了约8000万日元，降幅达14%。①

总之，中国抗日战争爆发后，英美两国的一些教士、进步记者、作家等客观报道了日军暴行和中国抗日的情况，使英美社会民众更深入地了解到日军的在华暴行以及中国人民英勇的抗日斗争；同时采取各种行动声援中国，反对日本的侵略行径，间接或直接地给予中国人民宝贵的精神与物资援助。

美国及英国民众对美英政府对日本侵略中国奉行的绥靖纵容政

① Nathan M. Becker. *The Anti-Japanese Boycott in the United States*. *Far Eastern Survey*, 1939, Vol. 8, No. 5, p. 54.

策提出强烈的批评，要求本国改变这一政策。1937 年中日战争爆发后不久，美国教士阶层就开展了一个反对向日本运送潜在战争物资的抗议运动。大量的信件质问为什么美国政府和商人要向日本提供诸如飞机、钢铁、石油制品等战争物资，用来侵略爱好和平的中国。一个教士在目睹日军轰炸西南联大后写信说道：我们这些经历了这场轰炸的人很想知道，美国还想在多长时间内用那些军事物资支持日本的侵略？① 许多人士要求采取明确的措施来阻止对日本的军事物资出口。他们声称，向日本出售这些物资违反了道德准则；并认为，由于日本经济的脆弱性，美国的经济制裁非但不会引发战争，相反还会迫使日本很快放弃对中国的侵略。许多妇女组织也积极参与到停止向日本输送战争物资的运动中。1938 年 10 月，美国"国家战争起因与对策委员会"通过一项决议，号召其成员组织恳请政府停止向日本出售武器。该决议宣称："至少我们可以拒绝向那些弃绝运用和平手段解决争端的国家出售我们的商品。我们不想从这种交易中获取利润。"这个决议从道德层面清楚指明了这种贸易的性质，也从道德层面要求停止这种贸易。1939 年 2 月，"国家战争起因与对策委员会"向其成员组织发表了一篇名为《采取行动》的文章，要求他们采取行动敦促议会修改中立法，"并对违反条约发动战争的国家就主要的战争物资实施禁运……这种修订将能使政府可以禁止商人继续向日本出售战争物资"。② 该委员会要求对日禁运的主张受到许多其他组织的支持。1939 年 4 月，美国大学妇女协会的刊物发表文章谴责美国政策的虚伪性，指出："由于大量美国物资运往日本，美国一方面将自己置身于直接协助日本侵略的最主要国家的位置，另一方面又在抗议日本的侵略行径。"③

① John W. Masland. *Missionary Influence upon American Far Eastern Policy. The Pacific Historical Review*, 1941, Vol. 10, No. 3, p. 290.

② Margaret Paton-Walsh. *Women's Organizations, U. S. Foreign Policy, and the Far Eastern Crisis, 1937-1941. The Pacific Historical Review*, 2001, Vol. 70, No. 4, pp. 612-613.

③ *A. A. U. W. News and Notes: Japanese Embargo. A. A. U. W. Journal*, 1939, Vol. 32, p. 177.

美国民间组织的许多会员谴责美国向日本出口石油、废钢等战争物资是在参与日本的侵略行为，这种贸易应当停止下来。其后，美国大学妇女协会指出，由于日本公然破坏1922年《九国公约》关于尊重和维护中国领土统一的原则，建议支持制定对日武器和其他战争物资禁运的法律条文。该协会认为，尽管禁运可能会存在危险，但如果继续向日本的战争机器提供援助会更加危险。因此他们也要求修改"现款自运"(cash-carry)的政策，以避免日本从美国获得更多的资源。1939年7月，美国政府宣布1911年签订的美日通商条约将于6个月后失效，此举受到社会各界极大的欢迎，他们希望在该条约到期后不要再与日本签订新的通商条约，这样美日之间的贸易将不再受到保护，美国可以运用其经济武器对抗日本的侵略行为。然而此时美日之间的贸易没有丝毫减少的迹象，由于没有政府明确的禁令，商人可以在没有美日条约的情况下继续发展贸易。因此一些援华团体的主要领导人依然批评美国的远东政策。在英国，由于政府没有明令停止对日贸易，各港口的装卸工人通过拒运日货运动来援助中国。他们认为英国继续保持与日本的贸易往来，并向日本出口各种战争物资是在帮助日本侵略中国，因此他们拒绝为来自日本的船只卸货，也拒绝为开往日本的船只装货。1938年1月21日，米德尔斯布勒港口的工人拒绝将运往日本的废旧钢铁装船，他们指责说，这些钢铁"是用来杀人的，是用来杀中国人的"。①

英美民众要求停止对日贸易的运动，不仅加深了人们对远东形势的关注，同时也对英美两国政府对日对华政策产生了积极影响。1938年后，随着中国抗日战争的坚持和中国抗日战场的稳固，加上美国国内民众的推动，美英开始改变为了维护自身在华利益一味迁就日本的绥靖妥协政策，在援助中国方面有了较为积极的举措。1939年底，美国宣布终止1911年的《美日通商条

① Margaret Paton-Walsh. *Women's Organizations, U. S. Foreign Policy, and the Far Eastern Crisis, 1937-1941*. *The Pacific Historical Review*, 2001, Vol. 70, No. 4, p. 618.

约》，约有19.1%的商人赞成对日采取强硬立场或有效的武力威胁。1940年《美国出口商》杂志发表文章指出："美国已不再安全，欧洲的极权主义国家已经武装到牙齿，美国只是庆幸自己被大洋隔在冲突的地区之外。"此后又发表文章指出："美国应当成为民主国家的兵工厂，这是一笔昂贵的、极端令人头痛的生意，但如果想成就伟大的目标，任何牺牲都是值得的。"敦促商人"以最快的速度协助国家"进行武装。① 法国败降与法西斯轴心联盟建立后，英美东亚对日抗衡政策的总体趋势确立，在太平洋战争爆发前对日本实施了全面的经济制裁。就国内因素而言，这显然与美英民众从中国全面抗战开始就坚持的援华制日立场和长期不懈的努力分不开。

美国民众也强烈呼吁修改美国国会的中立法案（Neutrality Act）。抗战初期影响美国援助中国最为重要的因素之一就是中立法的存在。中立法是20世纪30年代美国孤立主义的产物。美国国会为了防止美国再次卷入国际冲突，分别制定和修改了1935、1936、1937年的中立法。修改法案规定，在战争的情况下，美国不向任何一个交战国出售武器或提供贷款，并且其他的任何贸易也必须基于"现购自运"基础之上。因此，美国国会为美国制定了一项孤立主义的和"不偏不倚"的外交政策。② 中国抗战爆发初期，该中立法将中日双方同等对待，不分侵略国和被侵略国。其后该法案修订的规定"现购自运"条款也有利于日本从美国购买大量的战争物资，而中国却无法以战争中被侵略国的身份得到美国的援助。因此，在中国抗战期间，进步的美国团体也一直发起各种运动要求政府修改中立法。1939年8月，美国"全国妇女选民联盟"主席路易丝·伦纳德·赖特拒绝与"国家防止战争委员会"一道说服罗斯福总统对

① Peter C. Hoffer. *American Businessmen and the Japan Trade, 1931-1941: A Case Study of Attitude Formation. The Pacific Historical Review*, 1972, Vol. 41, No. 2, p. 193.

② Richard A. Harrison. *A Neutralization Plan for the Pacific: Roosevelt and Anglo-American Cooperation, 1934-1937. The Pacific Historical Review*, 1988, Vol. 57, No. 1, pp. 47-72.

远东实施中立法。她指出："我坚决认为，如果世界要和平，那么我们就必须对侵略者进行惩罚……我们每个人都赞同……如果在远东实施中立法，那将有利于日本——这场冲突中明显的侵略者。因此，我无法相信在目前的情况下实施中立法是一件正确的事。"斯顿指出，美国继续实施中立法只会有利于侵略国，因为它们之前已经为战争做了准备。同时由于日本的工业体系比中国更加完善，中立法的武器禁运对中国的打击将比日本要大得多，而现款自运条款又无法阻止日本从美国进口其战争工业所需的稀有物资。① 在亚欧国际形势日渐严峻的情况下，这些组织要求政府和民众抛弃和平的幻想，修改中立法，对侵略者和被侵略者加以区分，更加积极地应对国际形势的变化。可以说，这些对美国根据国际局势最终放弃中立法是一个国内的推动，对中国抗日战争也是一种间接的支持。

在太平洋战争爆发前，对于东亚抗击日本法西斯侵略最积极的中国抗日战争，美国与英国民众抱着同情与支持的积极态度，并以各种方式支持中国的抗日战争，给予中国人民极大的国际道义支持。随着中国抗日战争的深入发展，美国及英国民众支持中国抗战的运动也就更深入，是推动本国政府向援华制日方向发展的重要社会基础。美英民众的努力，会同中国抗战所体现的战略价值，共同推动美国的东亚战略的总体方向朝着抗击法西斯方面转换。

第二节　中国抗战推动了美英东亚战略开始改变

中国抗战加强了中国的国际地位，中国由此通过各种渠道、方式积极推动美英东亚战略向援助中国、制约日本侵略的方向发展。由于中国持久抗战局面的形成，显示出牵制与打击日本侵略的重大战略作用，美英东亚战略开始向积极方向发展，中美英合作对抗日

① Margaret Paton-Walsh. *Women's Organizations, U. S. Foreign Policy, and the Far Eastern Crisis, 1937-1941. The Pacific Historical Review*, 2001, Vol. 70, No. 4, p. 611.

本侵略的历程开始起步。

一、中国抗战推动美英向援助中国方向发展

从1938年到1940年德国在欧洲西线闪击英法联军作战的胜利，这一时期是美国东亚战略从单纯维护自身东亚权益向东亚制衡日本战略转换的关键性的过渡时期。由于中国抗日战争的全面开战与坚持，并对美国等西方国家社会上层与民众产生了积极的影响，美国政府的战略家与有识之士逐渐将中国抗日战争与维护自身在东亚的利益联系起来，并在政策层面体现为双重性，即，开始援助中国维持抗战局面；继续维持对日政策的妥协绥靖。美国政策的这一变动，是向确立反对日本侵略的抗衡战略推进了一大步，也标志着战时中美战略互动关系的开启。

美国学者入江昭曾指出："整个1938年，中国人民的英勇抵抗赢得了美国和英国的敬佩。"①美国国务院远东司官员范宣德在致美国远东司顾问霍恩贝克的信中说："……中国的抵抗不致崩溃，不仅对中国而且对我们以及其他民主国家来说都是极为重要的。"②1938年11月11日，英国驻华大使克拉克·卡尔就说："中国孤军奋战了16个月，确实，中国是在为拯救自己而战，但它也拯救了我们的利益。"霍恩贝克在11月14日的备忘录中就谈道："日本人正在进行着一项掠夺成性的帝国主义计划。除非日本的进军被中国人或其他一些国家所制止，否则，美国和日本在国际政治舞台上面对面互相对抗的时刻就会到来……美国就必须为制止这一发展而采取行动。"③

中国全民族团结抗战的开启，经过艰苦卓绝的抗击日本侵略者的战争，使日本侵略的战略步骤受阻，并陷在中国战场不能实现规划与希望中的速战速决战略意图。中国不同于非洲与欧洲抗击法西斯局部战争结果的现实，极大地影响了美国军政界对中国的认识，

---

① 费正清等：《剑桥中华民国史》下卷，第596页。

② 章伯锋，庄建平：《抗日战争》第四卷《外交》(上)，第291页。

③ 章伯锋，庄建平：《抗日战争》第四卷《外交》(上)，第699，293页。

并希望中国能坚持战斗下去，在政策层面上也开始改变以往在中日间不偏不倚的姿态，采取间接的方式援助中国制约日本。1938 年，中日战争进入相持阶段，中国战场也形成敌后、正面两大战场战略支撑的局面，中国在军事实力极其悬殊的状况下坚持下来。中国抗战开始显示出对中美战时互动关系形成的影响，中国政府为了抗战寻求外援的同时，也进一步向美英等西方国家传达中国抗战与东亚地区安全的战略关联。

1937 年 7 月至 8 月间，毛泽东多次提出“立刻和苏联订立军事政治同盟……争取英、美、法同情我们抗日，在不丧失领土主权的条件下，争取他们的援助”。① 8 月 25 日，中共中央在《抗日救国十大纲领》中提出，“抗日的外交政策：在不丧失领土主权的范围内，与一切反对日本侵略主义的国家订立反侵略的同盟，及抗日军事互助协定。拥护和平阵线，反对德日意侵略阵线”。② 1938 年 3 月 29 日至 4 月 1 日，在国民党临时全国代表大会上通过的《抗战建国纲领》对战时外交方针明确规定，要“联合一切反对日本帝国主义侵略之势力，制止日本侵略，树立并保障东亚之永久和平；对于世界各国现存之友谊，当益求增进，以扩大对我之同情”。③ 中国在与相关大国结盟抗日的方针下，展开了积极的外交活动。

1938 年 1 月初，在中国政府的要求下，美国总统罗斯福和国务卿赫尔对中国驻美大使王正廷明确表示了愿意以贷款方式援助中国，“希望中国继续抵抗”，“不愿中国丧失领土、放弃任何权利”的意向。④ 7 月 5 日，美国远东司在一份中日冲突备忘录中一个部

① 中共中央文献研究室：《毛泽东外交文选》，北京：中央文献出版社，世界知识出版社 1995 年版，第 1 页。（后文引述该书，仅出注作者及书名、卷数、页码）

② 彭明：《中国现代史资料选辑》第五册（上），第 195 页。

③ 彭明：《中国现代史资料选辑》第五册（上），第 159 页。

④ 秦孝仪主编，中国国民党中央委员会党史委员会编印：《中华民国重要史料初编——对日抗战时期》第三编《战时外交》（一）（以下注释简称《战时外交》），台北：“中央文物供应社”1981 年版，第 77 页。（后文引述该书，仅出注作者及书名、卷数、页码。）

分的题目是《军事物资进入中国》，其中列举了美国自中日冲突以来通过香港输往中国大陆的军事物资75%已经进入。备忘录也列举了其他供应中国的武器及军事物资。中国云南至缅甸的通路也在改善。备忘录记载，中国方面也称现在有较为充足的物资支持一年或更多时间的战争。备忘录认为，可以相信正在输入中国的物资与中国储存的物资足够维持中国军队在漫长防线上防御作战。中国继续大规模作战需要中国继续从国外购买武器，需要保持香港的通道直到其他路线建立起来。① 10月1日，赫尔在给格鲁的长电中详细阐述了美国在华利益受到损害的问题，让格鲁向日本提出要求，在华维护机会均等与门户开放原则。② 10月10日，汉密尔顿在备忘录中也谈到美国海外利益受到严重损失问题，其中，远东利益受到日本严重侵害是最为迫切的问题。③ 15日，格鲁在给美国国务卿的电文中报告，英国对于美国的表态表示赞赏，英国驻日大使罗伯特·克莱琪(Robert Craigie)认为美英在远东的利益是一致的。但同时格鲁发表自己的观点，认为英国在远东的利益受到的挑战比美国的更大，美国不应采取英国提出的美英合作对日本进行军事或海军制压的方法。④ 是年底，中美之间达成桐油借款协议。同年12月，美国宣布向中国提供2500万美元贷款(即桐油贷款)，并于次年2月正式签订了桐油借款合约。这是美国"援助受侵略国"原则的第一次运用。当时《文汇报》社论认为，英美对华贷款，"足以表明英、美已确切认识中国抗战力之伟大"。继对华桐油贷款之后，1940年3月，美国给中国第二笔商业贷款，以锡偿还。⑤ 至1940年底以前，英国共向中国提供了2笔贷款。第一笔为1938年12月

---

① *FRUS*, *1938*, Volume Ⅲ, *The Far East*, pp. 214-215.

② *FRUS*, *1938*, Volume Ⅳ, *The Far East*. United States Government Printing Office, Washington: 1955, pp. 48-52. (后文引述该书，仅出注作者及书名、卷数、页码)

③ *FRUS*, *1938*, Volume Ⅳ, *The Far East*, pp. 62-65.

④ *FRUS*, *1938*, Volume Ⅳ, *The Far East*, pp. 67-76.

⑤ 章伯锋，庄建平：《抗日战争》第四卷《外交》(上)，第341～346，404页。

宣布的50万英镑信贷，后扩大为300万英镑；第二笔为1939年3月10日订立的《中英设立中国国币平准汇兑基金合同》，贷款金额为500万英镑。①

1939年1月28日，毛泽东分析了美日之间不可克服的矛盾后指出，日本"在外交上，更表现着孤立……现在英、美正在商量，要用经济制裁去惩治它（日本——作者注）一下。过去美国有中立法，这中立法对中国不利，反而对日本有利。现在日美关系搞得不好，因为日本要独吞，英、美在华利益被削弱了……它还企图打南洋、安南、澳洲等地。日本帝国主义是'老鼠过街，人人喊打'的，它的朋友只有希特勒和墨索里尼，英、美、法等民主国家都不喜欢它，苏联就更不必说了……欧洲问题与亚洲问题有某种程度上的不同，过去英、法在欧洲向希特勒步步退让，而对中国有些不同，现在已经证明了。英、美借钱给我们，这是好的，开一道门，将来就更有路可走……"②

美国对华贷款自然是日本不愿意看到的。1940年3月24日，格鲁电呈美国国务卿赫尔，报告日本外相对美国给中国贷款的反应：日本外相在下院预算委员会说："说到重庆政府与美国的关系，必须承认的事实是，美国承认重庆政权，间接地在各种贸易领域给该政权提供支持，已经给其2500万美元的借贷，现在又有2000万美元可能列入贷款款项。美国正在提供一些类型的物资给蒋政权，而这些物资并不供给日本。换句话说，间接援助蒋政权的后果是（对日本）实行道义禁运。"③

中国政府在寻求对外援助的同时，也向美英等国告知中国抗战与制约日本扩大侵略之间的联系，推动中国和其他有关大国在抗日战争中合作。1938年1月18日，中国驻英大使对英方表示："中国政府决心继续斗争，但是很清楚，中国没有援助很难长期持

① 章伯锋，庄建平：《抗日战争》第四卷《外交》（上），第690，697，707页。

② 中共中央文献研究室：《毛泽东文集》第二卷，第153～154页。

③ *FRUS*, *1938*, Voume Ⅰ Ⅱ, p. 59.

续……由于这一原因，外部的物资援助是必须的，中国现实已经得到苏联的武器援助和技术支持。但是，更多的帮助是紧迫的需要……中国正在修建至缅甸边境的新路，希望在3月完成，希望英国在缅甸路段修缮上给予帮助，因为不能在雨季通过重型车辆。”艾登表示理解。① 1月19日，中国行政院长孔祥熙请英国驻汉口领事转达援助中国抗战与英国在东亚与中国利益的关系，希望英国给中国贷款，并指出，“英帝国在远东和南海有重要的领地。日本海军期望将这些领地组成有利于日本的链条，获得对这些地域天然资源与中国人力资源的控制。如果日本成功，它将最多在10年内统治世界的这些地区。英国在中国有大量经济利益，如果中国通货危险，英国利益也将受到波及”。1月22日，艾登的回复希望对支持中国财政做任何可能的帮助，但现实环境还不可能提供市场贷款，担保贷款会引发严重的政治困难。1月31日，英国参加日内瓦会议代表团在发给艾登电文中报告英法中苏代表商议，国联理事会主席已经通知召开秘密会议讨论，对中国进行道义支持，建议国联成员不要采取任何削弱中国抗战力量的行动，并各自考虑依据各自所能扩大援助中国。②

英国驻华大使克拉克·卡尔也在1938年5月7日给英国外交部的电文中作出说明，认为中国应当得到援助，因为中国在“从事我们的战斗”，还因为英国的支持“将会使中国人对我们负有义务，这在我们应扮演重要角色的重建时刻到来时将对我们大有好处”。7月，英国外务大臣哈里法克斯（Halifax）在为内阁准备的对华援助备忘录中写道：“如果日本赢得这场战争，几乎无可怀疑的是英国的影响将被排除，英国的财政利益将大部分丧失，而且英国同中国的贸易将在短期内被减少到微不足道的比例。”中国“正在英勇地为他们的独立而战斗，同时也是在为英国而战斗”。这种意见在当时对英国政策影响有限，同时英国的主要注意力在欧洲方面，不想以对华贷款刺激日本，但也反映了英方政府人士由于中国抗日战争

① *BDFA*, Part Ⅱ Series E, *Asia*, Volume 45, pp. 293-294.

② *BDFA*, Part Ⅱ Series E, *Asia*, Volume 45, pp. 295-297 .

而出现的新动向。5 月 7 日，英国驻华大使卡尔在给哈里法克斯的电文中也提出："在我看来，我们不能回避这样一个事实，在某种程度上，中国既是为他们自己也是为我们而战，因为只有日本人的失败才能把我们从危及我们在远东地位的灾难中解救出来。"卡尔主张给中国以财政援助，并认为这种援助是与英国所面临的形势相关联的："我认为，估测形势并作出我们的抉择的时刻已经到来：我们是充分重视我们在远东的地位，并为此作出坚决的努力以拯救它，还是准备任人摧毁着这一地位。如果这一地位值得去拯救，我们就应该付出一定的代价……"5 月 31 日，哈里法克斯在备忘录中说："去年年底，很少有人认为中国军队能够从它在上海的惨败中恢复过来，那时考虑向中国提供任何较大规模的物资援助似乎都是不现实的。然而，中国军队已经惊人地恢复过来……中国正在为所有的守法国家而战斗。它当然也是为我们在远东而战，因为如果日本赢得战争，我们在那里的利益将注定要被消灭……如果中国能顶住日本的侵略，英国和美国便能够进行有效的干预，并能够长久地保护他们在远东的利益。"①他们的观点并未能迅即地改变英国政府对中国抗战的态度，但是在一定程度上反映了英国政府内部由于中国抗日战争的兴起所起的变化，支持中国抗战来维护自身利益是英国援华抗战理念和政策初始阶段的反映。

由于日本发动全面侵华战争，特别是继"八一三"事变攻占上海之后，英国的在华势力范围和权益受到更大的侵害，英日之间的交涉都涉及英国在华权益问题。英国从总体上延续了以往的对日妥协政策，但是，由于中国已经开始全面抗战，不会允许英国在妥协道路上走得太远。再者，英国也有利用中国抗战维护自己在华权益的意图，这样，英国这一时期的远东政策表现为不同于中国全面抗战爆发前的单一绥靖政策，政策中也呈现出援助中国的某种意向和举动。英国外交部要求贸易委员会对一切英国运往中国的作战物资予以放行，并要求它在实施最近颁布的外贸和商业的战时下拟制系列时，对所有运往中国的其他物资给予优惠考虑。假如他们俘获的

① 章伯锋，庄建平：《抗日战争》第四卷《外交》(上)，第 691 ~ 693 页。

德国船只上装有运往中国的物资，必须先把这些物资卸下再将敌船押送捕获法庭。① 英国的这一举措显然是出于把日本继续牵制在中国的目的。在对日本采取总体上绥靖妥协政策的同时，这一阶段，英国也在某种程度上实施另外一手，这就是保持与中国蒋介石政府的关系，没有承认汪伪政权。英国这一留有余地的做法是中国抗战的推动所致，客观上也为英国其后政策转向援华制日奠定了某种基础。

1939 年 1 月至 4 月，中国政府首脑和外交部多次向美方告知日本侵占中国海南岛所表现出来的南进动向，要求中美英法加强军事合作，一致对付日本侵略，并在 4 月 14 日中国大使馆致美国国务院的备忘录中提出详细的合作原则与事项。② 1939 年 9 月 1 日，詹森致电美国国务院，报告说蒋介石表示中国仍然坚守《九国公约》，中国将为抗击日本战斗到只剩下最后一个人。中国可能会被摧毁，但是不会因为投降而被摧毁。蒋介石认为美国未能谴责日本侵略中国，违背《非战公约》、《九国公约》与国际正义的行为是一个失败。中国为了自己的生存而战，但结果则是关乎美国的深远的利益。③

鉴于对中国抗战能在敌强我弱的状况下坚持下来的原因的关注，1938 年间，罗斯福派人考察中国的抗战情况，尤其是中国共产党领导的敌后游击战场，了解中国抗战坚持的原因，这对美国认识中国战场的构成及其价值有非常重要的作用，影响着美国其后对中国战场在全球战争中的战略判断。罗斯福首次派出的特使是海军陆战队埃文斯·F. 卡尔森(Evans F. Carlson)上尉，此人选取了在中国的战争中“最富有神秘色彩的一个方面，共产党游击作战方法。他急于想弄清楚，既然共产党掌握的物资甚至比国民党少得多，他们怎么能够在华北支撑一条虽然界限并不明确但相当辽阔的

① 中国社会科学院近代史研究所译:《顾维钧回忆录》第四分册，第 62 页。(后文引述该书，仅出注作者及书名、卷数、页码)

② 章伯锋，庄建平:《抗日战争》第四卷《外交》(上)，第 314 ~ 315 页。

③ *FRUS*, *1937*, Volume Ⅲ, *The Far East*, p. 504.

战线”。卡尔森在给美国政府的报告中，“生动叙述了他在共产党人当中发现的‘奇迹’。他们没有外援，但他们已经组织了一支以广大农民的支持为基础的游击队”。“在共产党地区看不到那种曾使国民党丧失战斗意志的失败主义情绪和贪污腐化现象。”卡尔森的结论是，“固然共产党人无疑是社会革命家，他们确实是真诚的民族主义者，渴望同美国合作以打败日本和重建中国……援助共产党人将有助于打败日本，并获得中国最生气蓬勃和最进步的政治组织的友谊”。①

美国政策中援华制日因素的加强也表现在坚持对中国国民政府的承认并保持正常关系，对日本扶植建立“汪伪”政权表示反对。1939 年 11 月 13 日，赫尔致电格鲁，通报日本驻美使馆参赞 10 月 11 日告知美国国务院官员，说汪精卫近期准备建立一个“中央政权”，11 月 7 日，日本再次对美国国务院官员谈及拟议中的这个“政权”，赫尔表达美方对日本准备建立汪精卫伪政权的态度时说：“对于拟议中的政权，我们的看法是，这将纯粹是一个人为建造的政权，而且这一政权的存在将依赖于日本的军事支持，这一政权将缺乏中国公众任何自动和真心的广泛支持；这一政权主要被设计为服务于日本的特殊目的，恰如近些年来在日本主持下在满洲、内蒙、北平和南京建立的政权，其结果将是剥夺美国政府和人民，以及其他第三国政府和人民的在华长期建造的、合法而公正地拥有的平等机会的权利和公平待遇。我们不能认知建立这样一个政权是证明日本方面在对华问题上采取了与美国信奉的基本原则和政策相一致的路线。”②1940 年 3 月 30 日，美国国务卿发表声明，对汪伪南京政权的建立表示立场：“从 1931 年发生于中国各地的情况看来，在南京建立一个新政权，是一个国家通过武力将自己的愿望强加给邻国的计划中的又一步骤，这一步骤将这

① 迈克尔·沙勒：《美国十字军在中国 1938—1945》，北京：商务印书馆 1982 年版，第 23 ~ 24 页。（后文引述该书，仅出注作者及书名、卷数、页码）

② *FRUS*，*Japan*：*1931-1941* Volume Ⅱ，p. 35.

一邻国的广大地区与世界其他地区从正常政治和经济关系割裂开来……美国政府再次声明在国际法和现有条约和协定之下充分保留权利。12 年前美国政府和其他国家政府承认中华民国国民政府，美国政府有足够理由相信绝大多数中国人民忠于和支持这一首都现在为位于重庆的政府。美国政府继续承认这个政府作为中国合法政府。"①

1939 年 1 月，英国对日本的所谓建立"东亚新秩序"进行了反驳。② 1940 年 1 月 24 日，6 月 21 日，蒋介石政府也敦促美国不要续订日美商约，对日汪协定以及汪精卫伪政权表明美国反对的立场，对日本进占印度支那与荷属东印度的企图进行制止。③ 美国和英国在维护太平洋核心利益方面是有共识的，利用中国抗战制约日本向太平洋方向扩张也成为美英双方较为一致的考虑。

上述美英政策的变化表明，其消极维护东亚权益战略的内涵开始发生变化，从完全单一对中日战争采取"中立"，指责中日双方对《九国公约》与《非战公约》的违背，对东亚安全的影响，危害《九国公约》签字国在东亚与中国权益的表态，开始转向有限地援助中国来制约日本。然而，应该指出，美英消极维护自身权益的东亚战略还没有发生根本改变，这些都反映在美英在援华抗战措施的有限性上。总之，在中国抗战与中国政府的推动之下，美英逐步增加了对华援助，这是其东亚战略开始发生改变的标志之一，与以往对中国抗战态度不够明朗有了较大的区别。尽管美英对华援助的步伐并不算大，但其积极的发展趋势是明确的，标志着中国争取的中美英结成抗击日本侵略的战略关系有了好的开端。

二、中国抗战推动美英向制约日本侵略方向发展

美英在日本侵略中国的初始阶段对日本的妥协没有达到效果，

---

① *FRUS*, *Japan*: *1931-1941*, Volume Ⅱ, p. 60.

② 章伯锋，庄建平：《抗日战争》第四卷《外交》(上)，第 352，356，690 页。

③ 秦孝仪：《战时外交》(一)，第 88，89，91 页。

1938年11月3日，日本发表了建立“东亚新秩序”的声明，公然表示了对太平洋的霸权野心。这表明日本侵华绝不仅仅是想独占中国，而且是要在东亚彻底排除美英的势力。因此，现实的形势与中国的敦促，都使美英在制约日本问题上逐步与中国的主张接近，并采取了一定的措施。

早在1938年2月18日，格鲁就向美国国务院报告说，日本海军认为被英美在1930年伦敦海军会议上所出卖，因此主张南进。格鲁分析，日本海军舰只已经突破所限定的比率，其南进势必威胁美英在东亚的利益，但目前日本还不会与西方国家战斗。西方国家要在海军方面有所准备。① 鉴于日本对太平洋区域的觊觎，6月，美国开始对日本实施“道义禁运”，“劝告”148家注册出口飞机、飞机部件、引擎以及炸弹和鱼雷等武器的厂商停止向日本出售这类产品。

1939年1月，英国对日本的所谓建立“东亚新秩序”进行了反驳。② 1月26日，英国驻日大使罗伯特·克莱琪对格鲁提出美英联合对日进行经济施压并分析了其可行性，但格鲁认为对日制裁未必有效，美国政策没有最后确定，对日制裁也未必能保护英美的远东利益。美国远东司有的官员也认为对日进行经济制裁将会导致日美战争。③ 2月3日，美国副国务卿萨姆纳·韦尔斯(Sumner Welles)告知英国驻美大使，美国暂不考虑对日实施经济报复措施。④ 1月31日，罗斯福在美国参议院军事委员会会议上讲话，阐发了“阻止日本统治整个太平洋”的观点。⑤

---

① *FRUS*, *1938*, Volume Ⅲ, *Far East*, pp. 96-101.

② 章伯锋，庄建平：《抗日战争》第四卷《外交》(上)，第341，345，346，352，356，690页。

③ *FRUS*, *1939*, Volume Ⅲ, *The Far East*. Washington: United States Government Printing Office, 1955, pp. 487-500. (后文引述该书，仅出注作者及书名、卷数、页码)

④ *FRUS*, *1939*, Volume Ⅲ, *The Far East*, p. 501.

⑤ 章伯锋，庄建平：《抗日战争》第四卷《外交》(上)，第341，345，346，352，356页。

日本占领中国海南岛，是为建立所谓“东亚新秩序”而进行南进的最初表现。1939 年 2 月 10 日，格鲁认为，日本占领中国海南岛是其南进政策的反映。2 月 11 日，蒋介石在重庆外国记者招待会上阐发观点，认为日本占领中国海南岛是为了南进太平洋与印度洋的重要步骤，是太平洋历史的转折点。日本占领中国海南岛的起源是“九一八”事变，但是并不影响中国抗战的决心，中国抗战一直迟滞着日本的战略实施与进程。① 同日，霍恩贝克在备忘录中认为，中国是唯一抗击日本的国家，应该得到支持。美国应对日采取经济施压政策直到武力对付日本。② 2 月 15 日，赫尔让格鲁转告日本，日本占领海南岛关系到太平洋地区包括美国在内的各国的条约利益。③ 2 月 18 日，格鲁在发给赫尔的电文中详细阐述了日本海军建设与南进政策问题。④ 25 日，霍恩贝克在备忘录中列举了美国官员关于援华制日的观点，有的提出终止 1911 年订立的美日商约，财政援助中国抗战。霍恩贝克认为，詹森及其他官员关于援华制日的主张值得美国国务院的同僚们再次阅读。⑤

1939 年 4 月 14 日，中国驻美使馆致电美国国务院，中国提出中美英苏合作保卫远东利益以及具体方案。中国驻美使馆官员也对韦尔斯谈到，中国的意图不是中美英苏马上采取联合的军事行动，而是各自军事措施的目标都是为了对抗日本。4 月 18 日，中国驻法国大使顾维钧对美国驻法大使蒲立特也谈到，中国要求法美英中联合对付日本，希望罗斯福总统对远东事态施加影响。⑥ 4 月 18 日，美国驻法大使蒲立德在电文中谈到，英方不相信中国提出的观点，即日本将趁英国卷入欧洲战争时进攻英国的远东领地。英国政府对中方回复，希望美国太平洋舰队能阻止日本进攻英国的远东领地。没有美国的参与，英法对日本进行经济制裁是不能成功的。美

① *FRUS*, *1939*, Volume Ⅲ, *The Far East*, pp. 103-104, 105-108.

② *FRUS*, *1939*, Volume Ⅲ, *The Far East*, pp. 506-507.

③ *FRUS*, *1939*, Volume Ⅲ, *The Far East*, p. 109.

④ *FRUS*, *1939*, Volume Ⅲ, *The Far East*, pp. 96-101.

⑤ *FRUS*, *1939*, Volume Ⅲ, *The Far East*, pp. 507-512.

⑥ *FRUS*, *1939*, Volume Ⅲ, *The Far East*, pp. 525-526, 527-528.

国远东司官员也认为，没有美国对日本的钢铁等物资的禁运，英国不可能对日本进行有效的经济制裁。但是，美国远东司却进行了对日具体经济禁运问题的单方面研讨。① 美国的暧昧态度成为英国在这一时期在中国问题上寻求对日本妥协的重要原因，美国坚守"平行行动"，在经济制裁上迟迟不表示明确态度，继续对日本输送战争所需的物资也间接地影响了英国的政策。

中国此间也加强了推动美英制约日本的力度。1939 年 5 月 29 日，蒋介石要求英国与美国对日本实施经济控制，詹森则认为对日本经济制约还不能阻止已经取得军事成功的日本。6 月 2 日，詹森在与英法驻华大使及英美驻华军事官员交谈后发给美国国务卿的电文中，明确提出日本不会接受调停而停止侵略步伐，主张对日本施加经济压力迫使其军事失败。英国驻华大使卡尔则认为中国将能抗战到底。② 6 月 6 日，赫尔在给詹森的回电中表示美国既定政策不变，仍然奉行"平行行动"的原则，以维护美国的在华利益。③ 7 月 20 日，蒋介石在给罗斯福的函中，除提出美国当局可采取制日援华方法外，还要求美国对日本采取除战争之外的制裁方法："一、绝对禁止对日输出军用物资与军用品，而以钢铁与煤油为最；二、禁止日本重要物品之输入，增加日本物品之进口税率，一如对德国物品之办法；三、不许日本船只使用特种商港，以及其他类似性质之办法。"④

关于终止 1911 年 2 月美日订立的美日商约问题，是美国对日本进行实质性经济制裁（尤其是关键性战争物资）的预示。1939 年 5 月 11 日，美国助理国务卿塞耶（Sayre）在给国务卿的电文中，谈到终止美日商约问题。⑤ 7 月 26 日，美国宣布终止美日商约。7 月 31 日，蒋介石对美国驻华大使詹森谈到，美国终止美

① *FRUS*, *1939*, Volume Ⅲ, *The Far East*, pp. 528-529, 530-533.

② *FRUS*, *1939*, Volume Ⅲ, *The Far East*, pp. 173-175, 178-181.

③ *FRUS*, *1939*, Volume Ⅲ, *The Far East*, pp. 179-180.

④ 秦孝仪：《战时外交》（一），第 83 页。

⑤ *FRUS*, *1939*, Volume Ⅲ, *The Far East*, pp. 535-537.

日商约可以缓解由英日妥协协定带来的消极影响，是削减远东紧张局势最重要的一步。中国外交部同日发表的声明也表示，美国准备在6个月内终止美日商约的举动，说明美国开始充分考虑由日本军国主义者所导致的“东亚严重的无序局面”。① 8月22日，美国助理国务卿表示美国已经禁止与航空相关的物资输往日本。② 同日，韦尔斯备忘录中也记载，英国外交部表示，英国也准备终止英日贸易条约。③

1939年7月，美国政府发出将废除美日商约声明时，就受到了美国民众极大的欢迎。8月30日，胡适在致中国外交部电文中说：本日发表之民意测验，关于美政府废止日美商约事，赞成者81%，不赞成者19%。又关于6个月后商约期满，美国应否禁售军火原料与日本，赞成禁售者82%，不赞成者18%。④ 盖洛普民调表明，有81%的美国民众对此表示支持。⑤ 美国政府通过与制造商之间签订协议，以及对特定行业的许可证实施限制等办法来影响美国对日物资出口的措施也得到很多美国民众极大的支持。1939年11月4日，美国驻日大使格鲁向日本外相阐述了美方的观点，指出美国对日本侵犯美国在华权益已提出的382次抗议，认为“日美关系将处于关键时期。目前在美国有强烈的舆论，要求美国政府在1911年的条约于明年冬季到期时，对日本实行禁运……”⑥11月7日，美国对日本策划建立的汪伪政权也表示了明确的反对态度。1940年3月30日，美国国务卿发表正式声明，表明不承认汪伪政权和继续承认中华民国政府的原则立场。⑦

美国声明废除美日商约，也与1939年间英国对日在华问题上

① *FRUS*, *1939*, Volume Ⅲ, *The Far East*, pp. 562-563.

② *FRUS*, *1939*, Volume Ⅲ, *The Far East*, pp. 543-545.

③ *FRUS*, *1939*, Volume Ⅲ, *The Far East*, p. 577.

④ 章伯锋，庄建平：《抗日战争》第四卷《外交》(上)，第390页。

⑤ George H. Gallup. *The Gallup Poll*: *public opinion 1935-1971*, Volume Ⅴ, (1935-1948), New York: Random House, 1972, p. 177.

⑥ *FRUS*, *Japan*: *1931-1941*, Volume Ⅰ, pp. 33-34.

⑦ *FRUS*, *Japan*: *1931-1941*, Volume Ⅱ, p. 35, 60.

妥协并准备签署协议相关。1939年间，鉴于欧洲方面德国法西斯咄咄逼人的紧张局势，英国对德绥靖也因“慕尼黑”协定达到高潮。英国也想把这种绥靖移植到远东。6月，面对日本封锁英国在中国天津的租界，英国内阁确定了妥协的总体方针。6月26日，英国驻日大使克莱琪向日本正式提出英日东京会谈解决天津问题的建议。日本则打算借机解决英日之间全部问题，彻底排除英国在中国的主要权益，并制约英国可能的制日措施。7月15日，日本提出基于《天津租界问题日英交涉大纲》而制定的“关系准则”。“准则”要求：“英国政府充分认识正在进行大规模敌对行动的中国的实际局势；并注意到，只要这种事态继续存在，在华日军为了保障其自身的安全和维持它所控制的地区的公共秩序，就有其特殊的需求，也就必须采取必要的步骤，以便压制或消除那种将妨碍他们或有利于他们的敌人的任何活动或动因。英国政府因此将避免，并使在中国的英国当局也避免有任何将妨碍日本军队达到其上述目的的行动和措施。”7月22日，克莱琪同意了日本提出的原则，与日本达成一般协定。7月24日，英日同时公布一般协定的全文，基本与日本提出的“关系准则”相同：“英王陛下政府充分认识正在进行大规模敌对行动的中国的实际局势，并注意到，只要这种事态继续存在，在华日军为了保障其自身的安全和维护其控制地区的公共秩序，就有其特殊的需要；他们必须压制或取消任何妨碍他们或有利于他们敌人的行动或动因。陛下政府无意鼓励任何有损于日本军队达到上述目的的行动或措施；它并愿趁此机会重申它在这方面的政策，向在华英国当局和侨民说清，他们必须避免这类的行动和措施。”①《有田-克莱琪协定》(Craigie-Arita Statement)将英国对日绥靖政策推到了顶点。更为恶劣的是，它不仅仅是为了单纯地维护自己在华权益，出卖中国利益，而且是承认日本侵华的合法性，出卖中国的抗战。这是酝酿中的英国“东方慕尼黑阴谋”。

英国的对日绥靖，是英国绥靖战略的一部分，与英国在欧洲长期推行的对德绥靖政策是一样的。问题在于，中国不是捷克，东亚

---

① 章伯锋，庄建平：《抗日战争》第四卷《外交》(上)，第651~652页。

也不是绥靖政策顺利推行的欧洲，中国抗战已经成为阻遏绥靖政策在东亚推行的主要因素。在《有田-克莱琪协定》公布之后，中国抗日军民立即进行了坚决的抨击。早在1939年6月7日，中共中央就发出《反对投降危险的指示》，明确告诫抗日军民，“目前形势的特点是日寇除军事进攻外，加紧其诱降活动，并把这种活动放在第一位，正在积极策动国民党一切投降分子，勾结英、美、法妥协派，图达其瓦解抗战阵线目的”。7月7日，中共中央号召警惕“日寇政治诱降的恶毒阴谋”，“中国投降妥协分子之投降与分裂的罪恶活动”，“国际东方慕尼黑的暗中酝酿”。7月29日，中共中央发出《反对东方慕尼黑阴谋》的指示指出：“英日谈判对日已有了重大原则的让步。这种让步造成东方慕尼黑的可能严重局势……全国人民对于英国张伯伦妥协派向日投降，牺牲中国利益的严重抗议，反对任何形式的东方慕尼黑，揭破张伯伦政策是拥护日本侵略中国，反对中国抗战的政策，这政策只有助长世界法西(斯)侵略国的侵略，促进全世界普遍的战争的到来。”中共中央同时指出：“应集中力量打击张伯伦的投降政策，主张英国人民与政府应改变这种害人害己的错误政策，以争取英国改变政策继续支持中国抗战。”①中国共产党敏锐的洞察力、坚决和坚韧的抗战决心、正确的政策策略是中国抗日战争沿着正确轨迹前进的有力保证，也是中国不可能被“牺牲”的坚实基础。

中国政府也就英日妥协问题向美英进行交涉。1939年6月19日，蒋介石对英日订立《天津条约》反应强烈，认为此举将使《九国公约》失去效力。为了争取美国，蒋介石提出日本就是想利用《天津条约》使美国将中国的纠纷留给英国单独去处理。詹森则对蒋介石表示，美国没有在《九国公约》与《非战公约》的原则上让步，日本的目的在于将西方国家驱逐出中国，美国无疑是谴责日本行为，同情中国。② 7月24日，中国驻英大使向英国外交部提出质问：这一协定“是否意味着事实上承认日本军队在中国的地位”？26日，

① 中央档案馆：《中共中央文件选集》第十二册，第80，142，151页。

② *FRUS*, *1939*, Volume Ⅲ, *The Far East*, pp. 186-189.

中国外交部发表声明，对英方态度表示“失望”、“遗憾”。28 日，蒋介石对《伦敦新闻纪事报》发表谈话申明：“中国……两年以来为独立生存而自力奋斗，至今全国团结，达从来未有之坚强，中国何能与捷克相提并论？吾人依于自力，以谋自救，任何牺牲，在所不辞……任何协定如不得中国政府之承诺，无论在法律上、在事实上均丝毫不能生效。是以抗战之决定因素，在于吾人不屈不挠之勇气，吾人必在任何困难下继续奋斗，要知倚赖心理为革命精神所不容。”①英国此举引起中国朝野的一致谴责和反对。蒋介石在 1939 年 7 月 20 日吁请罗斯福对英法施加压力，“务使此等国家（英、法）不至与远东侵略国之日本成立任何谅解，使有损及中国之权益与九国公约之精神，并妨碍中国之继续抗战”。② 7 月 26 日，中国外交部发表声明，对英方的态度表示失望。7 月 31 日，针对英日间准备订立的妥协协定，中国政府向英方提出备忘录，明确指出，英日协议“忽略了两个最重要的基本事实：第一，进行这些涉及中国领土与利益的谈判没有邀请中国政府参加；第二，协议的词句没有承认这样的基本事实，即日本军队在它作为侵略结果而占领的任何地方都不享有任何权力”。③

在反对英日妥协的同时，中国也呼吁美国能采取行动制约英国。1939 年 9 月 3 日，9 月 18 日，蒋介石致函罗斯福，警告有英日达成妥协的可能，“对英日妥协事，请勿过作乐观与大意，若美国不作警告，则英、法不止与日妥协，而且安南、缅甸对我后方之唯一交通，已将及先阻碍……”对英法在远东方面的妥协可能，“若非美国有重要之表示与行动，则英、法在远东势必退缩，我国全处于孤立，而日本东亚新秩序即可实现。美国政府在最近期内，对日如有一坚决之表示，或禁运日或等动作，以壮英、法之胆，勿使其与日妥协，方可挽救危局”。罗斯福在 1939 年 11 月 9 日给蒋介石的

---

① 章伯锋，庄建平：《抗日战争》第四卷《外交》（上），第 657～658 页。
② 秦孝仪：《战时外交》（一），第 85 页。
③ 章伯锋，庄建平：《抗日战争》第四卷《外交》（上），第 659～660 页。

函中表示:“保证美国基本与传统外交政策决不变更……”①

正因为中国抗日战争的现实以及中国抗日力量的坚决反对,英国不可能将欧洲“慕尼黑”完全运用于中国,英日谈判也不能随意对中国主权作出任何承诺。此间,美国于7月26日通知日本,废止1911年的美日通商航运条约,这样,6个月以后美国就能不受约束地控制或停止对日本的进出口贸易。这是美国对日采取强硬措施的先兆。由于中国的反对,英日之间在经济问题上的矛盾,英日之间自1939年7月15日到8月20日的谈判没有达成最后协议。其意义在于,中国抗日战争是英国推行对日绥靖政策的根本阻碍,“慕尼黑阴谋”在中国行不通。美国在这一问题上的态度,也说明美国的政策与英国有了不同,对抑制英日妥协的成功起到了重要的作用。应该看到,美国政策在走向援华制日的方向之时,并非意味着其对日制衡政策已经明确化,美国总体上还是奉行不刺激日本,并维持与日本密切的经济关系的政策。原因在于,美国仍然希望通过对日在华侵略问题上的所谓“怀柔”姿态,使日本这股祸水不要向太平洋地区蔓延。同时,美国对欧洲局势发展的主要关注,也是其对日小心谨慎的重要原因,担心德国将日本拉入到轴心联盟之中,这样,德日的联手就会从欧洲到太平洋对美英造成全面冲击。也就是说,美国还不可能完全从消极维护东亚权益的战略中摆脱出来。

这一时期美国不能完全确立对日制衡战略的原因有相互关联的两点:第一,美国一直担心日本与德意结成军事同盟支持德国在欧洲的扩张。第二,日本向中国之外的太平洋地区扩张侵略。

早在1937年7月15日,格鲁发给美国国务院的长电中就在传达并分析德意日可能形成联盟关系的问题。在提供意大利准备加入德日反共产协定的信息之后,格鲁认为,“日本现在含括在法西斯国家圈子里的状况是明显的。促使德意日三国政治联盟是基于共同的政策,即单纯的机会主义、无视国际法律、破坏国际条约,既反共也反对民主国家”。格鲁与英国驻日大使克莱琪都希望加强日本

① 秦孝仪:《战时外交》(一),第88~90页。

政府内的所谓“自由派”的力量，认为日本国内具有温和观点与自由想法的人士的沉浮奠基在美英与日本的友好关系上，如果失去这一关系，这些人就没有了任何立足的基础。日本军部将占据永久的优势，日本将直接投入德国、意大利与其他法西斯国家的怀抱。①11月9日，美国驻英大使报告了英国外交部的分析，即认为德国的长远目标是在欧洲(对付英法)方面，而不是单纯的反共，而日本远东政策的推行同样也是针对西方国家，并非单纯反苏。德国的远东政策即将发生转变，目的是换取与日本的政治关系，也可以保持日本在中国占领地对德国贸易门户开放。同时，德国放弃先前的在华利益也可与日本联手共同对付英法。②

这些都说明美国及英国对日本动向的观察是与德国及欧洲方面联系在一起的，担心它们的战略目标首先指向英美，并在这一目标下联合起来。这既是美英对日本政治演进的一种期盼，也是美国及英国仍然维持对日绥靖妥协政策的重要思想依据。

如前所述，美国从1937年间就极为关注太平洋岛屿是否会受到日本的“武力介入”问题，从2月开始就提出太平洋岛屿中立化的建议草案，3月罗斯福几次提出修改意见，6月开始致力于相关国家签署太平洋互不侵犯协议。但是，日本始终对这一问题采取回避态度，认为太平洋岛屿中立化与互不侵犯条约仅仅是限制日本的。③ 从1936年到1938年，美国的实际军费不断增加。1936年为8.8亿美元，1938年增至9.8亿美元，而这些军费拨款偏重于海军，以应付日本向太平洋区域的扩张。以1937年为例，美国拨付给陆军的军费只有3.78167039亿美元。1938年，针对日本海上势力的威胁，罗斯福又要求国会拨付10亿美元建立“两洋海军”。同年，美国国会批准《文森海军法》。1938年3月，美国海军在夏威夷(Hawaii)进行大规模的演习，日本海军在中国青岛登陆后，5月

① *FRUS*, *1937*, Volumes Ⅲ, *The Far East*, pp. 612-616.

② *FRUS*, *1937*, Volumes Ⅲ, *The Far East*, pp. 668-669.

③ *FRUS*, *1937*, Volumes Ⅲ, *The Far East*, pp. 971, 972-974, 975-977, 987-999.

1 日，美国海军又举行了一次美国历史上最大规模的演习。同时，美国加紧在夏威夷建立空军基地，还计划 4 至 5 年内在菲律宾人中每年征集陆军 40 万人，为保卫菲律宾增派轻便军舰与海军飞机。①

美国从担心德意日结成军事同盟与日本南进太平洋的观念出发，希望日本国内的“亲英美”派和“温和派”能制约“极端派”或“轴心派”对日本政局的控制，认为美国继续保持与日本的经济联系是支持前者的有效办法。因此，美国在对华对日政策发生变化的同时，与日本的经济关系仍然紧密，仍然对日本输出紧缺的战争物资与资源。可以说，在经济上仍然对日本实行着绥靖妥协政策。

从 1937 年到 1938 年，美国对日战争物资出口均超过其他国家的总和。霍恩贝克在致赫尔的备忘录中谈到，按美国商务部统计的数字，1938 年至 1940 年间，美国对华出口为 1. 68289 亿美元；对日出口为 6. 9905 亿美元。在中日战争的整整 3 年中，美国对日本的供应大约为对华供应的 4 倍。同期美国对日出口的石油及石油产品至少有 1. 51076 亿美元。美国供应日本的石油和石油制品数量几乎等于对华供应的所有产品数量的总和。② 1939 年，欧战爆发后，日本一方面很难从英国购买战争物资，另一方面由于英军的封锁，德国的商品也很难运往日本，因而日本的进口则更依靠于美国。到 1940 年，这种依赖程度进一步加强。因此，在美国，要求停止对日贸易的呼声就远远高于其他国家。日本进口的七项主要战争物资包括：石油及其制品、机械、铁屑、铜、飞机、钢铁半成品、汽车。1937 年至 1938 年，美国向日本出口的这七项主要军事物资分别占日本进口的 53. 65% 到 95. 18% 不等。1937 年、1938 年，这七项主要战争物资从美国的进口占全部进口的比例分别是：石油及其制品 62. 71%，65. 57%；机械 69. 53%，67. 09%；铁屑 88. 01%，90. 39%；铜 95. 08%，90. 89%；飞机 70. 19%，76. 92%；钢铁半

① Dorothy Borg, Shumpei Okamoto. *Pearl Harbor as History, Japanese-American Relations 1931-1941*, pp. 175-176, 214-215.

② 章伯锋，庄建平：《抗日战争》第四卷《外交》(上)，第 481 页。

成品66.39%，53.65%；汽车92.41%，64.67%。① 到1939年，由于“道义禁运”，美国向日本出口的飞机及零部件有很大下降，但在其他六项商品中仍占日本进口的主导地位。从以上数据可以看出，美国是日本军事物资最大的出口国。此外随着日本侵华的持续，在美国的对日出口中军事物资占所有出口物资的比重也在增大，其中1937年是57.8%，到1939年上升到69.8%。美国的金属加工机械帮助日本装备了其重工业和军事工业，仅在1938年，美国就为日本提供了67%的进口机械。② 美国不仅为日本提供了主要的军事用品，而且美国本身也是日本商品最大的海外市场。由于日元区无法向日本提供大量的外汇，美国就成为日本最重要的出口市场。1939年，日本向美国出口了价值6.42亿日元的商品。相比之下，向英属印度出口了价值2.11亿日元的商品，向荷属东印度群岛出口了价值1.38亿日元的商品。③

实际上，日本最为担心的就是美国对日本实施经济制裁。1940年3月23日，日本首相谈到美国可能对日全面禁运的问题时说：“全面禁运对受到禁运的国家，同样对实行禁运国家都是个严重问题。如果这一错误步骤得以实施，危险将降临于两国双方。我不相信美国会对日本实施全面禁运。但我们必须准备应付任何不测事件。”④这反映了日本对美国全面禁运这一杀手锏的担忧。1940年宋子文与胡适谈到美国政策的三方面原因：一、美

① Hu Tun-yuan. *Statistical Excerpts from Japan's Problem of Procurement of Strategic War Materials. The Chinese Council for Economic Research*, Bull. 1939, No. 15. 转引自：T. A. Bisson. *American Trade and Japanese Aggression. Annals of the American Academy of Political and Social Science*, 1940, Vol. 211, p. 123.

② T. A. Bisson. *American Trade and Japanese Aggression. Annals of the American Academy of Political and Social Science*, 1940, Vol. 211, *Our Foreign Commerce in Peace and War*, p. 124.

③ T. A. Bisson. *American Trade and Japanese Aggression. Annals of the American Academy of Political and Social Science*, 1940, Vol. 211, *Our Foreign Commerce in Peace and War*, p. 126.

④ *FRUS*, *Japan*: *1931-1941*, Volume Ⅱ, p. 58.

国政制风尚，皆受其特殊历史地理影响，对欧洲政治向抱疑畏，不敢参预，故美政府历来不但不与他国缔结同盟，亦不敢预作承诺；二、美政府除海军留驻太平洋以外，不能在远东多负责任，如果美国将来有何动作，全靠事实上之演变，第一次世界大战美国之参战亦然；三、美国和平孤立派之潜在势力尚未可完全漠视。①

可见，美英远东政策的彻底转变还有较长路要走，其中，对日本输送战争所需的主要战略资源，企图与日本妥协而达到避免与日本发生直接冲突，不能放手支持中国抗战是问题的关键。在这种情况下，中国对美英可能的对日妥协始终保持着高度警惕，在坚持抗战的基础上密切注意国际形势的新变化，推动美英东亚政策向积极方面转化。

中国抗战使日本陷入持久作战之中，日本速战速决的战略预期完全破产，其战前聚集的大量资源已不敷使用，因此加紧了对东南亚资源的开发和掠夺，这样就加深了英日间的矛盾。从 1938 年开始日本就发出了“南进”（主要是经济方面）的暗示，东南亚的英国殖民地、附属国和自治领也向英国多次提出严肃建议应对日本经济扩张。英国一方面与日本谈判，另一方面采取措施与日本进行经济资源争夺并防止日本南进。

英国首先是继续加大 1931 年成立的帝国特惠制圈。1937 年英国和英帝国其他成员国之间的贸易约有 60% 享受着低于 17% ~ 20% 的优惠税率待遇，② 对于日本，英国会同东南亚多国扩大对日本商品范围的税收。英国也与荷属、法属亚太殖民地进行合作，共同地抵制日本商品的入侵及对资源的大量获取。这在一定程度上打击了日本对东南亚的经济扩张。1939 年英国颁布汇管制条例，实行严格的外汇管理，用法律形式把英镑集团成员国之间的关系固定

① 公安部档案馆：《在蒋介石身边八年》，北京：群众出版社 1991 年版，第 144 ~ 145 页。（后文引述该书，仅出注作者及书名、卷数、页码）

② Jstor, Barbara Wootton. *Some Implications of Anglo-Japanese Competition. Pacific Affairs*, 1937, Vol. 9, No. 4, pp. 524-531.

下来，继而改称为英镑区，规定区内各个国家和各个地区的货币对英镑保持固定的比价，相互之间多数情况下可以自由兑换，区内贸易信贷以及其他账务都用英镑结算；资本可自由流动，区外国家则须经过外汇管理机构批准；各成员国收入的黄金和外汇必须按官价售给英国财政部或指定银行，作为英镑区的“共同储备”，各成员国以此换回英镑存款等。英国采取这些措施，目的是保护英镑，但通过对贷款方式的控制，沉重打击了“日元集团”。英国也采取措施继续维持与东南亚殖民帝国内部的“区域分工”，调整其帝国内部的经济关系，加强对其殖民地、自治领的控制、渗透，即继续把殖民地、自治领作为英国农产品的供应基地，减少东南亚殖民地等与日本之间巨额贸易。英国根据国际贸易原则，依照当时贸易建立在价格而非需要的基础上，要求东南亚殖民地提高对日本所供应的原料产品的价格，英国则是通过优惠价格给殖民地提供大量的制成品，减缓日本商品的竞争，充分利用日本国内关于“经济南进”经费不足的争论，加重日本“南进”的困境；同时严格控制外来移民以及对这些地区的开发，试图阻止日本通过移民、建厂等途径摆脱困境。①

可见，英国与东南亚之间强制性或非强制性合作，在一定程度上控制了日本“经济南进”的步伐，使日本不得不调整其侵略步骤，暂时对英等国的要求做出让步，加紧与英国的谈判。同时日本国内也出现了严重的经济困难，日本对英国的仇恨不断加深，他们认为英国是联合抵制日本的罪魁祸首，国内反英情绪迅速高涨。这也可折射出英国在东南亚的对日经济政策与在中国的相比，是比较强硬的。

英国决策者们开始调整自己的远东军事战略，寻求美国海军的合作。艾登就曾指出，由于地中海局势的影响，远东战略的一个重点就是争取美国在海军方面的合作。1937 年 11 月，英国正式向美国提出举行参谋会谈的要求。对于美国来说，德意日三国已经于

① *British Loan Counters Yen-Bloc Policy. Far Eastern Survey*, 1939, Vol. 8, No. 7, pp. 81-82.

1936 年和 1937 年签署《反共产国际协定》，使得美国感到未来战争中可能面临两洋作战，因而美国认为与英国海军的合作是有益的。1937 年 12 月 31 日，罗斯福总统指示美国海军作战部计划局局长、海军上校洛亚尔・E. 英格索尔(Loyal E. Ingersoll)到达伦敦，与英国海军战争计划局局长、海军上校汤姆・菲利普斯(Tom Philips)举行秘密参谋会谈。双方探寻了英美两国在远东及太平洋地区协同战略的初步基础，达成了关于一旦与日本发生战争两国海军采取联合行动的非正式协议。两国约定，英国将主要舰队部署在新加坡，美国将把太平洋舰队驻扎在珍珠港(Pearl Harbor)。同时还规定，一旦对日本实行封锁，“英国海军负责封锁从新加坡——荷属东印度——澳大利亚和新西兰海岸的日本贸易；美国太平洋舰队负责整个美洲西海岸反对日本贸易的行动，并且负责加拿大西海岸的防御”。① 这次参谋会谈取得了一定的成果，但是这是一个远期的计划，无法改变英国当下在远东虚弱的军事地位。

英法德意慕尼黑会议后，随着国际形势的日趋险恶，英国迫切希望在远东事务上得到美国外交与军事上的支援，使美国成为其在远东利益的有力保护者。在此背景下，英国频频向美国提出海军参谋会谈的要求。1939 年 5 月，英国派汉普顿(Hampton)赴华盛顿与美国进行秘密参谋会谈。英国政府给出的指令是：如果美国提出海军合作问题，英国希望美国的海军主要力量集中于太平洋。② 此时的美国虽然也开始将战略重心移向大西洋，但是仍然认为英法可以抵挡德国，因而表示美国可以负责太平洋防务。海军上将威廉・D. 李海(William D. Leahy)甚至还以私人谈话的形式表示：“美国舰队应该移驻新加坡，力量足以击败遭遇到的任何日本舰队。”③美国还应英国的要求，对海军重新部署，把正在大西洋演习的美国舰

① ［美］麦克唐纳著；何抗生等译：《美国、英国与绥靖 1936—1939》，北京：中国对外翻译出版公司 1987 年版，第 74 页。

② J. R. Leutze. *Bargaining for Supremacy*, *Anglo-American Naval Collaboration 1937-1941*. Carolina: North Carolina State University Press, 1977, p. 37.

③ J. R. Leutze. *Bargaining for Supremacy*, *Anglo-American Naval Collaboration 1937-1941*. Carolina: North Carolina State University Press, 1977, p. 38.

队调到太平洋以牵制日本。英国争取美国在远东进行军事合作的努力取得了一定的效果，但是这样的合作威慑只能暂时遏制日本的南下，不可能从根本上改变英国在远东的军事地位。

上述表明，中国的持久抗战促使了美英东亚战略由消极维护自身权益战略开始发生变化。由于中国抗战所奠定的基础，美英开始比较明智地在政策中注入间接援助中国、防止日本南进太平洋地区的积极因素。这种变化预示了在国际局势进一步恶化的情况下美英战略的未来走向。

第三章　中国抗战与美英制衡日本南进战略

1940年法国败降之后，国际格局发生重大的变化，德国占领西北欧，英国困守英伦三岛。日本借德国的胜利，将南进侵略太平洋地区列为首要目标。德意日也结成三国军事同盟。美英面临东西方法西斯战争的双重威胁。中国在抗日战争初期就向美英多次指出的危险变成了现实。美英为了对付日本南进，在中国的推动下，开始实行制衡日本南进的战略，并将中国抗战作为制约日本南进的重要战略考虑。美英虽有延续对日妥协意向，但在中国的反对下终于完全放弃。

第一节　中国推动美英确立援华并制衡日本南进的战略

1940年5至6月德国打败英法联军占领西北欧，刺激了日本确立南进太平洋战略并开始南进准备，侵略战争的矛头直接指向美英。在国际局势发生重大变化的情况下，中国进一步推动美英确立援助中国、制衡日本的战略，促进东亚抗日大同盟的建立。

一、中国推动美英加强援华与战略合作

1940年6月，德国在闪击西北欧的作战中取得战胜英法联军的重大胜利，法国败降，英国困守英伦三岛。德国的胜利改变了欧洲政治军事格局，并对整个世界的力量对比产生了深刻的影响。德国短期取得成功对东亚的日本也是极大的刺激，日本由此确定南进战略选择，以期抢夺欧洲殖民宗主国在太平洋地区殖民地与势力范

围。这样也加剧了东亚的紧张局势。由于英国忙于对德国入侵的防御，美国为了自身的安全全力援助英国，主要注意力放在大西洋方面，因此，在东亚避免与日本的战争，并企图通过谈判妥协达到限制日本南进的目的，其中，在中国问题上的让步是与日本交涉的重要筹码。因此，中国抗战面临的局面异常艰辛，但是，中国在纷繁复杂的国际环境中顶住了种种压力，不但紧紧束缚日本在最有利时机内进行南进，同时也进一步推动了美英确立制衡日本侵略的战略。

美英在这一时期有可能的对日妥协不仅涉及对中国抗战的负面影响，同时也涉及东亚抗日战争格局的未来。因此，中国对美英妥协意向进行了坚决抵制，同时也积极推动美英进一步加强政策中的积极面。

中国共产党对美英政策有客观而辩证的分析。早在 1940 年 2 月 1 日，中共中央就在《中共中央关于目前时局与党的任务的决定》中指出："由于共产党八路军新四军的阻力，国民党中大多数人的阻力，全国人民的阻力，日本的灭华的坚决方针，英美法与日本之间还存在着相当严重的矛盾，欧战削弱了英法在远东的地位，因而很难迅速召集远东慕尼黑会议，苏联的强大及其积极援华的方针等国内国际的条件，就使得投降与举行全国的反共战争甚为困难。"①2 月 10 日，中共中央和中央军委在《关于目前形势和任务的指示》中进一步说明："日本对华方针依然非常强硬，除汪精卫为首的亲日派资产阶级外，欧美派资产阶级现时还不愿接受日本灭华的条件……欧战产生后，远东慕尼黑会议无迅速召开之可能，美日间矛盾还很大。"②3 月，针对英日之间的妥协谈判和英国准备实行的绥靖行动，周恩来在《中国抗战的严重时机和目前任务》中再次指出："目前英、法在远东的地位是减弱了，因此，它们更趋向于对日妥协，相当地承认日本在中国的所得，以换取它们在远东利益

① 中央档案馆：《中共中央文件选集》第十二卷，第 261 页。

② 中央档案馆：《中共中央文件选集》第十二卷，第 283 页。

的保持。”①7 月 7 日，中共中央准确估计：“投降危险的来源，主要的现在已不是英美法的东方慕尼黑政策，而是日本的压力与德意胜利对于日本的鼓励以及可能的劝和政策……英美虽想牺牲中国保存南洋，但日本已不能听命。”②

1940 年 6 月，由于英法在欧洲大陆惨败，6 月 10 日，日本强压英国关闭中国此时唯一的国际交通线滇缅公路（云南昆明至缅甸仰光）。日本想通过此举和进兵印度支那的举措达到一箭双雕的目的：一方面为大规模南进作准备，另一方面就是孤立中国，迫使蒋介石政府屈服，尽早结束对华战争。英国向美国征询意见，能否派美国太平洋舰队、亚洲舰队与英国、荷兰的舰队接触，表明美英荷在对付日本南进问题上的一致？美国副国务卿韦尔斯回答美国没有这种打算。如果采取这种行动会引起日本的怀疑。6 月 24 日，日本继续向英国方面施压，向英国提出三项要求：第一，停止通过滇缅公路将战略物资运到中国。第二，关闭香港至中国大陆的关卡。第三，从上海撤出英国军队。③ 日本还在毗邻英国九龙租借地的边界上集结了 5000 日军施加压力。在日本压力之下，英国准备在关闭滇缅路问题上对日妥协。

英国关闭滇缅路的最后决定，实际上与美国此时对日双重政策也有密切联系。在日本威压之下，英国非常看重美国的态度。面对日本的要求和压力，英国参谋部主张应避免与日本的战争，决定，除非美国作出支持英国的肯定答复，否则就向日本让步。但是美国 6 月 25 日拒绝了英国要求美国支援一致对付日本压力的建议。6 月 27 日，英国驻美大使交给赫尔一份英国政府的备忘录，征询美方意见。赫尔表示不同意与英国一起对日本采取强硬对

① 中共中央文献研究室：《周恩来军事文选》第二卷，第 252 页。

② 中央档案馆：《中共中央文件选集》第十二卷，第 418 ~ 419 页。

③ Nicholas R. Clifford. *Retreat from China*, *British Policy in the Far East 1937-1941*. New York: Da Capo Press, 1976. p. 142.（后文引述该书，仅出注作者及书名、卷数、页码）

策。[1] 英国驻华大使也谈道："缅路之封闭，由于美国之不能合作。"[2]由于美国不愿与英国采取联合行动，英国驻日大使克莱琪和日本外相有田于7月17日签署《英日关于封闭滇缅公路的协定》，规定：终止从缅甸和香港向中国运入包括石油和卡车在内的战争物资。18日，丘吉尔首相在下院宣布该协定。7月16日，美国国务院发布新闻简报，泛泛地表示态度，其中说："美国政府拥有保持奠基在世界各地商务通路的开放的合法权益，认为这样的行为如果实施，以及近来关于印度支那(Indo-China)铁路被采取的有关行动，都将对世界贸易构成一种不正当干涉的障碍。"[3]7月11日，美国驻华大使詹森与蒋介石就日本对英国宣战和滇缅公路被阻问题谈话，也只泛泛说明美国"绝不为最近任何事变所动摇"。[4] 但美国的态度仅此而已。因此，英国关闭滇缅路之举，与美国的暧昧态度有不可分割的联系。

中国对英国准备关闭滇缅路表示了坚决反对。6月28日，中国驻英大使郭泰琪向英国外交部转达了中国政府的反对意见："日本所提撤上海租界驻军，及香港、缅甸停运三事，当以缅运为最要，彼亦了解其问题关系我抗战之重大……"[5]中国政府也敦请美国阻拦英国对日在这一问题上作出妥协，致电驻美大使胡适说："本部确悉英国为日方威逼缅甸军火事正与美国政府商洽中，缅甸一路为我生死关头，谅为美方所深知，究竟美政府对英方如何表示其意见?"中国驻英大使郭泰祺也电告胡适，促使他向美国国务院陈述危机，请求设法挽救。[6] 中国政府外交部在7月16日发表声明，对英方表示强烈抗议，认为"此种举动极不友谊，且属违法"，

① Nicholas R. Clifford. *Retreat from China*, *British Policy in the Far East 1937-1941*, p. 141.

② 章伯锋，庄建平：《抗日战争》第四卷《外交》(上)，第688页。

③ *FRUS*, *Japan*: *1931-1941*, Volume Ⅱ, p. 101.

④ 秦孝仪：《战时外交》(一)，第98页。

⑤ 章伯锋，庄建平：《抗日战争》第四卷《外交》(上)，第676页。

⑥ 吴相湘：《第二次中日战争史》下册，台北：综合月刊社1973年版，第720页。(后文引述该书，仅出注作者及书名、卷数、页码)

“无异帮助中国之敌人”。“滇缅路禁运之目的，无疑的系在削弱中国抵抗力量与制止其他各国对中国之援助，英国政府如此执行日本之战争计划，实已完全蔑视其以国联重要会员国资格所担负之义务……实以违反国际公法之原则。”声明对中国抗战的决心作了明确陈述，表现了中国不会屈服于任何外力而放弃抗战的决心：“如有人以为中国通海贸易路线受有梗阻后，中国即将被迫而求和或竟接受日本所提出之任何条件，则判断错误……我国长期抵抗侵略之战争，进行于种种重大阻碍与困难之中，其艰苦奋斗，可谓绝无仅有，但我国并未于任何一时期感到颓丧……无论遭遇何种困难，我当勇往迈进，无论有负我者与否，我胜利之信念决不稍微动摇也。”① 7月18日，蒋介石还指示驻苏大使邵力子请苏联出面反对英国关闭滇缅路：“以苏联与我之友谊，对此当不能默而无言……苏联政府能作有力之表示……则暴敌鉴于苏、美步调相同，必能有所畏惧。”② 20日，英方通知中国英国关闭滇缅路的决定。虽然中国政府希望美苏促使英国放弃关闭滇缅路的提议遭到苏联的婉拒，美国实际上对英国关闭滇缅路问题没有施加较大影响；但是，中国的努力对于表明中国政府的态度，还是有较为积极的意义的，加上中国抗战仍然坚持不懈，使英日之间的妥协不能走得太远。可以说，这是英国远东对日妥协绥靖政策实施的最后一站。英国学者称之为“法国沦陷和英国退出欧洲大陆之后，英国最终失去了西方列强在远东代言人的资格”。③ 英国关闭滇缅路的做法，不仅不能阻止日本南进准备步伐，反而因为阻隔了中国此时唯一的与外界联系的物流通道，必然引起中国的强烈反对。实际上也违背美英遏阻日本南进的初衷，因此也引起美国舆论的普遍反对。中国外交部长王宠惠对英国驻华大使卡尔就谈到，“美国舆论赞成与反对重开滇缅

---

① 章伯锋，庄建平：《抗日战争》第四卷《外交》（上），第681～682页。

② 秦孝仪：《战时外交》（二），第377页。

③ Nicholas R. Clifford. *Retreat from China*, *British Policy in the Far East 1937-1941*, p. 141.

路者二十与一之比例”。①

但同时应该注意到的是，由于中国把握自己的命运，并以抗日战争的英勇壮举显示了中华民族的精神与意志，英美单方面的对日妥协已经不能完全左右中国局势的发展。正是由于中国抗日战争的开展和坚持，促使了美英东亚政策从维护美英自己在华权益一味对日妥协转到有限支持中国而维护自己利益方面。

法国败降所引起的世界局势的强烈振荡和国际格局的重组，在1940年9月间开始明晰起来。从法西斯国家方面讲，就是1940年9月建立了德意日轴心军事同盟，标志着法西斯轴心国最后形成。法西斯轴心国同盟的建立，促使了全球性侵略战争迅猛发展，同时也从反面促使了反法西斯阵营加速思考和筹划应对法西斯侵略战火的政策。在亚洲方面，日本积极进行南进准备，矛头直指美英在太平洋区域的势力范围。面对远东核心利益区域受到冲击和自身安全受到前所未有的威胁，美英东亚政策开始发生向反法西斯侵略方面转化的实质性变化，并最终确立起对日抗衡政策。在美英对日抗衡政策的最终确立过程中，中国抗日战争是美英在远东对抗日本的现实力量的基础之一，同时，中国也是推动美英确立对日抗衡政策，消弭其政策中绥靖政策残留因素的关键性力量之一。

日本将南进战略作为国策提上议事日程，必然威胁到美英在这一地区的传统经济利益和战略态势。1940年9月29日，周恩来也谈道：“日寇在其解决中国问题的迷梦幻灭以后，日寇不得不更积极南进，以求解决国内矛盾和国防上的资源供给，同时也因为德国现在局势的需要，于是订立了德、意、日的三国同盟，这总是拖日寇下南洋并且主要的是防美制美的一着，但日美矛盾尖锐的发展并不一定急转直下，立刻发生大冲突，他们还尽可以走着曲折的道路。但这种矛盾发展的前途，终于会走上冲突的道路的……在近卫登台后，日寇的企图是想结束中国事变，以便抽身南进。它的企图可以有三个：即是一，如果我们屈服，它就抽身南进；否则二，截断西南交通增加抗战困难，以便分兵南进；三，如果上面两个都不

① 章伯锋，庄建平：《抗日战争》第四卷《外交》(上)，第688页。

可能，而时间又迫不及待，它就只能不顾一切，放手南进了。只要我们能够坚持抗战争取时间延长下去，日寇终会迫不及待地放手南进的。只要我们撑得下去，日本就拖不下去。”①

英国因为已经处于困守英伦三岛的处境，因此，为了应对德意日结盟与日本南进的欧亚问题，英国也想借助中国抗日战争的力量。1940 年 7 月 20 日，丘吉尔（Winston Spencer Churchill）致电蒋介石，表示不会接受违反中国利益或政策的和平。7 月 28 日，蒋介石致电丘吉尔，敦请为中英双方利益恢复缅甸运输路线。9 月 13 日，郭泰祺促请英国重开滇缅路。10 月 4 日，郭泰祺电告蒋介石，丘吉尔首相已决定重开滇缅路。② 10 月 14 日，蒋介石在与卡尔的谈话中表示中国不会因为法国投降改变抗日政策，日本如果南进攻击新加坡进而引发英日、美日战争，中国将对日对德宣战支持英美。③ 11 月 30 日，美国宣布给予中国 1 亿美元贷款的决定。④ 1940 年 12 月 10 日，英国宣布对华贷款 1 千万英镑，其中 5 百万英镑为平准基金，5 百万英镑为出口信贷，用于购买英镑集团货物。1941 年 4 月 1 日，中英平准基金协定签字。自此，1940 年 12 月的援华贷款数字是 1938 年和 1939 年两年援华数字总和的 1.8 倍。⑤

中英之间也着手军事合作事宜。早在 1939 年春，中国就向英国提出了进行军事合作的建议，但是，由于英国总体上未能摆脱对日妥协的政策而没有成功。1940 年秋，英国鉴于本土受到德国入侵的威胁和空中打击，在保卫英伦三岛的战斗中，英国通过海上生命线从远东获得物资支持的重要性增大。同时，英国的亚洲殖民地

---

① 中共中央文献研究室：《周恩来军事文选》第二卷，第 271 ~ 273 页。

② 秦孝仪：《战时外交》(二)，第 115，116，117，118 页。

③ 章伯锋，庄建平：《抗日战争》第四卷《外交》(上)，第 726 ~ 727 页。

④ 章伯锋，庄建平：《抗日战争》第四卷《外交》(上)，第 690 页。

⑤ Mansergh Nicholas. *Survey of British Commonwealth Affairs: Problems of Wartime Co-operation and Post-War Change, 1939-1952*. London: Oxford University Press, 1958, p. 82.（数据取自该书的表格）

受到日本南进的巨大威胁，英国也认识到要将中国抗日战争与自己的命运联系起来，利用中国战场把日本拖在中国大陆，这样才逐渐地改变原来对日一味妥协的政策。10月14日，英国驻华大使卡尔向蒋介石提出军事合作方面的问题，英方派遣两三个重要军事官员到中国，与中国的军事部门讨论该问题，而中国政府可以考虑向英国政府要求提供军火、弹药和飞机等项武器装备的援助，还可以要求英国对华贷款100万英镑。中国派军队30至40万协助英国作战，或者在日本进攻新加坡时，中国军队攻击广州等地，以牵制日军的南下。① 10月31日，卡尔又对蒋介石提出：中美英三国成立同盟，希望蒋介石能直接与美国接洽，说服美国与英国就中国问题发表宣言，宣告美英与中国立场的一致性，英美不能接受日本建设远东新秩序。② 11月9日，中方就建立中美英联盟、英美物资援华抗日、英美派军事经济交通代表团赴华协商合作等事宜提出完整建议，表示一旦英美与日本开战，中国提供全部陆军进行支持，提供全国机场供联军使用。③

1941年1月间中国组成“中缅印军事考察团”，由商震任团长，林蔚任副团长。考察团于1941年2月出发，对缅甸、印度、马来亚进行了三个多月的考察，搜集有关缅、印、马的政治、经济军事资料，编成《中国缅印马军事考察团报告书》，共30多万字，其中最重要的是中英缅共同防御计划草案。草案综和分析了各方面的情况，认为不会从中国境内切断中国的国际交通线——滇缅公路。一旦日本与英国开战，势必先击败英军，继而侵占马来亚、缅甸，这样日军既击败了英军而夺取了英国的殖民地，又可以封锁中国。草案提出中国军队作战的目的应是将主力集结于泰缅边境，以确保仰光港(Rangoon)。为此中方提出了中英共同防御意见，并作了相应的军事准备。2月，英国L. E. 丹尼斯(L. E. Dennys)少将访华，就中英军事合作问题进行了讨论，达成了某些协议，英国决定将英国

① 秦孝仪：《战时外交》(二)，第38~41页。

② 秦孝仪：《战时外交》(二)，第44~46页。

③ 章伯锋，庄建平：《抗日战争》第四卷《外交》(上)，第730页。

在美国订购的144架战斗机让与中国。但是，在中英军事合作问题上，英方的意图是明显的，就是利用中国制约日本南进，因此主张将中英合作的时间起点定在日本进攻新加坡而不是中方所提出的日本进攻云南或新加坡。① 5月15日，英国驻华大使卡尔向蒋介石转达英国外相艾登的态度："敝人回渝后，即已察觉一般怀疑敝国之空气。尤堪注意者，即盛传敝国政府有意与日本成立一种对于贵国不利之交易。此种谣传，完全无稽。英国对华政策固未曾有任何变更，敝政府亦未曾与日本成立对于贵国不利之协定，将来亦不致有此种协定。贵国为其自由独立抗战，敝国完全同情。贵国抗战即届四载……始终抵抗敌人配备优良之攻击，其坚苦沈毅之精神，实为敝国所钦仰！"② 5月17日，英国驻美大使哈里法克斯也向中国赴美特使宋子文保证，英国政府不致再封锁滇缅公路。宋子文也向哈里法克斯提出，希望英国能在由缅甸境内运输到中国境内的美国援华物资问题上对中国提供帮助，如指派英国驻缅官员协助办理、完成缅甸腊戌(Lashio)到中国云南边境的铁路建设、加强滇缅公路运输力量等。哈里法克斯允诺向英政府报告。1941年9月4日，宋子文报告蒋介石，8月29日滇缅铁路材料开始启运。9月8日，宋子文致电蒋介石，报告英国政府将宣布决定，对中国"贷借物品通过缅境，不再征税，由英国补偿缅政府每吨十卢比"。③

中国人民的持久抗战，有力地牵制着日本的南进，因此英国企图利用中国的巨大潜力来弥补其远东军事力量的不足，特别是改善它在缅甸—马来亚—印度的防御地位。英国三军参谋长认为"中日战争的继续将有利于英国，因为它阻止日本将它的全部军事努力转向其他的甚至是不合适的方向"。④ 英国驻日大使哈里法克斯在建

---

① 章伯锋，庄建平：《抗日战争》第四卷《外交》(上)，第740~742页。

② 秦孝仪：《战时外交》(二)，第76~78页。

③ 吴景平，郭岱君编：《宋子文驻美时期电报选(1940—1943)》，上海：复旦大学出版社2008年版，第81，111，112~113页。(后文引述该书，仅出注作者及书名、卷数、页码)

④ Christopher Thorne. *Allies of a Kind: the United States, Britain and the War Against Japan, 1941-1945*, p. 67.

议重开滇缅路时也说，“此时中国继续抵抗日本对我们来说比以前更加重要”。① 为了借助中国的抗战遏制日本的南进，以保住英国在亚洲的领地，英国逐渐改变了对中国的态度。为此，1940 年 10 月，英国重新开放关闭三个月之久的滇缅公路，接着又派官兵到中国学习游击战。10 月 4 日，美国驻英大使肯尼迪转达丘吉尔给罗斯福的电文，认为德意日三国公约是针对美国的，英国重开滇缅公路，也希望美国派最大舰队访问新加坡，与英国共同对抗日本。5 日，赫尔重申美国的政策是全力援助英国，同时对远东形势运用成功的语言与行动，避免卷入东方战争。②

中国也积极推动与美国在军事方面的合作。1940 年 8 月 3 日，劳克林·居里(Lauchlin Currie)向罗斯福报告，蒋介石的美籍顾问欧文·拉铁摩尔(Oven Lattimore)认为，“如果中苏英达成一个协议，采取联合军事行动对付侵略者，那么，日本将被抑制，美国的利益也将被维护”。但是中国的感觉是，民主国家将中国作为低等国家，不值得考虑作为一个盟国，蒋介石在这方面情绪强烈。③ 德意日三国军事同盟建立之后，中国敏锐地感到美英对援华问题将有较大的推进。9 月 28 日，蒋介石在给宋子文的电文中表示，“德意倭(日)三国同盟消息刻已证实，则美国对我必有更进一步之协助。请兄注意此事，并望美能与最近期内再有一批金融借款贷我也。如美国果有意与我合作，则我所望其接济之武器惟飞机而已，而主要接济乃在经济与金融，以安我抗战之民心与军心，使能持久抗战为惟一要求。此外无何要求也”。蒋介石在电文中也提出中美

① Christopher Thorne. *Allies of a Kind: the United States, Britain and the War Against Japan, 1941-1945*, p. 66.

② *FRUS, 1940*, Volume Ⅳ, *The Far East.* Washington: United States Government Printing Office, 1955, pp. 163-168. (后文引述该书，仅出注作者及书名、卷数、页码)

③ *FRUS, 1941*, Volume Ⅳ, *The Far East.* Washington: United States Government Printing Office, 1956, pp. 361-362. (后文引述该书，仅出注作者及书名、卷数、页码)

英苏“联成阵线，共同制裁侵略”。① 10月4日，蒋介石请美驻华大使提出中美英合作的想法并请他转告华盛顿，詹森当时的回应是中国的想法很有益，但是美国现实的政策是不结盟。② 中国进一步促使中美英平等合作共同制约日本目的是明确的。

11月9日，中国外长王宠惠向美方提交了中英美合作计划，提出为了共同利益和共同维护太平洋和平以及坚持一致原则的使命，英美应该认识到中美英密切合作的必要性。具体条款包括中英签订联盟条约并得到美国附议，在此基础上得到美国的同意与支持。其后英国与美国联合或分别给中国贷款，维持中国外汇与国币。美国在贷款的形式下卖给中国战斗机。英国和美国给中国提供其他类型的军事装备。英美派往中国的军事、经济使团，目的是与中国政府合作建立远东组织。其使团成员可以被中国政府任命为顾问。在英国或者美国作为一方，日本作为另一方冲突的情势下，全部中国军队将参加这些冲突，其间中国机场将提供给美英盟国使用。11月22日，中国向美方表示，希望美国支持中英结盟，美英支持中国的军事经济。③ 英国外交部尽管同情中国的结盟建议，但坚持结盟应是中美英三国，而不是中英两国。④ 显然在结盟问题上英国此时受美国的影响。

中国政府在新的形势下也加强了促使美国援华制日政策确立的力度。1940年11月28日，蒋介石致电罗斯福：“1. 在对华战争中，日本已因战争及疾病伤亡损失兵员110万人。日本必须在中国(除满洲外)保持约120万人的兵力。中国能成功地抵抗在装备与物资上大大居于优势地位的日军，全因其有周密的战略，在无可避

① 吴景平，郭岱君：《宋子文驻美时期电报选(1940—1943)》，第44～45页。

② *FRUS*, *1940*, Volume Ⅳ, *The Far East*, pp. 688-690, 695. 1940年11月22日，詹森美国对中国结盟的建议的态度是不参加结盟。11月26日，赫尔再次表示美国不参加结盟，也不派军队到有战争行动的区域。*FRUS*, *1940*, Volume Ⅳ, *The Far East*, p. 694, 697.

③ *FRUS*, *1940*, Volume Ⅳ, *The Far East*, pp. 690-692.

④ *FRUS*, *1940*, Volume Ⅳ, *The Far East*, pp. 700-701.

免的情况下，即行放弃阵地但从不使军队瓦解，以及加紧利用游击战术以使敌军陷于中国而不能自拔。2. 日本现已意识到不可能击溃中国军队，正由中国撤出，将兵力用于南进印度支那、荷属东印度及马来亚。日本正迫不及待地要与中国达成条件并不苛刻的合约，因为一旦最终战胜不列颠帝国，任何对中国的有利合约条件都可作废……中国的全国抗战是在极为艰苦的情况下坚持下来的，因为中国相信民主国家必将取得最后胜利。法国的崩溃，各小国的不战而降，以及德国军队的不断取胜均不无动摇此一信念的可能。”①蒋介石阐发这些看法的目的在于促使美英尽快加紧援华，特别是空军及空军装备的援华。

1940 年 12 月 15 日，罗斯福颁布法令，允许美国飞行人员离职到中国作战。由于中方的推动，也由于美国面临的危机局面，美国还表示将“租界法案”运用于中国。1941 年 3 月 31 日，罗斯福决定在保密情况下着手实施“租借”援华计划。② 5 月 27 日，罗斯福宣布：“我们庞大的生产已经翻番、再翻番，逐月在增加我们自己的和对英国及中国的战争物资供应——最终增加对所有民主国家的供应……”③罗斯福政府还与蒋介石政府商讨由美国飞机从中国秘密空军基地出发，担负用燃烧弹袭击东京和日本其他城市任务的计划。5 月居里还提出建议，其中轰炸“战术目标”包括日本的工业联合企业，“战略目标”包括摧毁日本的工厂，“以便使日本的军火生产以及维持日本经济结构的重要物品的生产陷于瘫痪”。但美国的意图是清楚的，如居里强调说明的：“驻守中国的空军在保卫新加坡、中国的生命线滇缅公路和菲律宾以抗击日本的进攻方面能起重要的作用。这一防务能够在不使美国直接卷入或危及其太平洋舰队的情况下顺利完成。”④6 月上旬，两批总计 100 余人的美国志愿航

① 章伯锋，庄建平：《抗日战争》第四卷《外交》(上)，第 527 ~ 528 页。

② 迈克尔·沙勒：《美国十字军在中国 1938—1945》，第 52，58 页。

③ 章伯锋，庄建平：《抗日战争》第四卷《外交》(上)，第 478 页。

④ 迈克尔·沙勒：《美国十字军在中国 1938—1945》，第 71，80 ~ 81 页。

空人员赴华，并组织起美国志愿航空队。6 月 16 日，美国助理国务卿克拉克(Clerk)提出的备忘录显示，美国政府已经明确主张美国陆军部立即制定援华的军事方针，派遣军事人员 100 人分别在中美两国从事援华工作，特别是要组织军事使团与中国参谋本部保持最密切的联络，监督援华物资的运输。①6 月 20 日，宋子文在给蒋介石的电文中认为，“滇缅路运输，确为美国协助我国之唯一关键，其协助之程度，胥视该路之运量如何”。②

中国政府最希望美国军事援助的就是支援中国飞机，以加强中国对战场的制空权。但是，由于美国战争产品的生产还未达到应有的高度，而主要供应对象为英苏两国，中国申请的援华飞机迟迟不能到位。1941 年 7 月 1 日，宋子文代蒋介石拟呈罗斯福申请援华飞机电，表示了中国的急需：“入夏以来，敌机肆虐更甚，任意轰炸，我军民无法抬头反击。”“我方提出之五百架飞机，为数极微……驱逐机一项，经过十二个月，仅得百架，其它二百五十架，虽允供给，交货迟缓……轰炸机问题，至今尚未解决。”“钧座以为美方给我一百五十架轰炸机，对于大西洋战局无大关系，而我方则影响极大。经过四年苦战之军民，可以吐气。”③8 月，美国政府支持在中国建立了以美国志愿人员组成的志愿航空队，以支持中国抗日战争。10 月，应中方要求，美国派遣以约翰·布里格·马格鲁德(John Brig Magruder)为团长的军事代表团(Magruder Military Mission)到达中国，其使命是协助中国政府按照租借法的要求，取得相应的军事援助。对于蒋介石来讲，也还有通过邀请美国军事代表团访华，促进中美英的军事合作，并加强中国在合作中的地位的意图。马格鲁德军事使团使华，标志着美国援华制日政策发展到一个新的阶段，但是，这一举措仍然是与美国避免首先与日本发生战

① 秦孝仪：《战时外交》(一)，第 453～455 页。

② 吴景平，郭岱君：《宋子文驻美时期电报选(1940—1943)》，第 91 页。

③ 吴景平，郭岱君：《宋子文驻美时期电报选(1940—1943)》，第 93 页。

争冲突的愿望相联系的。马格鲁德告诫蒋介石政府不要向美国“索取先进的进攻武器，因为提供这样的武器可能会无意中引起日本人进攻美国在太平洋的领地”①。

从对付日本南进侵略角度出发，美国对中国战场遏制日本的战略作用极为重视，不希望中国抗日力量发生分裂，并充分肯定中国共产党领导下的抗日军民和敌后战场的战略作用。1940 年底，美国国务院远东事务科官员约翰·P. 戴维斯(John P. Davies) 大量收集和分析了中共的材料，并访问了同中共有直接接触的少数美国人，认为“共产党人已经能够辉煌地把他们的社会革命理论同日本入侵后农民高涨的民族主义意识融合在一起……当国民党军队和行政部门从农村撤退到比较安全的内地时，共产党人就迅速派遣大批军政干部去填补领导的空缺”。美国军事情报部门在一份报告中也叙述说：“八路军(共产党)所到之处，随军的大批宣传人员、社会和经济工作人员、学校教师等等，立即着手组织并训练农民群众使用游击战术来进行抗日，他们从事这些工作的中心思想是农民的社会和经济地位必须得到改善，才能保持士气高昂，才能使人民群众逐渐产生抗日的决心和乐于支援军队的意志。”1940 年 12 月 23 日，中共代表团访问美国驻华大使詹森，要求美方调解新四军被围事件，詹森得到国务卿赫尔的批准，拒绝干涉“内政性质的问题”。② 1941 年 2 月，罗斯福派居里作为他的特使访华，居里对蒋介石警告说，“内战只会对日本人有利”。欧文·拉铁摩尔回忆说，1941 年 6 月，他受罗斯福政府之命赴中国之前，“居里和财政部官员想知道的一件重要事情是我对中国统一战线的态度。他们说，美国对华援助无论采取何种形式，都不能以这样的方式使用，即鼓励蒋介石优先考虑他同中共的争端，而不是优先考虑抗日。换句话说，统一战线即便只是名义上的，也应该维持下去，中国不应爆发内战而

① 迈克尔·沙勒:《美国十字军在中国 1938—1945》，第 61 页。

② 迈克尔·沙勒:《美国十字军在中国 1938—1945》，第 48 ~ 49 页。

削弱全民抗日的努力”。①

苏德战争爆发后，罗斯福召见即将赴华的欧文·拉铁摩尔，希望他鼓励蒋介石坚持抗战。拉铁摩尔认为，“俄国人将不得不向纵深撤退，战争将是长期的；但最终俄国人将赢得胜利”。罗斯福非常赞许，说：“我所有的将军都告诉我，俄国人将在两三周之内被打垮。但我同意你的看法。你到了重庆，告诉蒋，俄国人将坚持下去。”拉铁摩尔认为，罗斯福的意思显然是让蒋介石知道，他罗斯福认为德国人打不败苏联，蒋介石不必担心“随着如此众多的军事援助的苏联的崩溃，他将不得不向日本人作出某种形式的投降和半投降”。拉铁摩尔到中国后，蒋介石向他说了与罗斯福相同的话：“不错！我同意总统的观点。我所有的将军都告诉我德国人将获胜，但我认为苏联人能坚持下去。”②罗斯福对中国战场在新形势下的状况，特别是苏联初期失利的情况对蒋介石政府可能造成的负面影响是极为重视的，不希望这种情况造成战略上的连锁反应，这应该是罗斯福会晤拉铁摩尔说此番话的良苦用心。美国援华制日的意图也体现在美国军事当局派遣马格鲁德使团使华之中。7 月 11 日，美国参谋长联席会议在给马格鲁德将军的信中明确指示，其使命是“为了保持中国成为日本扩张的有效缓冲力量”，“一旦我国积极参与此次战争，该代表团即将成为我国作为盟国的中国之间的战略计划及合作的联络组织”。③

罗斯福与丘吉尔 1941 年 8 月在大西洋会晤并发表《大西洋宪章》(Atlantic Charter)之后，8 月 18 日中国外长郭泰祺代表中国政府发表声明：“中国政府和人民热烈欢迎和赞同罗斯福总统丘吉尔

---

① ［日］矶野富士子整理；吴心伯译：《蒋介石的美国顾问——欧文·拉铁摩尔》，上海：复旦大学出版社 1996 年版，第 74 ~ 75 页。（后文引述该书，仅出注作者及书名、卷数、页码）

② ［日］矶野富士子整理；吴心伯译：《蒋介石的美国顾问——欧文·拉铁摩尔》，第 78，99 页。

③ 转引自陶文钊等著：《抗战时期的中国对外政策》，北京：中共党史出版社 1993 年版，第 276 页。（后文引述该书，仅出注作者及书名、卷数、页码）

首相的联合宣言关于民主国家在反对侵略中的基本原则，宣言也鼓舞了所有爱好和平与自由的人民包括在法西斯国家的人民为了真正的世界新秩序而斗争。”“战后世界重建的任务将比赢得战争本身更困难，被占领区人民自由的恢复，所有国家充分的经济合作，平等贸易和资源利用，生活标准的提高，建立永久的普遍安全制度将需要民主国家及其领导者的最大努力。在这一任务中，中国将作出充分的贡献，如同过去的4年期间中国所做的，为民主付出无法言表的人力牺牲和国家资源的付出，继续在世界冲突中发挥基本作用。中国相信侵略势力的最后摧毁将首先由于日本的失败能迅速到来，日本是构筑包围它自己的紧束包围圈的唯一建筑师。”①中国在赞赏《大西洋宪章》的同时，最多的就是呼吁中苏美英加强合作，特别是最需要的相互间的军事合作，采取一致行动对付日本侵略。② 中国外长郭泰祺也向美国驻华大使表示，罗斯福与丘吉尔声明后，中国再不是他国谈判中的筹码，但中国也批评罗斯福与丘吉尔在声明中忽略了抗战4年之久的中国。宋美龄认为，美英等西方民主国家正在推行对日绥靖政策，对此中国强烈不满。高斯在给美国国务院的报告中也指出，中国人正在增长着一种情绪，美英支持中国的政策设计，目的是维持中国抗日，由此使美国和英国可以不卷入远东的冲突。③

太平洋战争爆发之后，中国再次提出建立中美英苏联合阵线共同抗击日本的侵略。罗斯福同意蒋介石的建议，在重庆召开中美英联合军事会议。美英在新加坡、美英苏在莫斯科召开的军事会议邀请中国代表参加。美国也加强了促使中美英苏军事合作的实际工作。④ 太平洋战争的爆发以雄辩的历史逻辑力量证实了中国对形势发展的预见，中国长期争取和促进的东亚抗日同盟终于建立，在太平洋战争初期的危机局面中，中美英开始了实际的军事合作，这些

---

① *FRUS*, *1941*, Volume Ⅳ, *The Far East*, p. 377.

② *FRUS*, *1941*, Volume Ⅳ, *The Far East*, pp. 383-384.

③ *FRUS*, *1941*, Volume Ⅳ, *The Far East*, pp. 395-396.

④ *FRUS*, *1941*, Volume Ⅳ, *The Far East*, p. 746, 751-754.

都与中国抗战不屈不挠的坚持，中国不弃不舍的努力紧密相连。

二、中国促进美英坚持经济制裁日本

1940 年法国败降之后，美国首先面临来自大西洋方面德国对美洲安全的威胁。因此，美国首先援助英国抗击德国入侵英伦三岛的战争，并在援助英国的过程中，订立了《租借法案》(Lend-Lease Act)，彻底摆脱了中立法的束缚。同时，美国在援助英国的过程中，在大西洋上对德国潜艇的攻击采取“见了就打”的方针，开始了对德国的“不宣之战”(Undeclared War)。美国由此确立了制衡德国法西斯侵略的战略。欧洲局势的迅即变化刺激了日本南进太平洋的野心，因此，美日矛盾迅速激化。中国抗战从正面、日本南进准备从反面推动了美英东亚战略实质性的变化，并开始对日本实行战争物资制裁措施。

向太平洋地区侵略扩张，是日本对外侵略扩张战略步骤中的既定国策。西南太平洋有日本侵略战争所需要的橡胶、石油、锡等天然资源，也是日本商品销售扩张所需要垄断的重要地域。如前所述，日本对太平洋的野心，是美国一直关注的问题，太平洋区域也是美国对日本扩张容忍的底线。美国驻华大使詹森认为，东经 180 度以西的一切，日本都打算占有。1939 年 7 月，赫尔召见日本驻美大使，抗议日本占领中国海南岛，着重指出：“我们特别关注的是……在于整个中国及其附近太平洋岛屿是否被日本所‘满洲化’……是否将这半个世界的大门加以关闭，不许其他任何国家插足。”① 但由于中国抗日战争的制约，日本一直不能进行南进或北进的第二步战略。1940 年 5 月至 6 月，德国闪击西北欧的重大胜利使日本看到，欧洲殖民宗主国在远东的殖民地一时成为无人保护的“真空地带”，因此，南进野心迅速膨胀。5 月 10 日，日本外相有田发表声明，公开表示日本对包括荷属东印度在内的太平洋区域

---

① Cordell Hull. *The Memoirs of Cordell Hull*, Volume Ⅰ. New York: The Macmillan Company, 1948. p. 157.（后文引述该书，仅出注作者及书名、卷数、页码）

所谓“关注”。法国沦陷后，日本国策重心转向南进。对于日本准备南进侵略冒险，美国显然认为是对美国的战争威胁，必须在东亚战略上作出抉择。

还在德国开始西线闪击战并取得重大突破时期，美国就密切注意着日本可能的南进动向。1940年6月11日，美国驻日大使格鲁呈报美国国务卿赫尔有关欧战爆发后和德国开始西线进攻并取得成功之后日本的反应。报告说，日本外务省给美国驻日使馆的通知是：“(a)欧洲战争爆发后，日本政府于1939年9月5日劝告英国、法国、德国及波兰自行将(欧洲)交战国在中国的军队及战舰撤出。(b)(欧洲)交战国在中国的日本占领区中现在驻有的军队和战舰可能导致与日本不卷入(欧洲纷争)政策相违背的不幸的事件和形势。(c)现在意大利站在德国一边参加欧洲战争，反对大英帝国和法国，其结果是加剧了引起日本深切担忧的中国境内的紧张形势，因为(欧洲)敌对双方在上海、北平以及天津的军队和战舰靠得如此之近。(d)因此，日本政府认为有必要提出友好建议，劝告意大利军队和战舰自行从上述地区撤出。(e)意大利军队和战舰撤走后，日本当局将以最大努力保护意大利公民在中国的生命及财产。(f)此建议将同时递交于大英帝国和法国，也将这一信息通知美国和德国政府。给英国和法国的通知中的用语是：日本政府深切感到有必要以友好的方式敦请英国和法国的军队和战舰自行撤走。”6月22日，赫尔在致格鲁电文中阐述了答复日本的原则意见，要求格鲁继续与日方会谈，探讨美国与日本之间能否通过互换照会来达成互相谅解，并表示美国的看法：“美日两国的兴趣在于保持将欧洲战争的影响转化到最低限度，这一点是美日双方谅解的基础……双方都期望维持现在欧洲各交战国在太平洋地区所拥有的属地的现状，除非是以和平方式改变这一现状。”①

7月中旬，鉴于日本施压法印当局，要求日军进驻印度支那北部的问题，史汀生向英国驻美国大使洛西恩(Lothian)表示，美国对付日本南进“可以停止供应日本的石油”。摩根索也向罗斯福提

---

① *FRUS*, *Japan*: *1931-1941* Volume Ⅱ, p. 86.

出对日制裁的具体计划，即美国以国防为理由，停止对日本的一切石油出口，全面控制日本的石油资源。他甚至提出一个大胆的设想：在日本强行攻占荷属东印度石油产地之前，英国与荷兰当局炸毁油井。同时加紧援助中国制约日本。① 但是，美国政府内对日"钳制派"人士的主张开始没有得到罗斯福的认可，因为罗斯福的主要关注点在欧洲方面，而东亚事务由国务卿赫尔与副国务卿韦尔斯负责，他们主张对日南进企图采取谈判温和手段加以劝阻，并以此提高日本国内"亲英美派"的地位，避免与日本矛盾激化。这样，在日本迫使英国关闭援华滇缅公路，日本进兵印度支那北部等南进准备初期阶段，美国没有以强有力的措施支持英国与法印当局反抗与制约日本。

1940 年 6 月 24 日，日本向英国提出要求，停止通过滇缅公路把战略物资运到中国，关闭香港至中国内地的关卡等。英国参谋部主张应避免与日本的战争，除非美国作出支持英国的肯定答复。但美国 25 日拒绝了英国的要求，不同意派军舰到新加坡给日本施加压力。7 月 17 日，日本外相有田与英国驻日大使达成协议，终止从缅甸和香港向中国运入包括石油与卡车在内的战争物资。中国政府向美国提出请求设法挽救这一危局，美国同样没有采取行动。美国国务院只是在 7 月 16 日发表泛泛声明：强调美国"拥有合法权利使世界各地的通商主要道路保持畅通"。"注意日本的不法行为。"②英国决定关闭滇缅公路。7 月 18 日，赫尔交与英国驻美大使一份关于反对日本要求关闭滇缅公路的记录，并评论说，美国的主要目的是直接关注日本的非法行为。③ 英国关闭滇缅公路反而促进了日本南进的步伐。在关闭滇缅公路的第一天，美国对英国的做法提出了批评，英国则指责美国没有援助英国并仍然向日本出口石油。7 月 26 日，美国宣布部分汽油和废钢铁实行加强许可证时，

---

① Dorothy Borg, Shumpei Okamoto. *Pearl Harbor as History, Japanese-American Relations, 1931-1941*, p. 444.

② *FRUS*, *Japan*: *1931-1941* Volume Ⅱ, p. 101.

③ *FRUS*, 1940, Volume Ⅳ, *The Far East*, p. 53.

英国仍忧心忡忡，同时英国拒绝荷兰要求帮助的请求，只是再次要求美国帮助。8 月，应美国之邀，英国派石油委员会主席、石油专家安德鲁·阿格纽特(Anderewe Agnewt) 到美国讨论石油问题，双方认为两国石油公司的充分合作很重要，但却不肯对荷属东印度安全作出保证，这样石油禁运的讨论也无任何结果。9 月 23 日，日军进驻印度支那北部，迈出了南进准备的第一个实际军事步伐。9 月 27 日，德意日三国军事同盟矛头直指英美，英日战争危机加剧。于是英国于 10 月 18 日宣布重开滇缅公路，英国对日政策逐渐明朗。同时，英国更积极寻求与美国的军事合作，以共同对抗日本。1940 年底到 1941 年初，英国不但在军事上采取了一系列可能步骤加紧对日防御，而且在经济上也寻求与美国合作共同制裁日本，企图让日本停止南进准备。但是，英国因为大西洋方面的牵制，在东亚方面基本上看美国的态度来决定自己的行动。

印度支那是美英最终被迫对日进行相关战争物资禁运的主要导因。在这一问题上，英国的基本态度是奉行与美国一致的路线。美国的态度很明确，就是发表泛泛的对日声明，按 1940 年 4 月 17 日与 5 月 11 日赫尔关于荷属东印度的声明对应日本进军印度支那的行动，即“对荷属东印度的干涉将危害整个太平洋地区的稳定”。1940 年 8 月 9 日，哈里法克斯致电英驻日大使克莱琪，希望日本“忆及英国在 1940 年 4 月 26 日向日本表达的英方态度，即英国政府与日本充分协商维持荷属东印度的现状。英国政府将加上维持印度支那与维持太平洋其他领土的现状具有同样的重要性”。① 8 月 13 日，哈里法克斯致电英国驻华大使卡尔，谈到中国驻英大使郭泰祺表示，日本对印度支那的行动威胁着英国在马来亚和印度的利益，建议英国与中国政府合作，共同担负防御日本的责任。但是哈里法克斯表示对中国政府的考虑不能表明态度，只能说英国确实不希望看到法帝国的崩溃。② 实际上，英方所谓“维持印度支那现状”的前提早就不存在了。1940 年 4 月，日本就炸毁了印度支那铁

① *BDFA*, Part Ⅲ, Series E, *Asia*, Volume 2, p. 199.

② *BDFA*, Part Ⅲ, Series E, *Asia*, Volume 2, p. 200.

路，迫使法印当局宣布停止向中国运输各种军火和战略物资。6月16日，日本驻南宁的军队切断中国与印度支那路线。18日，日本参谋本部会议讨论了进驻法属印度支那问题，四相会议通过了对法属印度支那施策大纲。20日，法印当局全面接受日本的要求。① 但是日本的目的是占领印度支那获取南进的桥头堡，因此，7月11日，驻南宁日军集结于法印边境。8月1日，日本向法印当局提出在印度支那北部建立军事基地以及日军过境权的要求，并递交最后通牒。与美国一样，英国对日本进兵印度支那直到既成事实，仍然是奢谈“维持现状”，除此之外没有任何实际反对行动。② 9月4日，郭泰祺向哈里法克斯提出，中国政府支持法印当局准备抵抗日本的举动，中国政府的政策是与法印当局合作抵抗日本，并准备对法印当局提供援助。哈里法克斯表示中国提出的问题已经超出了英国内阁考虑的范畴，建议中国最为重要的是了解美国的态度。英国政府将用全部外交与道义手段保持对日本的压力，并强调英国在欧洲的行动是间接支持印度支那。③ 9月15日，哈里法克斯致电克莱琪转告日本，英国的“立场是，‘公正与平等’的和平意味着自由谈判，而不是当中国正被终止滇缅公路运输的问题困扰之时，用通过对第三方领土的侵略来强迫中国谈判”。④ 这是印度支那危机时英方较为强硬的表态，但也可以看出英国仍然是主张中日和谈的。9月17日，日军在河内提出使用印度支那北部的6个机场和派驻25000名日军，法印当局屈服。9月22日，日本与法印当局协议，日本有权在印度支那驻扎6000名日军，有权取道印度支那输送25000名日军去进攻云南的中国军队。美国此时真正认识到日本的战略意图，答应派飞机支援法印当局，但是日本占领印度支那北部已成为事实。9月25日，中国驻英大使向哈里法克斯提出，鉴于

① 日本防卫厅编撰；天津市政协编译委员会译校：《日本帝国主义侵华资料长编》上册，成都：四川人民出版社1987年版，第141页。

② *BDFA*, Part Ⅲ, Series E, *Asia*, Volume 2, p. 207.

③ *BDFA*, Part Ⅲ, Series E, *Asia*, Volume 2, p. 208.

④ *BDFA*, Part Ⅲ, Series E, *Asia*, Volume 2, p. 213.

法国维希政权已对日本让步，中国已经做好必要准备应对面临的形势，希望英国立即重开滇缅公路，也希望美国勒紧对日本出口禁运的绳索。哈里法克斯回应说，英国驻美大使正在与赫尔会谈，要求美国派舰队访问新加坡。美国的立场正在接近中国和英国，英国正在尽力调整远东事务的政策，尽可能与美国远东政策相协调。①

日本进驻印度支那成为事实后，1940 年 7 月 2 日，罗斯福总统签署 2413 号公告："无论何时，美国总统鉴于国家防御利益，认为有必要禁止或减少对外国出口任何军事装备或弹药，或与之相关的零件，或服务于军事战斗的机器、工具、物资等，他可以发布禁止或削减出口的公告，除开总统有特别规定的项目。"公告列出 46 项禁止出口的项目。7 月 26 日，罗斯福签署 2417 号公告，规定禁止石油产品、四乙铅、废旧钢铁出口。9 月 25 日，给中国贷款 2500 万美元，中国以钨砂偿还。9 月 26 日，美国白宫宣布，自 1940 年 10 月 16 日起，所有等级的废旧钢铁一律实行许可证制度。② 12 月 10 日，罗斯福签署第 2449 号公告，宣布从 1940 年 12 月 30 日开始，禁止从美国出口钢和铁。其后至 1941 年 4 月，罗斯福又签署一系列公告，宣布大约 100 多项禁运项目。1941 年 5 月 28 日，罗斯福签署的 2488 号公告中，将禁止出口物资的范围规定为：美国的领土、美国属地和殖民地，包括菲律宾群岛、巴拿马运河区、哥伦比亚特区。③

但是，对日本关键性的战争物资石油，这一危害中国抗日战争，也是对美国构成战争冲突的物资没有禁运，结果是加强了日本扩大战争的物资储备。美国直到 1941 年 7 月底以前仍然没有对日本战争机器的关键资源石油进行限制禁运。连罗斯福自己在 1941 年 7 月 24 日与日本大使的会谈中也承认："美国现在东部石油供应

---

① *BDFA*, Part Ⅲ, Series E, *Asia*, Volume 2, pp. 217-218.

② *FRUS*, *Japan*: *1931-1941* Volume Ⅱ, pp. 211, 216-217, 222-223.

③ *FRUS*, *Japan*: *1931-1941* Volume Ⅱ, pp. 232-233, 236, 238, 241-242, 248, 250, 254, 258-260, 261-263.

短缺，美国男人与妇女不能理解，为什么在他们被要求节省使用汽油的同时，美国政府要允许继续出口石油给日本，而日本在过去的两年里所有表现提示人们，日本奉行着武力和征服政策，而这一政策是与希特勒正在实行征服和统治世界的政策相联系的。"①中国《大公报》在7月26日的社论中质问罗斯福，"一、一九三七年主张隔离瘟疫，而今供给日本油类，为疫助势；二、卖油给日本，防止南太平洋战争，此乃以邻为壑之法；三、张伯伦的绥靖政策，苏联的德苏经济协定，无不食其果"。② 但是，我们应该看到的是，美国对日制裁政策，源于日本南进准备时期，并逐渐加大了制裁的分量，到1941年8月日本进兵印度支那南部时，美国断绝了对日本石油供应和冻结日本在美资产，标志美国对日经济制裁达到顶峰。尽管这是在日本南进准备日渐加剧的情况下被动实行的，但作为美国对日抗衡政策确立的一个关键部分，还是逐渐得到了全面实施。

中国共产党对美英等国政策中呈现的积极因素表示欢迎。1941年6月29日，周恩来指出："在东方，英、美的地位也显然增高了。过去，我们因为了解英国对德作战的困难，故只望英国不再对日妥协，而现在则较有可能加强其远东反日的力量，加增其对我的援助了。过去，我们因为了解美国不愿两洋作战，要先对德后对日，故也只望美国对日禁运，不再妥协，而现在则更有可能断绝一切对日妥协的念头，彻底对日禁运，加强对我的援助了……我们最小限度的主张：不再对日妥协，实行对日全面禁运，加强对我的援助，准备在太平洋上反法西斯主义的自卫力量，'共同制裁日寇'一个要求，这总应该可以做到，而我们更应联合起英、美人民结成太平洋上反法西斯阵线，以求其做到。"③

在日本进兵印度支那北部时期，英国对新加坡等基地的防务作了调整。首先，把防御范围扩大到整个马来亚，英国政府判断同日

---

① *FRUS*, *Japan*: *1931-1941* Volume Ⅱ, p. 527.

② 公安部档案室：《在蒋介石身边八年》，第220，220～221页。

③ 中共中央文献研究室：《周恩来军事文选》第二卷，第343页。

本的冲突将不可避免。1940 年 7 月，参谋长委员会提交了一份远东事务报告，报告认为日本可能通过马来亚进攻新加坡，参谋长委员会建议防卫新加坡应该从防卫整个马来亚来考虑。因此为了保卫新加坡，英国把在远东驻扎的陆空军主力向马来亚北部移动，并将防御重点放在马来半岛(Malay Peninsula)东部沿海一线。英国守卫马来半岛的部队 8.8 万人，飞机 158 架，空军主力部署在新加坡。其次，防务力量结构的调整。先前，新加坡防务的主力是炮兵，以对付来自海上的攻击。当英国把防务扩大到马来亚后，陆军和空军的作用开始被强调。英国参谋长委员会还要求派 336 架飞机去新加坡。10 月底，英国、新西兰、澳大利亚、缅甸的代表在新加坡开会，对飞机数量的要求又增加到 582 架。① 英国军方已开始考虑以空军和陆军作为远东军队的主力。最后，协调大英帝国内部和荷兰在远东的防御。

对美英战略转变有着重大刺激的是德意日三国军事同盟的建立。1940 年 9 月 27 日，在美国宣布对日本禁运废钢铁的第二天，德意日《三国同盟条约》(Three Powers Pact Between Germany, Italy and Japan)正式签字。结成轴心联盟(Axis Alliance)是日本南进的国际后盾。德意日在柏林签署的《三国同盟条约》规定：德意日三国相互承认彼此在欧洲和亚洲的“领导地位”。在条约第三款中，德意日向全世界公开宣称：在受到第三国——未参加中日战争和欧洲战争的国家攻击时，进行互相援助。② 德意日《三国同盟条约》第五条规定：“日本、德国、意大利确认，上述各条款对三缔约国各自同苏联之间现存的政治状况无任何影响。”③德苏之间尚存在

---

① Raymond Callahan. *The Illusion of Security*: *Singapore 1919-1942*. 转引自 Jstor. *Journal of Contemporary History*, 1974, Vol. 9, No. 2, p. 84.

② A. Russell Buchanan. *The United States and World War* Ⅱ: *Military and Diplomatic Documents*. South Carolina: University of South Carolina Press, 1972, p. 28.（后文引述该书，仅出注作者及书名、卷数、页码）

③ [日]服部卓四郎著；张玉祥等译：《大东亚战争全史》第一册，北京：商务印书馆 1984 年版，第 55 页。（后文引述该书，仅出注作者及书名、卷数、页码）

“互不侵犯”的协定，因此，同盟矛头直接对准美国。日本则是通过这一条约公开把自己绑在轴心战车上。德意日三国同盟在远东的含义是，确定了日本将来的势力范围与进一步侵略太平洋地区的目标。同时也与欧洲战争联系起来，对美国正在进行的援助英国保卫美洲大陆的努力也是巨大的冲击。

德意日三国军事同盟的建立在美国引起轩然大波，促使美国国内政治状况以及政治力量对比的巨大变化。主张对日实施强硬路线的观点逐渐上升为主流。恰如1939年5月15日美国驻日大使格鲁在日记中预言：“假如日本因全面军事同盟的关系而被绑在纳粹阵营内，要美国仍与日本和平共处，就几乎是不可能的了。”①大多数美国人认为，日本参加德意轴心同盟已构成对美国安全的现实威胁。② 长期鼓吹美日友善、与日本财界有密切联系的美国商界大亨们也开始被迫转向。《商务周刊》撰文代表他们的观点表示：“假如日本一意孤行……我们商务界人士必须准备承受市场丢失的压力。”③美国“国家外贸常设办事处”宣布：“粉碎轴心国支配世界的迷梦是和平和各民族繁荣的出发点……美国对日本实行贸易控制是必要的。”④

美国金融界巨头托马斯·拉曼特(Tomas Lamant)在美国政治学院演说中说：“我本来在数年内一直致力于美日友好并以物资支持日本……但是，我对日本的新秩序无好感。”他呼吁美国政府“给予中国更多的物资支援，声援中国为民族独立所作的英勇斗争”。格鲁认为托马斯·拉曼特立场的转变是他从未见过的好事情，因为“拉曼特一直是以坚定主张与日本保持友好关系而著称的”。美国

---

① ［美］约瑟夫·格鲁：《使日十年》，第285页。

② Paul W. Schroeder. *The Axis Alliance and Japanese-American Relations, 1941*. New York: Cornell University Press, 1958, pp. 15-16.（后文引述该书，仅出注作者及书名、卷数、页码）

③ Dorothy Borg, Shumpei Okamoto. *Pearl Harbor as History, Japanese-American Relations, 1931-1941*, p. 444.

④ Dorothy Borg, Shumpei Okamoto. *Pearl Harbor as History, Japanese-American Relations, 1931-1941*, pp. 351-352.

的投资者也纷纷卖出投在日本企业的股份，有的占股下降为零。拉曼特的观点，代表了那些不同意对日本施加压力的经济集团的转变，其原因在于，日本的扩张政策越来越危及美国的根本利益。在中国和西南太平洋各国有着大量投资的美国金融家，也因其资本受到和将要受到日本的排斥，极其希望阻止日本的进一步扩张。① 受美国东部财团的支持，长期不太重视远东事务的"怀特委员会"也提出《美国的远东政策》备忘录，其中谈到抑制日本南进的必要性，美国应主动采取行动而不是坐等。具体计划包括：给中国一切可能的援助，特别是战争物资，陷日本于中国；与英荷合作，加强东南亚防务；通过切断某些战争物资的供应削弱日本。三国同盟的建立使欧亚两个战争合为一体，"中国无疑是我们的盟国"。"来自太平洋的威胁和大西洋的威胁同样重大"，"是连成一片的战争阴云"。② 美国一些民众团体纷纷向政府施压。"不参加日本侵略行动委员会"的成员极不满意美国政府对英国和中国的区别政策。他们认为，支援中国抗战实际上对英国的存在，阻止日本有极其重要的意义，指出"中国抗战实际上是为了美国"。美国社会形成了一股要求制约日本侵略的潮流。格鲁在日记中写道："三国同盟的目标是针对美国的，它可以改变太平洋地区的形势，使美国有后顾之忧，美国若是继续克制，反而会使日美关系越来越不稳定。"③1940年12月，哈德利·坎特里尔（Hadley Cantril）等人在《公众观点季刊》发表文章，认为1940年10月，随着欧洲战局的发展和日德意三国轴心的确立，美国民众开始坚定地支持在远东地区对抗日本，一致表示他们加强国防并愿意为之做出某种牺牲的意愿，有60%的人愿意冒战争的危险来保持他们的价值观，由此，孤立主义势力渐渐衰弱。作者通过大量统计数据、表格，翔实地说明了公众舆论

① Dorothy Borg, Shumpei Okamoto. *Pearl Harbor as History*, *Japanese-American Relations*, *1931-1941*, pp. 357-359.

② Dorothy Borg, Shumpei Okamoto. *Pearl Harbor as History*, *Japanese-American Relations*, *1931-1941*, p. 102.

③ [美]约瑟夫·格鲁：《使日十年》，第333～339页。

的变化。①

1940年10月4日，罗斯福在白宫召开内阁会议，讨论如何应对三国同盟建立后的严重局势。陆军部长史汀生、财政部长摩根索、内务部长哈罗德·L. 伊克斯(Harold L. Ickes) 极力主张："采取一些直截了当的行动，表明我们说话是算数的，对它(日本)毫不畏惧。"②国务院远东司顾问霍尔贝克在给国务卿赫尔的信中一针见血地指出："我国实际上处于战争之中，必须随时准备同日本战斗。"③海军部长弗兰克·诺克斯(Frank Knox)于10月5日公开发表演说："三国公约是直接针对美国的，美国的生活方式受到了前所未有的威胁。"这些人士几乎一致主张以强硬措施教训日本。在舆论推动下，罗斯福总统宣称："欧洲和亚洲独裁国家的结合，绝不会使我们在自身生存和民主事业前进的道路上止步……美国人民……反对绥靖主义。"④英国也对德意日《三国同盟条约》立即做出反应。10月8日，英国政府口头通知日本，它将在两国的相关协定到期后重开滇缅公路。⑤ 10月18日滇缅公路和香港通道同时开放。随后，英国设立远东委员会，限制向日本输出废钢铁、镍以及铁合金等重要战略物资，并把限制措施扩大到整个英联邦国家。英国决定采取禁运措施出于两个目的：引导日本政策向有利于英国利益的方向转变，阻止印度成为日本的战利品。英国甚至期望禁运取得较好的效果，将有可能说服美国采取平行行动。1940年10月至1941年4月，英国及其自治领、殖民地的代表与荷兰的军事代

---

① Hadley Cantril, Donald Rugg, Frederick Williams. *America Faces the War: Shifts in Opinion. The Public Opinion Quarterly*, 1940, Vol. 4, No. 4.

② Langer, Gleason. *Undeclared War, 1939 to 1941*. New York: David McKay Company, 1967, pp. 7-8.

③ Richard Dean Burns, Edward Bennett. *Diplomats in Crisis: United States-Chinese-Japanese Relations, 1919-1941*. Santa Barbara: California ABC-Clio, 1974, p. 111.

④ Robert Dallek. *Franklin D. Roosevelt and American Foreign Policy: 1932-1945*. New York: Oxford University Press, 1979, pp. 240-242.

⑤ ［日］服部卓四郎著；张玉祥等译：《大东亚战争全史》第一卷，第63页。

表在新加坡召开了一系列会议，以讨论针对日本扩张行动的远东防务问题，以及如何共同使用军事力量问题。会议初步制定了应对日本进攻英、澳、新、荷等国的联合作战计划。

由于日本南进将威胁美国在太平洋的利益，美国自身安全也受到威胁，美国政府的一些官员主张加强对中国抗战的支持。1940年10月23日，詹森致电赫尔，对美国援助中国抗日不力提出批评，并说："'除战争以外的一切援助'这句话常常出自美国的口号实足以使一个艰苦抗击侵略已达三年之久的民族感到气馁。它们曾把这场战争看做与我国利益是一致的，尤其是在这种援助是以高昂的代价提供时情况更是如此……我们并未给予任何东西，既没有付出生命，也没有献出财富，来帮助他们，而他们正在抗击那些一旦成功注定会集结一切由征服得来的力量来打击我们的人们……在那些地方，人们正在拼命地节衣缩食来还我们的债，以此来维持他们所必需的反抗征服的手段。"①

三国轴心同盟的建立在美国引起如此强烈的反响，主要原因是由于欧洲严峻的局势及其在远东的连带影响。德国击溃英法联军，横扫西北欧，已形成雄踞欧洲的大帝国，如德军进而攻占英伦三岛，美国将失去唯一屏障而直接与德国对峙。对此，罗斯福十分清楚，他说，德国击溃英国之后，下一步计划将是荷兰和法国在拉美的殖民地，这将给美国造成灾难性的后果。② 主张援英抗德的"怀特委员会"呼吁："英国垮了，美国就会孤立，美国在对付欧洲形势上必须采取主动地位。"③从法国沦陷开始，美国就积极研究如何支持英国顶住德国。至此，美国实际上已卷入欧洲战争，成为英国的盟友，美德之间已成为不宣而战的敌对国。日本在这个时候公开投身于德国阵营，促使美日之间矛盾加剧。与之相联系，日本加入

① 章伯锋，庄建平：《抗日战争》第四卷《外交》(上)，第429页。

② T. R. Fehrenbach. *F. D. R.'s Undeclared War, 1939 to 1941*. New York: David McKay Company, 1967, p. 292.

③ Dorothy Borg, Shumpei Okamoto. *Pearl Harbor as History, Japanese-American Relations, 1931-1941*, pp. 351-352.

三国同盟，在美国看来，是策应欧洲战争，阻碍美国援英抗德方针的施行。日本与德意联盟，为其南进争取到了国际后盾，对英国远东殖民地造成威胁。日本如攻占东南亚，英国至远东的生命线将失去依托，被断绝重要战略和生活物资来源的英伦三岛只有坐以待毙，美国御德于英吉利海峡的计划将付诸东流，前景将不堪设想。

在制衡日本战略之下，美国对日本不断加强了经济禁运比重。1940 年 12 月，美国扩大了对日本出口禁运的范围。其中包括铁矿石、生铁、钢、钢制的主要商品和许多工具。1941 年 1 月，美国又将禁运范围扩大到铜、黄铜、青铜、锌等。其中，纯铜和黄铜禁运对日本打击较大，日本拥有的储存量约等于一年的进口量。废钢铁的禁运，使日本进口从 1940 年的 10.5 万吨跌落到 1941 年的 3.8 万吨。这期间，美国对中国的出口首次超过对日本的出口。据美国商务部、人口普查局、对外贸易与投资署档案材料记载：1940 年，美国对日本出口 2.272 亿美元，对中国出口 0.71968 亿美元；1941 年，美国对日本出口 0.59901 亿美元，对中国出口 0.93349 亿美元。① 但是，在主要对付德国、避免与日本首先发生战争的“先德后日”原则框架下，美国对日本禁运留有较大余地，尤其是对日本至关重要的战略物资石油没有禁运，担心日本可能因为石油短缺加快南进夺取荷属东印度油田的步伐。截至 1941 年 8 月初，美国运往日本的石油为 0.12564 亿桶。②

1941 年 7 月 2 日，日本御前会议决定南进对英美战争的方针，7 月 18 日，日本迫使法国维希政权同意日本占领印度支那南部的 8 个空军基地和 2 个海军基地。这标志着日本南进挑起太平洋战争一触即发。由于德国进攻苏联之后，美国与英国在欧洲方面的压力相对减轻，美国于 7 月 26 日决定冻结日本在美国的全部资产。8 月 1

---

① 转引自 Dorothy Borg, Shumpei Okamoto. *Pearl Harbor as History, Japanese-American Relations, 1931-1941*, pp. 371-374.

② Irvine H. Anderson. *The Standard-Vacuum Oil Company and the United States East Asia Policy, 1931-1941*, New York: Princeton University Press, 1978, p. 225.

日，罗斯福在建议日本撤出印度支那，由几个大国监督使印度支那“中立化”的建议失败之后，决定全面禁止向日本输送石油，美国对日本的经济制裁达到顶端。其后，英国和荷兰等国相继对日本采取了类似的措施。同时，美国对日本彻底的经济禁运，使中国与英国政府及其人民受到极大的鼓舞，也受到美国民众的支持。美国普林斯顿大学民意测验组主持的测验图表数据表明，美国公众赞成冒与日本作战风险打击日本侵略气焰的比率从 1941 年初的 60% 骤然上升到 8 月的 70% 以上。① 美国一些报纸欢呼冻结令是美国对日绥靖政策的终结，有评论说：“绳索终于套到日本的脖子上了。”②《华盛顿邮报》发表评论，认为日本只有呜咽投降。史汀生回忆说：“1941 年七八月间，美国对日本的态度完全变了，正当改善两国关系的会谈在赫尔与日本人之间进行时，日本却出兵进驻了印度支那（南部），这就决定性地表明了日本这样的意图：日本人在东南亚的扩张只要有可能随时随地都会付诸实现。这样一来，美国所奉行的那种我当时认为类似张伯伦式的对日‘绥靖政策’骤然停止下来。”③原驻华大使詹森到澳大利亚就职时发表演说，也认为美国停止了对日本的绥靖。④

美英荷的石油禁运对日本的打击相当严重。1941 年 8 月前，日本石油的储量比 1940 年少近 100 万桶。按 1941 年 8 月以前几个月最低量算，日本进口石油一年约少 800 万桶，按 1941 年全年进口量算，日本每年将少进口 3000 多万桶。1941 年 8 月以后，日本

---

① 转引自阿瑟·林克等著；刘绪贻等译：《一九〇〇年以来的美国史》中册，北京：中国社会科学出版社 1983 年版，第 156 页。

② William L. Langer, S. Everett Gleason. *Undeclared War, 1939 to 1941*. New York: David Mckay Company, 1967, p. 654.（后文引述该书，仅出注作者及书名、卷数、页码）

③ Henry L. Stimson, McGeorge Bundy. *On Active Service in Peace and War*. New York: Harper and Brothers, 1948, pp. 338-339.（后文引述该书，仅出注作者及书名、卷数、页码）

④ Richard Dean Burns, Edward Bennett. *Diplomats in Crisis: United States-Chinese-Japanese Relations, 1919-1941*, pp. 23-24.

石油库存更是锐减。① 日本每天消耗石油 1.2 万吨，库存仅够 2 年使用。由于全面禁运，日本的其他战略物资储量，特别是铁矾土的情况与石油同样严重。美国及英国等国对日本的联合经济制裁，使日本陷入中国抗战与美英制裁的双重打击之中。英国驻美国大使哈立法克斯说："禁运将使日本在抵抗与让步两者之中作出选择。"② 但是，美国在对日实施了石油禁运后仍然存在着与日妥协的愿望，以求延缓与日本开战的时间。如宋子文 1941 年 8 月 29 日所分析的："美国方面因尚想与日方延宕时期，不愿中国参加（美英苏莫斯科会议）。""两星期前丘吉尔演说关于太平洋泰荷星（新）加坡问题，反以美为主，英为援助者，牵连美国，使其不能置身事外。美方对丘之手段，颇为愤懑。赫尔向报界称，余对丘首相一般演说文字之雄壮，备极钦佩，惟余对其各个演说，不愿有所评论。"③但是，美国对日本的经济制裁应该说是美国顺应时势的正确的战略选择，日本已经在中国的战争中付出了巨大的物资与人员消耗，美国的经济制裁，使这一消耗如雪上加霜。

关于对日本实施经济施压来制约日本南进，英国政府内部，特别是军方对此是有比较清醒的认识的。英三军参谋长委员会在 1940 年 7 月认为："日本的最终目标，是把西方的影响从远东排除出去，并且控制远东的自然资源。然而，除非占领新加坡，日本是不能实现这个目标的。日本当前的目的——与其所采取的步步推进的传统政策一致——是将英国的影响从中国和香港排挤出去。"④丘吉尔也认识到英日之间的冲突不可避免。1940 年 10 月他对内阁同僚说："在战争（指欧战）结束后，我们不得不面临肃清远东的问

① Irvine H. Anderson. *The Standard-Vacuum Oil Company and the United States East Asia Policy, 1931-1941*, p. 230.

② Nicholas R. Clifford. *Reatreat from China, British Policy in the Far East 1937-1941*, p. 158.

③ 吴景平，郭岱君：《宋子文驻美时期电报选（1940—1943）》，第 109 页。

④ Christopher Thorne. *Allies of a Kind: the United States, Britain and the War Against Japan, 1941-1945*, p. 67.

题。”①但是，从丘吉尔的话中可以看出，英国此时是将主要精力放于欧洲，对于远东，只是日本触犯了其根本的利益，英国才决定对日采取强硬政策。从 1940 年 10 月到 1941 年 6 月底，英美对日方面施加的经济压力逐渐增大，但就如英国经济制裁部于 6 月底认为的那样，各民主国家所实施的限制没有对日本的经济产生严重影响。② 英国除了对那些能用以帮助德国及其盟国所需要的日本进口货物实行禁运外，基本上仍然实施允许日本从英国及其帝国领地进口正常货物的政策。这一时期，英国对日经济制裁是不力的，它主要是在金融、部分战争物资方面采用加强对中国的有限援助，期望中国能把日本军队继续拖在中国大陆。

英国对日本全面经济制裁的政策准备，也在日本南进准备并与德国签订军事同盟条约期间进行，并力图与美国逐渐加强的对日经济制裁措施相协调。1940 年 10 月，英国内阁任命以 R. A. 巴特勒(R. A. Batler)为主席的内阁远东委员会，用以贯彻执行内阁以抵抗日本和削弱日本战争潜力而制定的政策，其中李滋-罗斯(Leth-Ross)等小组委员会负责经济方面的工作，负责受命制定一项统一的控制对日贸易的帝国政策，并使其同美国和荷兰政府的政策协调起来。委员会关于对日需要采取的直接措施是：预防日本积累将使它在未来的封锁中不受损害的原料储备，阻止日本站在反对民主国家的一边。在制裁日本方面的计划是：实行对日限制贸易，但不实行禁运或全面禁运，并制定一个与美国全面合作政策。具体设想是对日本分两个阶段实施经济压力：一是把整个英帝国的全部必需品包括一切原料的出口置于出口许可证的管制之下，并限制那些日本和轴心国家缺乏的必需品的出口数量最多不超过其正常的贸易水

---

① Christopher Thorne. *Allies of a Kind: the United States, Britain and the War Against Japan, 1941-1945*, p. 67.

② [英]阿诺德·托因比主编；复旦大学外文系英语教研组译：《国际事务概览(1939—1946)·大战和中立国》，上海：上海译文出版社 1981 年版，第 76 页。(后文引述该书，仅出注作者及书名、卷数、页码)

平；二是更严厉限制更重要的战略物资，这一点是求与美国合作。① 但美国此时对于英国的建议没有立即作出决定。在 1940 年底，英国实行了出口许可证制度，英国和各自治领已贯彻了英国制定的第一阶段措施，对一切主要出口商品实行限制，特别是镍、黄麻和云母更被严格控制，但对日贸易却仍在进行。② 英日仍然继续在就经济合作进行讨论，但是非正式的。

1941 年 1 月 6 日，巴特勒催美国以协同行动来削减从东印度半岛和美国向日本输出石油。2 月 7 日，英国外交大臣艾登会见日本驻英大使重光葵，发表了态度强硬的讲话。艾登指出，英国政府不能同意日本自称有权调解远东的各种冲突。英国政府认为，日本调解泰国与印支之间的冲突，只不过是想从泰国和印支方面获得军事和政治方面的特权。对此，艾登指出，如果英国在远东的领土又受到日本进攻的危险，英国将竭尽全力保卫这些地方。③ 英国在采取外交措施的时候，还力求获得美国的帮助。美国方面自 1941 年 1 月以来，已经将对日本的禁运扩大到铜、镍、铅、黄麻等物资。美国又向日本提出严重警告："有人认为美国人在向英国大量输出军火的时候，对英国与英国的自治领和海外殖民地之间的海路将报无动于衷的态度，这种想法是荒谬的。因此，日本或其他任何国家对这些交通线的安全进行破坏……势必同美国发生冲突。"④从 4 月 21 日起，英美两国专家就经济战问题进行广泛会谈，在限制拉美对日本出口方面采取迅速行动。5 月初，赫尔却终止了会谈，不允许扩大限制，直到 6 月 20 日才改变其决定，但仍反对对日石油禁

① ［英］阿诺德·托因比主编：《国际事务概览（1939—1946）·大战和中立国》，第 73 ~ 74 页。

② W. N. Medlicott. *The Economic Blockade.* Stevenson Professor of International History of London, 1959 p. 486

③ ［英］阿诺德·托因比主编：《国际事务概览（1939—1946）·轴心国初期的胜利》（下），上海：上海译文出版社 1983 年版，第 1005 页。（后文引述该书，仅出注作者及书名、卷数、页码。）

④ ［英］阿诺德·托因比主编：《国际事务概览（1939—1946）·轴心国初期的胜利》（下），第 1007 页。

运。英国也未使它的石油公司对日实行完全禁运。对于英国来说，日本的南进则严重威胁到了英国的利益。日本对中国的侵略虽然严重阻碍了中英之间的贸易，但中英之间的贸易额只占英国对外贸易的2%，这并不能严重影响英国进行战争的能力。可是日本窥视荷属东印度，进而威胁英国在远东的殖民地马来亚、缅甸等地。这些地区所提供的原材料如石油、锡、橡胶等对英国正在进行的对德国战争却是必不可少的。①

1941年6月11日，日军陆海军部制定了《关于促进南方政策的方案》，决定坚决进驻印度支那南部。7月14日，日本与维希政权谈判，23日强行达成关于进驻印度支那南部的协议，28日，日军进驻印支，这具有十分明显的军事意义。金兰湾隔海与马尼拉、新加坡相望，陆上与泰国毗邻。英美在东亚的领地都处于日军进攻的范围内，英国此时对日采取了强硬措施。1941年7月26日，英国宣布打算实行冻结令，同时通告废除《英日通商航海条约》、《印日通商条约》和《缅日通商条约》。② 英国冻结日本资产是自1931年日本开始侵略扩张以来第一次对日本的侵略行径采取的强硬的抵制措施，但英国仍不打算完全禁止同日本的贸易，英国认为这样可使日本不入侵荷属东印度，防止一场太平洋上的战争，直到9月，英国同日本的贸易才几乎完全停止。

中国对美国制衡日本战略确立的另一个推动，就是坚决反对并会同英国、澳大利亚等国以及美国制日派人士成功地制约了美日谈判中的可能的妥协。尤其重要的是，通过努力使美国不要从对日经济制裁后退。发生在这一时期的美日谈判，是美国试图拆散德意日三国军事同盟、阻止日本南进的手段之一，也是美国东亚政策中深刻的绥靖印记的表现之一。美日谈判的破裂，与中国的坚决反对以及美国不可能牺牲中国抗战的问题密不可分。

---

① Christopher Thorne. *Allies of a Kind: the United States, Britain and the War Against Japan, 1941-1945*, p. 54.

② Ian Nish. *Anglo-Japanese Alienation 1919-1952*. London: Cambridge University Press, 1982, p. 218.

1940年9月3日，美国国务卿赫尔致电美国驻日大使格鲁，要求格鲁尽快与日方会谈，表示出美国对日本准备进占法属印度支那的担忧。但是赫尔仅仅以日本此举会造成对美国公众的“不良影响”来泛泛地对日方提出异议。9月19日，赫尔再次让格鲁约见日本外相，向日本转达美国政府的态度：美国政府对日本对法属印度支那当局提出日军即将占领河内、海防以及5个机场的最后通牒表示“震惊”。美国政府希望得到日本政府的保证，说明美国国务院获得的报告不是事实，并不是在河内的日本军事当局和日本帝国政府的意图。① 1941年2月14日，罗斯福在与日本新任大使谈话中，着重强调了美国对日本南进和三国同盟问题的忧虑。罗斯福指出，“日本南下到印度支那和斯普拉特利群岛(Spratly Islands)以及那一地区其他地方的举动，已经引起美国极度关注。”“日本加入三国同盟条约也正引起美国同样的极度关注，因为，特别是从这样一种观点出发，即假定日本已经以自己的主权为代价来处理战争与和平问题，并将这一问题置于由德国领导的三个签约国之下来处理。”②3月14日，在白宫会见中，罗斯福又着重强调了“三国条约”对美国公众舆论产生了深层的影响，指出：“对于日本来说，这一条约的后果是危险的，而且日本从自身各种福利的观点看，也没有任何合理的缘由参加这一条约……一旦有机会，希特勒就试图统治一切国家，恰如现今正统治着意大利和其他信任他的国家。”③罗斯福的谈话勾勒了当时美国谈判的主旨，即劝说日本放弃南进和脱离三国同盟条约，为美国避免首先与日本发生战争冲突的总体政策服务。

1941年1月21日，罗斯福在给格鲁的长篇电文中谈了“援助英国为先”的看法：“必须认识到在欧洲、非洲与亚洲的冲突都是世界整体冲突的一个部分。因此，我们必须认识到我们的利益受到欧洲与亚洲两方面的威胁……我们的自卫战略必须是全球战略……如果日本获得荷属东印度与马来半岛，英国赢得对德斗争的胜利机

① *FRUS*, *Japan*: *1931-1941* Volume Ⅱ, pp. 291-292, 294.

② *FRUS*, *Japan*: *1931-1941* Volume Ⅱ, p. 387.

③ *FRUS*, *Japan*: *1931-1941* Volume Ⅱ, p. 396.

会将不会因此而被减少。英伦岛，英国在这些岛屿，仍然能够存在并保卫他们自己，不仅是因为他们准备本土防卫，而且因为英帝国的心脏与神经中枢能获得巨大资源，能从事在全世界范围内对他们的敌人的经济、军事和海军压力。他们生活依赖于世界各地的商品进口和利用庞大的海外财政资源。他们不仅需要防卫本土，而且需要通过远距离与广阔范围的经济、军事与海军行动来维护他们的供给，切断敌人的某些物资来源，阻止那些敌人从集中足够军事力量打击英帝国的心脏与神经中枢地区。"罗斯福认为，"美国面临着如此广阔，如此相互关联的问题，任何思考都必须将五个大陆、七个海洋作为一个整体来考虑"。罗斯福强调，"美国的问题是一个防御的问题，不能设计出强硬与迅即的计划。在每一事态发生时美国必须根据存在着的形势，决定美国能在何时、何地、如何最有效地配置运用自己的资源"①。罗斯福的看法其实是美国对日谈判的基调。

1941年4月10日、14日，赫尔致电格鲁转告日本，美国相信德国最后必然被打败，这其中暗含美方希望日本在美日谈判中在三国同盟条约问题上做出让步的意思。② 但是，霍恩贝克对美日谈判抱着疑虑的态度。他在1941年4月11日备忘录中认为，美国面对的是日本准备了几个月的草案，因此，美国没有必要在几个小时内就提出对案，避免让日本摸清美国的意图。他还认为，应该将美国反对日本武力南进的立场明确通报日本，并告知英国。在美国提出对案之前提前通知英国。关于"满洲国"问题，他主张由中日"满"三方自愿谈判。③ 霍恩贝克极为关注日本策应德国从事南进，因此，4月14日他在美国远东司准备的给国务卿的备忘录中，提出美国应继续给中国提供财政、物资、技术、道义援助。同时，美国应对日本采取坚定的政策。美国面临自身国防计划需要，一些补充的限制应该在进出口方面施于日本。步骤也出于另一理由，就是确

---

① *FRUS*, *1941*, Volume Ⅳ, *The Far East*, pp. 7-8.

② *FRUS*, *1941*, Volume Ⅳ, *The Far East*, p. 139.

③ *FRUS*, *1941*, Volume Ⅳ, *The Far East*, pp. 142-148, 149-150.

信日本将不会成为一个将美国物资提供给德国的转运站。①

美国与日本的非正式谈判开始于4月16日。在谈判中，美国方面主要依据了日方所提出的条件进行交涉。从美国接受以日本方案进行谈判的意图看，是想与日本之间达成妥协，阻止日本南进，并使日本脱离轴心同盟。这是一个不顾客观实际的意图，放松对日本的经济制裁和拿中国利益作为谈判筹码，将对中国抗日战争造成严重负面影响，也违背美国自己力图阻止日本南进的初衷。特别是美国愿意将接受有关中国主权的所谓“满洲国”问题作为谈判条件之一，更是传统绥靖政策的表现。霍恩贝克也认为不应该对日本抱过多的期望，4月18日，他在备忘录中认为，日本军人政治不会放弃既定的目标。他主张在美国援助中国、日本南进英荷殖民地问题上对日本表明坚决态度。4月24日，霍恩贝克又主张对日本施加经济压力，美国应以实际行动表明坚持原则的态度，② 反映出他一直对美日谈判中日本意图的怀疑。但是赫尔与格鲁对日本政局会向美国所期望的方面发展仍然抱有期望。③

5月16日，美国国务卿对日本大使提出非正式和非官方的口头声明，表明美国对美日谈判的关注点在日本南进，认为对于日本提出的具体建议进行讨论不是时候，应先同意美日谈判的愿望和目的，这就是，“制止在太平洋地区采取任何武力侵略的行动，在美日双方以各自的名誉和行动担保维护和保持太平洋地区的和平”。④ 日本建议的第三部分，是关于中国问题。赫尔在声明中认为，“近卫声明”中的原则，在日本建议的“附录和解释”中作了说明，诸如睦邻友好、共同防共、无经济垄断和限制其他国家利益的经济合作，经过一些更改是可以接受的。声明还建议日本对建议的第三部分进行修改，并指出，“这样补救可以感化中国政府同意与日本进行签订和平协议的谈判吗”？中日同意谈判“显然是美国政府与日

① *FRUS*, *1941*, Volume Ⅳ, *The Far East*, pp. 150-151.

② *FRUS*, *1941*, Volume Ⅳ, *The Far East*, pp. 162, 164-167.

③ *FRUS*, *1941*, Volume Ⅳ, *The Far East*, p. 163.

④ *FRUS*, *Japan*: *1931-1941* Volume Ⅱ, p. 428.

本政府建议的缔结一项协议基本因素”。① 声明还询问：“假如美国总统出于对蒋介石的信任，将谈判框架中的中日可能同意进行谈判缔结一项和平协议的基本条款事先告诉他，（美日间的）和谈成功的前景不是更好吗?”②

美国在递交日本声明的同时，也交给日本大使一份美国国务卿4月21日的讲话摘录和美国的建议案，主要是阐明美国政府对希特勒德国侵略战争的立场，其含义很清楚，就是想让日本不要配合希特勒的战略。在美方建议案的第二部分，美国提出美国和日本关于对欧洲战争的态度方案：“日本政府宣布它的轴心联盟的目的是防御性的，签约是为了阻止现行没有卷入欧洲战争的国家卷入进去；日本政府声明自己在德国、日本、意大利签订的三国条约之下的军事支持的义务，只有在三国条约中的一国遭到一个目前尚未卷入欧洲冲突的国家侵略的时候才能履行。美国宣布，它对于欧洲冲突的态度现在和将来都是仅仅基于对于自身的国家安全和防务的警戒和自卫。”③美国建议案的第三部分是关于“中国事件”，具体建议是：第一，“睦邻友好”；第二，“相互尊重主权和领土”；第三，“日本军队在协商的时间表之下从中国领土撤出”；第四，“不并吞领土”；第五，“不赔款”；第六，“在公平对待各国的条件下实行贸易机会平等”；第七，“采取相同措施防御外来的颠覆行动”；第八，“满洲国的前途问题通过友好谈判处理”。美国建议案的第五部分，是美日“两国在西南太平洋地区的经济行动”，“美日双方作出的保证的基点是：美国和日本在西南太平洋地区的行动将采用和平方式，日本政府和美国政府同意双方在机会均等的基础上，平等取得本国安全防卫、经济发展所需的资源（如石油、橡胶、锡和镍）等方面彼此合作”。④

霍恩贝克一直关注美日谈判问题，认为美国与日本谈判会有诸

① *FRUS*, *Japan*: *1931-1941* Volume Ⅱ, pp. 429-430.

② *FRUS*, *Japan*: *1931-1941* Volume Ⅱ, p. 430.

③ *FRUS*, *Japan*: *1931-1941* Volume Ⅱ, pp. 432-433.

④ *FRUS*, *Japan*: *1931-1941* Volume Ⅱ, pp. 433-434.

多不利因素，特别重要的是，他明确地提出了“绥靖”问题，这与中国关注美日谈判时的心情差不多。5 月 23 日，他在备忘录中认为，日本进行谈判的实质是为了进一步侵略，促使英国不信任美国。他历数日本侵略与背信弃义的历史，分析日本谈判的真实目的。24 日，他又提出，不能接受日本关于“满洲国”独立的条件，否则就是绥靖。① 5 月 26 日，胡适在给赫尔的电文中表示，德意日三国军事同盟已经使日本完全投靠了轴心国，美国不能存有幻想。鉴于日本的态度，中国不可能通过第三国来进行中日间的调停。② 同日，赫尔致电格鲁表示，在美日达成协议之前须征得中国的意见，美国坚持日本应该改变对欧洲的现实路线，这是美国遵循的原则。③ 赫尔的电文说明美国谈判分化德日的目的，同时，也表明美国不可能完全不顾忌中方态度与日本谈判订立有关中国的协定。27 日，英国大使拜望赫尔也传达了英国对美日谈判订立太平洋和平协议问题。赫尔表示，美国在谈判中坚持基本原则，确保中日满意，和平协议的目的是，在美国卷入欧战的情况下避免日本南进策应德国。④ 28 日，赫尔告知胡适，美国没有调停中日的打算，美日谈判的结果都将与中方交流。⑤

赫尔谈判的主旨是非常明确的，就是配合美英在 3 月联合参谋首脑会议上确定的“先德后日”的战略原则。5 月 28 日，赫尔在与日本大使的会谈中再次明确提出，日本在会谈中没有足够澄清日本与轴心国关系这一个问题，这就是：如果美国因为自卫卷入与德国的战争，日本是否对美国保持和平意向。6 月 2 日，赫尔问日本大使，日本是否严肃而诚挚地希望和平解决太平洋地区的问题以及维护在该地区的非歧视商业关系和友谊。⑥ 6 月 4 日，宋子文致电蒋介石报告美日谈判问题：“日本驻美大使野春，曾向美国国务卿商

---

① *FRUS*, *1941*, Volume Ⅳ, *The Far East*, pp. 212-215, 219-221.

② *FRUS*, *1941*, Volume Ⅳ, *The Far East*, pp. 225-227.

③ *FRUS*, *1941*, Volume Ⅳ, *The Far East*, p. 228.

④ *FRUS*, *1941*, Volume Ⅳ, *The Far East*, pp. 233-234.

⑤ *FRUS*, *1941*, Volume Ⅳ, *The Far East*, pp. 238-239.

⑥ *FRUS*, *Japan*: *1931-1941*, Volume Ⅱ, p. 337.

定类似日俄协定公约，上星期重新提议。国务卿以日屡次失信，例如门户开放等等，毁灭无遗，对日当局已无信誉，婉词拒绝。”①在这一阶段的会谈中，美国的关注点主要是两个，即轴心国问题和太平洋现状维持问题，中国问题则次之，并作为与日本讨价还价的筹码。

1941年6月22日，德国进攻苏联，苏德战争爆发。美国政府内显然对日本对这一事态的应对政策方面存在着两种不同的看法与预测。同日，美国副国务卿韦尔斯对英国驻美大使哈里法克斯表示，英国应避免与苏联的正式联盟，因为有日本因素的存在。在德国进攻苏联的情况下，日本迟早会进攻苏联。如果有英苏联盟存在，日本进攻苏联，自然也会与英国发生冲突。美英的聪明政策应是仅仅承认英苏都在与德国作战这一事实，直到美英清楚知道日本政策可能发展的路线之后再作决定。哈里法克斯则表示同意这一路线，相信英国政府也同意。他似乎相信情况发展将有利于英国，尽管他是想象了一个可能性，即如果当德国打败苏联，希特勒将在已经打败共产主义与建立欧洲新秩序的实施基础上营造一个虚假和平建议，这一建议就是不再与英国和美国发生冲突。②

在6月23日备忘录中，汉密尔顿认为，德国进攻苏联将在日本政府内引起混乱与争议。一些日本政府人士将认为这给了日本几个月的机会，不再担心苏联对日本的威胁，可以放手进攻荷属东印度与英属马来亚。其他日本政府人士将敦促进攻苏联的远东地区以消除苏联对日本的威胁。德国进攻苏联可能的结果似乎可能推迟至少几个月日本南进进攻英国与荷兰的领地。德苏战争爆发将可能增加日本希望与美国缔结协议。而美国方面则是减少了缔结协议的需要，减少了日本将执行任何订立的条约促使太平洋地区和平的机会。③ 25日，美国远东司副主任亚当斯(Adams)发表的看法是，

---

① 吴景平，郭岱君：《宋子文驻美时期电报选(1940—1943)》，第87页。

② *FRUS*, *1941*, Volume Ⅳ, *The Far East*, pp. 275-276.

③ *FRUS*, *1941*, Volume Ⅳ, *The Far East*, pp. 276-277.

不能用经济制裁对付日本，认为如果在德苏战争时期美国加强对日经济制裁，这将会刺激日本，使其未来发展目标不确定。① 7 月 2 日，美国远东事务司官员威利斯 · R. 佩克(Willys R. Peck) 表示应该加紧援助中国制约日本，认为德国攻击苏联初期的成功会导致日本进攻西伯利亚与南进，因此，援助中国为当务之急，援助规模应达到最高水平。② 7 月 22 日，霍恩贝克发表与佩克同样的看法，即中国有效地制约了日本的南进，应该通过援助中国来发展这种有利形势。③

但是，在美日谈判中，以赫尔为首的国务院官员准备以对日让步换取日本不南进的承诺是主旋律。日本准备进占印度支那南部同时破灭了美国拆散三国同盟与准备作出相应妥协的积极与消极的意图。7 月 24 日，美国副国务卿韦尔斯就日本准备进兵印支南部发表声明。同日，罗斯福对日本口头建议，如果日本不占领印度支那，不在该地区建立陆海军基地，撤出军队，美国将向英国、中国和荷兰政府提议，美英中荷共同宣布印度支那为“中立区”，条件是日本也作出相同的承诺。如此，日本可以得到其他国家的保证，以最充分和自由地机会来确保日本所极力寻求的食品和资源。④ 日本则是以 7 月底军事占领印度支那南部，完成南进准备中最后战略要地的占领回答了罗斯福的建议。

日本侵入印度支那南部后，美国为了延缓日本南进步伐，仍然想通过与日本的谈判达成相应妥协。1941 年 8 月，美国对日本实施石油禁运，冻结日本在美国的资产，将对日经济制裁推向了最高峰。但同时，罗斯福也仍然希望不关闭与日本的谈判大门。为了避免太平洋战争，集中力量对付德国，罗斯福至少是希望通过与日本的谈判来缓解来自太平洋方面的战争压力。韦尔斯在罗斯福与丘吉尔会晤的大西洋会议的第一天就对英国同僚说，罗斯福总统目前在

① *FRUS*, *1941*, Volume Ⅳ, *The Far East*, pp. 278-280.

② *FRUS*, *1941*, Volume Ⅳ, *The Far East*, pp. 288-289.

③ *FRUS*, *1941*, Volume Ⅳ, *The Far East*, p. 336.

④ *FRUS*, *Japan*: *1931-1941*, Volume Ⅱ, pp. 341-342.

太平洋的主要目标是“避免同日本交战”。罗斯福也对丘吉尔说：“应尽一切努力来防止爆发同日本的战争。”罗斯福维持与日本的谈判的想法是：“会谈的现实目标不是根本改变日美关系，而是争取时间……如果情况允许，就一直延长到把希特勒打败以后。国际形势的变化甚至可能使日本改变政策，而不必进行战争。”美方在8月8日再次递交给日本大使7月24日罗斯福“印度支那中立化”的建议。① 8月17日，罗斯福在给野村的声明中提到：“如果日本政府感到希望，并且在实际处于停止其扩张行动之中，调整其立场……美国政府将准备考虑在7月中断了的非正式试探性会谈，并高兴尽力安排交流看法的时间和场所。”②8月18日，美国向英国通报了美日谈判情况。③ 日本外相向格鲁大使口头声明，建议日美首脑会谈定在檀香山(Honolulu)进行。8月28日，日本首相向美国总统建议举行高峰会谈。

9月3日，美国对8月28日日本大使转交的日本首相电报作答，表示希望与日本首相会谈，指出，日本国内是否存在严重妨碍两国政府首脑有成效合作的思潮。罗斯福对日本驻美大使野村说：首先必须就双方关系中重大原则问题达成协议，这包括日本保证退出三国公约，表示愿意从中国撤兵，在经济关系中遵守不歧视原则。日美谈判实际走进了死胡同。日本9月3日至6日召开联席会议和御前会议，接受并批准陆海军联合制定的《帝国国策实施要领》，并连续于9月6日和25日对美提出新的谈判方案。对于美日之间的谈判，中国方面极为关注。9月4日，中国大使拜访美国国务卿，询问美日会谈情况。赫尔表示，美日之间非正式会谈远没有构成谈判的共同基础。美国政府在与日本进行涉及中国局势的谈判之前，会先与中国、英国、荷兰和澳大利亚政府商量。④ 这反映了美国的矛盾状况，对与日本能否达成妥协不能肯定。9月5日，霍

① *FRUS*, *Japan*: *1931-1941*, Volume Ⅱ, p. 552.

② *FRUS*, *Japan*: *1931-1941*, Volume Ⅱ, p. 559.

③ *FRUS*, *1941*, Volume Ⅳ, *The Far East*, p. 380.

④ *FRUS*, *Japan*: *1931-1941*, Volume Ⅱ, pp. 346-347.

恩贝克反对罗斯福与日本首相近卫举行会谈，认为此举将导致美国与中苏英荷之间可怕的隔阂。他表示，这一会谈将类似于慕尼黑张伯伦与希特勒的会谈，中国问题是目前问题的核心，不能忽略中国的观点。日本正处在中国抗战的深渊之中，面临严重依赖外部资源的困境，罗斯福与近卫会谈只能减轻日本的负担。①

客观地讲，美国进行谈判是其奉行的双重政策的表现。对于美国与日本谈判的意图，周恩来在给毛泽东的电文中就有详细分析，认为"罗斯福对日本采取哄与拖的政策，哄的目的是使日本实质上离开轴心，至少中立，不武力南进，停止武力扩土，不干涉援苏。中日和平谈判条件是同意日本在中国的经济特权、南洋的利益均沾，如日本答应则可能先召开远东和平会议，使太平洋暂时和平，便于集中力量对德。这对于英、美均有利，但对于中国则包含着危险，将使中国屈服，政治经济更殖民地化，且将酿成内战"。② 也就是说，美日谈判在美国的某些积极意图中包含了拿中国利益作一些让步的可能，不能不引起中国的严重关注。如居里对罗斯福所说，中国人的心情"是同捷克人当年被张伯伦和希特勒决定他们命运的心情是一样的"。③

美日背着中国所进行的谈判使中国不能不提高警惕。鉴于绥靖政策已经对世界造成的危害和对反法西斯斗争大局的负面影响，中国对于在美日谈判中可能的妥协表示极大的关注和坚决的反对，并成为美国在谈判中牺牲中国利益和中国抗战，向以往对日妥协政策回复的关键性制约力量。1941 年 5 月 25 日，毛泽东在《揭破远东慕尼黑的阴谋》中指出："日美妥协，牺牲中国，造成反共、反苏局面的东方慕尼黑的新阴谋，正在日美蒋之间酝酿着。我们必须揭穿它，反对它。"④ 6 月 8 日，周恩来在《论敌寇两面政策》中指出：

---

① *FRUS*, *1941*, Volume Ⅳ, pp. 425-428.

② 中共中央文献研究室：《周恩来军事文选》第二卷，第 346 页。

③ Paul W. Schroeder. *The Axis Alliance and Japanese – American Relations*, 1941, Chap., 9.

④ 北京大学法律系：《毛泽东同志国际问题言论选录》，北京：世界知识出版社 1960 年版，第 135 页。

“日、美愿意避免而且愿意友好，这是他人的自由，但是如果以调解中日战争换取日美的妥协，那便是侵犯了中国的自由……就连美国的外交界也认为‘……此种解决办法，等于牺牲中国，欲造成远东慕尼黑，故美国乃拒绝此议’（华盛顿三日国际电）。我们很欢迎美国外交界这种消息，但我们更希望美国政府公开地拒绝这种提议，我们尤希望我国政府公开地申斥这种阴谋，那么，远东慕尼黑的暗流也才会受到有力地打击。”①10 月 19 日，周恩来发表《太平洋的新危机》长文，呼吁警惕美日间的牺牲中国抗战的问题。文章深刻分析说：“过去十年，许多国家已经放松了对于日寇的制裁，现在日寇侵略的火焰，快烧到大家的眉毛，太平洋沿岸的任何国家，都不应再存姑息之心、等待之念了……目前英、美与纳粹斗争和援苏的行动，实不仅在西线，并已发展到东方，东方与西方的反法西斯阵线，已快联成一片了。现在一切反侵略反法西斯国家，胜则同胜，败则同败，谁要躲避先后，谁将要成为反侵略战线中的罪人。中国独立抗战了四年多，苏联正处在抵抗纳粹德国进攻的主线，英国也打了两年，其他许多国家，亡的亡，降的降，欧洲地图早已变色，非洲的战火也未熄过，只有美国隔着两洋，暂时尚置身于烽火之外……现在日寇又要在太平洋作新的冒险了，如果美国仍然放任不管，则欧亚的烽火连成一片，孤立的美国决不能在两洋的夹攻之中，再保持其光荣的独立战争的历史了。”②

毛泽东明确指出：“美国应该毫不踌躇地向德国宣战，这是一个绝对不可回避也不应回避的步骤，实现得愈迟就只有让德国炸沉更多的美国船。”针对美国和日本间可能出现的妥协，毛泽东一针见血地指出：“美国决不应听信日本的阴谋，与日本订立任何的妥协，美国应和中国及英国一道，以实力制裁日本法西斯。很显然，我们的这种希望是和英国、美国大多数人民的希望相符合的，可惜在这两个国家的政府和国会方面，都还有一部分不明大义的人，阻

---

① 中共中央文献研究室：《周恩来军事文选》第二卷，第 330 页。

② 中共中央文献研究室：《周恩来军事文选》第二卷，第 372，373 ~ 374 页。

挠着人民的意志的实现。因此，英、美的人民现在必须努力战胜这种时代的障碍，把世界反法西斯的斗争推向更高的阶段。”①

中国共产党的分析和呼吁是十分及时的，说明中国不是他国可以牺牲得了的。可以说，如果没有中国抗战，如果没有中国抗日战场的建立和稳定，美英在远东对付日本方面的局面要艰危得多，对日妥协绥靖成分会更浓烈。1941 年 10 月 8 日，美国驻华大使高斯在给美国国务院的电文中也报告了中国《大公报》的文章，文章批评美国对日谈判的妥协倾向，指出：“美英处于欧亚两条战线作战，美国应该放弃与日本的谈判，在对日政策中，现在英国比美国更显得强硬。”②

中国政府在美日谈判过程中也尽力争取影响美方谈判意向，利用美方不可能完全忽略和牺牲中国抗战的基本态度，不断向美方施放坚决反对美国对日妥协的信息。在中国的努力下，1941 年 9 月 4 日，赫尔第二次向胡适表示，美国政府“不会考虑在未召见中国大使并与他和他的政府就事情的全部进行商讨之前，进行影响中国局势的谈判”。胡适在会晤中申明中国不会与日本言和的态度。③ 9 月 10 日，高斯在电文中报告，中国认为美日谈判会放松对日本的经济压制。同日，中国外交部长郭泰祺对高斯等美国驻华外交官员表示，对日放松经济制裁就是给予日本喘息的时间，日本面临的危机实际上远甚于英美。④ 郭泰祺还表示了对美日谈判可能出现的妥协的担忧，并告知美方蒋介石将发表声明，表明“中国在反对日本及反对日本侵略的战争中首当其冲，已经经历了四年时间，已经牺牲了许多生命和财产，中国对此并不感到后悔，而且还将继续斗争直至最后胜利，不管会发生什么情况。但是中国相信，任何与日本谈判而求得和平的安排都不会对中国有利，从长远观点看，也不会

---

① 中共中央文献研究室，中国人民解放军军事科学院：《毛泽东军事文集》第二卷，军事科学出版社，中央文献出版社 1993 年版，第 669 页。（后文引述该书，仅出注作者及书名、卷数、页码）

② *FRUS*, *1941*, Volume Ⅳ, *The Far East*, p. 503.

③ 章伯锋，庄建平：《抗日战争》第四卷《外交》（上），第 574 页。

④ *FRUS*, *1941*, Volume Ⅳ, *The Far East*, pp. 435-449.

对美国有利，因为日本是远东所有国家的敌人”。① 据欧文·拉铁摩尔记载，在1941年的美日谈判中，蒋介石对拉铁摩尔说：“如果采取任何与日本人搞缓和的措施，都会鼓励这里潜在的汪精卫们，并削弱我领导中国抗日的能力。”他担心美国人在抚慰日本方面走得太远，而没有充分认识到日本南进的危险，并且美国人没有认真对待中国的警告，以为只是要吓唬美国采取比较强硬的对日政策。由于知道罗斯福实际上偏重欧洲，主要考虑的是支持英国，因此蒋担心华府为了英国的利益可能会牺牲中国利益。②

在中国的强烈反对下，9月12日，赫尔致电美国驻华大使高斯表示：“在与日本会谈中，我们始终按照本政府长久以来就相信的，构成国家间稳定关系的唯一良好基础的那些基本原则行事，以求得太平洋问题的全面解决。对于允许在中国继续进行侵略的任何安排决未给予任何考虑。”赫尔表示，美国对日本采取的政治经济措施不会改变，直到形势允许改变。③ 赫尔显然隐匿了美国在谈判中确实存在的妥协意图，而且这种意图并没有完结。但是，中方的态度是美国在谈判中不得不考虑的因素，则是不争的事实。9月15日，美国驻中国大使高斯面见中国外交部长，转达赫尔会晤胡适的谈话要点：“日、美两国所举行之谈话，系属偶然，或试探性质，但双方迄未觅得可做谈判之共同基础。美国政府甚至在考虑涉及中国情势之任何谈判以前，希望与中国政府及其驻美大使，讨论全盘问题。”④这反映了美国此时已经不可能完全不顾忌中国的态度来与日本单方面达成妥协，同时，也反映了美国对谈判已经失去了大半信心。10月，美国陆军部加快了关于在远东军力配置的战争准备，包括菲律宾、新加坡、荷属东印度，以及美英荷在太平洋军事合作

---

① 章伯锋，庄建平：《抗日战争》第四卷《外交》（上），第575页。

② ［日］矶野富士子整理；吴心伯译：《蒋介石的美国顾问——欧文·拉铁摩尔》，第150～151页。

③ 章伯锋，庄建平：《抗日战争》第四卷《外交》（上），第578页。

④ 章伯锋，庄建平：《抗日战争》第四卷《外交》（上），第579页；同见 *FRUS*, *1941*, Volume Ⅳ, *The Far East*, pp. 444-445.

等计划制定工作。①

10月16日，白宫向国务院递交了罗斯福致近卫的建议信复本。罗斯福谈到，美日两国政府几个月来为了缓和太平洋地区的武装冲突采取了许多方法。罗斯福个人将很愉快甚至旅行数千里去会见日本首相，如果有一两个基本共识可以达到，会谈就肯定是成功的。首先是中国未来的完整，其次是，日本与美国都不诉诸战争获取在太平洋地区及邻近区域的任何进一步的领土。如果报告确实的话，日本正在考虑武装进攻苏联，或者法国或英国或荷兰或南太平洋的其他地域，而结果将是明显的，大西洋与欧洲、近东的战争战场必然扩展到整个太平洋区域。这种扩张将必然牵涉美国的利益。美国反对任何占领。恰如看待日本和中国之间的和平问题，恰如看待在公正基础上的航海与贸易自由。如果日本能加入我们（美国）将战争排除于太平洋，我们将愉快地恢复正常贸易关系。另一方面，如果日本将开始从事北部或南部的新的战争，美国奉行和平政策，将极度关注和试图阻止任何这一类型的扩张。② 同日，霍恩贝克在备忘录中记录，汉密尔顿不赞成这一建议行动，认为美国应避免给予日本对华战争的任何支持。霍恩贝克则认为，美国应该避免给日本任何支持其在中国作战的暗示。③

这一期间，美国国务院远东司内显然有两种意见，一种是日本会接受美国的和平条款，只要将希特勒限制在欧洲，因此应该给予日本经济机会，不能迫使它走上武力挑战的地步。而另一种观点是美国不能忽略中国的抗战努力，日本主要兵力陷在中国，如果南进将从事两条战线的作战。对日本经济限制与加强对中国的军事支持，就会制约日本的大东亚共荣圈的目标。④ 11月13日，汉密尔顿准备的协议草案的第一条是美日对欧洲战争的态度，第二条是国

① *FRUS*, *1941*, Volume Ⅳ, *The Far East*, pp. 497-499, 504-505.

② *FRUS*, *1941*, Volume Ⅳ, *The Far East*, pp. 513-514.

③ *FRUS*, *1941*, Volume Ⅳ, *The Far East*, pp. 514-515.

④ *FRUS*, *1941*, Volume Ⅳ, *The Far East*, pp. 545-551.

际贸易关系的非歧视原则，第三条是关于日本军队驻屯中国问题。① 说明美国在为使日本不策应德国做最后努力，尽管感到无多少希望。11 月 15 日，赫尔交给日本大使口头声明，强调自由贸易原则。② 该口头声明附有声明草案，即非官方、试探性的、无义务的美国和日本关于经济政策的联合声明，第一部分为“总的原则”，强调美国自由贸易原则。第二部分为“美日关系”：1. 美国和日本尽快采取实际可行的措施，以恢复双方商务、金融与其他经济关系至正常基点上来；2. 美国和日本同意举行会商，争取两国间互惠贸易的谈判；3. 可以理解的是，在目前国际紧张局势之下，日本和美国各自将准许出口对方所需商品，但须受某些各自为了自身安全和自卫所实施的必要限制。第三部分是“太平洋地区政策”：1. 恢复中国对自身经济、财政和货币事务的完全控制。2. 美国政府和日本政府同意不在中国为本国和本国公民寻求任何优势或垄断性的商务或其他经济权利，而要运用其全部影响确保获得与其他第三国完全均等的贸易待遇，确保从中国方面获得推进本声明第一部分宣布的普遍原则的充分合作。3. 美国和日本政府向中国政府建议，假如中国开始在必要的外国支持下开始实施一项经济发展的全面计划，参与该计划的全部机会都应适合于美国和日本，其条件不得低于所给予的第三国的条件。4. 美国和日本在太平洋地区与其他国家寻求建立的关系，将建立在美日联合声明的基本原则之上；美国政府和日本政府同意一切合适的机会中敦促这些国家在具有完全的机会条件下，实施全面的经济发展纲领，并在可能请求外国支持的情况下，给予美国和日本与第三国同样的无区别条件。③ 美国的口头声明及其草案表明了美国继续保持与日本的谈判接触的愿望，也表明了美国有可能在经济制裁方面对日本作出让步。

11 月 19 日，美日关系及谈判发展到关键阶段。赫尔在给美国驻华大使高斯的电文中说明与中国大使 18 日会谈的情况，再次表

---

① *FRUS*, *1941*, Volume Ⅳ, *The Far East*, pp. 588-592.

② *FRUS*, *Japan*: *1931-1941*, Volume Ⅱ, pp. 734-736.

③ *FRUS*, *Japan*: *1931-1941*, Volume. Ⅱ, pp. 736-737.

示美日双方“并没有达成任何协议……如果日本政府要说的任何建议被认为是可行的，则我们就要和中国、澳大利亚、英国和荷兰等国就此事对各该国家有利害关系的诸方面进行商谈……在日本决定采取和平方针而不是武力征服的方针以前，我们是不可能在任何讨论中取得实质性进展的”。① 但同时，美国则在准备对日提出妥协方案。11 月 20 日，日本大使与美国国务卿交换看法，提出如果有临时措施的协议能在美日之间达成，就会为美日进一步会谈创造良好的气氛。11 月 21 日，美海军军令部副参谋长致电赫尔，再次强调主要目标是避免与日本的战争，以完成美国菲律宾防卫建设。美海军军令部部长哈罗德·斯塔克(Harold Stark) 致电赫尔，说明美国海军力量在太平洋方面的不足，认为如果促使日本废除三国同盟条约将有利于美国太平洋防御。②

11 月 22 日，美国拟就《美日临时协议建议草案》(Draft of Proposed “Modus Vivendi” with Japan)，一般称为《临时协议草案》。内容主要是：1. 美日政府双方热心于太平洋和平，确定其国家政策方向是整个太平洋地区的持久与广泛的和平。两国政策中没有领土设计。2. 两国都不从自身有军事存在的区域使用武力进行任何进一步的推进，或者用武力威胁进入东南与西南亚，或者太平洋南部与北部地区。3. 日本政府立即从法属印度支那南部撤出现在驻屯的军队并不替换这些军队；削减日本在法属印度支那军队的总数至 1941 年 7 月 26 日的数目，这一数目无论如何不得超过 25000 人；也不能输送补充军队到印度支那作为替换者，或者用其他方式进行替换。4. 美国政府立即修改现存的冻结项目与出口限制，在必需的范围内允许恢复两国用于两国人民使用与需要的贸易项目……附录：1. 美国与日本政府将努力在英帝国、中国、日本、荷兰、苏联、泰国与美国之间缔结一个多边的互不侵犯条约。2. 两国政府将努力缔结美国、英国、中国、日本、荷兰、泰国政府间的协议，每个协议国政府将保证自己尊重法属印度支那的领土

① 章伯锋，庄建平：《抗日战争》第四卷《外交》(上)，第 582 页。

② *FRUS*, *1941*, Volume Ⅳ, *The Far East*, pp. 630-632.

完整，在法属印度支那领土完整受到威胁的情况下，协议国马上进入协商，采取必需及有利的措施处理威胁问题……3. 日本政府将从中国与印度支那撤走全部陆、海、空军和警察部队(包括满洲)。4. 除了临时首都设在重庆的中国国民政府之外，美国和日本政府将不支持在中国的任何军事、政治、经济的政权。5. 两国政府将放弃全部在中国的治外法权，包括在中国的国际租借地的权利与利益，以及在1901年《辛丑条约》下的权益。两国政府将努力使英国及其他国家政府达成协议，放弃在中国的治外法权，包括在中国的国际租借地的权利与利益，以及在1901年《辛丑条约》(Boxer Protocol of 1901)下的权益。6. 美国政府将建议中国政府与日本政府进行和平谈判关于"满洲"未来地位问题。7. 美国与日本政府将谈判缔结美日贸易条约……8. 美日政府将取消在美国的日本资产的禁令，在日本的美国资产禁令。9. 美日政府将同意稳定美元汇率……10. 两国政府将同意双方不将协议解释为冲突的理由，建立全太平洋地区的和平。11. 两国政府将运用双方影响力号召其他政府共担并实际运用这一协议的基本的政治和经济原则。① 同日，赫尔对日本大使和特使来栖强调："一旦具有和平理念的日本人能制约日本的局势"，美国"可能考虑供应日本一些石油作为民用。但我们不能供应日本石油用于任何军事目的"。②

从美国《临时协议草案》内容看，中国面临美日谈判的最大的问题，是对中国抗战会产生直接的重大负面影响。因此，《临时协议草案》的要害是对中国抗战构成了现实危险。第一，放松对日本已经开始的经济制裁；第二，允许日本驻兵印度支那。这两点都意味着牺牲中国抗战。

11月22日，美国向英国、中国、荷兰大使通报了《临时协议草案》内容，说明该协议效力时限为三个月，当即遭到中国的强烈反对。中国驻美大使胡适指出，允许日本屯兵印度支那北部与放松对日本的经济制裁都将给中国抗战造成严重影响。英国大使认为放

① *FRUS*, *1941*, Volume Ⅳ, *The Far East*, pp. 645-646.

② *FRUS*, *Japan*: *1931-1941*, Volume Ⅱ, pp. 367-368.

松对日本经济制裁应该不包括军备物品。11 月 24 日，蒋介石电示胡适转告赫尔："此次美日谈话，如果在中国侵略之日军撤退问题没有得到根本解决以前，而美国对日经济封锁政策，无论有任何一点之放松或改变，则中国抗战必见崩溃，以后美国即使对华有任何之援助，皆属虚妄，中国亦决不能再望友邦之援助，从此国际信义与人类道德亦不可复问矣。"①24 日，胡适在与赫尔的会谈中，再次明确反对 25000 名日军部队留驻印度支那。② 赫尔则认为 25000 名日军驻屯印度支那不会对中国造成威胁。在与霍恩贝克的会谈中，胡适表示，完全相信美国政府不会在原则问题上让步，也不会实行"绥靖"路线。但是《临时协议草案》第二条不适应于日本与中国的冲突，意思似乎是让日本继续自由地在华进行针对中国的作战。关于第三条，日军驻留印度支那，也使日本可以从该地进攻中国。在印度支那的日本空军也严重地威胁着滇缅公路和中国在云南的军队。中国政府承受着巨大压力，缺乏有效装备保护滇缅生命线，而保持这一公路对于中国来说至关重要，肯定与其他国家尤其是美国关系极大，它们正在通过这条公路运送援华物资。胡适希望美方应该严肃地考虑是否没有更严格地制定这一协议草案。③ 24 日，罗斯福在给丘吉尔的信中阐述了《临时协议草案》引言中的意思以及《临时协议草案》的主要内容。罗斯福在信的末尾谈道："这个临时协议对我来说似乎是对日本的一个良好的愿望，但是接受与反对则是取决于日本内部的政治。我所抱希望不大，我们都要准备应对实际的可能迅即到来的麻烦。"④

11 月 25 日，胡适与赫尔交谈。赫尔表示，美国提出临时协议的建议是为了缓解太平洋南部的局势，美国海军人员说，限量供给日本石油将不会增加日本储备促使陆海军的战争准备。⑤ 同日，居

① 秦孝仪：《战时外交》(一)，第 147 ~ 151 页。

② *FRUS*, *1941*, Volume Ⅳ, *The Far East*, pp. 646-647.

③ *FRUS*, *1941*, Volume Ⅳ, *The Far East*, pp. 650-651.

④ *FRUS*, *1941*, Volume Ⅳ, *The Far East*, pp. 648-649.

⑤ *FRUS*, *1941*, Volume Ⅳ, *The Far East*, pp. 653-654.

里电致赫尔，转告拉铁摩尔转述的蒋介石的观点：强烈反对美日间的妥协，并将美国的这种妥协比作当年英国关闭滇缅公路，而“关闭滇缅路永久地毁坏了英国在中国的声望”。① 同日，宋子文也向美国陆军部长史汀生转交了蒋介石的电文，蒋介石认为：“美国放松对日本的经济封锁与资产冻结，这将给中国军队在道义上严重打击。过去的两个月中日本就在宣传将与美国在 11 月达成协议。如果(美国)有任何放松禁运和冻结的措施，中国人民将认为中国已经被美国牺牲。每个亚洲国家将失去对民主的信任，世界将进入悲剧时代。中国军队将瓦解，日本将能通过实施他们的计划，这样，甚至在未来美国来与我们一道挽救形势都没有了希望。这一损失不单单是对中国的。中国在 4 年多的时间里的斗争牺牲了无数生命，中国的牺牲与损失史无前例。”蒋介石最后指出：“中国的抗战的崩溃将是世界空前的灾难，我不知道未来的历史将如何记录这一事件。”蒋介石在电文中要求美国不要妥协，并宣布：如果日本撤退军队问题没有达成协议，美国就不会考虑放松对日本的禁运与冻结的问题。② 同日，胡适大使将中国外交部部长郭泰祺的电文面交赫尔，电文中表示，蒋介石对美国的态度反应强烈，认为美国将中国问题撇在一边与日本寻求协议，仍然是倾向于绥靖日本在中国的扩张。郭泰祺代表中国政府表示，坚决反对任何增加中国抗战困难，或者加强日本侵略中国力量的措施。③

英国也明确地表示了对临时协定的疑虑，间接地表示不同意的态度。25 日，英国驻美大使与赫尔会谈。赫尔表示，不让日本得到一些作为平民使用的石油是不可能的，如果美国依次提供一些石油给日本，就可以得到日本极有价值的承诺，即 3 个月内不在中国范围以外奉行任何侵略路线。这有利于中国不用考虑滇缅公路的

---

① 章伯锋，庄建平主编：《抗日战争》第四卷《外交》(上)，第 583～584，586～588，592～593 页，居里转拉铁摩尔信给罗斯福，同见 *FRUS*, *1941*, Volume Ⅳ, *The Far East*, p. 652.

② *FRUS*, *1941*, Volume Ⅳ, *The Far East*, pp. 660-661.

③ *FRUS*, *1941*, Volume Ⅳ, *The Far East*, p. 654.

(物资运输)问题，因为滇缅公路可能被摧毁。同时也可以转移任何对南海地区的威胁，极大地有利于英国、澳大利亚、荷兰与美国。英国大使则是提出《临时协议草案》限制日本在印度支那驻扎25000名军队的问题，认为应该在协议中减少驻扎军队的人数。赫尔回答，将尽力对待，但美国陆海军专家认为25000名日军驻扎印度支那北部将不会威胁滇缅公路，甚至两倍于这一数目的驻军也将不构成严重的威胁。① 英国大使馆在给美国国务院的电文中指出，《临时协议草案》仅仅移动"大部分"日军出印度支那，将留下一个太大的漏洞。似乎应该明智地从中国角度来构思协议，这样可以在达成临时协议的过程中挫败任何(日本)进攻昆明的可能性。哈里法克斯在给赫尔的电文中提出英国政府建议，美国在讨论协议中尽可能降低日本驻扎印度支那军队数目，25000名是一个不能期望的数目。② 11月26日伦敦时间上午6时，英国驻美大使致电赫尔转交丘吉尔给罗斯福的电文，其中谈道："我们肯定也不需要另一场战争，只是有一点我们是担忧的，蒋介石怎么办？他不是已经极度的困难了吗？我们担忧的是关于中国。如果他们崩溃，我们共同的危险将急剧增大。我们相信美国对中国的关注将支配着你们的行动。我们认为日本正处于最不自信的状态之中。"③美国民众也呼吁"不要出卖中国！"④

11月26日，宋子文报告蒋介石，他在与罗斯福会谈中对罗斯福关于临时协议的理由进行了反驳："总统以美国提案乃完全注重保护滇缅公路，经文一再申述，该路仍不能避免威胁，各地仍不免蹂躏，则中国毋宁因抵抗攻击而牺牲，不愿因日美妥协之故而崩

---

① *FRUS*, *1941*, Volume Ⅳ, *The Far East*, pp. 654-655.

② *FRUS*, *1941*, Volume Ⅳ, *The Far East*, pp. 655-657.

③ *FRUS*, *1941*, Volume Ⅳ, *The Far East*, p. 665. 另见 Edited by Francis L. Loewenheim, Harold D. Langley, Manfred Jonas. *Roosevelt and Churchill*, *Their Secret Wartime Correspandence.* New York: Saturday Review Press, 1975, pp. 166-167.（后文引述该书，仅出注作者及书名、卷数、页码）

④ Paul W. Schroeder. *The Axis Alliance and Japanese-American Relations*, 1941, p. 99.

溃。总统无言可答，态度似露窘促。”“总统对文所说各点，未加直接答复，但云，现实局势变化多端，难以逆料，一两星期后，太平洋上极有大战祸，亦未可知。”宋子文对会谈的结论是：第一，所谓临时过渡办法，尚未提交日方，从美国国务院方面的信息也得知。第二，在未得到中英荷澳四国同意之前，美日不会就此开始谈判。第三，假如日方此时增加南面军力，美日谈判即破裂，战争不可避免。宋子文电文记载，罗斯福还谈道：“昨日据报，日本由山东海上运输二三万军队南下，正值两国谈判之时，而有如此行动，是无诚意，谈判难以继续。”①同日，赫尔致电罗斯福，鉴于中国的反对，英国、荷兰与澳大利亚政府半心半意的支持和实际的反对，也鉴于美国民众普遍的而越来越多的反对……我希望并建议此时召见日本大使向其提交为普遍和平协议目的的谅解基本建议，同时搁置临时协议的建议。②

一些美国官员也不赞成美国对日妥协，呼吁不要牺牲中国。11月26日，宋子文在与美国财政部部长摩根索谈话时，摩根索认为，美国国务院态度“向来懦怯。两年前中国借款，乃特候霍(赫)赴南美洲时进行，使得告成。冻结日本资产，我已费两年心力，艰难可知……日美妥协，不易实现，对于日本，只有以武力制裁”。27日，摩根索约胡适密谈，表示“中国应取坚决之态度”，美国政府内阁除赫尔外都是同情摩根索的。③

因为各方反对和中国所持坚决的态度，也因为美国已经得知日本启动了南进战略作战的兵力调动，美国政府打消了与日本达成临时妥协的念头。11月26日，美国国务卿交给日本大使两份文件，第一份是作为美日协定建议性基础的临时办法的概要；第二份是与此办法相关的声明，重申美国关于国际关系的政治经济的基本原

---

① 吴景平，郭岱君：《宋子文驻美时期电报选(1940—1943)》，第136～137页。

② *FRUS*, *1941*, Volume Ⅳ, *The Far East*, p. 666.

③ 吴景平，郭岱君：《宋子文驻美时期电报选(1940—1943)》，第135～137页。

则，日本从中国与印度支那撤出全部军队，放弃在华特权，不与第三国签署与太平洋和平相抵触的条约等。① 美国的文件表明了美国自美日谈判以来最为强硬的立场，这是中英等国和美国有识之士共同极力反对的结果。日本特使来栖读了文件后表示："日本政府接到这份建议的时候将可能非常绝望。这一对日本政府11月20日建议的答复可能被解读为终止会谈。"11月27日，罗斯福对日本大使和来栖谈到，美国政府对全部远东形势采取了极具耐心的态度，这是需要注意到的事实。假如日本的行动路线使美方能继续保持耐心的话，美国将准备继续持有耐心。除非日本给美国一些明确的信息，表明日本的和平意图，否则美国将不会放松任何经济限制。②11月28日，副国务卿韦尔斯向英国大使表示美国将不接受日本提出的条件。③

美国向日本提交的文件表明了美国的最后立场，也标志着美国抹掉了其政策中最后的绥靖痕迹，美日之间兵戎相见的形势最后明朗化。11月30日，日本首相声明，"日本必须将美国和大英帝国在东亚的影响'彻底地清除'出去"。赫尔则认为，"我们不能肯定日本军事首脑们将可能做什么，同样我们也不知道日本军队被试图派驻何地，我们不可能对将发生的事态发展保持沉默，恰如日本军事力量在印度支那的扩展；我们不会允许自己被逐出太平洋"。12月1日，赫尔强硬表示，"任何人都知道，日本战争宣传的口号，比如表述为的'东亚新秩序'和在一定区域内的'控制性影响'"，"这些都是强力政策的欺瞒手法。只要日本朝着这一方向前进，并继续加强通过反共产协定和三国条约与希特勒的军事和其他关系，缔结和平方案就没有真正的进展"。"美国政府关心帮助中国问题的解决，如果日本能达成与在美日会谈中商讨的基本原则相一致的协议的话，美国将乐于提供帮助。如果日本军事领导们仅表示遵循和平路线的意图，美国将向日本提供它要求的全部物资。""日本军队

① *FRUS*, *Japan*: *1931-1941*, Volume Ⅱ, pp. 373-375.

② *FRUS*, *Japan*: *1931-1941*, Volume Ⅱ, pp. 375-376.

③ *FRUS*, *1941*, Volume Ⅳ, *The Far East*, pp. 685-686.

驻屯印度支那，无论在印度支那驻扎何地，都给周围地区造成了威胁。日本这些军队驻屯印度支那也使美国及其友国感到保持部署大量武装部队在东亚之必须。这样，日本的行为正在造成一种支持希特勒的影响。赫尔提请注意有关日本重兵进入印度支那的报道，再次强调看法，鉴于大批日本军队在印度支那各地存在，美国不得不更多地关注这样一种态势，即日本正在宣称他们将要驱逐我们出东亚。"①

此时，日本开始大批向印度支那、泰国以及向南调动海军的消息传到美国高层。美国驻日大使格鲁12月1日连续向美国国务院发出两份电文，报告日本首相和外相的最新讲话。1941年11月30日，日本首相东条发表演说："当我们环视四周时，我们发现仍然有许多国家正放纵于敌视我们的行为。事实上，它们正试图在建立东亚共荣圈的道路上铺设障碍……我们必须以猛烈的手段将这类活动清除出东亚。"同日，日本外相发表讲话："当前世界面临着史无前例的动荡……美国拒绝承认东亚的真实形势……妨碍了东亚新秩序的建设……我们必须充分准备去面对比以往更为巨大的困难和障碍。"②12月2日，罗斯福让赫尔当面询问野村和来栖，日本为什么继续把军队调往印度支那。12月5日，赫尔对野村说："假如日本政府不奉行武力和侵略路线，美国将不耽搁地解决难题。美国不寻求麻烦，但同时也会直面威胁。"③美国此时的目的仅仅是拖延战争的时间。

对于美国确立制衡日本的战略，中国表示了欢迎与支持。中国政府表示："日本攻美，早具决心，即使美国对日本提出临时妥协办法，牺牲我中国，日本亦不能接受，故由于我国反对，美国乃提出强硬原则。"④延安《解放日报》发表评论说："美国坚决拒绝了日

① *FRUS*, *Japan*: *1931-1941*, Volume Ⅱ, pp. 376-377.

② *FRUS*, *Japan*: *1931-1941*, Volume Ⅱ, p. 149.

③ *FRUS*, *Japan*: *1931-1941*, Volume Ⅱ, pp. 378-379.

④ 吴相湘：《第二次中日战争史》上册，第775～776页。

本奴役全中国和争取东亚霸权的要求。”①

1941年12月6日，罗斯福给日本天皇写信，作延缓战争的最后努力。②日本则是以大举南进、发动太平洋战争的行动对美国总统罗斯福做出了回答。1941年12月7日，美国国务卿赫尔发表声明称：“日本已经背信弃义地和完全无缘无故地对美国发动了进攻……全世界现在已经明了，日本最近表示的和平愿望是极端无耻的假象和充满欺诈的谎言。”③罗斯福12月8日在国会发表演说：“当我断言我们将不仅保卫我们自己到最后，而且确保这一背信弃义的行为将不再危及我们的时候，我相信我是在诠释美国国会和人民的愿望。”④同日，美国在关于对日本处于战争状态的声明中宣布：“美国参议院和众议院……授权总统运用全部美国海军和陆军部队和政府资源从事对日本帝国政府的战争；为将冲突导向成功的终止，美国国会批准动员国家全部的资源。”⑤珍珠港的炸弹彻底终结了美国对日本不切实际的企望和本末倒置的外交策略，加入到以中国抗日战争为开端的世界反法西斯战争的行列之中。

纵观中国抗日战争与英美远东政策变化的轨迹，可以说，中国抗日战争改变了西方大国主导国际关系发展并产生极为负面影响的结果。珍珠港事件和日本横扫东南亚与美英在太平洋战争初期的失利和付出的惨重代价，有着极其深厚的历史根源，其关键点就在于美英长期对日妥协绥靖政策的实施以及向抗衡政策转化的缓慢。但是，美英对日抗衡战略的确立，则标志着东亚以中美英为基础的抗日同盟的建立已经成熟，这对最终战胜日本法西斯有着更为长远的意义。可以毫不夸张地说，中国抗日战争是美英东亚政策向抗衡转化的现实推动力量之一。这种成功的实践，在反法西斯战争时期强国与弱国关系处理中是绝无仅有的。

---

① 《解放日报》，1941年12月9日。

② *FRUS*, *Japan*: *1931-1941*, Volume Ⅱ, pp. 785-786.

③ *FRUS*, *Japan*: *1931-1941*, Volume Ⅱ, p. 793.

④ *FRUS*, *Japan*: *1931-1941*, Volume Ⅱ, pp. 793-794.

⑤ *FRUS*, *Japan*: *1931-1941*, Volume Ⅱ, p. 795.

第二节　美英全球战略的制定与中国战场地位

在东西方法西斯的双重战争威胁面前，美英制定了“先德后日”的大战略，中国抗日战争则是美英战略原则的前提条件之一，具有重要的战略地位。中国抗战支持了美英制约日本南进的努力，为美英对日战争准备赢得了宝贵的时间。然而美英在东亚消极实施战略原则，就使得太平洋方面应对日本南进存在着重大的缺憾。

一、美英全球战略的制定对中国的战略需求

1941年春，美英军政首脑共同制定了覆盖欧亚非的战时大战略，其中包括了战略原则与东亚对付日本的军事战略。就美国而言，这是其在直接进入战争前的一个重要战略举措。但是，美英自身对承担战略的负担与美英所面临的东西两方面的战争威胁状况存在不小的差距，不可能由它们单独完成。就东亚而言，美英海上力量必须依托于中国大陆力量来完成战略目标。因此，从美英全球战略制定初始，就对中国抗日战场有着重大的战略需求。

1940年6月27日，美国陆军参谋总长乔治·C. 马歇尔(George C. Marshall)将军在战略计划会议上明确提出了“先德后日”的战略构想：美国“应在太平洋采取完全的防卫行动，而在大西洋方面作主要努力”。“在太平洋取守势态势”是会议的基本结论。但是，军方关于“后日”意见的基本点是消极的。如陆军计划署主任乔治·V. 斯特朗(George V. Strong)将军所解释的，所谓太平洋防御态势就是“不干涉日本在东方的行动；放弃我们在中国的不稳定存在”。① 8月6日，美国陆海军联合署制定“彩虹-4”(Rainbow-4)和“彩虹-5”(Rainbow-5)计划，即在保卫西半球的基

① Maurice Matloff, Edwin M. Snell. *Strategic Planning for Coalition Warfare, 1941-1942*. Washington: Office of the Chief of Military History Department of the Army, 1953, pp. 17-20.（后文引述该书，仅出注作者及书名、卷数、页码）

础上扩展美国的海外责任。"彩虹-5"计划强调横渡大西洋作战在欧洲打败德国和意大利。该计划最后成为美国在第二次世界大战中作战的基础。① 9月，乔治·V. 斯特朗将军又提出备忘录，强调美国面临的战略危险，即，法国崩溃后，轴心国可能占领法属北非，占据进军西半球的要地。其扩展方式为西向非洲，东向南美。只要英国守住，危险就不会迅即到来。但是英国能坚持多久是未知数。鉴于美国实力不足的状况，需要获取相对安全和防卫准备的时间。但这一剩余时间维持的最大威胁来自于日本可能的战争，这将迫使美国舰队在太平洋战斗，而轴心国在大西洋的进攻就有直接的可能性。② 美国军事专家们最为反对的就是在远东采取强硬政策，认为这样"可能促使日本站在德国和意大利一边成为交战国，进一步限制我们为盟国所做的努力"。这些军事人员也强烈反对太平洋舰队留在珍珠港。③ 他们的意见显然对美国这一时期的东亚政策产生了影响。

到1940年底，英国看来能顶住德国，利用英国抗德战斗而使美国防御推展跨越大西洋就成为现实的可能。由此，1940年11月4日，美国海军作战部部长哈罗德·斯塔克(Harold Stark)上将建议与英国、加拿大、荷兰进行军事商议，并提出计划备忘录。在这一备忘录基础之上，12月联合计划署拟订名为《美国的国防政策》(U. S. National Defence Policy)的研究计划，准备参加美英参谋会谈。④ 这一计划与"彩虹-5"极为相似。哈罗德·斯塔克认为，美国

① U. S. Congress. *Joint Committee on the Investigation of the Pearl Harbor Attack.* Hearings, 79th Congress, 1st session, Washington D. C., 1946, part 33; Maurice Matloff, Edwin M. Snell. *Strategic Planning for Coalition Warfare, 1941-1942*, p. 15.

② William L. Langer, S. Everett Gleason. *The Undeclared War, 1940-1941*, pp. 176-178.

③ Maurice Matloff, Edwin M. Snell. *Strategic Planning for Coalition Warfare, 1941-1942*, p. 15.

④ U. S. Congress. *Joint Committee on the Investigation of the Pearl Harbor Attack.* Hearing, 79th Congress, 1st session, Part 14, p. 973. Grace Person Hayes. *The History of the Joint Chiefs of Staff in World War II*, p. 10.

应与英国合作，集中主要力量于大西洋；美国在太平洋与日本维持和平状态。即便发生战争，美国的行动也应是辅助性的，只能是对日实行经济封锁，配合英、荷防卫马来防线和荷属东印度。① 这样，美国就确立了“德国第一”的战争战略。② 马歇尔在战略方向上如哈罗德·斯塔克一样坚决：应尽一切努力避免与日本的战争，申明在大西洋军事优先。最后，陆军和海军参谋长联合备忘录阐明在太平洋的基本原则：美国无意于卷入针对日本的任何战争。③ 1941 年 1 月中旬，罗斯福召集马歇尔和哈罗德·斯塔克参加三部长联席会议，研究军事政策。罗斯福表示，美国应通过舰队驻守夏威夷来对日本取防御态势。会上，两位参谋总长和海军部长都认为：“美英都应阻止日本进入战争……如果日本进入战争，美国在中太平洋和远东的作战应是有助于在大西洋或地中海的首要军事努力。”④这进一步确定了“先德后日”的战略原则和实施这一原则的大体行动方向，也为 1941 年 3 月美英进行军事合作而将举行的会谈作好了准备。

在美国拟订战略，确定战略重心和方向期间，英国也在积极寻求与美国订立共同战略。1940 年 12 月 7 日，丘吉尔致信罗斯福，认为英国的独立与生存与美国的安全息息相关，向美国提出与保卫英伦三岛相关的战略问题。即，第一，“将英国军队运送到与德意

① Langer and Gleason. *Undeclared War.* New York, 1953, pp. 118-121. Maurice Matloff, Edwin M. Snell. *Strategic Planning for Coalition Warfare, 1941-1942*, p. 25, 27.

② 关于美英“先打败德国”战略，学术界有“先欧后亚”(European First, Asia Second)、“欧洲第一”(European First)、“德国第一”(Germany First)等说法，本著作根据美英战略的战时特点，美英联合参谋首脑会议在太平洋战争爆发前后订立的战略计划文件所确定的战略首先打击目标，采用“先德后日”、“德国第一”的表述。

③ Forrest C. Pogue, Gorge C. Marshall. *Ordeal and Hope, 1939-1942.* New York, 1966, p. 127. Mark Skinner Watson. *United Prewar Plan and Preparations*, Washington D. C., 1950, pp. 121-123.

④ Maurice Matloff, Edwin M. Snell. *Strategic Planning for Coalition Warfare, 1941-1942*, p. 31.

战斗的各个战场，并使之在那里站住脚”。第二，必须重视非洲地中海区域。“法国维希政权有可能与德国合作，控制西非，威胁北大西洋与南大西洋的交通，影响达喀尔(Dakar)的航路。”第三，注意日本南进动向。“日本南进到印度支那，占领西贡与其他海空军基地，这样就相对缩短了他们与新加坡和荷属东印度的距离。‘而现在在远东我们没有力量左右这种形势的发展。’”①所有上述问题中，丘吉尔认为最为重要的是，“抑制大西洋上运往英国物资的船舶吨位的损失”，即首先保住英伦三岛。这一点与美国军政首脑的看法完全一致。② 可以说，在大的战略构想上，英美首脑的看法是一致的，这就为全球战略的确立奠定了基础。1941 年 1 月 29 日至 3 月 27 日，美国陆海军参谋长联席会议与英国参谋长代表团在华盛顿举行参谋长会谈，3 月 27 日确定最后报告“ABC-1”(ABC-1，United States-British Staff Conversations)。③ 美英参谋长联席会议中美英军事首脑在打败德国及其盟国的总目标和“先德后日”战略原则上完全一致，没有分歧。④ 报告从原则到具体实施都对“先德后日”战略作了界定。

关于太平洋区域防御问题，美国军方的具体承诺是：在未与日本处于战争状态时，为保卫美国本土和西半球海岸，美国将舰队驻屯夏威夷。在未来与日本的战争之中，辅助英国在西太平洋的防御作战。美英在会议中分歧最大的就是太平洋方面，焦点在新加坡防御。美国在具体方针上与英方不完全一致。英国代表在开始所提的三点战略建议中就强调：“远东地位的保障，包括澳大利亚和新西兰，是英联邦相互连接的基础，也关系到维持英国的战争努力。新

---

① Hans-Adolf Jacobsen，Arther L. Smith，Jr.. *World War Ⅱ*，*Policy and Strategy*：*Selected Documents with Commentary*，pp. 128-129.

② Hans-Adolf Jacobsen，Arther L. Smith Jr.. *World War Ⅱ*，*Policy and Strategy*：*Selected Documents with Commentary*，p. 130.

③ Maurice Matloff，Edwin M. Snell. *Strategic Planning for Coalition Warfare*，*1941-1942*，pp. 31-42.

④ Hans-Adolf Jacobsen，Arther L. Smith，Jr.. *World War Ⅱ*，*Policy and Strategy*：*Selected Documents with Commentary*，pp. 141-144.

加坡是防卫这些权益（地域）的关键。因此，新加坡的防御必须得到确保。”英方要求美方能以派军队到新加坡的方式表明英美在太平洋上的团结一致。① 美国军方明显不同意英国同僚们的看法，拒绝对保卫新加坡承担义务。这反映了美国军方首脑此时力图在太平洋问题上与英方划一明显界限。这不仅是为了避免卷入太平洋战争，也是避免介入主要属于英国势力范围的西太平洋防卫。美国陆海军计划人员 1941 年 2 月 19 日提交参谋长联席会议一份名为《美国在远东的军事地位》的文件，就具体谈了美方的观点：“保住新加坡是良好愿望，但是将足够兵力转至亚洲战场以确保新加坡，可能会危及联盟国家主要努力的成功。从广阔视野出发，这种转换将最终极大地调配联盟国家力量至非决定性战场……这将意味着美国将实施早日打败日本，承担英帝国庞大地域的责任。”②总的说来，美国此时已基本确定了准备与轴心国抗争的政策和正确的战略原则，但同时也反映了美方不愿介入远东战争的意图。这样，美英关于远东太平洋的守势战略就只有责任的分配，各国间的相互协调没有具体步骤。

就英国而言，尽管与美国有分工，但大西洋、地中海、太平洋几方面都是其关注的范围，其海军力量显然无力在东亚方面应对日本的大规模南进。在 1941 年 8 月的大西洋会议上，英国联合计划委员会提出将一艘战列舰于 9 月中旬从地中海调往远东，并在年底再增派 4 艘 R 级战列舰。尽管没有多余的巡洋舰和驱逐舰，但有一艘航空母舰可以在以后派往。这支舰队将以锡兰为基地，保护印度洋上的运输船队。③ 8 月 25 日，刚刚从大西洋会议返回的英国首相丘吉尔与第一海军大臣就东方舰队事务交换了意见。丘吉尔建议应该派一支规模小但实力强大的战列舰队，包括“英王乔治五

① Maurice Matloff, Edwin M. Snell. *Strategic Planning for Coalition Warfare, 1941-1942*, p. 53.

② Maurice Matloff, Edwin M. Snell. *Strategic Planning for Coalition Warfare, 1941-1942*, p. 38.

③ J. R. M Butler. *Grand Strategy*. London: Her Majesty Stationery Office, 1957, p. 268.（后文引述该书，仅出注作者及书名、卷数、页码）

世”级战列舰和一艘现代化的航空母舰，去抵挡日本的侵略。① 丘吉尔的目标是通过显示海军力量来制止日本的行动。远东的情况与欧洲不同。它不仅仅是贸易护航的问题，而且主要是日本可能会对一个或其他南方的据点进行冒险袭击。但是，即便英国拥有一艘现代化战列舰也起不到太多作用。“一艘孤独的新式战列舰不能阻止日本的南进，它还会像其他舰只一样在新加坡被对手摧毁。”②英国最终决定，“英王乔治五世”级战列舰“威尔士亲王”号接到命令由开普敦开拔前往锡兰，与“却敌”号会合前往新加坡。英国的海军战略就是在美国太平洋舰队遥远的掩护下建立起以新加坡为基地的一支东方舰队。计划到 1942 年 3 月，这支舰队将要拥有各种性能的主力舰 7 艘、航空母舰 1 艘、巡洋舰 10 艘、驱逐舰 24 艘。英国在远东地区还面临最严重的问题，那就是英美在太平洋的两个大型海军基地新加坡和珍珠港之间相距长达 6000 英里。一旦日本发动战争，他们可以以印度支那为基地进攻新加坡，以台湾为基地攻击菲律宾。而英美根本无法在如此漫长的距离上相互救援。南非自治领总理斯马茨在“威尔士亲王”号离开开普敦那一天致电丘吉尔，指出在新加坡和珍珠港驻扎舰队的危险性，“两个地方单独的海军力量都比不上日本海军，假如日本人确实行动迅速，那里就有发生一级灾难的危险”。③

与海军问题密切相关联的是远东殖民地的防御，而围绕的中心就是新加坡。新加坡是英国在远东殖民地中一块最有经济价值和战略价值的据点，守卫它的是岛屿顶端新建的樟宜海军基地。这个庞大的海军基地被誉为“远东的直布罗陀”，花费了 6000 万英镑巨款，终于在 1938 年建成，迎接英国的舰队。但是，没有皇家海军的舰队，这只不过是一座无人防守的堡垒，一道英国式的“马其

---

① J. R. M Butler. *Grand Strategy*, p. 270.

② J. R. M Butler. *Grand Strategy*, p. 272.

③ [英]约翰·科斯特洛著；王伟，夏海涛等译：《太平洋战争》上册，北京：东方出版社 1985 年版，第 128 页。（后文引述该书，仅出注作者及书名、卷数、页码）

诺"防线。岸基炮台上所有强大的炮群都只指向大海，彻底暴露了设计者的考虑不周。设计者以为，基地背面，在浅浅的柔佛海峡(Johor Strait)对面，不设防的那片四百英里的茂密森林是"难以逾越的"。1940 年 7 月，英国参谋长委员会提交了一份新的远东事务报告。报告认为，日本可能通过马来亚进攻新加坡，建议防卫新加坡应从防卫整个马来亚来考虑。8 月，英国三军参谋长得出结论：把力量完全集中在新加坡的防务上已经不够，现在必须守住马来亚全境；在缺少舰队的情况下，我们的对策应该是基本上依靠空军力量，同时需要增加大量的地面部队。① 到 1940 年，在马来半岛匆匆修建机场以保卫港口和可能遭到入侵的海滩。三军参谋长会议一开始只 拨出 150 架飞机防守整个马来亚和新加坡。后来虽然同意在马来亚的空军力量应提高到 336 架和 582 架飞机这个标准上，但都只是一个理想。不仅如此，由于不列颠空战激战正酣，英国只能腾出过时的飞机到马来亚。陆军方面，守备马来亚漫长海岸线和新加坡的部队在 1940 年 8 月的时候有 19 个营。到 1941 年夏天，守备部队增加到由三个师和一个独立旅组成的约十个旅的力量。② 1941 年 7 月，日本进占印度支那南部，这大大增加了攻击的可能性以及实施的速度和力度。面对变化的局势，英军原被部署负责内部安全和守卫海空基地的军队的防卫范围扩大到了整个马来亚，这个改变大大超出了现有军队所能承担的任务极限。③ 总之，英国由于太平洋、北非地中海战场的力量牵制，导致顾此失彼，在东亚方面力不从心的窘境是显而易见的。

美国和英国确定的"先德后日"的战略原则无疑是正确的，但由于西线战事与军力无法同时兼顾两洋，因此，美英战略构想在东亚的一个重要依托就是中国抗日战争与中国战场。

---

① ［英］丘吉尔著；原北京编译社译：《第二次世界大战回忆录》第四卷《命运的关键》，长春：时代出版社 1995 年版，第 792 页。（后文引述该书，仅出注作者及书名、卷数、页码）

② J. R. M Butler. *Grand Strategy*, p. 277.

③ J. R. M Butler. *Grand Strategy*, p. 278.

1940年11月23日，詹森的电文中谈到，英国驻华大使认为中国抗战如失败，将给英国在远东的状况与地位造成严重的影响。① 11月30日，罗斯福发表了对华财政援助的声明。宣布给中国1亿美元的贷款。其后在他声明的注解中说："此项宣布极其有助于提高中国国币信用和支撑其外币价值。它也是加强不仅重庆而且全中国各民主反轴心集团精神上和物质上应变能力的进一步手段。"罗斯福对利用中国远距离轰炸日本的计划也表示支持。② 12月29日，罗斯福在演说中再次谈道："此时，这些联合起来反对全体自由人民的国家的军队正被隔阻于我国疆域之外。德国人和意大利人被英国人……隔阻在大西洋的另一边。在亚洲，日本人则被牵制在中国人所从事的另一场伟大的防御战中。"③

1941年3月15日，罗斯福在赞扬英国的抗战的同时，再次指出："中国也同样表现出千百万普通老百姓抵御肢解他们国家的非凡意志力……美国已经说过，中国将得到我们的帮助。"4月25日，居里在给罗斯福的电文中分析认为，中国是保卫新加坡的最好防线。④ 4月29日，中国外交部部长郭泰祺自华盛顿致电中国国防最高委员会秘书长王宠惠，其报告中谈到罗斯福的战略观点："总统对世界局势，绝不抱悲观，指座前世界大地图，谓祺等云：巴尔干(Balkan)之失败甚或土尔(耳)其不支，均不必太重视，最大关键，仍在大西洋海上交通之维持，与中国抗战力量之维持，滇缅交通极为重要。总统对我政府抗战之精神，与蒋公领导之毅力，均表示敬佩……彼观察中国今日抗战力量，实较去年今日更强。"对中国方面要求的废除不平等条约、改订基于平等互惠原则的新约问题，罗斯福与赫尔也表示愿意商讨。⑤ 罗斯福将中国抗战与大西洋援英抗德相并列，可见中国战场在他心目中的地位和分量。美国

---

① *FRUS*, *1940*, Volume Ⅳ, *The Far East*, p. 696.

② 关在汉编译：《罗斯福选集》，第254页。

③ Hans-Adolf Jacobsen, Arther L. Smith Jr.. *World War Ⅱ*, *Policy and Strategy*: *Selected Documents with Commentary*, pp. 132-133.

④ *FRUS*, *1941*, Volume Ⅳ, *The Far East*, pp. 168-169.

⑤ 秦孝仪：《战时外交》(三)，第707页。

的这种态度应该与美国此时准备参战及大战略对中国战场的战略需求不无联系。5月6日，罗斯福政府正式将援华物资纳入租借法案的范围之内。5月中旬，陆军部批准首批运载租借军火物资的船舶离纽约港运中国，10月，第一批武器供给中国陆军。罗斯福政府的这些做法，与军方的避免远东战争的思路相比较，更多体现了有远见的战略思想，并给予中国一个明确信息："排除了美国将承认日本在亚洲大陆建立霸权既成事实的可能性。"①

1941年4月，英、荷、澳、新、美在新加坡举行军事会议，这是太平洋战争爆发前美英等国之间专门讨论联合对付日本行动的一次会议。会议讨论了在日本进攻的紧迫情况下如何进行联合作战。会议拟就的"ADB"报告(ADB Report)可以说是对"ABC-1"的一个补充。会中强调英美等国在远东最重要的利益是海上交通和新加坡的安全；第二位的是菲律宾群岛中吕宋岛(Luzon Island)的安全。会议在"积极步骤"款项中明确提到支持中国正规军与游击队抗战问题，这是英美军方上层在战略计划中首次比较详尽地列入中国条款。②

5月，为了利用中国配合美英太平洋守势，美国联合计划委员会提出"援华飞机短期计划"，并提醒美国陆海军联合署："利用中国能力是重要的，这可支持美英对日施加经济压力的计划，切断日本在中国内地与沿海的交通线，还可威胁日本在中国沿海至东南亚的船运。"作为一般政策，委员会建议：1. 在美国和英国需要的条件下，通过给中国提供歼击机、轰炸机……援助，使之在数量上足以对付日本陆海军在中国和中国近邻的水域作战。2. 美国提供飞机教练员到中国训练驾驶员和地勤人员。派遣军事使团到中国，帮助中国使用美国提供的物资。7月12日，美国陆海军联合署批准了委员会的全部建议，陆海军部与总统也分别批准。8月底，美国

① Maurice Matloff, Edwin M. Snell. *Strategic Planning for Coalition Warfare, 1941-1942*, p. 56.

② Maurice Matloff, Edwin M. Snell. *Strategic Planning for Coalition Warfare, 1941-1942*, pp. 66-67.

参谋长联席会议派往各战场的第一个军事使团就是中国，美国陆军准将马格鲁德(Magruder)率团使华，表明了美国将与中国的军事合作正式纳入了军事战略思考和操作之中。其任务有五个方面：1. 在军事物资、装备和军火的采购、运输和利用方面，为中国政府提供咨询和支持，以适应其军事努力的需求。2. 在训练、维护物资和设备、军火方面为中国提供咨询和支持。3. 支持中国政府迅速协调与美国行政当局的行动，这一行动需要确保物资和军火有序地从租借机构调拨给中国军队。4. 调查关键港口、道路和铁路设施，以建立和维持一个完整的军事交通线。5. 支持其他美国政府部门实施推进与中国有关的租借法目标的职责。①

9月25日，美国参谋长联席会议与英国参谋长会议正式确认英国以新加坡为核心的太平洋防御战略，同时认为："当认识到新加坡基地的重要之时，远东地区的战略也应通盘考虑。新加坡的坚守，似乎并非是荷属东印度和菲律宾不陷于日本之手的重要因素。进而言之，中国国民党陆军和空军的进攻作战可给予日本进攻马来防线以重要影响。鉴于这个理由，联合部考虑，英国军事当局在分配军事物资之时……应深入考虑分配适量的物资给荷兰和中国军队之用。"②11月7日，罗斯福回电丘吉尔谈到，美国加强对华租借援助和加强在中国的美国空军志愿军，再加上美国继续增强在菲律宾的防务，英国在新加坡地区的"并行努力"，将可能使日本三思而后行。③美国支持中国最重要的战略原因也是极为明显的，这就是为这一期间美国遏制日本南进太平洋地区的政策服务，"有助于制止日本在南面攻击法国、荷兰、英国的领地"。④

---

① Grace Person Hayes. *The History of the Joint Chiets of Staff in World War II, The War Against Japan.* Marryland: The United States Naval Institute Press, 1982, pp. 20-22.（后文引述该书，仅出注作者及书名、卷数、页码）

② Grace Person Hayes. *The History of the Joint Chiefs of Staff in World War II, The War Against Japan*, p. 15.

③ Francis L. Loewenheim et al. *Roosevelt and Churchill: Secret Wartime Correspondence*, pp. 163-164.

④ Langer, Gleason. *Undeclared War.* New York, 1953, pp. 298-304.

应该指出的是，太平洋战争爆发前美国军方在落实“先德后日”战略原则上是消极的，援华思路明显局限在美国不首先与日本发生冲突，避免与日本的战争范围之内。这一指导思想极大地影响了美国在东亚援华制日的行动，其标志第一就是上文提到的美国与日本谈判中的妥协意向，第二就是不能对中国实行全力的支持，影响了中国大陆与海洋配合对日本实施包围的整体格局形成。

1941 年 11 月 1 日，鉴于美日谈判实际上破裂，日本南进已经不能抑阻，美国国务院和军事人员讨论了关于中国危机和远东形势。争论美国是否应对日宣战。赫尔对美日谈判避免战争已失去信心，但是马歇尔和斯塔克仍希望将冲突拖到最后一刻。11 月 3 日，陆军计划署重申“在远东的原则目标是将日本置于战争之外”。11 月 5 日，马歇尔和斯塔克再次向罗斯福申明，德国比日本更危险，必须首先打败。如果可能，美国应该避免与日本的战争。如果与日本开战，就应该是防御性的战斗，直到大西洋方面的安全得到保证。①

美国军方的态度直接影响了与中国军事合作的进展，英国也对美国消极对待中国表示不满。11 月 5 日，丘吉尔在给罗斯福的电文中说，如果中国“抵抗一旦崩溃，不但就其本身来说是一场世界悲剧，而且也会让日本人腾出手来向北或向南进攻”。② 丘吉尔指出了中国战场的世界战略地位。但是在 11 月 5 日的会议中，马歇尔和斯塔克强烈反对向东京发出“最后通牒”。斯塔克和马歇尔还建议总统：“派遣美国军队直接援助中国是不能予以考虑的；物资援华的扩大应与俄国、英国和我们自身军队的需要相吻合。援助在华美国航空志愿队应继续，并将援助加大到最高程度。不给日本以最后通牒。”11 月 8 日，宋子文又向罗斯福请求海军和其他援助，

---

① Ribert Wohlstesstter. *Pearl Harbor: Warning and Decision*, Stanford, 1962, pp. 172-173.

② Warren F. Kimball. *Churchill and Roosevelt, the Complete Correspondence*, Volume Ⅰ, p. 266.（后文引述该书，仅出注作者及书名、卷数、页码）Winston Churchill. *The Second World War, Grand Alliance*. New York, 1962, pp. 496-500.

并说明："没有这些援助中国不能指望顶住日本对昆明的进攻。"11月12日，美国陆军部回答："美国全部能做的就是加速提供租借物资给中国，增加美国在华志愿航空队的装备。"为给菲律宾防卫，马歇尔也不批准将24门3英寸防空炮运往中国。①

11月16日，鉴于军方首脑的态度和太平洋上美国的备战状况，罗斯福在与史汀生谈话中表示了与日本"休战六个月"的想法。史汀生明确表示反对，认为这将捆住美国的手脚，同时对中国也是一个打击。他们会因为这种协议而感到被抛弃了。史汀生还认为，菲律宾防务的重要性并不比在中国问题上坚持原则大，原则的重要性甚至比延缓日本进攻的重要性还要大。② 史汀生在批评美国政府对日本没有实行禁运、表现妥协意向时认为，"在美国没有准备好和纳粹问题占据首位的时候"，总统和国务院的"目的仅仅是阻止战争危机在太平洋的发展"。③ 太平洋战争爆发时，美国为自身安全所投入的人力物力几乎与西线相等(甚至超过)，其损失之大也远非援华数目所能比拟。这些正是美国"先德后日"战略原则所要极力避免的。如果没有中国战场的牵制，美国及英国在太平洋上所处的战略态势的负面因素会更大。

但是，与以往美英东亚消极战略比较，美英大战略的制定显然是其东亚战略实质性改变的重要体现。在大战略之下，美英都走到了与中国建立起密切军事合作的阶段，大战略的制定也以中国抗战作为东亚重要的战略成分，这些与美英对中国援助的加强、对日本的全面经济制裁一道成为美英确立制衡日本战略的标志，也将中美英的战略合作推向了太平洋战争爆发前的高端。

---

① Maurice Matloff, Edwin M. Snell. *Strategic Planning for Coalition Warfare, 1941-1942*, 1953, p. 75.

② Henry L. Stimson, McGeorge Bundy. *On Active Service in Peace and War*. New York: Harper & Brothers, 1948, p. 389.（后文引述该书，仅出注作者及书名、卷数、页码）

③ Henry L. Stimson, McGeorge Bundy. *On Active Service in Peace and War*, p. 384.

二、中国抗战以延缓日本南进支持美英战略

中国的抗战在美国全球战略制定时期的战略贡献是巨大的，从1940年6月法国败降到1941年12月太平洋战争爆发，中国战场牢牢将日本陆军主力制约在中国大陆，将日本的南进侵略扩张延缓了整整一年半的时间，并在美英专注大西洋对付德国的时候，抑制了日本在最佳时间内南进，也极大地弥补了美英战略中的缺憾。

早在日本建立南进基地准备战略南进太平洋地区初期，中国除了坚持对日本陆军主力的牵制与打击外，还积极采取措施应对日本的南进准备行动。中国多次坚决反对英国与法国在香港、滇缅公路、印度支那问题上对日本的妥协政策。1940年9月24日，中国外长对法国维希政权表示，如果日本被同意派军队进入印度支那，中国将也具有同样的权利。日本在印度支那作战将得不到供给支持，希望确认法国是否在冲突中保持中立。同日，中国驻美大使也对美国副国务卿韦尔斯表示，中国将抵抗日本占领印度支那铁路，并希望美国促使英国重开滇缅公路。中国在中国与印度支那边境部署了20万人的军队，包括1个师的中央军。① 但法国维希傀儡政权的态度是，如果中国军队进入印度支那，法印当局将抵抗并与日本联合。② 中国介入印度支那制约日本南进的计划没有成功。

由于日本陆军主力陷于中国，日本南进准备只有采取兼顾和逐步推进的战略。1940年6月法国败降后，日本鉴于欧洲殖民宗主国的失败，加紧了南进的准备。7月17日近卫文麿再次组阁后，规定日本的基本国策是建立“大东亚共荣圈”，“如果内外形势许可，就捕捉(南进)良机，行使武力”，并加紧南进体制建设。③ 可见，中国的抗战仍然是日本南进的巨大障碍。如近卫在7月7日会见新闻记者时就说：“新政治体制的完成，时间上如果能赶上对中

---

① *FRUS*, *1940*, Volume Ⅳ, *The Far East*, pp. 149-151.

② *FRUS*, *1940*, Volume Ⅳ, *The Far East*, p. 156.

③ 胡德坤：《中日战争史》(修订版)，武汉：武汉大学出版社2005年版，第292~293页。

国事变的处理和当前外交问题的转变，当然是再好不过的，但须防止急于求成。”在7月27日日本大本营和政府内阁联席会议决定的《适应世界形势演变的时局处理纲要》中第一条记载：“关于处理中国事变，设法集中政略战略的综合力量，尤其应尽一切手段断绝第三国的援蒋行为，迅速迫使重庆政权屈服。”鉴于中国抗战给日本造成的战略物资上的巨大消耗，日本也特别担心美国对日本的经济禁运。因此，日本不得不采取逐步推进的方式进行南进准备。进兵法属印度支那是首先采取的两全之策。这一方面断绝中国的外援之路，另一方面为南进作地缘战略方面的准备。① 这反映了日本的两难窘境和在主要战略目标选择上的犹豫和摇摆。日本进驻印度支那北部对中国的施压，并没有使中国屈服。1940年11月13日召开的御前会议决定的《中国事变处理纲要》中记载：“长期作战态势是：确保蒙疆、华北的重要地区、汉口附近以东的长江下游重要地区，以及广东的一角和华南沿海要地；一面经常保持用兵的机动性，一面彻底整顿占领区的治安，并同时继续对重庆进行封锁和空袭。”②可见，日本在南进准备的同时，在中国仍然要准备对付中国战场的持久作战。

关于中国抗战对整个东亚地区乃至欧洲大西洋方面作战的重要性，美国官员在这一期间有不少分析。1940年6月12日，霍恩贝克在备忘录中认为，中国的抗战有利于英美法，应该给予全力支持。6月19日，他又指出，中国抗战不仅在远东制约了日本，同时也支持了欧洲方面英国抗击德国的战争。6月20日，他主张美英应在远东局势中采取坚决的态度，英国舰队负责大西洋，美国海军负责太平洋。6月26日，他进一步指出援助中国抗战在欧亚两方面的意义，认为在欧亚实行绥靖政策没有任何好处，而对日绥靖将会带来诸多坏的影响。中国抗战制约了日本也支援了欧洲。如果

① [日]服部卓四郎著；张玉祥等译：《大东亚战争全史》第一册，第26，33，47～52，63页。

② [日]服部卓四郎著；张玉祥等译：《大东亚战争全史》第一册，第65，67页。

中国抗战崩溃，这将是对德国与意大利在欧洲方面的极大支持。① 6月28日，澳大利亚公使团在给美国的一份电文中建议美国与英国制约日本，帮助中国，美国舰队驻留太平洋，这可以在中国以外的地区使日本安静些(即使日本不能在太平洋挑起事端)。② 这说明美英澳人士对中国限制日本南进的战略作用的重视。10月9日，赫尔在给格鲁的电文中谈到，美国政府向英方表示，美国认为日本在中国的占领与在法属印度支那的新的行动吸收了日本人力与经济资源，日本将不会按其海军的建议横扫太平洋，发动对荷属东印度的战役，如果他们认识到这样一个战役将需要输送大量海军部队与大量的陆军部队的话。③ 尽管美国关于日本不会冒险发动太平洋战争的判断是不准确的，但是关于中国抗战对日本经济资源的消耗的看法则准确地反映了一个事实，即中国抗战已经使日本陷入战争经济的极度困难之中。

可以说，日本的南进最佳时间应该说是在1940年底和1941年春。对于日本来说，此时英国和美国的注意力主要在大西洋和英伦三岛方面。而对于轴心国完成相互战略配合来说，这也是一绝佳时期。1940年9月日本进驻印度支那北部，就具有既想南进，又想迫使中国屈服的双重目的。④ 同时也证明其无法放手南进。日本的南进态势，也使英国产生了深深的危机感。鉴于英国在远东防御的虚弱状态，它不得不开始认真考虑如何保护自己在远东的利益问题。但是英国又不能不进一步明确把欧洲放在压倒一切的首位。在保卫本土的同时，英国把地中海作为下一步的"第一战场"，争取首先打败意大利，保住希腊、土耳其等国，并以此作为日后击败德国的基地。所以，当时欧洲、地中海和中东的战场形势使英国根本不可能派出一支增援部队去远东。英国方面已经承认，如果日本海

---

① *FRUS*, *1940*, Volume Ⅳ, *The Far East*, pp. 362-364.

② *FRUS*, *1940*, Volume Ⅳ, *The Far East*, pp. 367-368.

③ *FRUS*, *1940*, Volume Ⅳ, *The Far East*, p. 171.

④ [日]服部卓四郎著；张玉祥等译：《大东亚战争全史》第一册，第60～63页。

军力量突袭，英国皇家海军势必面临无法应付的局面。由此带来的结果是，英国高层决策者们对单凭自身的力量完整保卫远东并没有多少信心和决心。10 月 4 日，丘吉尔致信罗斯福，说明已重开滇缅公路，同时又担心日本对英国宣战，导致日英在太平洋上的冲突。因此，要求美国派舰队对新加坡进行“友好访问”，“愈大愈好”，以“阻止战争的扩大”。① 但美国并没有派舰队到新加坡。1941 年 2 月 15 日，丘吉尔在给罗斯福的电报中认为，种种迹象表明，日本将在几个星期或几个月内与英美开战。因为日本迫近暹罗湾（Golf of Siam）和印度支那。日本将先占战略要地和石油产地——荷属东印度，然后才是新加坡，也将袭击澳大利亚、新西兰，占领其沿海岸和港口，以便运送军队到中东。任何对澳大利亚和新西兰入侵的威胁都将使英国从东地中海撤退军队去救援，而这样做中东就有灾难，土耳其将重新为德国贸易和石油开放黑海通道。② 1941 年 3 月 5 日，正是美英形成“先德后日”战略之时，德国国防军总司令在第 24 号命令中关于“与日本合作”部分中就载明：“三国同盟条约订立的首要合作目的，就是促使日本尽快在远东方面积极作战。这将牵制大批的英国军队和将美国的关注点转向太平洋。” ③

从上述文件中我们可以看到，作为轴心国元凶德国的战略考虑是明确的：第一，希望日本早日南进，牵制美英，减轻德国进攻苏联时的后顾之忧；第二，避免美国卷入战争。这两项战略目标在对轴心国极为有利的时机时最终未能实现，完全是中国战场的制约所致。特别是在苏联没有参战之时，英美战略构架的中枢地带很容易出问题。英国最危急的时期，也是轴心国可能建立起战略联系，取得全球性战略优势的时期。日本如果趁机南进，中东可能不保，美

① Warren F. Kimbal. *Churchill and Roosevelt: the Complete Correspondence*, Volume 1, p. 74.

② Warren F. Kimbal. *Churchill and Roosevelt: the Complete Correspondence*, Volume 1, pp. 135-136.

③ A. Russell Buchanan. *The United States and World War Ⅱ, Military and Diplomatic Documents*, p. 30.

英战略构架就会坍塌，中东和北非就会完全落入德国手中。但结果是日本没能南进，苏联、美英都赢得了宝贵的时间。日本大举南进时德国主力已经被牢牢拖在苏德战场，而无力向中东这一东西方枢纽之地作战略投入，其原因完全在于中国战场的牵制作用。太平洋战争爆发前，中国战场牵制日本陆军总兵力的94%。① 4月，日本认识到"美国军备还没有做好同时在两洋作战的准备"，"美国这时似乎迫切需要加强对英国的援助"，日本也就想"借此机会一举解决多年来悬而未决的中国事变"。②

1941年4月13日《苏日中立条约》的签订，部分解除了日本南进的后顾之忧，但中国问题仍然是日本的重大负担。日本同样不能马上放手南进。因此，其后进行的日美间的非正式会谈，就日本方面来说，主要的目的之一，就是想使美国在中国问题上作出让步，解除日本南进的最大忧虑。但是，由于中国战场的坚持，中国对美国妥协倾向的警惕和抑制，再加上美国军政当局内的抗衡派力量对日本野心和对中国抗战的战略作用的认识，日本的目的未能达到。最后，日本不得不迈出南进准备的关键性一步——进兵法属印度支那南部，准备背着中国战场的沉重包袱，在并不有利的时间和条件下对美国和英国开战。

还应提及的是，日本发动太平洋战争的目的之一，是想解决长期困扰其之中国问题。如在1941年11月1日和2日日本内阁与大本营联席会议讨论对美英开战中，日参谋总长就谈道："通过南方作战占领菲律宾、荷属东印度、新加坡、缅甸等地，其结果，一向依靠英美支援继续抗战的中国，受援路一被切断，很有可能被迫放弃抗战的念头。"11月15日，日本在制定的《关于促进结束对美、英、荷、蒋战争草案》中也提到："利用形势发展，尤其是作战成果，抓住有利时机，采取积极措施，促使重庆政府屈

① 胡德坤：《中日战争史》（修订版），武汉：武汉大学出版社2005年版，第456页。

② ［日］服部卓四郎著；张玉祥等译：《大东亚战争全史》第一册，第115～116页。

服。”①但是，由于中国抗日战争的总体趋势，日本既无法征服中国，也无法达到诱降蒋介石政府的目的。中国两大战场相互支撑的战略格局是日本实现战略目标无法逾越的鸿沟。因此，日本高层对在中日战争无结果的情况下从事太平洋战争信心极为不足。11 月 5 日，在日本御前会议上，枢密院议长就说：“国民希望尽快结束中国事变。这还没有头绪就要同美国开战，为政者必须慎重考虑。”首相东条也谈到，太平洋战争“如果变成长期战，则有许多困难和不安”，“两年以后石油没有了，船不能开动，敌方在西南太平洋上的防务增强了，而中国事变却仍然解决不了。国内卧薪尝胆也不可能长年累月地忍受下去，这和日清战后的情况是不同的。担心坐以待毙，不过两三年就要沦为三等国”。②

上述都表明，由于日本不能及时南进与德国作战略配合，美国和英国在最困难的时期没有将“严重的注意力放在太平洋方面”③去对付与日本的战争。在先后占取法属印度支那北部和南部的战略行动中，日本尽管获得了开始南进太平洋美英势力范围的战略要地，但同时也彻底暴露了其对英美开战的战略意图，激化了与英美，特别是与美国之间的矛盾。在日本行动期间，美国被迫对日本采取了经济制裁措施，并逐步加大了援助中国抗战和太平洋上军事准备的力度。这些反过来促使了美日最终走上必须兵戎相见的道路。从这个意义上讲，美国在大战略原则之下，对日本南进问题从心理上和行动上获得了一定的准备条件。在日本发动太平洋战争时，美国和英国已经渡过了最为艰难的时期。1941 年 5 月，埃文·福代斯·卡尔森在 1941 年 5 月的《远东观察》杂志上发表文章，分析了中国重要的战略地位。在综合分析了日本的战争战略和

① 日本防卫厅战史室编纂；天津政协编译委员会译校：《日本军国主义侵华资料长编》中册，成都：四川人民出版社 1987 年版，第 28～29 页。（后文引述该书，仅出注作者及书名、卷数、页码）

② ［日］服部卓四郎著；张玉祥等译：《大东亚战争全史》第一册，第 213，228～229 页。

③ Forrest C. Pogue, Gorge C. Marshall. *Ordeal and Hope, 1939-1942*. New York, 1966, p. 178.

中国的处境以后，他指出，固然，中国的命运将在很大程度上系于不列颠之战的结果，但同时，中国的崩溃将在同等程度上改善希特勒在不列颠之战中的处境，并且，会进一步地改变西太平洋上的战略平衡，以至于日本可以轻易南下。作者最后得出结论说，西方国家将会很快发现，中国将是他们可钦可佩的盟友。①

中国抗战也抑制了日本的北进，使德国与日本配合夹击苏联的危险局面始终没有出现。这样就为日后美英"先德后日"战略的实施提供了有欧亚大陆两大战场支撑的条件。英国顶住了德国的攻击，使德国将主要进攻锋芒转向苏联而陷入两线作战。苏德战争爆发后，使美英"先德后日"战略构想增添了新的有生力量，美英明智地采取了与苏联合作的政策，建立起联盟关系，并对苏联实施大宗租借援助。但问题仍然在于，如果日本配合德国夹击苏联，"先德后日"战略就会失去有效基础。早在1941年2月15日，丘吉尔在致罗斯福的信中就说："如果日本将矛头指向我国，而我们又是孤军作战，那么后果的严重性就恐非言语所能形容了。"丘吉尔认为，中国若崩溃，将是"世界悲剧"。② 但是，日本参谋本部认为，"陆军大部分兵力正在进行对华作战，已经没有余力，并且绝对不能允许中途放弃对华战争……对北方只作必要的准备，等到德苏战争出现有利于日本的进展，譬如斯大林政权崩溃或苏联远东地区陷入混乱的时候，再行使武力解决北方问题……"③

因此，轴心国又丧失了战略配合的良机，而盟国则赢得了实施"先德后日"战略欧洲方面的主要基础，这是中国战场杰出贡献所致。中国战场对日本的牵制，与英国保卫战、苏联反德战争一样，为美国准备战争，将经济纳入战争准备轨道，赢得了宝贵时间，也

---

① Evans Fordyce Carlson. *Strategy of the Sino-Japanese War. Far Eastern Survey*, 1941, Vol. 10, No. 9.

② [英]丘吉尔著；韦凡译：《丘吉尔回忆录》第三卷《伟大的同盟》，长春：时代出版社1995年版，第117、584页。(后文引述该书，仅出注作者及书名、卷数、页码)

③ [日]服部卓四郎著；张玉祥等译：《大东亚战争全史》第一册，第144页。

支持了美国这一时期对英、苏全力的物资支援。更为重要的是，在德国全力试图迫使英国屈服之时，日本未能南进。这样，就使美国能支持英国顶住德国的攻击，迫使德国将进攻锋芒转向苏联而陷入两线作战。这种格局的形成，为后来美国稳住太平洋防线之后，适时地转入实施“先德后日”战略步骤奠定了基础。

中国能持续不断地对日本陆军主力进行牵制和打击，从根本上讲，就是中国战场的稳定和坚韧。其中，中国共产党对美英“先打败德国”原则的判断极其准确。正由于此，中共对中国抗战的长久性和持久性，对苏美英首先对付德国的战略和行动，在物质上和战略投入上对华不会有大幅度的增加，都有着充分的思想准备。在美英确定“先德后日”原则及其大战略方针时期，1941 年 4 月 18 日，中共中央在论及国际国内形势时就指出，英德决战的“主要战场，首为地中海一带，继则将移至大西洋……美国在援英名义下亦已进入实际的参战。英美之总方针为先对德后对日”。4 月 20 日，毛泽东在给周恩来的指示信中，同意周恩来的分析，也谈到“英美总方针是先对德后对日”。①6 月 4 日，周恩来在《论目前形势》中指出：“太平洋上的冲突迟早不可避免的，但是英美政府主观看来，他们不能听任地中海的失败，而且要用全力来改变目前的局势，所以暂时缓和太平洋上的冲突，也是他们政策的当然逻辑。”② 1941 年 10 月 20 日，毛泽东在给周恩来的电文中更是表明了战略上的远见：“无论日本北进南进，其对华侵略决不放松，此点我们应加强调。”③ 11 月 7 日，毛泽东在延安发表《关于世界反法西斯斗争和中国抗日战争》的广播演说：“日本法西斯虽然同时在准备着南进和北进，但是无论他们采取哪一条冒险的道路，西进以求消灭中国是必然的。”④正由于此，中国共产党在抗日战争中坚持抗日民族统一

---

① 中央档案馆：《中共中央文件集》第十三卷，第 72 ~ 73，82 页。

② 周恩来：《论目前形势》，《解放日报》，1941 年 6 月 14 日。

③ 胡乔木著：《胡乔木回忆毛泽东》，北京：人民出版社 1994 年版，第 162 页。

④ 中共中央文献研究室：《毛泽东军事文集》第二卷，第 669 页。

战线的团结，把抗战的基点放在中国自身的艰苦努力的基础之上，运用持久战与游击战，坚持敌后战场作战，使日本侵略军无法真正构建起稳固的后方基地。中国正面战场所从事的维护大后方战略防线的重大战役，也是中国能制约日军主力的重要因素。

中国政府在德意日军事同盟建立之后，也加强了中美英结成同盟的力度，并提出具体的合作计划。1940 年 10 月 7 日，英国正式通知中国驻英大使关于重开滇缅公路的决定。中方向英方指出，印度支那北部多山，日军极易向南部发展。蒋介石提出中美英应加强密切合作。1940 年 11 月 2 日，蒋介石通过英国驻华大使卡尔向英国提出详细的建议。第一，中国、英国和美国应该再次确定在中国的"门户开放"原则，维护中国主权与领土主权完整。第二，英国、美国与中国应该明确反对日本确保在"大东亚"的"新稳定局面"的企图，宣布中美英目的是执行在《九国公约》之下的责任。第三，英国和中国应订立同盟条约，并邀请附议国，或者最终得到美国的赞同。第四，英国与美国应该联合或分别对中国贷款 5 千万到 7.5 千万英镑给中国以维持中国通货和外汇。第五，美国应每年借给中国 500~1000 架飞机，1940 年间提供 200~300 架。第六，英国与美国应派遣军事、经济与交通代表团到中国。蒋介石还提出，如果英美卷入对日战争，中国军队参加对日作战，全部中国空军机场将对盟国军队开放。① 英国外交部对中国呼吁所持的观点是，日本增加了对印度支那与其他准备南进针对英国与荷兰领地进击的压力，中国持续的抵抗对于英国来说是至关重要的。因此，英国应该在不激怒日本与英国战争的情况下，尽最大可能援助中国。在这一观点之下，英国外交部也拟就备忘录，详细准备对中国贷款与战争物资支援，派遣经济与交通代表团到中国，商讨对华物资供应问题。但是，由于英国与美国的需要，飞机不能提供。英国的目的当然是让中国拖住日本，因此，英国外交部明确提出，对中国军队提供的支持不能超过中国军队给予英国的支持的程度。② 显然，法国败降后

① Sir Llewellyn Woodward. *British Foreign Policy in the Second World War*, Volume Ⅱ, pp. 114-115.

② Sir Llewellyn Woodward. *British Foreign Policy in the Second World War*, Volume Ⅱ, p. 116.

日本南进问题，加强了中国在争取东亚及中美英联盟抗日的分量。从其后的发展看，尽管中国向英美提出的要求在很大程度上没有达到，进展也比较缓慢，美英在援华问题上直到太平洋战争都没有完全放开手脚，但是，中国战场在制约日本南进中的战略地位与中国的努力，的确加速了中美英走向联合的步伐。

从法国败降到太平洋战争的爆发，中国正面与敌后两大战场相互战略支撑，使中国战场不但成为日本实施第二期战略步骤的巨大障碍，制约了日本在最佳时间实施南进战略，而且也构成了日本冒险南进后无法摆脱的沉重包袱，为形成中国大陆战场与太平洋海洋战场战略格局奠定了坚实的基础。中国抗战是美英“先德后日”战略原则制定的重要前提之一，也为其后英美实施“先德后日”战略提供了东亚方面的有利条件。如果美英早日奉行积极的东亚战略，对太平洋战争初期美英的防御形势应该更有利一些。

第四章　中国战场与美英对日战争初期的战略

太平洋战争初期，美英受到重大挫折，美英的失利也影响到世界反法西斯战争的整体形势，中国抗战具有的世界性战略地位一下凸显出来。在美英稳定太平洋防线过程中，中国战场起到了至关重要的战略作用，帮助美英摆脱了危机局面，完成了战略的调整。

第一节　美英应对太平洋危机与全球战略的调整

日本在太平洋战争初期的胜利给美英原先设定的战略造成了重大冲击，并构成了对反法西斯盟国全球战略地缘枢纽部位的严重威胁，德国与日本中东会师的灾难局面可能由日本从印度方面突破。同时，日本威逼澳大利亚，如果得手，就会将美国与东南亚地区的联系完全隔开。美英在面临日本太平洋进攻暂时胜利的严峻局面中，被迫调整“先德后日”战略，首先应付太平洋危机局面。

一、日本太平洋战争初期胜利对美英全球战略的冲击

早在1940年下半年，随着日本确立南进侵占太平洋地区政策，日本海军就加紧研究南方作战问题。而日本南进首先要打击的目标是拥有强大经济实力和军事实力的美国，尤其是美国所称为对日本进行“威慑”的太平洋舰队。日本的战略就是消除日本在西南太平洋进攻的后顾之忧。1941 年 8 月，日本联合舰队司令山本五十六正式提出偷袭珍珠港，首先打垮美国太平洋舰队，夺取西南太平洋制海权和制空权的方案。9 月上旬，山本在日本海军大学举行了偷袭珍珠港的图上演习，取得成功，得到日本海军军令部的认可。10

月29日，日本大本营向联合舰队秘密下达偷袭珍珠港的命令。11月5日，日本御前会议将开战时间定为12月上旬，大本营海军部发布了《大海令第一号》命令。11月23日，担负偷袭珍珠港任务的南云舰队分两路在千岛群岛(Kuril Islands)丹冠湾集结完毕。日本在袭击珍珠港成功之后，于12月8日拂晓对菲律宾进行攻击，1942年1月2日，马尼拉陷落。5月6日，日本军队完全控制菲律宾。1941年12月8日，日本开始攻击马来亚，并在10日击沉英国东方舰队两艘主力舰“威尔斯亲王号”与“却敌号”。1942年2月15日攻占新加坡，3月完成对荷属东印度的占领。而新加坡的陷落，标志着英国西南太平洋构筑的马来防线的崩溃。1942年1月，日本占领新几内亚(New Guinea)的拉包尔(Rabaul)、爱尔兰岛(Ireland)、所罗门群岛(Solomon Islands)，直接威胁澳大利亚与新西兰。1942年1月中旬，日本发动对缅甸的进攻，4月占领缅甸。这样，在太平洋给美英造成全面防御被动的同时，日本也打开了西进印度的大门，而印度在地缘上是大西洋经地中海到太平洋战略枢纽的南端，对反法西斯盟国与德日法西斯盟国双方世界战略都至关重要。日本进攻并囊括西南太平洋绝大部分区域，由此达到了太平洋战争初期的战略目标，同时也对美英造成了不小的战略压力。

美英在应对日本南进战略方面是被动的。美国在1941年3月与英国订立全球战略时以及到太平洋战争爆发时的基本战略判断是，日本不会首先攻击美国。到太平洋战争爆发前夕，美日谈判基本破裂，罗斯福已经明确与日本的战争不可避免，但是并没有判断日本将会首先对美国发起进攻。在珍珠港事件发生前夕，美国军事高层判断，日本人进一步的侵略正迫在眉睫，这将在西南太平洋发生。可能的目标是克拉地峡(Isthmus of Kra)，它连接着泰国与缅甸所在的大陆和马来半岛，距离珍珠港6千英里。① 12月1日，罗斯

① [美]舍伍德著；福建师范大学外语系译：《罗斯福与霍普金斯》上册，北京：商务印书馆1980年版，第571页。(后文引述该书，仅出注作者及书名、卷数、页码)

福对英国驻美大使哈立法克斯保证，万一日本直接进攻英国或荷兰的领地，美英无疑站在一起；还许诺美国将动用菲律宾的美国空军支援西南太平洋的英军，美国海军将对日本实行远距离封锁。12月3日和4日，罗斯福向哈立法克斯保证，美国的“援助”就是“武装援助”，并同意美、英、荷三国应分别向日本提出警告，反对进攻泰国、马来亚和荷属东印度。① 12月7日，美国陆军部长史汀生、海军部长诺克斯与赫尔一起讨论通过“魔术”破译的日本发给野春的最后两封类似于“最后通牒”的电文。三位内阁官员不知道战斗将在哪里打响。史汀生在日记里写道：“我们三个人都认为，如果英国人打仗，我们也必须打。”据胡适回忆，罗斯福在同日与胡适谈话中认为，日本政府可能赶忙要对美国11月26日的最后照会作出答复，预料这样匆忙的答复是个“欺骗行为”。罗斯福的感觉是，“四十八小时内，在泰国、马来亚、荷属东印度群岛并且‘很可能’在菲律宾群岛也许会发生某种‘严重的’的事”。② 据霍普金斯记载，罗斯福“的确认为，日本人的策略将是避免同我们发生冲突，他们不会进攻菲律宾或夏威夷，而是将向泰国、法属印度支那推进，再对中国做进一步的进犯，还可能进攻马来海峡。他还认为，他们将在适当的时机攻击俄国”。③

这些都证明罗斯福及其美国军政上层在日本进攻前尽管认识到了战争危机，但是对美国会在战争之初受到日本进攻却估计不足。

12月6日(华盛顿时间)日本电告正在美国谈判的驻美大使野春：终止日美谈判。22时30分，美方破译日本电文的前13段，其中指责美国在东亚制造战争。罗斯福就电文意思马上认为：“这意味着战争!”但是罗斯福并没有判断出日本会偷袭珍珠港。12月8日(夏威夷时间7日，星期日)早上6时35分，美国一艘驱逐舰

---

① [美]罗伯特·达莱克著；伊伟等译：《罗斯福与美国对外政策1932—1945》上册，第443～444页。

② [美]赫伯特·菲斯著；周颖如等译：《通向珍珠港之路——美日战争的来临》，北京：商务印书馆1983年版，第360～361页。

③ [美]舍伍德著；福建师范大学外语系译：《罗斯福与霍普金斯》上册，第577页。

在珍珠港外击沉日本一艘袖珍潜艇，7时，一架执行反潜巡逻任务的美机用深水炸弹袭击了另一艘日本潜艇，但没有引起美国夏威夷军事当局的重视。事态很明显，日本已经开始了袭击前的侦察骚扰行动。7时35分，日本水上飞机侦察报告舰队指挥部说美国太平洋舰队仍在珍珠港内。此时，日本攻击飞机已经飞到瓦胡岛(Oahu Island)上空。

因此，美国战前判断显然是错误的，并导致了在毫无准备的基础上接受日本首先攻击美国太平洋舰队的事实。当然，没有估计到日本会首先攻击美国的还包括英国，在太平洋战争爆发前，英国向美国提出预警与求援都是集中在西南太平洋和东南亚会被日本进攻问题上，也没有料到日本会冒如此风险攻击美国。这些都加剧了美国的麻痹心理。

与前述美国战略判断相连接的是，美国希望对付完德国之后再来对付日本，这显然是战略设想中的理想化成分。反映在太平洋防御问题上，就是没能促进建立起比较完整严密的、美英有效配合的海上防御体系，因此美英在战略计划上存在明显不足，导致为实施该战略进行的准备中有很大漏洞。战略计划中关于援英抗德部分，美国的措施是比较完备和具体的，根据当时的大西洋和地中海方面的实际状况也是切实可行的。而在太平洋方面，由于美国从会谈一开始就不准备承担多少责任，因此，计划中关于远东部分都是美国参加对日作战之后采取的军事步骤。① 1941年美国陆海军联合部订立的《胜利大纲》中，关于远东部分是："暂时避免需要大量部队的行动。"1941年7月，美国在菲律宾设立远东司令部。但是，美国菲律宾防御尤其是远程空军基地预计到1942年底完成。特别重要的是，美国与英国在太平洋防御问题上没有整体的配合与协调。② 美英的战略计划对美国而言，其远东部分只有它卷入对日本

① Maurice Matloff, Edwin M. Snell. *Strategic Planning for Coalition Warfare, 1941-1942*, pp. 32-36.

② Samuel E. Morison. *Two Ocean War, A Short History of the United States Navy in the Second World War.* Boston: Little, Brown and Company, 1963, pp. 33-39.

作战之中才有某种实际意义。即便如此，美国则固守阿拉斯加—夏威夷—巴拿马三角防卫线。① 即使卷入战争，美国的任务也只是负责中太平洋以及以援助方式侧翼打击并夺取马绍尔群岛(Marshall Islands)阵地，袭击日本交通线。② 这样，所谓“太平洋守势”的全部含义只反映在美国参加对日本作战之后。

而日本太平洋战争初期的胜利，将美英在战略上陷入极其被动的局面，与战前战略规划与设想相去甚远。美国恪守中太平洋防线，英国坚守西南太平洋的战前太平洋防御计划基本上无法实行。这种状况导致了太平洋战争初期美英荷各自为政的应对以及失利。更为严重的是，日本太平洋战争初期的胜利与美英在战初的失利，极大地冲击了美英战前制定的战略。③ 按美国海军部呈送罗斯福的一份报告中的说法：“我们不能丢失任何地方，同样，我们也不能在每一地区赢得胜利，力量分布应有侧重。”④

1941 年 3 月，美英联合参谋首脑会议决定的是美国主要军事力量用于对付德国，即使在日本决定介入战争的情况下也遵守这一战略。⑤ 8 月，在美日谈判期间，罗斯福也出于对欧洲方面的考虑，认为美日“会谈的现实目标不是根本改变日美关系，这看来几乎肯定是办不到的；而是争取时间——当美、英、俄在加强他们的军事力量的时候，保持太平洋和平。如果情况许可，就一直延长到把希特勒打败之后；国际形势的变化甚至可能迫使日本改变政策而不必进行战争”。⑥ 舍伍德评述说：“那些在美国与不列颠掌大权

---

① Dorothy Borg, Shumpei Okamoto. *Pearl Harbor as History*, pp. 177-179.

② Dorothy Borg, Shumpei Okamoto. *Pearl Harbor as History*, pp. 177-179.

③ Irvine H. Anderson, Jr.. *The Standard-Vacuum Oil Company and the United States East Asian Policy, 1933-1941*, p. 151, 153.

④ Dorothy Borg, Shumpei Okamoto. *Pearl Harbor as History, Japanese-American Relations, 1931-1941*, p. 46.

⑤ Samuel E. Morison. *Two Ocean War, A Short History of the United States Navy in the Second World War.* Boston: Little, Brown and Company, 1963, pp. 33-34.

⑥ [美]罗伯特·达莱克著；伊伟等译：《罗斯福与美国对外政策1932—1945》上册，第 435 页。

的人，在估计上犯了两个根本的错误，他们大大低估了日本人的军事实力和胆敢精神，同时又大大高估了日本人的政治精明。”①这一说法是有道理的。历史表明，美国战前全球战略与太平洋防御都建立在排除美国首先受到日本攻击的基础之上，而最初的设想和计划都在日本冲击面前失去了前提条件，两洋战争或者欧亚战争都成为美国同时需要面对的现实，美国不得不面对这个现实对全球战略计划作出重大调整。当然从战略全局而言，日本在其陆军主力被拖在中国的条件下从事陆海两面作战，其未来的战略困境是可想而知的，而被日本炸弹炸醒的美英会同中国抗战所从事的太平洋战争则是战略胜利的开始。

英国在太平洋战争爆发前除了本身应对德国战争军力无暇东顾之外，也存在思想上的麻痹，轻视日本，认为其不敢发动对远东的进攻。丘吉尔首相对澳大利亚、新西兰的总理保证说：“除非德国进攻英国取得胜利，日本不会宣战。”1941 年 7 月，丘吉尔认为以菲律宾为基地的美国战略轰炸攻势，外加迅速开往远东的英国远东舰队，就可以吓得日本不敢开战。丘吉尔甚至说：“我认为日本不敢对抗英美俄等国的联合战线……只要我提到的舰队一到，尤其是到达的一艘英王乔治五世号战列舰，日本更会迟疑。”②可见，英国在对日作战准备上既感到自身实力不足，同时也存在着盲目的侥幸心理。

太平洋战争爆发后，美英在华盛顿召开代号为“阿卡迪亚”(Arcadia)的会议，会上新成立美英荷澳(ABDA)战区。但是，由于日军进攻速度的快捷，很快使得这一仓促设立的战区迅速被分割。英国固守其殖民地和势力范围的陈旧观念，导致贻误战机，最明显之例即为缅甸。

对于英美中三国而言，缅甸对其都具有重要的战略地位。对中

① ［美］舍伍德著；福建师范大学外语系译：《罗斯福与霍普金斯》上册，第 586 页。

② Christopher Thorne. *Allies of a Kind: the United States, Britain and the War Against Japan, 1941-1945*, p. 56.

国来说，经过缅甸的滇缅公路此时是中国与外部联系的唯一国际通道，对中国抗战具有不可估量的意义。而美国则把缅甸视为太平洋战场的右翼，十分重视缅甸战场。缅甸对于英国来说则更为重要，如果日军占领缅甸，便可以此为基地来侵犯英国最重要的殖民地——印度。这是英国最不愿看到的事情。但英国在缅甸军事力量不足，而美国在此地几乎没有地面部队，日军进攻时，唯一能够大批支援英军的便只有中国部队。蒋介石曾向英国表示，如果英国需要，他可以派遣8万人入缅作战。但是英国在中英合作防御缅甸问题上始终处于矛盾境地，认为要中国军队帮助防守缅甸有损于大英帝国的威信，而有利于扩大中国在缅甸的影响，危及英国在缅甸的殖民统治。中国远征军入缅前，英国为维护其殖民统治，极力拖延中国军队入缅布防，在与日军的作战中，又一再置中国军队于不顾而单独退却，致使缅甸迅速沦陷。杜聿明回忆说："英国人的国策是：远东殖民地宁可让与敌人，不愿让与友邦。"①太平洋战争爆发后，中英签订了《共同防御滇缅路协定》，形成了中英军事同盟。但是，根据杜聿明回忆："中国远征军入缅作战，由于中美英三方矛盾重重，是一个极其复杂的过程。自1941年12月11日第一次下动员令起，至1942年2月26日远征军正式动员，在这两个多月时间里，时而动员入缅，时而停止待命，时而准备东调，反反复复，捉摸不定，至使仰光沦陷，失去了保全仰光国际交通线的机遇。"②中国远征军入缅后英勇奋战，在保卫东吁(Toungoo)，救援仁安羌(Yenangyaung)被围英军等战斗中取得重大战果。在日军进攻缅甸后，英国虽已将远东战略的重点由新加坡转向缅甸，但其着眼点却是印度。英国对缅甸的态度是"弃缅保印，保存实力"，所以英军既没有把缅甸放在首要的战略地位，也没有打算拼死相争。在这种战略思想的指导下，英军在日军的打击下节节败退，始终未

① Christopher Thorne. *Allies of a Kind: the United States, Britain and the War Against Japan, 1941-1945*, p. 35.

② 中国人民政治协商会议全国委员会 文史资料研究委员会：《远征军印缅抗战》，北京：中国文史出版社1990年版，第12页。

能进行有效抵抗，而中国远征军孤军深入，势单力薄，结果滇缅公路被日军切断，中国远征军分两路退入印度和中国云南，缅甸战役失败。

日本偷袭珍珠港和太平洋战争初期的重大胜利，使太平洋上的主动权暂时掌握在日本的手中，这是对"先德后日"战略原则的严重挑战。日本进攻所造成的局面和美国"先德后日"战略制定时的预想和具体计划都相去甚远。美国和英国并不能按照已有的计划那样维持太平洋已有防御阵线和与日本处于较长时期的对峙状态。日本在太平洋上的攻势瘫痪了美国太平洋舰队，突破了西南太平洋英国的防线。如果日本进一步占领澳大利亚，将在太平洋上彻底阻隔美国与西南太平洋的联系，日本将成为雄踞太平洋，并可利用太平洋战略资源进一步进兵西半球的大帝国。1941 年 12 月 11 日，日德意军事协定关于作战区域的分配中，日本除在东经 70 度以东的亚洲大陆作战外，在太平洋承担的作战区域是：大致东经 70 度以东至美洲西岸的海面即该海面上的大陆及岛屿(澳洲、荷属东印度、新西兰)等。1942 年 1 月 18 日，日德意军事协定作了相同划定，但在三国瓜分世界的作战分区图中，日本军事行动区的范围直至西经 70 度，扩及几乎全部北美洲大陆和将近一半的南美大陆，如果这一局面出现，太平洋上中美英盟国将完全处于战略分割状态，不仅会影响到其后对日本的反攻，就是太平洋上的防御状态也很难维持下去，这样的战略格局对盟国极为不利。同时，日本的西南太平洋进攻，危及盟国的枢纽地带印度及印度洋。如果日本乘胜西进印度，就会完成与德国在中东的战略连接，使本来在北非战况不佳的英国雪上加霜。果真如此，反法西斯盟国的几大战场，苏德战场、中国战场、非洲地中海战场、太平洋战场都将被孤立起来。

总之，美英太平洋战争初期的重大失败从历史层面讲，是美英战略向积极方面转化缓慢而犹豫造成的，也是长期对日政策中妥协因素所导致的结果。从近期原因看，是美英战略判断错误，防卫思想麻痹，相互间的合作乏力所致。问题的严重性还在于，美英太平洋战争初期的失利导致了反法西斯盟国在战略上的短期被动，日本的攻击潮水甚至危及了盟国的整体战略构架。恰如太平洋战争前中国抗战对于美英东亚战略向积极方面转化的促进，美英此间所面临的战略危机的摆脱，同样与中国抗战的重大战略作用有着密切的联系。

二、美英应付太平洋危机的全球战略调整

美英在太平洋战争初期的失败，其负面影响对反法西斯盟国来说是全方位的。美国“先德后日”战略面临的冲击是一个极其严重的现实问题。因此，美国根据形势调整了战略计划。在不改动大战略原则的情况下，将实施大战略的目标期限作了相应的后移。首先稳定住实现“先德后日”战略原则所必需的东方战线，顶住日本在太平洋上的潮水。也就是说，不能马上按“ABC-1”所预定的计划行事。

太平洋战争初期的形势超出了美国及英国战前的估计：即维持太平洋基本防线，在获得西线对德意的胜势之后再将人力物力投入到太平洋方面。但是，美英在太平洋的原有防线几乎全线崩溃。如罗斯福在给丘吉尔的电文中所说，珍珠港事件后的几个月，“除中国、荷兰、英王国和美国军队的抵抗外，大多数都是坏消息”。①在西南太平洋，问题就更为严重。日本对澳大利亚和印度的威胁，从海路与陆路构成对盟国战略构架的枢纽之地中东，及连接欧亚的交通生命线极其严重的威胁。到1942年中期，澳大利亚、印度已经成为没有大洋防线遮蔽的防御底线。反法西斯盟国面临的危机是战略性的。因此，如何处理“先德后日”战略原则和解决面临的实际形势之间的矛盾，是摆在美国面前的新问题。这就必须对战前的战略计划作调整。

1941年12月最后一个星期至1942年1月中旬，美英军政首脑在“阿卡迪亚”会议上进一步确认了“德国第一”的原则。同时也认为，在集中精力打败德国的时候，在东方战场仅维持一种防卫关键地域，阻隔日本通往对其从事战争努力生命攸关的原料产地的作战

① Warren F. Kimball. *Churchill and Roosevelt, the Complete Correspondence* Volume Ⅱ, p. 64.

态势。鉴于太平洋上的形势，美国参谋长联席会议也认为，除俄国战场外，1942 年不能对德国发动大规模的进攻。只能在有利的情况下，准备有限的陆地进攻。① 关于保卫东方战场关键利益的计划是：澳大利亚、新西兰和印度的安全必须维持；中国的战争努力也必须维持。对那些能最终发展为对日反攻的战略要地必须防护。备忘录中规定东方战场近期维护的目标是：1. 夏威夷和阿拉斯加；2. 新加坡、荷属东印度要塞、菲律宾；3. 缅甸仰光和通往中国的交通线路、西伯利亚沿海省份。要求在这些地域维持基本兵力。1942 年 3 月 4 日，丘吉尔在给罗斯福的电文中也同意北非作战的"体育家"(Gymnast)计划在几个月内不考虑，并要求美国借船给英国运送两个整师 4 万人去印度洋缓解危机。罗斯福 3 月 7 日的回电也再次重申"体育家"计划不能实施。② 这个会议备忘录表明，稳定远东太平洋地区是最为迫切的任务。这就对战前计划有了较大的改动。会上，英国参谋提出"保卫东方战场的关键力量"的计划，具体为："必须维持澳大利亚、新西兰、印度的安全，支持中国的战争。"可以说，此时美国的实际步骤就是首先用较大的投入稳定远东局势和太平洋战线，然后再实施西线对德战略作战。这完全是为了应付先前未预料到的局面。还有一点与战前计划不同的是，备忘录中明确将"支持中国的战争努力"列入了太平洋和远东战争中必须维持的基本点。这是美英军方首脑通过战争现实对中国战场战略地位的更为明确的阐述，是挽救太平洋危局的关键因素之一。另外，苏联全力对德，继续将德军主力牵制在苏联战场，也是美英完成实施"先德后日"战略准备的关键。

罗斯福也在 1942 年 1 月 6 日给国会的信中谈了战略看法："随着希特勒式的柏林—罗马—东京联盟的形成，全部占领者们的计划就成为一个统一的计划。在这个整体计划之下，作为对占领者阴谋

① Warren F. Kimball. *Churchill and Roosevelt, the Complete Correspondence*, Volume Ⅰ, p. 381, 390.

② Hans-Adolf. *World War Ⅱ, Policy and Strategy: Selected Documents with Commentary*, pp. 193-196.

计划的补充，日本所起的作用就是切断我们支援英国、俄国和中国战争武器的运输线——因为武器将加速希特勒末日的到来。日本在珍珠港行动的目的在于：惊吓我们——使我们将我们的工业和军事力量转移到太平洋地区，或者甚至转向我们自己的大陆防御……摧毁文明的物资和精神中心——这已经是和仍然是希特勒和他的意大利、日本的如意算盘。他们试图损害英国、俄罗斯、中国和荷兰的实力，然后联合他们的力量达到最终目的——占领美国。”在谈到盟军作战问题时罗斯福说：“我们不能以防御思想进行这场战争……在某些情况下，作战是防御性的，目的在于保卫关键地域。而在另一些情况下这些战争将是进攻性的，目的在于打击共同的敌人，对其进行全面的包围，最后完全击败他。”①

问题在于，太平洋的形势由于日本的推进更加复杂化。因为日本深入到荷属东印度、俾斯麦和所罗门群岛，这使太平洋实际分割为两个战区，一个为西南太平洋战区，一个为太平洋战区。英国海军在战争之初就被扫荡干净。由于美国的太平洋舰队遭到重创，所以，先前的“彩虹-5”和“ABC-1”所规定的美英太平洋战争计划即沿中太平洋推进的计划，不可能实施。因此美英面对的关键问题是如何首先稳住防卫阵线，不使日本这股潮水继续向战略关键地域蔓延。② 罗斯福将首先挽救太平洋危机局面称为首先打败德国战略的“间歇期”。1942 年 1 月 14 日，“阿卡迪亚”会议的最后一天，罗斯福重申了坚持“先德后日”战略原则的立场，美国军政首脑对未来战略重心取向没有任何犹疑：“一旦日本进攻被抑制，北非作战将再成为美英战略的首要问题。”③关于战略责任的安排，首先是稳定太平洋局面。罗斯福在 1942 年 2 月 18 日给丘吉尔的信中谈道：“美国由于地理上的因素可增援太平洋右翼，即澳大利亚和新西

① Hans-Adolf. *World War Ⅱ*, *Policy and Strategy*: *Selected Documents with Commentary*, pp. 189-192.

② Maurice Matloff, Edwin M. Snell. *Strategic Planning for Coalition Warfare*, *1941-1942*, pp. 24-25.

③ Maurice Matloff, Edwin M. Snell. *Strategic Planning for Coalition Warfare*, *1941-1942*, p. 119.

兰……利用澳大利亚作为主要基地。而英国负责缅甸和印度。”3 月 7 日，罗斯福又将世界划为三个反轴心国战争的基本区域：“太平洋地区；中东和远东地区；欧洲和大西洋地区。第一个地区由美国负责，第二个地区由英国负责，第三个地区由美英共同负责。在罗斯福思路的基础上，美国陆军部作战司司长德怀特 · D. 艾森豪威尔(Dwight D. Eisenhower)将军将三个责任区界定为：1. 太平洋地区，包括美洲大陆、中国、澳大利亚、日本，是美国的责任区。2. 印度洋和中东地区，包括印度洋、中东、近东，由英国负责，美国提供物资援助。美国应该进入在印度的基地和在这些地区中至中国的道路。3. 欧洲和大西洋，在这里反德主要努力由美英联合负责进行。”①

在评估 1942 年头半年的太平洋形势中，美国参谋长联席会议计划为西南太平洋补充兵源。为对付日本对澳大利亚北部可能的空袭，美国将增援的空军补充到 16000 人，并削减冰岛、爱尔兰的兵员到西南太平洋，将美国在北大西洋的行动推迟一个月。② 罗斯福与丘吉尔同意美英参谋长联合会议的意见，从大西洋抽调美军至太平洋，推延原来既定的北非作战计划至 5 月底(后又延期)，使美国驻澳大利亚部队达到 59000 人。船舶方面，根据船舶专家的建议，在三到四个月时间内，减少对苏联运送租借物资船舶的 30% 以供太平洋方面之用。③ 从 1941 年 12 月—1942 年 10 月美国海外兵力部署情况看，太平洋方面与欧洲方面处于平衡状态。在 1942 年 6 月以前，美国海外兵力投入主要在太平洋方面。6 月以后，欧洲方面的兵力投入逐渐超过太平洋。到 1942 年 10 月，主要兵力投

① Maurice Matloff, Edwin M. Snell. *Strategic Planning for Coalition Warfare, 1941-1942*, p. 166.

② Maurice Matloff, Edwin M. Snell. *Strategic Planning for Coalition Warfare, 1941-1942*, pp. 116-117. Hance-Adolf. *World War Ⅱ, Policy and Strategy: Selected Documents with Commentary*, p. 212.

③ Hans-Adolf. *World War Ⅱ, Policy and Strategy: Selected Documents*, p. 212. Maurice Matloff, Edwin M. Snell. *Strategic Planning for Coalition Warfare, 1941-1942*, pp. 118-119.

入为北非、中东地区。① 对于与太平洋防御作战相联系的战略总体框架下的欧洲方面，特别关注的是苏联战场的支撑。1942 年 3 月，美国军事计划人员认为，苏联战场的军事前景是未来欧洲形势的关键，可能也是世界形势的关键。一旦苏联垮掉，美英不仅会回复到苏德开战之前的局面，而且会更糟，更不用说实施战略步骤。② 3 月 11 日，罗斯福对摩根索也谈道："没有什么事情比让俄国人被打垮更糟的了……"③美国军政首脑认为，美英在太平洋顶住日本人的攻击到在西线发动对德国战略打击中间这一段时间，除苏联单独顶住德国的攻击之外，再就是苏联避免两面作战。因为日本的成功使轴心国的形势暂时极为有利，德意日实施联合战略和利用相互资源的可能性大大增强。作为世界战略，希特勒对日本第一位的要求就是同意进攻苏联。④ 这是美国极为担心的，因为在太平洋局势还未稳定，中东局面不佳时，苏联是抗击德国的主要力量。

总之，尽管美国坚持不偏离"先德后日"战略原则的立场，但日本的大力推进和美英盟军的大举溃退以及太平洋防线的崩溃则是一个严肃的现实问题。美国军政首脑都清楚，不首先稳定太平洋，就不可能顺利推行"德国第一"战略。对于这一点，丘吉尔也有同样的看法，他在"阿卡迪亚"会议期间，即 1942 年 1 月 10 日谈道："虽然因此应当把对德国的战争列为首位，但是要说我们对日本则'立于守势地位'，那就错了；相反地，使我们在德国战败以前能够在远东渡过当中这一时期的唯一办法就是恢复主动权，哪怕是在

① Richard M. Leighton, Robert W. Coakley. *Global Logistics and Strategy 1940-1943*. Washington D. C.: Office of the Chief of Military History, United States Army, 1955, p. 732.（后文引述该书，仅出注作者及书名、卷数、页码）

② Maurice Matloff, Edwin M. Snell. *Strategic Planning for Coalition Warfare, 1941-1942*, p. 178.

③ [美]罗伯特·达莱克著；陈启迪等译：《罗斯福与美国对外政策》下册，第 486 页。

④ Hans-Adolf. *World War II, Policy and Strategy: Selected Documents with Commentary*, 1972, No. 67, 68, 89.

较小的规模上。”①在 1942 年底北非登陆前夕，美国内部、美英之间，在欧洲进攻问题、中东问题等显示“德国第一”战略原则的主要点上，进行过多次讨论，甚至争论，但最后结果都还是暂时让位于稳定太平洋的迅疾任务。因此，美国在这一阶段的主要注意力实际是放在太平洋方面，这是对“ABC-1”的重大调整。

事实也是如此，鉴于日本攻击造成的不利局面，美国将主要的注意力暂时放在了太平洋区域。珍珠港事件发生之后，美国第一关注的焦点是，日本是否继续向美国西海岸进击。② 同时鉴于战况，美国军方对原计划在战争一开始就实施“ABC-1”和“彩虹-5”的战略部署作了修改。美国军事行动以太平洋守势作战为主，并限制在防卫夏威夷与美国本土的范围内，并通知英方“美国太平洋舰队不能支持盟国在远东的军队”。1942 年 1 月 3 日，美国陆军计划署甚至将解救菲律宾的作战取消，将防卫作战转到澳大利亚。这一方案得到参谋长联席会议的批准。③ 在“阿卡迪亚”会议上，美国在坚持“德国第一”原则的同时，也强调太平洋战场“更特殊的任务”，即首先在太平洋顶住日本的进攻潮水。④ 3 月 29 日，美海军欧内斯特 · J. 金(Ernest J. King)上将在论证太平洋战场此时的重要性时表示，他并不反对集中大部分美军对付德国，而只是基于这样一种观点：“不同意在太平洋方面形势仍不确定之时开始对德作战。尽管太平洋方面的投入需要比欧洲方面要少，但却是更急迫。”5 月 4 日，金上将又谈道：“波列罗计划(Bolero)，(横渡英吉利海峡的

---

① ［英］丘吉尔著；韦凡译：《丘吉尔回忆录》第三卷《伟大的同盟》，长春：时代文艺出版社 1995 年版，第 691 页。(后文引述该书，仅出注作者及书名、卷数、页码)

② Grace Person Hayes. *The History of the Joint Chiefs of Staff in World War II*. Maryland: The United States Naval Institute Press, 1982, pp. 27-29. (后文引述该书，仅出注作者及书名、卷数、页码)

③ Grace Person Hayes. *The History of the Joint Chiefs of Staff in World War II*, pp. 30-31, 35.

④ Grace Person Hayes. *The History of the Joint Chiefs of Staff in World War II*, p. 39.

欧洲登陆计划——作者注)是重要的，太平洋问题也不能小视，而且更紧迫——现在必须正视了。"4 月 4 日，道格拉斯 · A. 麦克阿瑟(Douglas A. MacArthur)也自澳大利亚呼吁，日本将对澳大利亚采取大规模进攻。4 月中旬，美国海军计划署制定了对日作战的四步计划，要求增强太平洋的军力，准备对日反攻。①

对于此间马歇尔与英国之间关于实施"先德"战略目标地选择的争论，罗斯福也明确表示了先稳定太平洋防线的观点。5 月 6 日，罗斯福给在伦敦的马歇尔去电，重申在澳大利亚需补充 1000 架飞机和建立 10 万地面部队，并直截了当地说："关于补充飞机到南太平洋战场是我的想法……以维持那里的最大限度的力量。我不想放慢'波列罗'准备步骤，但空袭作战的成功似乎可以抑阻日本对澳大利亚和新西兰的大规模进攻。"罗斯福与马歇尔的战略思想的分歧不在要不要"先德"，而在于罗斯福希望先为实施"先德后日"战略打下坚实基础，也就是在太平洋"持续地努力作战以维持现有地位和力量"。②

在这一期间罗斯福的思想很明确，就是进行世界性的防御战，稳定战略构架，为实施大战略做好铺垫，而不是对德进攻，按照"ABC-1"的计划实施"德国第一"战略步骤；在欧洲方面则主要是使苏联不垮。罗斯福说："我认为在今春和今夏实施非常困难……1942 年以物资尽力支持苏联抗德的巨大努力是合乎逻辑的。"另外是维护好太平洋防御的底线。因此，罗斯福在给麦克阿瑟将军的电文中表示要尽力支持太平洋防线，并作了具体安排："第一，派送全部能调遣的空军到澳大利亚；第二，如有可能，确保太平洋交通线；第三，尽可能经常性地打击日本交通线。"他要求麦克阿瑟将军预计，"日本是否会全面进攻澳大利亚和新西兰"，"是否将继续对

① Richard M. Leighton, Robert W. Koakley. *Global Logistics and Strategy 1940-1943*, pp. 732-733.

② Maurice Matloff, Edwin M. Snell. *Strategic Planning for Coalition Warfare, 1941-1942*, pp. 211-222.

印度和锡兰进行大规模的作战，或停留在临近加尔各答一线”。① 罗斯福的电文全面反映了他所关注的几个有关防御战略的关键地域。麦克阿瑟在回电中则阐发了“太平洋第一”和在“太平洋开辟第二战场”的观点。这显然不符合罗斯福支持太平洋防御作战的战略目的，罗斯福未表示同意。应该注意到的是，美国军政首脑注重的上述这几个地域都与中国战场有关：限制日本在太平洋继续增兵；限制日本北进苏联；限制日本西进印度。这些都离不开中国战场对日本陆军主力的牵制。

美国为了首先稳定太平洋防线，尽力修正了战前太平洋消极守势战略。1941 年 12 月 17 日，为维持美国到澳大利亚交通线的畅通，美陆军参谋总长马歇尔批准在澳大利亚建立空军基地，这是美国空军在西半球以外聚集的最大空军力量，以“准备实施比防卫菲律宾更为可靠的战略”。美国陆军部长史汀生对此有详细阐述：“如果我们被逐出菲律宾和新加坡，我们可退守荷属东印度和澳大利亚；并且与中国合作——如果我们能保持下去——我们就能给予日本极大地打击。如果我们持失败主义观点，这就不仅会灾难性地影响我们的政策，使日本安然存在于西南太平洋，其后将花极大代价才可将其赶出去，而且从心理上讲，将更影响中国的斗志。”② 1942 年 4 月与 6 月，美国分别在中国重庆和新加坡两次召开太平洋会议，与英国、加拿大、澳大利亚、中国、新西兰、荷兰和菲律宾的代表讨论太平洋、亚洲、印度的形势，草拟掌握对日作战主动权的重要方案。罗斯福的思想很明确，就是将美国战略与其他国家的政策协调起来。这两次会议的目的是考虑在所有战线上阻止日本集中军队打击完一个目标后进击另一个目标，即分散日本的兵力。会议表明了美国在太平洋和远东作战中的积极姿态和比以往更积极

---

① Grace Person Hayes. *The History of the Joint Chiefs of Staff in World War II*, pp. 126-127.

② Stimson, Bundy. *On Active Service in Peace and War*, pp. 396-397. Maurice Matloff, Edwin M. Snell. *Strategic Planning for Coalition Warfare, 1941-1942*, p. 88.

的立场。罗斯福阐明："现在远东地区已是由战争支配的场所，最快和最集中的努力应该由盟国的统一行动而做出。远东的行动是世界性努力的一部分，这种努力就是在更持久的基础上建立起国际军事合作。"①这应该说是美国在面临危局、基于战争实际结果和趋势所作的正确战略选择，表明美国从事太平洋积极防御作战的决心。从另一角度讲，也是对以前战略缺憾的修补，为正确实施"先德后日"战略奠定了基础。

在太平洋防御的同时，稳定英国在中东的防线也是为实施"先德后日"战略打好基础的必要环节。太平洋战争初期，美国军事计划人员就估计到：德国可能会趁势进攻中东，横扫英帝国，从而与日本会合。② 1942 年三四月间，即德日中东会师的可能性较严重时期，日本海军开到印度洋；而德军在中东获胜，逼近埃及。到六七月间，德国隆美尔将英军赶到埃及阿拉曼(Alamein)地区。美国德怀特·艾森豪威尔(Dwight Eisenhower)将军强烈表示，应想办法"阻止日本和德国军队在苏伊士运河以东和新加坡以西会师"。③马歇尔也向罗斯福解释："丢失中东将会使德国和日本军队在印度洋会合。这将是一个灾难性的后果。"史汀生的看法则相反，认为不必过高估计丢失中东的后果，而应将防止德日中东会师的注意力放在日本方面。最后的决策是暂缓对中东的空中支援，而是把重点放在增援第10 航空队，对付日本在太平洋的突然侵入。④

上述都说明了美国对军事态势的判断和对太平洋危急形势的态度。同时也反映出此间美国关注的重点在太平洋，主要担心日本进攻浪潮继续向印度洋及印度蔓延。如美国军事史学家韦格利所说：

---

① Maurice Matloff, Edwin M. Snell. *Strategic Planning for Coalition Warfare, 1941-1942*, p. 86.

② Grace Person Hayes. *The History of the Joint Chiefs of Staff in World War II*, p. 27.

③ Maurice Matloff, Edwin M. Snell. *Strategic Planning for Coalition Warfare, 1941-1942*, p. 189.

④ Maurice Matloff, Edwin M. Snell. *Strategic Planning for Coalition Warfare, 1941-1942*, p. 200.

“在珍珠港事件之后整整六个月内，美国人不顾一切地牺牲包括给予欧战优先考虑的计划在内的一切长远战略，匆匆拼凑资源以支撑太平洋防线，以对付日本人在任何特定时间和地点所发动的最强大的攻势。”“战前计划低估了日本的威胁，因而即使不在理论上也是在事实上打乱了欧战优先的计划。”①

总之，太平洋战争初期美国面临的是轴心国对其战略构架的全面冲击，首要的任务是要堵住日本法西斯这股祸水，这是对先前“先德后日”战略的必要调整，而中国战场对世界战略全局的战略地位则是在挽救美英盟国战略危机中得到更加充分的体现。

第二节　中国在挽救美英危机中的战略地位

中国在挽救因为美英的重大失利所造成的盟国战略构架出现危机中做出了巨大的贡献。日本在太平洋战场持续战略进攻的最大瓶颈问题就是“兵源”不济，而正是中国战场紧紧牵制住了日本陆军主力，使得日本不可能在其他战略点用兵。美英对中国的战略需求也正是在这一问题上。同时，中国战场也成为美英在实施“先德后日”战略全过程中必须维护的东亚战略支点之一。

一、美英对中国战场的战略需求

太平洋战争爆发后，美英在战争初期遭到日本的严重打击，其结果是极大地影响着反法西斯战争的整体战略形势。美英“先德后日”战略计划也必须作相应调整，以挽救这一涉及世界局势的危机，而中国战场在这一调整中居于极其重要的战略地位。美国在太平洋战争初期的基本目标根据大战略要求是相互关联的两个：第一是必须坚持“先德后日”的战略原则；第二是要首先稳定东方战线。这两项都要求中国战场继续拖住大部分日军陆军。

---

① ［美］拉塞尔·F. 韦格利著；彭光谦等译：《美国军事战略与政策史》，北京：解放军出版社 1986 年版，第 331，384～385 页。

在1941年底的“阿卡迪亚”会议上，美国军方对世界各个战场形势作了估价：认为反法西斯盟国并不处在进攻的位置，而是在所有地区都处于战略防卫状态。在分析了苏联战场、中东战场、美国本土防御形势之后，美国军事首脑考虑到中国战场的战略作用和客观情况，明确提出：“中国需要军事物资；为了中国的安全和空中、海上的交通，需要防卫新加坡—菲律宾—荷属东印度一线；中国全力进行防卫作战并支持缅甸防御，提供对日空中作战基地。”其后，在《关于远东地区的方案》的第6条中，又强调性地载明：“增加对中国的支持。”①在陆军参谋总长马歇尔的坚持之下，美英参谋首脑联合会议决定设立中国战区，蒋介石为战区最高司令。美国战略决策者还正式将中国列入对日进行战略轰炸的基地之一。美国的这些决策都与太平洋战争前的战略计划有了很大区别。“阿卡迪亚”会议中“保卫东方战场的关键利益”的计划中就载明：“必须维持澳大利亚、新西兰、印度的安全，支持中国的战争。”在近期目标中，也将“尽力维持仰光和援华道路”列入主要战略点的目标范畴，这是英方提出的。同时，美方也开始考虑，“如果缅甸丢失，如何继续实施援助中国的计划”。②

在美、英、荷、澳指挥部建立之时，美国参谋计划人员还企图将缅甸东北包括在中国战区之中。即，蒋介石指挥区域包括中国，“缅甸东北部，泰国和印度支那一部分，作为盟军易进入的地域”。由于英方反对，在计划送给罗斯福与丘吉尔批准之前缅甸部分被删除。③ 12月22日，丘吉尔与罗斯福在华盛顿举行会谈，决定英国坚守新加坡；增强美国在澳大利亚的军队，准备反攻。同时也商议从中国进行对日空中作战。罗斯福已预见到德国会向东南方向推进，因此，在远东方面，保卫印度和缅甸就极为重要。12月31

---

① Grace Person Hayes. *The History of the Joint Chiefs of Staff in World War II*, p. 39.

② Maurice Matloff, Edwin M. Snell. *Strategic Planning for Coalition Warfare, 1941-1942*, p. 121.

③ Grace Person Hayes. *The History of the Joint Chiefs of Staff in World War II*, p. 75.

日，美国参谋长联席会议在应对日本进攻的一份计划中规定，在太平洋区域“须确保的优势要地，从这里可对日本发起最后进攻”的地方有：夏威夷、阿拉斯加、新加坡、荷属东印度防线、仰光至中国的道路、西伯利亚沿海省份。但是不久美英的全部战略防御成了“战略退却”。这一形势使美国必须迅速作出新的决策，罗斯福建议联合参谋长会议商议，面对这一新的形势，“应该做什么”。①1942年的1月和2月，美国战略计划者们认识到西南太平洋可能不保，提出退守战略，其中，缅甸和澳大利亚是基本支持要地，而看重缅甸也是因为其“是支持中国和保卫印度的基础之地”。由于澳大利亚和新西兰的英军和英属军队调到北非和中东，因此，日本对这一地区的进一步攻击就极可能造成战略威胁。②

值得指出的是，作为战略家和政治家的罗斯福，在思考和处理中国的战略地位和与中国的战略关系上确实胜于美国其他军事首脑们。在太平洋战争初期能限制德国和日本的主要兵力的只有苏联和中国。罗斯福在太平洋战争爆发初期就对中国大使胡适明确地表示：“至盼中国在各方面袭击，务使敌军疲于应付，不能抽调大量军力。”③罗斯福在1942年1月26日致丘吉尔信中也曾提出成立由美英苏中参加的战略物资联合组织。④ 1942年1月底成立了太平洋委员会，包括英、澳、新、荷、印，中。⑤ 关于中国、澳大利亚、新西兰要求扩大美英参谋首脑会议的建议，美国参谋长联席会议是极力反对的。其主要原因在于美国要将战略实施的大权掌握在

---

① Grace Person Hayes. *The History of the Joint Chiefs of Staff in World War II*, p. 43.

② Warren F. Kimball. *Churchill and Roosevelt, the Complete Correspondence*, Volume 1, pp. 329-330. Grace Person Hayes. *The History of the Joint Chiefs of Staff in World War II*, p. 44.

③ 秦孝仪：《战时外交》(三)，第43页。

④ Warren F. Kimball. *Churchill and Roosevelt, the Complete Correspondence*, Volume Ⅰ, pp. 328-339.

⑤ Arthur N. Young. *China and Foreign Helping Hands 1937-1945*. Combridge Massachusetts: Harvard University Press, 1963, pp. 219, 221.

自己手中，随心所欲地让其他盟国围绕该战略行事。如马歇尔就直言不讳地说："其他国家拥有投票权就能在任何时候从任何作战中撤走他们的军队，因为他们不批准。"因此最后决定，太平洋委员会的运作是"政治性的"，不应以任何方式影响美国的军事决定。① 这就是美国拒绝中国参与战略决策的真正原因，而这一意向是不能让中国执政当局完全明了的。4 月 10 日，美国白宫宣布：太平洋委员会作为"辅助"性质，在华盛顿建立，是一个咨询性机构。② 可以看出，美国及英国拒绝中国参加美英参谋长联席会议的战略和物资分配的决策目的是清楚的，美英有自身利益的考虑。这样做，既可以将战略控制权牢牢掌握在美英手中，又可以使中国战场继续支持"先德后日"的战略取向。从近期来看，也可以支持美国挽救太平洋战场的危局。恰如罗斯福在 1 月 9 日给财政部长摩根索的备忘录中谈到的，给中国 5000 万美元贷款："将中国拴在我们的战争中。"美国国务院远东司顾问霍恩贝克也认为："是我们将中国系在我们战争(仍然也是她的战争)之中的时候了，越紧越好。"③

从战略上讲，美国此时对中国的战略需求，实际上就是使中国仍然能独自支撑对日本的战略牵制，支持和配合美英维持太平洋远东的防御体系，这是美国加强对中国一定的物资支持的根本原因之所在。1942 年 2 月，根据太平洋日军进攻之后形成的战略格局，以前的 ABDA 防线已经基本垮掉。罗斯福和美国军方首脑确定了太平洋新的防御战线的底线。这就是：澳大利亚主要部分，新西兰全部，中国的巨大团块。1942 年 2 月 11 日，罗斯福在给丘吉尔的信中就谈到，"我正密切注视着中国"，美国将建立起从印度到中国的空中航线以物资支援中国，并将调拨更多的运

---

① Grace Person Hayes. *The History of the Joint Chiefs of Staff in World War II*, p. 95.

② Grace Person Hayes. *The History of the Joint Chiefs of Staff in World War II*, p. 96.

③ Michael B. Kublin. *The Role of China in American Military Strategy from Pearl Harbor to the Fall of 1944*, pp. 44-45.

输机执行这一任务。① 2月15日新加坡陷落之后，罗斯福与哈里·霍普金斯(Harry Hopkins)讨论形势。霍普金斯提出：第一，美国应负责增援荷属东印度、澳大利亚和新西兰；第二，美国主要负责军事援助中国。罗斯福几天之后对丘吉尔提出了下一步的战略行动，即"两翼"之说："右翼基础于澳大利亚和新西兰，左翼则在缅甸、印度和中国。"由于地理原因，美国主要负责右翼，并以澳大利亚为基地。1942年2月18日，罗斯福致丘吉尔信中完整谈到这一战略安排，并表示要加强对华飞机援助，因为中国是有效进攻作战的地域。②

关于派遣美方代表到中国战区问题，同样是在大战略框架下，为了使中国坚持下去，策应美国的战略目标。1942年1月1日，在建立中国战区的过程中，美国陆军部官员曾提出，所派遣去中国的高级美国陆军官员应随带足够的部队和资金，使中国足以从事防御性进攻而打败日本。该提议受到陆军部部长史汀生的支持。但是，作为决策机构的美国参谋长联席会议首脑没有一个人谈到"什么是美国在中国的具体目标。美国陆军在中国的行动在打败日本的总体战争努力中占何种地位"。这主要是因为坚持"先德后日"战略的马歇尔等人认为，在大战略之下，"美国利用中国的人力资源，保持中国于战争之中"即可，无须投入美国地面部队。这样，"保持中国于战争之中"的迅疾目标就是"装备训练在中国的军队"。美国对中国的战争的直接贡献应该是空中力量和参加游击行动，最后达到美国可以以中国为基地对日本发动空中进攻的目的。结果是马歇尔等人的意见占了上风。应该说，这是其后罗斯福支持陈纳德在华"空中战略"的最初渊源。也就是说，这是对美国不准备提供大宗关键战略物资和派遣部队到中国进行战略支援的一个补充

① Warren F. Kimball. *Churchill and Roosevelt, the Complete Correspondence*, Volume Ⅰ, p. 353.

② Warren F. Kimball. *Churchill and Roosevelt, the Complete Correspondence*, Volume Ⅰ, pp. 362-363.

措施。①

1942年1月9日，美国陆军部决定："必须迅速采取实际步骤防止中国战争努力的减弱：密切与蒋介石元帅的联络；……派一名美国代表到中国督管租借物资；统帅在中国的全部美军；维持在中国的缅甸路(指滇西路云南段)。"除派军事代表之外，陆军部还计划派空军驻扎中国南部；尽快装备数个师的中国军队，以在美国代表的指挥下有效战斗。美国参谋长联席会议对美驻中国代表的具体职责规定为：1. 督管和控制美国对中国的全部防卫援助事务。2. 在元帅(蒋介石)之下，指挥全部美国在华军队与可能被分派的中国军队。指挥在缅甸的任何美国和中国军队……使这些军队与美、英、荷、澳战区最高司令官合作。3. 代表美国政府参加在中国的各种国际战争讨论会议。4. 控制和维持在中国(境内的)缅甸路。② 这就是说，在确定约瑟夫·W. 史迪威(Joseph W. Stilwell)赴华之前，美国军事代表的任务就已明确，即促使中国为美国的迅疾防御战略和其后将要实施的"先德后日"战略服务。史迪威赴华之前就清楚美国不可能采取两洋并重战略。他在1941年12月29日的日记中写道："我们还没有强大到在大西洋和太平洋同时动真格地做点事情，只能是二者取一。"③史迪威1942年2月25日到达新德里。鉴于缅甸可能不保，他曾要求派遣美国陆军到印度，但遭到陆军部的拒绝，理由是美国部队投入的重点在太平洋岛屿防御和准备欧洲反攻方面。这就说明，史迪威的使命不单纯是为了打通援华路，而更重要的是牢牢控制这一地区，以达到上述美国全盘战略的目的。

在1942年上半年，美国的全部问题就是如何使中国拖住日本，不使其西进印度。按美国参谋长联席会议的指令就是：第一，增加

---

① Charles F. Romanus, Riley Sunderland. *Stilwell's Mission to China*. Washington D. C.: Office of the Chief of Military History Department of the Army, 1953, pp. 65-68.

② Grace Person Hayes. *The History of the Joint Chiefs of Staff in World War II*, pp. 77-78.

③ [美]约瑟夫·W. 史迪威著；黄加林等译：《史迪威日记》，北京：世界知识出版社1992年版，第19页。

美国支持中国政府从事战争的有效性；第二，支持促进中国军队有效战斗。① 史迪威使华的责任头衔很多，但其根本点则是史迪威接受美参谋长联席会议的指挥，贯彻美国的战略意图。这是史迪威和蒋介石之间产生矛盾的根源之所在，也是中国受援少而不稳定的根本原因。可以说，从一开始，美国就对中国的战略地位定了位：支持中国打下去，并在亚洲大陆对日本军队进行战略牵制。这种牵制的实际含义决不同于战术上的随机牵制。中国须做出的巨大战略牺牲将要贯穿整个“先德后日”战略实施和完成的过程。这就是美国坚持对中国物资援助、史迪威使命的全部真谛之所在。②

1942 年 2 月，新加坡丢失，美英荷澳战区使命结束后，按罗斯福的“两翼”说，中国战场的地位就更加凸显出来。2 月 19 日，艾森豪威尔列出战争中援外物资船运优先次序，排在第一位的是中国：“维持现存防地；支援俄国防御；基本供给给英国；紧急项目只提供给中国。”③2 月 20 日，由于美国陆军部充分认识到援华物资运输的困难，最后确定“大多数飞机可能用于印度而不是中国”。陆军部也承认，“空中运输可能支持中国，但不能维持即便是象征意义上的在中国的空军的物资供应”。④ 应该说，这主要是美国担心太平洋大溃败波及到中国，同时也希望中国支持挽救太平洋危局而进行的临时战略投入的排位。英国在日本切断滇缅公路之前就关闭了仰光口岸，并在中国入缅作战问题上设置障碍，援华通路危在旦夕，由此中国向美国发出“迅速实施全面援华政策”的呼吁。3 月，美国参谋长联席会议只同意分配给中国可以运送到中国的军

① Grace Person Hayes. *The History of the Joint Chiefs of Staff in World War II*, p. 200.

② ［美］约瑟夫 · W. 史迪威著；黄加林等译：《史迪威日记》，北京：世界知识出版社 1992 年版，第 19 页。Grace Person Hayes. *The History of the Joint Chiefs of Staff in World War II*, p. 202.

③ Maurice Matloff, Edwin M. Snell. *Strategic Planning for Coalition Warfare, 1941-1942*, p. 156.

④ Maurice Matloff, Edwin M. Snell. *Strategic Planning for Coalition Warfare, 1941-1942*, p. 142.

火。4月26日，日军占领腊戌，缅甸防卫战失败。美援华陆路完全断绝。原拟装备中国30个陆军师的物资更多地被搁置下来。

在缅甸丢失之前，宋子文就曾向美方提出开辟航空路线。日本进攻缅甸作战一开始，罗斯福和顾问们就预见到仰光丢失和滇缅公路被切断的可能，指示陆军部寻找另一援华路线，以作为支持中国的象征，维持中国对日本的牵制。如罗斯福对美国陆军航空兵司令阿诺德(H. H. Arnold)将军所说的："无论多么困难，我们的路线(援华空运线——作者注)必须保持，这是一个基本点。"从大战略的需要出发，为了保持对中国的物资援助，美国在缅甸援华道路被切断期间，坚持开通了艰难的"驼峰"援华空中运输线。缅甸路被切断之后的一段时间，援华物资囤积在印度，美方无足够飞机运送。因此，美国陆军部甚至想削减援华租借计划，但遭到中国的强烈反对，史迪威也表示强烈不满。援华物资问题也受到美英自身需要的严重影响。而其间的主要原因仍然在于美英自身的需要以及对战略枢纽地优先的考虑，特别是英军此时在中东非洲区域战况不佳的态势。罗斯福在3月7日给丘吉尔的信中，同意丘吉尔的看法，即印度和中东对美英方面的重要性。为保卫这两地的军队调配及物资供应，战略物资从预先分配给中国和经红海到苏联的25船物资中抽出。① 3月11日，美国海军也依照代号为"友谊"的计划在中国建立中美合作组织(后名为"中美合作所")，组织中国海军地下游击队，搜集气象信息，建立情报网，以配合美国海军在太平洋的作战。这一组织的绝大部分物质也靠"驼峰"运输的供应，少量靠海运。②

但是，美国对华援助有限性的根本点在于让中国战场支持其渡过战略调整期，并服从于"先德后日"战略原则。1942年5月7日，美国政府拟定的下一步战略投入计划中，明显地表现了实施"先打

---

① Warren F. Kimball. *Churchill and Roosevelt, the Complete Correspondence*, Volume Ⅰ, p. 391.

② Grace Person Hayes. *The History of the Joint Chiefs of Staff in World War II*, p. 204.

败德国"的战略意图，汇同英国的援助一道，美国也将在1942年7月到1943年6月期间给苏联700万吨军火和其他物资，英国也提供100万吨，以使苏联能继续吸引德国主力于苏德战场。① 而中国则在为每月能得到5000吨的物资援助作最大努力。5月底，中国只得到了很小一部分空运物资。由于首先满足中东方面的需要，美国也拒绝了蒋介石增加运输机运送援华物资的要求。运往中国的吨位，也不是先前告知史迪威的3500吨。到10月，每月的援华空运量也不会超过500吨。6月22日，美国军火分配委员会准备取消7月的对华军火分配，陆军计划署的汉迪(Handy)将军对此表示强烈反对，并坚持应支持史迪威与蒋介石达成的协议，在印度训练中国军队的计划。他认为，中国的军事形势十分严峻，如果在这种环境中违背与中国的协议，将严重削弱和损及史迪威的地位。② 这应该说是美国此间大战略调整中重要的一环，即让中国战场起到主要限制日本持续对太平洋方面增兵的作用。但由于援助英国和苏联的需要，再加上运输机的不足、空运困难以及管理上的种种问题，中国得到的受援物资极少。

美国对华空军方面的支持因为服从于美国全面战略，也是极不稳定的。1942年3月5日，为应付缅甸丢失将对整个远东防御构架产生的负面影响，美国在印度组建第10航空队，执行在中国战场的空中进攻作战。其"最终作战目的是：攻击日本通过中国海的交通线和直接攻击日本本土"。③ 这一战略目的很明确，主要为配合防卫印度这一通向中东的枢纽地和策应太平洋战场。因此，美国空军(包括陈纳德的志愿航空队)都受到这一战略目的的制约。4月，日本舰队进入孟加拉湾(Bay of Bengal)，进攻科伦坡(Colombo)和亭可马里(Trincomalee)。马歇尔通知史迪威调用第10

---

① Maurice Matloff, Edwin M. Snell. *Strategic Planning for Coalition Warfare, 1941-1942*, p. 229.

② Grace Person Hayes. *The History of the Joint Chiefs of Staff in World War II*, p. 210, 213.

③ Grace Person Hayes. *The History of the Joint Chiefs of Staff in World War II*, p. 203.

航空队到孟加拉湾，而将美国在华志愿航空队的一流战机调到印度去补足第10航空队，保卫印度。美方通知蒋介石政府时所解释的原因是："只有印度保住了，才能维持对华空中运输线。"在缅甸丢失之时，美国陆军部将原拟空军基地设在缅甸的计划改变为设在中国，"在亚洲大陆建立一个以日本为最终目标的空军轰炸基地"。由于援华通路和物资的限制，美国将在西南太平洋的轰炸机组移到印度，执行支持中国和英军的任务。最终目的为轰炸日本本土。① 但是，依照"先德后日"大战略的要求，美国空军战略支持的重点地域明显是在西线。到太平洋日本进攻的潮水基本抑制住之后，6月12日，罗斯福在给丘吉尔的信中就阐述了美国空军部队的调配设想问题。美国航空队总数近19个重型轰炸机组、12个中型轰炸机组、6个轻型轰炸机组、18个歼击机组将被派驻美洲大陆、中东和印度。② 也正是此时，中东英军作战方面出现危机。由于这是美英战略计划应尽力确保的区域，美国为挽救中东这一战略区域的危局，设立了非洲和中东司令部，其重要使命就是既保卫印度也保卫中东。③ 德国隆美尔兵团占领利比亚的托布鲁克(Tobruk)。美国由此对中东实施紧急救援，从中缅印战场也抽调了3个空军机队到中东。第1机队正作为美国特别行动机队以中国为基地对日本目标实行轰炸作战，但在6月初被派往埃及，接受轰炸罗马尼亚普洛耶什蒂(Ploest)油田的任务。第2机队则是在印度的第10航空队的一部，任务是在中缅印地区作战，首要任务是保卫德国和日本军队可能汇合地区的末端印度，确保盟国至印度的航线，其次是支持中国。这样，当德国在汇合部的另一端——中东造成威胁之时，对第10航空队的调动也就是实行它承担的首要任务的一部分。美国对第3机队的调动就是指示史迪威，调1942年1月分配给中国的33

---

① Maurice Matloff, Edwin M. Snell. *Strategic Planning for Coalition Warfare, 1941-1942*, pp. 139-140.

② Warren F. Kimball. *Churchill and Roosevelt, the Complete Correspondence*, Volume Ⅰ, p. 509.

③ Maurice Matloff, Edwin M. Snell. *Strategic Planning for Coalition Warfare, 1941-1942*, p. 245.

架 A-29 型战斗机到埃及担任守卫任务，理由是这批援华飞机离开美国时受阻，要到 6 月底才能发运。这样，这批飞机就成为美国在中东空军部队的一部分。

美国飞机的调配直接影响了此间援华的唯一手段——空运。第 10 航空队的一些运输机也被调走，这对中国正面战场来说无疑是雪上加霜。6 月底，蒋介石向罗斯福提出援华最低限量的 3 项要求：1. 派三个美国师于 9 月帮助重占缅甸；2. 500 架战斗机于 8 月派到中国作战；3. 从 8 月开始每月 5000 吨物资空运中国。但是美国军火分配署则在讨论报请联合参谋首脑会议，决定是否在 7 月分配给中国 3500 吨军火。最后，由于美国参谋长联席会议考虑到与中国的关系，还是决定 7 月供应中国 3500 吨。① 罗斯福的顾问霍普金斯也深知中国战场的困难和战略重要性，他在 6 月 15 日对宋子文说，中印空运为世界战略全局最重要之事，愿向海军部及英方力争。霍普金斯并询问美国第 10 航空大队到中国没有。蒋介石在宋子文的电文中批示说，"美第十大队到华者至今仅见轰炸机五架而已。"6 月 22 日，宋子文在给蒋介石的电文中报告了与罗斯福、丘吉尔晤谈情况：丘吉尔谈到各战区情况，"德国力攻利比亚，即苏联南方前后情形并谓都伯克虽失守，埃及可守……克复缅甸，不但为恢复中外交通，亦为保障印度也。印度已到英军甚多，雨季后将由水陆反攻缅甸敌军"。罗斯福也谈到，中国局势确甚吃紧，空军援助至属重要，余等虽一致赞成维持中国、印度原来空军计划，但埃及与苏南同时告急，实无法增拨……无论如何，必当补足前定一百架飞机……本年夏季战事确最危急之时，但余与丘相以至诚之心，同情中国……绝无丝毫漠视之理……克复缅甸，已有准备计划。② 这反映出美国既重视中国的战略地位，又不可能或不愿意作更大投入的政策意向。蒋介石政府从策略上也就是利用这一点，以中国抗战不能坚持而向美国提出援助要求。英国曾要求对第 10 航

---

① Grace Person Hayes. *The History of the Joint Chiefs of Staff in World War II*, pp. 215-217.

② 秦孝仪：《战时外交》(三)，第 162，163 ~ 164 页。

空队的指挥权，鉴于中方的态度，7月，美国参谋长联席会议对英方的提议表示了明确的反对，并通知英国驻印空军司令伊菲尔元帅："第10航空队的首要任务是支持中国，此时再将其从史迪威将军直接指挥下移走是不明智的。这样的调动将严重影响中国的士气。"①

如前所述，缅甸失守后，对反法西斯盟国战略构架威胁最大的就是日本趁势攻击印度；而能牵制日本主要攻击力量陆军的，就是中国。中国在缅甸战役失利后处境是极为艰难的。从战略上讲，中国正面战场处于日军正面和侧后的夹击态势。从受援上讲，由于滇缅公路被切断，国民党军队的补给更为困难。因此，美国极为担心蒋介石政府及其军队退出战争。尽力通过"驼峰"运输物资的方式保持与中国战场的精神和物资上的联系。特别是通过援助，使在地域上与缅印相连的中国国民党正面战场保持稳定局面。这对于美国挽救太平洋危局来说，确实是极其重要的战略需求，同时也关系到接下去的大战略实施的长远目标。美国军方人士认为，为了达到使蒋介石积极作战而不使其放弃抗战的目的，"必须多走一多半的路去与蒋介石交涉，担心他可能放弃作战而与日本谈判"。除此之外，"美国此时也不想给蒋介石施加压力，因为美国还没有处于完成迅疾的和有效的军事支持的地位"。②

到1942年中期，日本太平洋进攻势头已经达到极限，因此，美国的战略调整期也行将结束，"德国第一"的战略也将开始启动。1942年6月24日，美国联合计划署下的特别委员会提交一份报告。报告涵括日本战场、德国战场，并认为，美英在面临的两个主要敌人时的战略，应基于以下两个基本考虑：第一，确保主要战争工业地区和其间的基本海、空交通；确保联合国家战斗部队的交通线。第二，扩展我们的战斗部队，在防御战场展开对敌进攻行动。

① Grace Person Hayes. *The History of the Joint Chiefs of Staff in World War II*, p. 218.

② Grace Person Hayes. *The History of the Joint Chiefs of Staff in World War II*, p. 211.

当提供其他盟国军火和军事支持之时，需要保持他们对轴心国家进行有效战斗。中国属于第二项基本考虑。为了避免太平洋方面过早的大规模进攻，计划者们认为应重申基本战略概念："以最大限量的军队从事对德进攻作战(在最早可行的日期)，以最小限量军队在全部其他战场维持战略防御。"鉴于南太平洋的有限进攻行动已经开始，联合计划参谋会议将计划进行修改之后交给联合参谋首脑会议，其中"h"项中则是有条件地提到援华问题："在不损害上述'a'项，及对欧洲方面战略供应的情况下，准备重占缅甸，目的为开通与中国的陆路交通。"①这就为其后以"先德"战略使中国作战略投入方面的让位埋下了伏笔。第一，中国与俄国战场是为美英保持自身战略利益和实施大战略服务的。第二，重占缅甸和开通援华公路作战受到"先德"的制约。

英国对中美英联合重新占领缅甸作战问题在英军退往印度之后就开始计划，但是，计划过程中反映的问题也集中体现了英美战略需要中国的支持，而且是通过中国作出巨大牺牲与代价来满足英美战略需求的问题。英国远东司令部埃奇博尔德·P. 韦弗尔(Archibald P. Wavell)陆军元帅在英军退守印度后，就开始制定一个在缅甸南部的两栖进攻计划，以重占他们原来的殖民地，巩固印度东部边境的安全。而史迪威的关注点是将日军赶出缅北，重新打通通往中国云南的陆上交通线。韦弗尔一直认为，"中国的战略意义十分重大，不派遣美国军队进入这个战区是一个巨大的错误"。②

而中国方面坚持的就是中美英在全缅进行大规模联合作战，必须有北面中国陆军进击与南面英国海军登陆的共同战略配合。经过长时间的讨论和争执，中美英三方逐渐达成了共识，未来重占缅甸的计划将由南方的英军、在印度西北部受训的史迪威率领的部队和

① Grace Person Hayes. *The History of the Joint Chiefs of Staff in World War II*, p. 158.

② Grace Person Hayes. *The History of the Joint Chiefs of Staff in World War II*, p. 227.

云南的中国军队共同执行。联合计划委员会提出的计划，与英国的计划类似，分三个阶段：第一阶段，对阿恰布(Akyab，缅甸“实兑(Sittwe)”的旧名)海岸发动两栖进攻，建立空军基地；从阿萨姆(Assam)进攻北缅，同时由云南进攻腊戌(Lashio)；对仰光(Rangoon，Yangon)和曼德勒(Mandalay)以及日军交通线发动持续和猛烈的空中打击。第二阶段，进攻仰光，占领仰光—庇古—锡当河(Sittang)地区；或者，沿着缅甸海岸线逐步建立空军基地直到勃生(Bassein)港，随后进攻仰光，占领仰光—庇古—锡当河地区；或者，登陆从毛淡棉(Moulmein)，陆路进攻仰光，同时封锁到泰国的道路。第三阶段，南北夹击曼德勒；肃清残敌和巩固阵地。①但是这个计划所需兵力与物资动员是巨大的。计划是，由于陆上补给线有限，行动应当主要依靠两栖进攻。为了在雨季之前完成，行动必须在1943年2月1日发起。预计这次战役需要动员云南的6个中国师和印度的10个步兵师，一个装甲师和一个伞兵旅。空中力量需要510架战斗机、544架轰炸机、35架侦察机和100架运输机。同时，为支持这次行动，英国东方舰队应该出动至少6艘战列舰、4艘航空母舰、4艘重巡洋舰、12艘轻巡洋舰、24艘驱逐舰和20艘潜艇，还有大量登陆艇来运送两个步兵师和一个装甲师。②但是，根据军事力量的分析报告，美英联合计划委员会认为在雨季前集结所需的部队和物资是不可能做到的。登陆艇的需求和军队训练两栖作战战术的时间尤其缺乏。最后决定，不在1943年秋天之前进行这场战役。

对于重占缅甸的作战，史迪威也曾设想和要求派遣美国军队。1942年5月25日，他在给马歇尔和陆军部的报告中明确提出这一要求：“我坚信中国的战略重要性，不派遣美国战斗部队去克复缅甸是一个严重的错误。横扫泰国，然后从中国方面进军河内—海

① Grace Person Hayes. *The History of the Joint Chiefs of Staff in World War II*, p. 239.

② Grace Person Hayes. *The History of the Joint Chiefs of Staff in World War II*, p. 240.

南—广东三角地，从这里可以控制日本和满洲的主要空中通道，以及与南中国海的海上航路。”史迪威认为美军的这一行动能提高中国士气，继续从事战争，也可帮助他组织中国军队进行进攻行动。史迪威还建议尽快派1个或者更多的美国师进入印度。① 美国陆军部格鲁伯将军也认为应确定派出1个师到印度的期限，而派3个师作为目标。他申述的理由是：“中国是潜在的通往日本的最佳道路，这里有成功的期望……也将有利于激励在中国和在印度的军队……可能最终获取双倍的中国军队进行反攻作战，还将迫使英国实施缅甸作战。”②但是史迪威和格鲁伯的建议都没有被美国参谋长联席会议接受。1942年下半年，重占缅甸的问题开始考虑。但是美国参谋长联席会议没有订立任何收复缅甸的计划，只认为首先占领北缅是最好的办法。根据史迪威的设想，首先收复北缅，这样就可以开通一条从印度阿萨姆基地到中国的陆路交通，并为最终克复缅甸全境奠定基础。因此史迪威提出训练中国师以进行北缅作战的计划。这一计划获得美国陆军部的批准，因为这一做法既可缓解同中国由于租借物资所引起的矛盾，又可以有一定规模的军队在中缅印战场作战，最为重要的是，“无需派美国军队到这一遥远而无吸引力的地区作战”。③

1942年6月，在罗斯福的批准下，登陆北非的“火炬计划”(Torch)已确定，美国全力准备将军队投入到中东。8月1日，联合参谋首脑会议将缅甸作战确定为：“从印度发动的缅甸作战限制在战略防御作战内，作为防卫印度和鼓舞中国抵抗之必须。”美国参谋长联席会议也不批准派军队到印度。这就与史迪威的设想大相径庭。也就是说，美国战略中缅甸作战放在最末位，并且受对德主要作战的制约。在这种大的框架内，重占缅甸作战一再被拖延的命

① Maurice Matloff, Edwin M. Snell. *Strategic Planning for Coalition Warfare, 1941-1942*, p. 228.

② Grace Person Hayes. *The History of the Joint Chiefs of Staff in World War II*, p. 229.

③ Grace Person Hayes. *The History of the Joint Chiefs of Staff in World War II*, p. 227.

运从这一时期就决定了。当然，美国也决不情愿中国战场垮掉。如罗斯福的参谋长 W. D. 李海所说："中国抵抗的失败可能导致美国在太平洋战败，必须采取特别措施重开缅甸路，其他援华措施也应采取。"①所以，其后美国一方面推延全缅作战，另一方面也采取措施促使北缅作战的展开，坚持对华空运物资，并在中美关系出现矛盾之时尽量缓和。这些都是战略投入重心不能放在中缅印，同时又要求中国战场支持大战略实施和支持太平洋作战之所至。对于这一点，马歇尔承认："美国在几乎没有为支持中国做些什么的情况下，是没有资格敦促中国行动的。"②

1942 年 9 月，鉴于太平洋方面战争形势的缓解，美英联合参谋首脑会议对各战场的船运援助计划做了新的排序：1. "火炬"，中东，太平洋，俄国(通过南部路线)；2. 美国在英国和中国的航空队；3. 冰岛；4. 波列罗；5. 印度和中国。这一排序表明太平洋防线的大致稳定，美国准备开始实施"先德后日"战略，中国战场的受援置于最后。美国陆军部格雷斯将军就曾说："在美英联合参谋首脑会议的战略考虑中，中缅印是组成的一个潜在战略区域，但不是在迅即的未来展开大规模决定性军事作战的地区。在战略政策研究中，这是一个防御性的区域。美国参谋长们设想，在反日战争的最后阶段，中国，由于其地理位置，将证明有一个大的战略重要性。因此，在缅甸和印度的行动都基于这一设想。"③英国支持中国完全也是为了印度防卫的战略需要。比如 1942 年 2 月至 4 月，在对华贷款问题上，英国就预设条件，贷款仅限于战争的目的，而不能用于战后建设的支出。因此，英国在对华贷款数额上与中方进

① Grace Person Hayes. *The History of the Joint Chiefs of Staff in World War II*, pp. 229, 230.

② Maurice Matloff, Edwin M. Snell. *Strategic Planning for Coalition Warfare, 1941-1942*, p. 228.

③ Grace Person Hayes. *The History of the Joint Chiefs of Staff in World War II*, p. 183.

行了长期的拉锯谈判。① 这些都表明了美英对中国具有强烈的战略需求，但是又希望以尽可能少量的对华支持达到这一目的。

可以看出，中国战场就美国军事首脑及英方的想法来讲，在“先德后日”大战略的框架下，其主要作用就是世界大格局中的战略牵制，这样也就规定了中国战场在物资受援和战略支持问题上处在最不利的位置；而且，中国还需配合美国具体战略意图的实施，正是这种战略需要，使重占缅甸问题成为美中英之间马拉松式商议和规划的问题。尽管如此，美英战略调整仍然在短期内达到了目的，这是因为中国抗战在艰难状况下坚持的结果。

二、中国对挽救美英危机的战略贡献

太平洋战争爆发后，世界反法西斯阵线终于建立起来，一个世界范围内反法西斯战争的完整战场格局形成。对中国来讲，所面临的问题是要站在世界战争全局的角度，来判明在新形势下中国战场所处的位置，并以此来指导中国抗战的实践。中国共产党的战略家们科学地回答了这一问题，使中国抗日战场不仅有效地打击了日本侵略者，同时也有效地支持了其他反法西斯战场，支持了美英应对战略危机与战略调整。

1941 年 12 月 9 日，中共中央发出“关于太平洋反日统一战线”的指示，其中谈道：“中国人民与中国共产党对英美的统一战线特别有重大的意义。一方面，在与英美合作之下，消灭日寇是中国民族解放的必要前提；他方面，中国内部团结一致，改革政治军事，积极牵制打击敌人，积极准备战略反攻，又是英美战胜日寇的重要条件。”② 12 月 12 日，太平洋战争爆发后不久，毛泽东在给周恩来的信中就谈道：“英美的总方针可能是对日取守，而对德取攻，先

---

① Sir Llewellyn Woodward. *British Foreign Policy in the Second World War*, Vol. Ⅳ. London: Her Majesty's Office, 1975, pp. 499-501.（后文引述该书，仅出注作者及书名、卷数、页码）

② 中央档案馆：《中共中央文件选集》第十三卷，北京：中共中央党校出版社 1991 年版，第 251～252 页。

集合英美苏力量解决德国，然后集合英美苏中力量解决日本……”①周恩来也在1941年12月14日《太平洋战争与世界战局》一文中分析：“在世界战局上说，德为主，日、意为辅……如果能速战解决日本，则移西于东，未尝不可使世界反法西斯的战略部署一时改变……这是不可能的，而且也必然会中纳粹诡计，使主战场上遭受难于挽救的损失。”②在这种分析和判断之下，中共中央号召全体军民继续坚持持久抗战的方针，顶住日军对解放区持续的压力。

12月17日，中共中央在《关于太平洋战争爆发后敌后抗日根据地工作的指示》中作了形势方面的辩证分析，也对新形势下中国抗战的任务作了相应部署：“太平洋战争的爆发，无疑的对于我国抗战是有利的。它将侵略营垒与反侵略营垒的对阵最后地加以分明了。从经济的(战争资源)、政治的(正义与非正义)及军事的(潜在力)各方面来看，最后胜利一定属于反侵略的国家。”中共中央对太平洋战争爆发作了客观估计：诸如日本侵略战线的延长，其困难会大大增加。这些都会极大地鼓舞抗日阵营的士气，打击日伪军和亲日派的气焰。反法西斯阵营的合作更加紧密等。同时，中共对于新形势下中国抗战仍然处于艰难困境的状况也有充分的思想准备，指出：“在太平洋战争初期，形势是有利于日本的。日本有了长期的准备，而英美准备不足；太平洋军事地理有利于日本，加之日本又占领海南、越南，整个南太平洋均处在日本的攻击与威胁中；日本为集中海空军作战，路程近捷，而英美集中兵力困难，路程遥远，因此，战争初期，英、美、荷可能受到一些挫折，日本可能取得一些战争资源，滇缅路可能被切断，太平洋战争一般的说是长期战争。日本闪击速胜是不可能的，而英美要反攻战胜日本亦非短期的事……根据上述估计，我敌后抗日根据地的总的方针应当仍旧是长

① 中共中央文献研究室：《毛泽东军事文集》第二卷，第672～673页。

② 中共中央文献研究室：《周恩来军事文选》第二卷，北京：人民出版社1997年版，第386～387页。(后文引述该书，仅出注作者及书名、卷数、页码)

期坚持游击战争，准备将来的反攻。应当说明太平洋战争后的有利形势，说明胜利前途更加接近，以克服右的悲观失望的情绪，以坚定胜利信心；同时说明敌后抗战仍旧是长期的，艰难的，残酷的，以避免懈怠心理的可能产生。”由此，中国共产党号召“在敌后艰难困苦条件下英勇斗争的全体同志，咬紧牙关，度过今后两年最困难的斗争……迎接全世界反法西斯的胜利与新的伟大时期的到来”。①1942 年 4 月 13 日，对于太平洋战争初期的战局，毛泽东在中央学习组讲话时进一步指出，反法西斯战线所面临的困难，其性质都是“黎明前的黑暗”。②

正是中共中央对于形势的正确分析和判断，中国敌后战场的广大军民在中共的领导下丝毫没有减低和松懈对自身抗战艰苦性、长久性的认识和斗志，始终坚持独立自主抗战的正确路线。在太平洋战争爆发前后，日本为了稳固自己的战略后方，加强了对中国共产党领导的敌后根据地的扫荡，在中国战场将主要的进攻方向放在中国敌后战场。中国共产党一方面密切注视国际局势的发展，另一方面站在反法西斯战争全局的高度，紧紧抓住坚持正确的游击战略，巩固和扩大敌后抗日根据地这一中心环节，领导抗日军民，与日寇展开艰苦作战，紧紧地束缚了日本侵略者的手脚。中国共产党中央于 1942 年 7 月 6 日、9 日，8 月 4 日连续发出“新四军支持现有根据地”，“山东根据地实为战略转移的枢纽”，“下绝大决心实行彻底的精兵简政”等强兵、巩固根据地的指示，以利于艰苦条件下的对日作战，并“增长力量，准备反攻”。③ 1942 年上半年，日本在中国的重点进攻仍然放在中国敌后战场，④ 把进攻作战主要目标对准中共军队。在敌强我弱的条件下，在不利的国际态势下，中国共产党采取一系列的正确方针和政策，顶住了日军的压力。中国敌后战场的晋察冀、晋冀鲁豫、晋绥、山东、华中、华南等抗日根据地

① 中央档案馆：《中共中央文件集》第十三卷，第 262～265 页。

② 胡乔木著：《胡乔木回忆毛泽东》，第 168 页。

③ 中共中央文献研究室：《毛泽东军事文集》第二卷，第 680～685 页。

④ 胡德坤：《中日战争史》（修订本），第 325～328 页。

和区域相继粉碎了日本的重兵进攻，继续紧紧拖住近50%的在华日军和90%以上的伪军。中共中央的决策无疑是从反法西斯大局、中国战场敌我力量对比的客观情况出发所作的正确战略决策，因为中国战场的战略作用和贡献首先在于对现代化装备的日军的牵制。中国战场，首先是敌后游击战场之所以能起到这种作用，完全在于能在巩固的根据地的支撑下，以灵活的战略战术与敌周旋，在强敌面前坚持下来。

中国敌后战场在日本北进苏联的问题上起着特殊的作用，长期地制约了日本进攻苏联的图谋。而对日本的制约，在于中共领导人长远的战略视野和正确的实践。1942 年上半年，由于苏联全力准备与德国在斯大林格勒地区展开决战，斯大林担心日本会在这一关键时刻配合德军从东线发动进攻，连续电催中共中央，要求中国共产党军队"走出根据地，向北向东，以大规模行动牵制日军，给苏联以直接援助"。中共中央对日本进攻苏联也曾有相同估计。1942 年 2 月 20 日，毛泽东在给刘少奇、彭德怀的电文中就说："柏林协定似以苏联为第一对象，春季后德日各以陆空军主力向北，而各以海军主力陆空一部及意国海陆空主力向南。"①至于如何应对这一局面，中共领袖与苏联领导人坚持了自己的战略决策。如毛泽东向苏方解释的："如果我们离开根据地不顾一切牺牲动作，我军就有可能被打败，无法长期坚持，这于我于苏都将不利。"②作为成熟的马列主义政党，中共的这一决策不仅是真正地支持了苏联，使日军没有在关键时刻配合德国，③ 同时也完全符合反法西斯全球战争战略需要。

中国在反法西斯战争关键时期的战略地位和贡献，其核心在中国抗日战场的完整保持，这在太平洋战争初期不利于反法西斯阵营的形势下尤其如此。对于中国战场的保持，中国国共关系的正确处

---

① 中央档案馆：《中共中央文件选集》第十三卷，第 337 页。

② 胡乔木著：《胡乔木回忆毛泽东》，第 164 页。

③ 耶·马·茹科夫：《远东国际关系史（1840—1949）》，北京：世界知识出版社 1959 年版，第 532 页。

理仍然是关键，这一点还是由中国共产党争取和做到的。为了团结抗日，1941 年 12 月 18 日，中共中央对华中局发出指示，鉴于“华中友军对我摩擦特别多，华中伪军对我危害特别大，因此，还要特别注意争取友军与加强对伪〈军〉的工作”。① 12 月 28 日，中共中央和中央军委又专门给八路军、新四军主要负责同志发出指示，其中说：“世界大势及国内大势迫得国民党要作某种政治上的转变，但其过程仍是慢的，我党我军的宣传务须避免刺激国民党，静观变化，少作批评，极力忍耐，不要躁急……对国民党以疏通团结为主，以防制其反共为辅。”②1942 年中期，中共中央根据国际反法西斯战争的形势，为了抗日战争和反法西斯战争的大局，再一次主动调整了对国民党的政策。7 月 9 日，毛泽东在给刘少奇的电报中说：“国内外局势是很有利的……苏美英三国团结得很好，影响到国共关系亦不会很坏。我们的方针是力争团结国民党，设法改善两党关系，并强调战后仍须合作建国……”7 月 7 日，中共中央发表《为纪念抗战五周年宣言》，重申中共在抗战初期关于与国民党合作的四项诺言，并根据毛泽东主席的提议，还表明了中共“对战后中国发展方向的见解和团结建国的方针”。③

因此，在反法西斯战争的关键阶段，中国战场内部保持了无重大军事冲突的团结局面。中国共产党对中国抗日民族统一战线内部矛盾的正确处理，制止了在反法西斯战争的艰难时期，也就是反法西斯阵营全线防御阶段，中国战场可能出现的分裂。中国战场作为完整战场的坚持，极大地限制了日本法西斯祸水在太平洋战场的继续蔓延，其世界性战略意义是不可低估的。总之，中国共产党在太平洋战争爆发和美国参战的情况下保持着清晰的战略判断，坚持着一直所遵循的正确抗战路线和方针，自觉而坚定地承担世界反法西斯战争所赋予的历史职责。

太平洋战争的爆发和中美英盟国共同抗击日本法西斯的局面的

① 中央档案馆:《中共中央文件选集》第十三卷，第 270 页。
② 中央档案馆:《中共中央文件选集》第十三卷，第 272 ~ 273 页。
③ 胡乔木著:《胡乔木回忆毛泽东》，第 169 ~ 170 页。

形成，无疑对中国国民党政府起到了鼓舞作用，其坚持的持久苦撑策略终于有了结果。1941 年 12 月 9 日，中国政府对日本宣战，同时也向德国和意大利宣战。12 月 23 日，中美英三国代表在重庆召开东亚军事会议，签署《共同防御滇缅路协定》，决定在重庆成立中美英三国军事会议，正式结成中美英三国军事同盟。鉴于中国战场抗击日本陆军主力的战略作用，美英华盛顿“阿卡迪亚”会议决定接受美国军事首脑提出的建议，设立中国战区，蒋介石为战区最高统帅。1942 年 1 月 1 日，以中美英苏四国为首的 26 国签署《联合国家宣言》，国际反法西斯统一战线正式形成。这些都标志着中国经历多年的孤军奋战终于赢得了盟国共同战斗的局面。为了配合美英挽救太平洋危局，也为了不形成对中国正面战场的更加不利的局面，特别是防止日军截断援华通路，中国国民政府军事委员会采取了对日牵制行动。1941 年 12 月 9 日命令各战区对当面的日军发动进攻，以牵制日军由广州向香港的进攻，策应香港英军。同时向云南集结军队准备入缅作战，支援英军的缅甸防御。这直接导致了日本为牵制中国军队南下而发动的第三次长沙战役。在太平洋战争初期美英战况极为不利的情况下，中国军队在第三次长沙会战中取得了胜利，不仅使中国正面战场防线得到维护，同时也是对各反法西斯盟国的巨大鼓舞。1942 年 1 月，英美媒体和官方都盛赞中国第三次长沙大捷。① 英国掌玺大臣艾德礼和美国参议院外交委员会主席康纳斯发表演说赞扬；美国陆军参谋总长马歇尔电贺；美海军部长弗兰克·诺克斯发表《告中国人民书》，指出这是所有同盟国家的共同胜利。② 其后，中国正面战场又进行了一些防御作战，维持了与日本军队的对峙局面和正面战场的基本防线，这是中国战场稳定坚持的重要因素之一。太平洋战争爆发后，日本在 12 月期间多次想利用有利局势促使蒋介石政府屈服投降，但均未达到目的。日本无可奈何地承认：“重庆政权抗战力量虽渐低落……尚能坚持

---

① Christopher Thorne. *Allies of a kind: the United States, Britain and the War Against Japan, 1941-1945*, pp. 192-193.

② 吴相湘：《第二次中日战争史》下册，第 797 页。

强韧的抗战意识，且因期待反轴心阵营的最后胜利，尚不致放弃抗战意志。”“即使重庆被攻占，蒋介石的抗战意志也不会改变，甚至即使和战两派对立，形成军阀割据的局面，能否屈服，也成问题。”①

美英在太平洋战争初期的大溃退，突出了中国对日本军队牵制打击的战略作用。1942年2月16日，霍恩贝克在给美国副国务卿韦尔斯的备忘录中，针对荷兰关于中国不迅即发动军事进攻的指责，霍恩贝克认为，不要忘记蒋介石已经成功地进行了四年半的防御作战，在抗战开始与中间阶段所有大国包括日本的大多数军事专家看法都是，中国坚持不了几个星期最多几个月。在那段时间，蒋介石请求诸大国给中国装备。但是无论英国与荷兰直到它们自己卷入远东战争时都没有给予任何装备。除了苏联与美国，中国从外界得不到什么。但是苏联与美国到今天也没有给予相对大量的物资给中国。中国一直缺乏飞机大炮，这是强有力进攻作战所必需的，而且蒋介石也看到美英荷在太平洋战争中都是首先考虑自身的防卫。因此霍恩贝克认为，“中国政府对在华日军没有任何行动”完全是瞎话。最近中国在长沙的胜利足以回应那些外国军事家的批评。②

1941年12月10日，蒋介石对美国军事使团马格鲁德将军表示，不满意美英对三国合作抗击日本的问题无具体行动计划。他批评英国不愿讨论华军进入越南袭击日本南进根据地之后路。此后，蒋介石就盟国联合作战问题多次向美英方面提出制定联合作战计划的主张。12月11日，他在接见英国驻华大使卡尔时说：“日本向英、美进攻已有四日……（盟国）无合作，无联系，军事行动之成功，即失去其保证。我人今日之抗敌，只见头痛医头，脚痛医脚之应付，最不足训。日本攻香港与新加坡，此实为中国之门户，然中国迄今仍茫然不知赴援之应如何着手也……英美双方，只知招架日

① 日本防卫厅战史室编纂；天津政协编译委员会译校：《日本军国主义侵华资料长编》中册，第132，175页。

② *FRUS*, *1942*, *China*. Washington: United States Government Printing Office, 1956, pp. 20-22.（后文引述该书，仅出注作者及书名、卷数、页码）

本所施之棒击，未闻有如何立于主动地位一举击毁其南进根据地之计议。"①12月15日，蒋介石对马格鲁德谈道："就整个南太平洋政局而言，除菲律宾因隔离大陆辽远不计外，全盘战略，应竭中、英、美、荷印四国之物资、人力以保卫新加坡不令失陷，此实为第一要着。其次则为缅甸，中国愿分负责任。"②12月22日，蒋介石又对英国韦弗尔将军等人提出中美英应该加强合作，并提出盟国联合战略的大纲，建议进行讨论，以指导太平洋战争。同时，蒋介石与宋子文对美英将中国排斥在美英华盛顿军事战略会议讨论之外极为不满，并提出强烈批评。③ 12月23日，蒋介石又向罗斯福提出召开远东有关各国联合军事会议，以协调相互之间的行动。④ 根据罗斯福给蒋介石建议的回复，蒋介石在重庆主持中美英联合军事会议，主题是"研究在东亚最有效之陆海军行动以击败日本及其同盟国"。会上蒋介石明确提出：应"规划足于兼顾整个亚洲地区的战略"，主张"倘断定亚洲战区为某一时期最重要之区域，则自当决定战略，予该战区以一切支配之优先权。届时，其他各战区应本拥护民主阵线利益之共同目的而牺牲其本身之利益，然决不容许某一战区并不危急，惟为保全其本身利益起见排挤他战区反而落后"。⑤

1942年1月开始，中国正式就派军队进入印度支那援助缅甸作战问题与美英进行了交涉，以挽救太平洋危局。⑥ 蒋介石也与罗斯福交换对印度局势的看法。⑦ 1月24日，蒋介石提出他将对缅甸与印度作短期非正式访问。在访问期间，他将与英印政治与军事当局讨论缅甸的军事形势，并与甘地与尼赫鲁会谈，以向他们说明

---

① 秦孝仪：《战时外交》(三)，第53页。

② 秦孝仪：《战时外交》(三)，第62页。

③ Sir Llewellyn Woodward. *British Foreign Policy in the Second World War*, Volume Ⅳ, p. 487.

④ 日本产经新闻古屋奎二编著：《蒋总统秘录》第十三册，第10页。

⑤ 秦孝仪：《战时外交》(三)，第82～87页。

⑥ *FRUS*, *1942*, *China*, pp. 749-760.

⑦ *FRUS*, *1942*, *China*, p. 761.

在共同目的中需要各方的充分合作。① 蒋介石访印的目的，除政治方面的原因外，② 也有增加中国在战略上说话分量和地位的意图。从战略上讲，印度是盟国战略构架中的枢纽之地。如发生内乱，日本很容易侵入印度，然后进军中东与德国会师。这将是对盟国战略的最大冲击与灾难，中国抗战也将陷入更加孤立的状况。英国接受蒋介石访问印度的目的也是有其长期打算，缅甸丢失是英国已有准备的。如英国外交部就认为："日军占领缅甸之后，必须保持中国于战争之中以牵制日军。而蒋介石是能够实现这一目标的首要人物。"③2 月 15 日，蒋介石在新德里与印度总督林里资哥讨论新加坡失陷后日军可能的侵略动向及如何防止德日军之会合等问题。蒋介石表示："我们应当尽一切力量，使德、日军队没有会合起来的可能。"次日蒋介石再次向英驻印军总司令哈特莱陈述保卫印度的意见，并总结他的战略观察："敌人将先攻锡兰。如果锡兰失陷，孟买与卡查克就在日军威胁之下了……如果德军再从近东前进，如此就很便利于日、德会师。"④ 2 月 22 日与 23 日蒋介石致电顾维钧，让其转告丘吉尔印度混乱的社会政治状况，并敦请改变统治方式以阻止日本侵略印度的图谋。2 月 25 日，蒋介石又致电顾维钧促英改变对印政策，并警告："印度万一动摇，不惟大英危殆则东方战局则全盘失败矣。"⑤ 1942 年 6 月 12 日，蒋介石致电外交部长宋子文转告中国军事代表团团长熊式辉，在下次太平洋作战会议提出中国提案："总盼军事会议对盟国整个战略作一确切检讨，接纳我方建议，迅速改变'先解决德国后解决日本'之战略，明确决定

---

① Sir Llewellyn Woodward. *British Foreign Policy in the Second World War*, Volume Ⅳ, p. 489.

② 如调解英印之间的矛盾，劝解印度顾全抗日大局，诸多著述已有说明。

③ Sir Llewellyn Woodward. *British Foreign Policy in the Second World War*, Volume Ⅳ, pp. 490-491.

④ 秦孝仪：《战时外交》(三)，第 396 ~ 401 页。

⑤ 秦孝仪：《战时外交》(三)，第 434，435，437 ~ 438 页。

太平洋上今后之最高战略，以利整个之战局。”①

应该说，蒋介石在美英战争失利状况下的这些努力，是中国对挽救美英太平洋战略危机的一个组成部分。蒋介石对美英的批评也反映了在战争形势下中美英关系的新变化，是一种战略互动的表现，但是，蒋介石主张“先日后德”的战略显然不符合战争整体实际。

对于中国的战略地位，中美英战略关系所存在的问题以及中国所付出的代价和牺牲，美国不少人士都提出了自己比较客观的看法。这些看法都折射出中国抗战对美英战略运行的价值。1942 年 5 月 9 日，赫尔在给马歇尔的电文中，再次重温罗斯福 4 月 28 日的谈话：“日本可能切断缅甸路，但是我要对英勇的中国人民说，日本的可能的推进算不了什么，(美国)将寻找出办法将飞机与战争军火输送给蒋介石元帅的军队。我们记得中国人民是在这场战争中第一个站起来与侵略者战斗的，在未来，一个不可征服的中国将在维持不仅东亚而且世界的和平与繁荣中扮演重要的角色。”② 5 月 20 日，在备忘录中汉密尔顿也认为，美国应该尽一切可能支持中国作为盟国战斗，这一重要性美国没有充分注意到也未得到强调。5 月 28 日，汉密尔顿再次强调支持中国的重要性。在 5 月 29 日的备忘录中霍恩贝克也同意汉密尔顿的观点。③

6 月 17 日，汉密尔顿长篇备忘录专门就“中国战争潜力”问题作了比较全面的估价，认为中国有组织的抵抗的崩溃意味着日本战争潜力的增加，在安全、经济、心理、地缘上都将有利于日本而不利于中国。美国在南美与近东的优势地位将严重受损。汉密尔顿分析列举了中国抗战的 9 项贡献，认为殖民宗主国不可能像美国这样认识中国的能力与潜力。结论是，美国必须加大对中国的援助力度，最为现实的就是寻找代替滇缅公路援助中国的办法。他指出，鉴于中国全面抗战的潜力与现实对于盟国目前严峻形势的重要性，

---

① 秦孝仪：《战时外交》(三)，第 159 ~ 160 页。

② *FRUS*, *1942*, *China*, pp. 44, 58-59.

③ *FRUS*, *1942*, *China*, p. 53.

美国必须保证能从物资上与心理上“保持中国于战争之中”，并为之作出长期特别努力，作为美国的长期政策。① 6 月 27 日，美国国务院反对军方的意见，认为中国如果崩溃不是说明援华没有用处，而是因为没有援华会导致崩溃，加紧援华才是避免中国抵抗崩溃的最佳途径。中国抵抗的失败是盟国努力的巨大损失，应该建立足够量的空中物资援华线路。② 7 月 3 日，赫尔在庆祝中国抗战 5 周年的电文中说：“5 年前中国拿起武器保卫家园抗击日本侵略。从那时起中国人民为了自由与反对残暴的侵略者做了不懈与英勇的战斗。美国人民抱着极其深切的同情与赞誉的目光关注着中国英雄的刚毅、不屈不挠的精神，正因为这种精神中国人民坚持了长达 5 年和艰辛的岁月，与拥有极端优势的敌人进行战斗。”③ 10 月 12 日，美国国务院在准备的备忘录中，表明美国立场，反对中国抗日民族统一战线出现分裂。④ 说明美国极其重视中国战场的战略地位，不希望中国抗战被削弱，影响世界整个战局。

中国抗日战争当然不会因为美英战略投入不足而淡化本身一直就存在的战略价值，中国战场在美英太平洋战争初期的全局性战略地位体现得更加充分，并为挽救盟国战略危机作出杰出的贡献。

如前所述，由于美英太平洋 ABDA(美英荷澳)防线的崩溃，盟国战略危险来自三个相互衔接之地：第一是西南太平洋区域，其关键是日本可能对印度的攻击、攻占澳大利亚控制西南大平洋和印度洋；第二是苏联可能受到德日的夹击，如果苏联战场垮掉或者被严重削弱，美英在西线就处于极为不利的战略态势，德国的重兵将再次转向英美方面，美英支持苏联的战略目的也会由此而受挫；第三是中东，与前两点密切相关。如果前两点任何一点出现问题，英国在中东就会受到德国南下和日本北上的两面夹击而无法立足，反法西斯阵线整个战略构架都会全面动摇，“先打败德国”的战略就会

① *FRUS*, *1942*, *China*, pp. 71-82.

② *FRUS*, *1942*, *China*, pp. 90-91 .

③ *FRUS*, *1942*, *China*, p. 94.

④ *FRUS*, *1942*, *China*, pp. 248-251.

面临困难重重的局面。而太平洋战争爆发后，鉴于原有防线的崩溃，美英忙于在太平洋上仓促重组防线，应对日本的进攻浪潮。苏联为了全力对付德国，不同意美国要求联合对付日本的多项建议。苏联外长莫罗托夫1942年春到华盛顿，明确转告苏联政府的立场，并要求美国提供稳定的租借物资。据美国国务卿赫尔回忆，关于亚洲对日战争，苏联驻美国大使李托维也夫告知美国，苏联并不处于与美国和英国合作，与日本兵戎相见的位置，因为苏联正在与德国大规模作战，不能冒被日本进攻的风险。① 因此，上述几个方面的问题没有发生，与中国战场在此间的积极作用有着不可分割的联系。可以说，中国战场对日本陆军主力的牵制，是上述三种战略点危机没有发生的决定性因素之一。

1942年2月11日，罗斯福在给丘吉尔的信中就阐发了对中国此间战略作用的极大关注，告知丘吉尔，“我正密切地关注着中国”。② 2月12日，丘吉尔在给罗斯福的信中，谈到日本占领了新加坡和苏门答腊之后，将继续进攻缅甸和澳大利亚。隆美尔也将在利比亚发动进攻。③ 罗斯福在2月18日的回电中提出：“我们应全力保住我们(英美)在太平洋的两翼，即右翼的基础澳大利亚、新西兰；左翼的基础缅甸、印度、中国。美国的地理位置可增援右翼，利用澳大利亚作为主要基地，英国则增援缅甸和印度。”2月22日，罗斯福对丘吉尔重申，“由于日本控制制空权”，美国无法派海军支援印度洋，并重申“两翼”说。美国对澳大利亚进行人力和物力的支援，而让英国将从中东方面调集的准备回防澳大利亚的两个师派往缅甸或印度。④ 1942年3月初，由于日军舰只进入印

---

① Cordell Hull. *The Memoirs of Cordell Hull*, Volume Ⅱ, pp. 1111-1112.

② Warren F. Kimball, *Churchill and Roosevelt*, *the Complete Correspondence*, Volume Ⅰ, p. 353.

③ [英]丘吉尔著；原北京编译社译：《丘吉尔回忆录》第四卷《命运的关键》，北京：时代文艺出版社1996年版，第143～144，147页。(后文引述该书，仅出注作者及书名、卷数、页码)

④ Warren F. Kimball. *Churchill and Roosevelt*, *the Complete Correspondence*, Volume Ⅰ, pp. 360-363, 369.

度洋，丘吉尔又连续致电罗斯福，除鉴于太平洋战事同意推延在北非作战的"体育家"计划外，还要求美国迅速派舰只支援印度洋，并派空军轰炸机在印度东北部和阿留申群岛进行作战，以挽救印度方面出现的危机。罗斯福在回电中表示，美国自己在太平洋上也面临诸多问题，还要担负澳大利亚和新西兰方面的重要责任和维持美国至澳大利亚的交通线。因此，在日本进攻能力仍很强大的情况下，美国不能派舰只到遥远的印度洋，因为"这会严重削弱美国在太平洋其他地区的军事行动"。[①] 4 月 14 日，罗斯福针对丘吉尔要求飞机增援印度的问题，在回电中强调指出："削减已经上路的拨给史迪威的飞机是不明智的……中国地位必须支撑。"罗斯福在信中还谈到他对印度洋危机的估计，认为"几星期内日本不会登陆进攻锡兰"。[②] 4 月 15 日，丘吉尔在给罗斯福的电文中再次强调印度洋方面的"灾难局势"，认为"日本已经感到可以派遣近三分之一的战舰和半数的航空母舰到印度洋，其结果是：(A)锡兰失守；(B)(日本)入侵印度东部，这将对我们的全部战争计划造成无法计量的后果，包括加尔各答的丢失和通过缅甸与中国的全部联系。这还是开始……没有理由不认为日本将控制西印度洋。结局将是我们在中东全部地位的崩溃。这不仅是由于我们到中东和印度的航路将被截断，还由于阿巴丹(伊朗)的石油供应线路被阻断。无石油我们就不能维持我们在印度洋地区的海上和陆地的地位。通过波斯湾对俄国的供应线也将被切断。日本现在的重压比我们能承受的要沉重得多"。由此，丘吉尔要求美方太平洋舰队吸引日本舰队到太平洋方面，如不行，就以新式主力舰和航空母舰尽快地增援印度洋。对此，美国军方强烈反对，认为此举会削弱美国太平洋海军力量。美国情报部门不相信日本正在计划迅即地进攻锡兰。1942 年 4 月 17 日，丘吉尔根据形势的发展，还向罗斯福提出"必须阻止日本和德

---

① Warren F. Kimball. *Churchill and Roosevelt, the Complete Correspondence*, Volume Ⅰ, pp. 379-390, 444-445.

② Warren F. Kimball. *Churchill and Roosevelt, the Complete Correspondence*, Volume Ⅰ, p. 363, 450.

国会合”的问题。① 4月18日，丘吉尔再次请罗斯福派舰只加入英国“东方舰队”，这样可以“威慑”日本，使日本不能进攻英国从埃及到印度的交通线。② 美国一直没有理睬英方的建议，始终未派海军编队到印度洋。其重要原因一方面是因为担心此举将损耗美国太平洋的海军力量，另一方面也是出于战略估计，认为日本不可能发动对印度的进攻。这种估计的基础就是日本在太平洋进攻中的兵力运用已经达到极限。

在1942年初“阿卡迪亚”会议上，美英军事首脑对最危险的前景就有分析，认为最能限制日本的就是其兵源。美国海军计划人员的基本估计是：“虽然日本控制了整个马来亚，并希望能攻击从印度洋到澳大利亚、印度、中东的交通线，但是，日本不可能同时在太平洋和印度洋都拥有优势作战力量。”③丘吉尔3月20日预计：“日本不会侵犯澳大利亚。在我看来，日军的上策是结束中国的战争。”④是年中期，鉴于太平洋上日军占领性进攻已经大致达到极限，罗斯福就有考虑准备开始西线打击德国的既定战略行动。5月，罗斯福写信给麦克阿瑟，要求他谈“自己的猜测”：日本是否将继续对印度和锡兰作战，是否会全面进攻澳大利亚和新西兰。麦克阿瑟作了否定回答，其中重要一点就是，“菲律宾陷落和缅甸陷落之后，日本只能腾出两个师”用于作战。⑤ 这种预测无疑是正确的，使这种预测成为现实的当然是反法西斯各盟国共同奋斗的结果，特别是中国战场此间对日本陆军主力的牵制，解决了美英最担

---

① Warren F. Kimball. *Churchill and Roosevelt, the Complete Correspondence*, Volume Ⅰ, pp. 452-455.

② Warren F. Kimball. *Churchill and Roosevelt, the Complete Correspondence*, Volume Ⅰ, pp. 461-462.

③ Grace Person Hayes. *The History of the Joint Chiefs of Staff in World War II*, p. 37.

④ ［英］丘吉尔著；原北京编译社译：《第二次世界大战回忆录》第四卷《命运的关键》，第167～168页。

⑤ Grace Person Hayes. *The History of the Joint Chiefs of Staff in World War II*, pp. 126-127.

心的“兵源”问题。麦克阿瑟还认为：“日本在现实不会对印度大举进攻。这一地区无疑是在日本军事野心的范围之内。但是从战略上讲……现在进军印度不是时候……要在印度战役之中取胜，从军事上讲要求投入兵力是很大的。而在目前情况下（日本）不能从事这场战争。”①麦克阿瑟正确指出了日本兵力不够。因此，日本不仅因为兵力不足没有在太平洋继续占取澳大利亚，形成西进印度稳定的侧翼，也无法建筑西进印度稳定的后方。总之，如中共领袖所分析的，日本在战略上因战线太长，形成了被动的局面。美国在太平洋初期受挫后也没有丧失稳住远东太平洋防线的信心，其中重要一条，就是将中国战场计算在内。如美国陆军部长史汀生所说：“如果我们被逐出菲律宾和新加坡，我们仍可退守荷属东印度和澳大利亚，并且与中国合作……就能给予日本极大地反攻打击。”②

事实也证明，日本正是因为无法摆脱中国战场的束缚，从而削减了太平洋进攻的势头。1942 年 3 月 7 日，日本大本营和内阁联席会议经数次讨论后，对“世界形势和已获战果”作出判断和决定。其中，对是否进一步攻占澳大利亚作了分析：“就投入攻占的兵力而言……大体上海军方面需要联合舰队的主力，陆军方面需要以 12 个师团为基干的兵力；所需船只仅陆军就约达 150 万总吨。根据情况还有可能需要投入更多的陆军兵力。要拨出这么巨大的兵力，需要大幅度削减满洲方面的对苏战备和中国方面的战场，这就将使整个战略态势陷于极大的不利……”③ 4 月，日本海空军对锡兰进行攻击，但无陆军跟进，因此并未造成战略威胁。由于兵源不足，日本也只有决定，以摧毁美舰队主力和切断美国和澳洲以及同英国之间的联系来代替进军澳大利亚和锡兰。④ 这说明，由于日本

① Hans-Adolf. *World War II, Policy and Strategy: Selected Documents with Commentary*, p. 209.

② Stimson and Bundy. *On Active Service in Peace and War*, pp. 396-397.

③ ［日］服部卓四郎著；张玉祥等译：《大东亚战争全史》第二册，第 521 页。

④ Warren F. Kimball. *Churchill and Roosevelt, the Complete Correspondence*, Volume Ⅰ, p. 442.

的主力陷在中国，无法再进一步“扩大战果”。

除中国战场对日本向南和向北战略行动的战略牵制之外，中国军队出兵缅甸对挽救盟国战略危机的作用也是不容低估的。如前所述，太平洋战争爆发后，中国在稳定国内防线的同时，也积极参与太平洋方面的挽救危机的作战。1941 年 12 月下旬，日本开始攻击仰光，其后英军未作抵抗就先退出南缅之时，蒋介石就电告美国陆军部表明自己的观点：“中国将独自为英国坚守北缅负责。但甚至到现在，英国都不希望中国军队进入缅甸进行合作防守。英国的这种固执态度如同其令人遗憾的行动一样，是令人费解的。”①美国陆军部也由此坚持，并使美英联合参谋首脑会议确认：“中国军队既能加强缅甸防御，同时也能吸引日军对邻近新加坡区域的进击。”1942 年 1 月 23 日，丘吉尔给韦弗尔去电，批评其不让中国军队入缅对日作战的做法，并说：“美国三军参谋长坚持要把缅甸归你指挥，唯一的原因就是他们认为你会迁就中国，并打通滇缅路，这是争取世界胜利所不可缺少的措施。”②也正是在日军长驱直入，英军无法防卫缅甸的情况下，韦弗尔才下令英国驻缅甸官员：“接受中国的一切支持。”中国军队得以入缅作战，但为时已晚。

如前所述，中国除了出兵缅甸支持美英太平洋防御战略之外，也为稳定印度这一关系全局的战略枢纽之地作出了努力。1942 年 3 月，美英参谋首脑会议认为，缅甸是通向中国和印度的大门，中国正牵制着大量日本的陆军和空军，中国是一个对于未来进攻日本的重要基地；印度是防卫可能的德国—日本在中东会合的关键之地，对于保持经波斯湾通往苏联和通过红海到埃及的航路也是必需的。③ 中国军队第一次入缅作战失利，日本完全切断了中国西南最大的援华通道，给中国造成了新的困难。但是，应该注意的是，从

---

① Grace Person Hayes. *The History of the Joint Chiefs of Staff in World War II*, p. 80.

② ［英］丘吉尔著；原北京编译社译：《第二次世界大战回忆录》第四卷《命运的关键》，第 126 ~ 127 页。

③ Grace Person Hayes. *The History of the Joint Chiefs of Staff in World War II*, p. 109.

战略上讲，中国军队止住了日本军队对中国正面战场侧后的进攻。中国在战略上也极大缓解了美英失败所带来的日本对盟国战略要地的冲击，使日本不能从陆路在中国与缅甸之间连接起来，其对印度形成真正威胁的陆军仍然处于分割状态。这种战略态势使得日本根本无法考虑大规模入侵印度的问题。另外，美国为挽救太平洋危局，将原拟派往大西洋和北非的军队转派到西南太平洋，船只不够，还用大量商船代替。仅 1942 年 2 月就分三批将 32000 名陆军派到澳大利亚，使澳大利亚陆军数达到 59000 名。3 月到 4 月，又抽调 7 艘船舶供陆军向太平洋运兵。而同期和后来，美国未派陆军任何成建制的部队到中缅印战区。① 可以说，是中国拖住了日本陆军的后腿。日本在 6 月占领了缅甸全境之后，其陆军就再也没有余力西进印度了。而中国战场的存在，不仅限制其抽调兵力，还迫使其又回到它解决无法解决的“中国问题”上来。由于日本难以在西南太平洋增兵，采取大规模入侵澳大利亚的战略行动，只有仍然以海军为主，作战也是以切断美国至澳大利亚交通线和寻求与美海军主力作战的战略，日本不得不分兵进行南进和西进，还要将空军的一部调回国内，这就便利了美国各个击破。在这一期间，美国以其雄厚的工业能力迅速补充了太平洋舰队的损失，并以正确的战术赢得了珊瑚海战役、中途岛战役的胜利，② 完全粉碎了日本切断美国至西南太平洋的交通线、彻底摧毁美国太平洋舰队主力的战略计划。

史实证明，中国战场在化解太平洋战争初期因美英失利而造成的重大战略危机方面作出了杰出的贡献。也正是中国敌后战场和正面战场的不凡表现，使日本攻占缅甸后的势头成为强弩之末，再无余力从事所谓与德国会合的作战，也不可能进攻苏联与德国形成配合之势。1942 年 7 月 4 日，丘吉尔对中国新闻界谈道：“世界带着

---

① Maurice Matloff, Edwin M. Snell. *Strategic Planning for Coalition Warfare, 1941-1942*, p. 119.

② 胡德坤，罗志刚主编：《第二次世界大战史纲》，武汉：武汉大学出版社 1989 年版，第 260 ~ 267 页。

钦佩的目光注视着中国坚强的努力，不仅表现在战斗之中，而且还表现于国内重建之上……欧洲与中东的战争是中国防卫的一个重要的组成部分，如同远东的战争是英国防卫的一部分一样。我们决定在我们所能之上扩大对中国人民物资、道义与精神的帮助。”①总之，美英看准了日本陆军不可能从中国战场脱身，因此，在太平洋日本进攻大致尘埃落定之后，就果断地准备实施“德国第一”的战略。可以说，中国战场支持和保证了美国大战略在较短时间内完成向实施方面的转移。

在太平洋的不利局面下，美英特别关注的还有一个重大问题，这就是日本是否会乘太平洋胜利之机攻击苏联，因为这是其后美英实施“先德后日”主要打击方向的关键性因素之一。美国和英国显然都不愿德国从苏联战场转移战略方向，增加自身的战略压力。1942 年 3 月，罗斯福送交备忘录给斯塔克和马歇尔，建议联合参谋首脑会议考虑，美英在苏联卷入对日作战的情况下采取什么行动缓解苏联局势，还提出了研究的具体问题。② 但是美国军方的注意力完全集中在太平洋防御方面，倒是在想怎么通过努力使苏联能从北面牵制日本以帮助美国。美国在太平洋战争初期，曾有让苏联在北太平洋局部配合美国作战，牵制日本对阿留申群岛进攻作战和威逼阿拉斯加的意图。美国建议苏联在北太平洋与美国进行联合空军行动。③ 斯大林明确回答：“苏联还未强大到一方面继续对德国作战，同时又惹起与日本战端的地步。”④苏联也拒绝了美国使用西伯利亚基地的要求。这样，日本陆军的主要压力还是在中国战场。

日本此时的战略规划也充分反映了日本为什么没有进攻苏联去

---

① Sir Llewellyn Woodward. *British Foreign Policy in the Second World War*, Volume Ⅳ, pp. 502-504.

② Grace Persn Hayes. *The History of the Joint Chiefs of Staff in World War II*, p. 131.

③ Maurice Matloff, Edwin M. Snell. *Strategic Planning for Coalition Warfare, 1941-1942*, pp. 340-341.

④ Hans-Adolf. *World War II, Policy and Strategy: Selected Documents with Commentary*, p. 205.

配合德国的问题。关于是否对苏作战问题，由日本大本营和政府内阁联席会议1942年3月7日上奏给日本天皇的奏文中第四条载明：(1)"极力防止战争对手的扩大"。(2)"在南方作战期间，帝国极力防止引起对苏战争"。(3)"努力保持日苏间的平静状态，同时阻止苏联同美英联系的加强，如有可能则尽量离间之。"①日本显然在需要日军大量陆军攻击苏联的问题上作了明确选择。关于攻占缅甸之后进一步西进攻击印度，在计划中则是完全没有反映。相反，在1942年4月，日本大本营则在计划大规模进攻中国重庆，并将此作战称为"5号作战"，准备"在攻占重庆、成都的同时，占领四川省要地。倘若形势需要，再以部分兵力扫荡敌人的抗战基地"。②这一计划虽未实施，但可以看出，中国战场的存在，对日本来说是一大心病，限制着其他方面的作战。是年7月20日，日本驻德大使大岛给国内去电，呈报德国外长里宾特洛甫的意见："随着德苏战争的演变，切望日本参加对苏战争。"7月25日，日本大本营政府联席会议讨论了"答复德国的根本态度"一案，并在给大岛的回电中表明了日本的态度："帝国当前的目标在于完成对美英的战争……并在南方确立不败的态势，同时要巩固我在中国的地位……总之，帝国在目前形势下，对苏采取积极的方针将使帝国的力量过度分散……"③9月，日本更是感到中国战场是其扩大侵略的最大障碍，"希望尽快解决中国问题，从而专心致力于对美英战争"，因为"陆军常有60万以上兵力被牵制在中国"。④ 可以看出，日本没能乘胜扩大侵略的根本原因，就是中国战场对日本陆军主力的牵制。太平洋战争爆发时，中国战场抗击的日军，占日本在国外作战

① ［日］服部卓四郎著；张玉祥等译：《大东亚战争全史》第二册，第526～527页。

② ［日］服部卓四郎著；张玉祥等译：《大东亚战争全史》第二册，第575页。

③ ［日］服部卓四郎著；张玉祥等译：《大东亚战争全史》第二册，第700～702页。

④ ［日］服部卓四郎著；张玉祥等译：《大东亚战争全史》第二册，第647页。

的陆军总兵力的69%。①

顺带提出的是，太平洋战争爆发后，美国也加速了从中国获取如“钨”等重要的战略物资的进程。1942年4月4日，韦尔斯在给高斯的电文中比较详尽地列出美国急需的钨、桐油等战略物资种类。美英苏也就对中国战略物资的各自需求进行磋商，在数量与时间先后上作出协调。② 这是中国对美英苏此时奇缺的战略物资资源的支持，说明中美英在战争物资援助上也不是单向的。

可以说，没有中国战场困难中的坚持，在美国战略调整期间，日本就可以随心所欲调动军力，在盟国的战略点上找到突破，形势将大大有利于轴心国。太平洋上美日之间的战略格局开始发生转换后，加之中国战场对日本陆军主力稳固的牵制和打击，美国军政首脑就可以放心地去实施“先打败德国”的第一步——进攻与控制北非、地中海。因此，罗斯福与丘吉尔关于中国对世界战略全局重要意义的多次著名谈话是发自内心的。正是由于罗斯福判断日本陆军主力被牵制于中国战场，太平洋战争初期德日会师最有可能由日本的进攻来完成的状况很难成为现实，因此，1942年4月罗斯福在给丘吉尔的信中就预言：“德日会师是要大费周折的。”③丘吉尔在太平洋战争爆发不久，即1941年12月20日提出的《作战计划和以后战事的演变》中也预见：“日本的资源是一种消耗性的因素，由于在中国进行的消耗巨大的战争，这个国家已经长期处于过度紧张状态中。”④罗斯福和丘吉尔都准确地看到了由于中国战场的存在，日本在太平洋发动的冒险战争不可能持久保持旺盛的势头，其经济和战略的弊端是对日本的严重制约。中国战场支持美英苏盟国避免了结构性的战略灾难。

1942年中后期，美国战略调整大致结束，准备北非登陆，开

---

① 胡德坤：《中国战争史》(修订本)，第456～457页。

② *FRUS*, *1942*, *China*, pp. 637-638, 642-643, 647-648, 651-653.

③ Warren F. Kimball. *Churchill and Roosevelt*, *the Complete Correspondence* Volume. Ⅰ, p. 466.

④ [英]丘吉尔著；吴万沈译：《第二次世界大战回忆录》第三卷《伟大的同盟》，第642页。

始具体实施“先德后日”战略计划之时，盟国各大战场已经在法西斯轴心国的疯狂进攻之下稳住了战场防线。苏联在莫斯科保卫战的关键时期避免了德日的战略夹击，苏德战场形势开始发生转折，而苏联对德国陆军主力的牵制与打击，使德国无法增援北非战场，英军得以坚持与德意军队展开长时间的拉锯战，坚持到大战略行动的开始。北非登陆开始时，英军已经赢得阿拉曼战役的胜利。而日本完全没有办法西进印度，德日在战略枢纽之地会师的危险完全消除。太平洋战场澳大利亚防御底线已无危险，美国海军已经稳住阵脚，并开始准备有限反攻作战。反法西斯盟国战略危机的渡过，反法西斯大同盟与法西斯轴心国战略态势和格局的转换，中国的战略贡献不可忽略。

第五章　中国抗战与美英成功实施“德国第一”战略

从1942年中期开始，美英开始了运筹与实施首先击败德国的战略计划，然而在美英苏将战略打击重点与战略投入主要放在北非、欧洲方面时，东亚对日作战战线的稳定就是关键的一环。由于美国对亚太地区的战略投入主要放在太平洋战场，英国自身也需要美国的物资支持，因此，在战略投入上受到重大影响的就是中国。然而，中国仍然依靠中国军民顽强奋战，不仅维护了中国战场的稳定，而且也维护了中国战场与太平洋战场陆海两大方面的战略支撑构架，有力地支持了“德国第一”战略。

第一节　美英实施“德国第一”对中国的战略需求

在美英开始正式实施“德国第一”战略之时，在东亚方面除了维持太平洋战场对日本的有限反攻之外，一个重要的战略依托，就是中国战场对日本军队的继续牵制打击，这一战略需求是关系到世界反法西斯战争全局的。

一、美英正式开始推行包围德国的战略

随着太平洋区域防线的大体稳固，美英正式开始实施“先打败德国”计划，首先是构筑对德国盘踞的欧洲的包围圈。但是，推行这一战略的一个重要前提，就是一个相对稳定的东方对日作战的亚太战场。

美英对德国进行包围的第一步就是完全占领北非地中海区域，形成美英盟军力量的连接，并彻底阻隔德日中东会师的图谋。早在

法国战败之后，1940 年 9 月 11 日，美国陆海军联合署就拟有一份报告，其中谈道：“阻止轴心国进入西北非和大西洋诸岛屿是非常重要的。不仅有利于西半球的防卫，而且有利于英国海上交通的安全以及作为未来陆地进攻的潜在基地……在该地起作用的盟国军队的大部分必然是美国军队。”这说明，美国早已看准了占领北非的战略重要性。美国在 1941 年也准备在是年 12 月 7 日以前，占领西非濒临大西洋的达喀尔，任务代号为“黑”(Black)，后改为“律师”(Barrister)。① 罗斯福较早考虑中东问题也是与德国可能攻击苏联的供应基地和路线相联系的。② 在这一点上，罗斯福与丘吉尔有相同的看法。1941 年 9 月，他就支持丘吉尔关于英国在中东的军事行动，表示可以派美国大量运输舰只帮助英国，因为这不仅涉及英国在北非和中东的地位，同时也是维护供应苏联战略物资的生命线。③

1942 年 5 月底，德国非洲军团发动攻势，英军向东败退。特别是利比亚托布鲁克(Tobruk，也译图卜鲁格)的失陷，使隆美尔在获得该地良港之后进一步向东推进。美国空军紧急驰援，并在开罗设立司令部。6 月 16 日，美陆军部正式签署命令，在非洲和中东设立区域指挥部，为控制这一区域做准备。中东指挥部设在开罗，中非指挥部设在英属西非的阿克拉(Accra)。美国在中非还设立了陆军航空兵中非司令部，其职责是保卫中东，也保卫印度。④ 美国的这些行动，体现了其对战略全局起重要枢纽作用地域的特别关注，同时也反映了美国急于开始实施“先德后日”战略的意图。同时，也为盟国彻底控制这一地区的战略行动作了铺垫。6 月期间，

---

① Maurice Matloff, Edwin M. Snell. *Strategic Planning for Coalition Warfare, 1941-1942*, p. 103.

② Warren F. Kimball. *Churchill and Roosevelt, the Complete Correspondence*, Volume Ⅰ, p. 206.

③ [英]丘吉尔著；吴万沈译，《第二次世界大战回忆录》第三卷，《伟大的同盟》，第 482 ~ 483 页。

④ Maurice Matloff. Edwin M. Snell. *Strategic Planning for Coalition Warfare, 1941-1942*, p. 245.

罗斯福最后下决心将首批美国海外地面部队的战略行动定在中东。罗斯福认为："船运大量美国军队到中东可能比由英国军队从英国增援中东更为经济。"① 在进一步确定"德国第一"的前提下，美英确定了中东作战的目标。7 月 15 日，在给马歇尔赴英谈判的要点中，罗斯福规定：1942 年放弃和推延准备进攻欧洲的"大锤"(Anvil)和"波列罗"(Bolero)计划，将美国运往英格兰的全部飞机中的大部分运往中东和埃及，小部分运往西南太平洋。延缓 5 个师到英格兰，加快 5 个师到中东。7 月 24 日，美英军事参谋首脑伦敦会议确定实施"体育家"计划，并报告罗斯福。罗斯福马上回电，同意尽快进行北非登陆，"以挫败德国的空军集中行动"。②

8 月 21 日，美英联合拟定"火炬"(Torch)计划大纲，作为详细计划的指导性文件规定，近期目标为：联合陆海空部队进攻阿尔及利亚地中海沿岸，首先占领突尼斯，在法属摩洛哥集结力量以保证对直布罗陀海峡的控制，如需要，进入西班牙属摩洛哥。进攻日期为 10 月 15 日。③ 8 月 29 日，美英拟定北非登陆具体计划，代号为"火炬"，9 月 5 日计划最后完成。④ 8 月 30 日，罗斯福致信丘吉尔，表示对"火炬"计划的细心思考，并说"尽早开始这一进攻是他最紧切的愿望"。⑤ 罗斯福在 9 月的一封未发出信中谈到"火炬"行动的三项意图，并请丘吉尔修改后给斯大林：第一，从俄国前线转移德军。第二，使德国空军转向对付美英的进击，加强盟国从直布罗陀海峡到波斯湾的地位。第三，可将经波斯湾运往苏联物资增加

---

① Maurice Matloff, Edwin M. Snell. *Strategic Planning for Coalition Warfare, 1941-1942*, p. 249.

② Robert E. Sherwood. *Roosevelt & Hopkins*, pp. 611-612.

③ Warren F. Kimball. *Churchill and Roosevelt, the Complete Correspondence*, Volume Ⅰ, pp. 611-612.

④ Maurice Matloff, Edwin M. Snell. *Strategic Planning for Coalition Warfare, 1941-1942*, p. 282.

⑤ Hans-Adolf Jacobsen, Arthur L. Smith, Jr.. *World War Ⅱ, Policy and Strategy, Selected Documents with Commentary*, pp. 227-231. Warren F. Kimball. *Churchill and Roosevelt, the Complete Correspondence*, Volume Ⅰ, p. 583.

3倍。①

上述表明，罗斯福及其军事首脑最终将战略步骤首先放在北非是有多种考虑的，这一战略目标的选择和其后开始的行动的意义有以下几点：

第一，这是一个实施“先德后日”战略攻守兼备的目标选择，弥合盟国自身的战略“链”，盟国再无需为战略构架会被轴心国中间突破而困扰，同时也因首先打击中东之敌，可以建立一个分割德意日战略联系的战略地带，也为盟国各大战场战略建立连接和物资运送的枢纽基地。同时，先占北非也是扫清打击德国外围的关键地域，为欧洲会战开辟道路，还可进一步掌握地中海的主动权。

第二，可以缓解英美与苏联在开辟欧洲第二战场问题上的矛盾，采取补救方式支持苏联继续将德军主力牵制在苏德战场。美英首先从北非、中东地区实施战略行动，将会保证苏联战略物资供应线的畅通，同时也将缓解苏联南部的压力，这是因为苏联将德国主力限制在苏德战场是美英顺利进行对德作战的前提。罗斯福坦率谈道：“俄国前线现在是我们最大的依赖。”②

第三，首先从北非登陆作战无论在对手方面，还是在兵力物资的投入方面，都比从英伦三岛首先开始进攻西欧德国正面的压力和需求要小，容易制胜。依据美英的实力状况，以及德国和意大利在北非力量的相对薄弱，选择北非作为战略突破口较为容易。加之北非主要海岸由法国维希政权的军队驻守，很有可能为美英军队网开一面。

第四，太平洋战争后美国首次派大规模地面部队出征海外，务求必胜，这样可以鼓舞美国民众的热情，振奋美国人民的精神，还可以进一步巩固罗斯福的执政地位。罗斯福甚至称最后选择北非作战战略行动的决定为“整个战争的转折点”。③

---

① Warren F. Kimball. *Churchill and Roosevelt, the Complete Correspondence*, Volume Ⅰ, pp. 608-612.

② Maurice Matloff and Edwin M. Snell. *Strategic Planning for Coalition Warfare, 1941-1942*, pp. 330-332.

③ 罗伯特·达莱克著；陈启迪等译：《罗斯福与美国外交政策1932—1945》上册，第464，494，500～501，506，522～523页。

总之，从整个反法西斯战争的大局来讲，这无疑是明智的抉择。但是对中国来讲，则意味着代价与牺牲仍然在继续。对于蒋介石政府来说，则意味着期望中的美国战略重心转到远东方面毫无希望。1942年11月8日，美英在北非实施了成功登陆之后，与东面突破德军阿拉曼战线的英军相配合，于1943年4月发起总攻，在北非全部肃清德意军队，完全弥合了盟国的战略"链"，并为将意大利清除出战争、对德实施全面反攻创造了条件。为巩固战略行动的成果，美国和英国军方经过争执和商讨，确定和协调了下一步的行动方案。

北非登陆一获得成功，美英就确定了下一步战略计划。1943年1月3日，美英召开的卡萨布兰卡会上，拟定了第11号战略计划。其中对北非登陆后的战略形势的估计是：我们盟国的资源已经增长到能从德国和意大利手中夺取主动权的地步，而且可以在西南太平洋阻止住日本。战略文件中宣布："堵塞漏洞的日子已经结束。"关于"日本对印度的威胁"，文件第2条(c)款中估计："假如日本与德国仍处于分割状态，那它就不可能再发动大规模的攻势。"关于"战略投入"，文件第3条指出："联合国家的资源不能支撑同时打败德国和日本。因此我们必须选择集中力量打败德国，而稳住日本。"该条的(a)款说明了对德进行持续打击的重要性："如果允许德国得到喘息恢复的机会，他就有可能坚不可摧；如果我们对日本仅维持一个有限的压力，它则永远不会达到坚不可摧的程度。"(b)款中进一步说："集中力量于德国，我们就可以支撑住俄国。但集中力量于日本，我们将永远无法减轻俄国的压力。"① 文件第7条阐明美英暂时还不能攻击西北欧德国的强大要塞。这一行动的开始最早也只能是1943年9月，目前只能对德进行轰炸进攻。文件中的3个附件分别为：《地中海行动计划》，《淘汰意大利计划》，《横渡海峡作战计划》。② 这一计划反映了美英军事首脑下一

① Hans-Adolf Jacobsen, Arthur L. Smith, Jr.. *World War II*, *Policy and Strategy*, *Selected Documents with Commentary*, pp. 243-247.

② Hans-Adolf Jacobsen, Arthur L. Smith, Jr.. *World War II*, *Policy and Strategy*, *Selected Documents with Commentary*, pp. 243-247.

步实施的战略目标。罗斯福提出，一方面在英国集结美英军队，准备开辟欧洲第二战场，另一方面继续实施地中海作战，稳固已取得的战略地位。罗斯福认为：“地中海行动看来是较好的抉择……可以进一步保障盟国船只在地中海安全航行，而且也许使动摇的意大利退出这场战争。”①

此次会上，尽管美英都确认了重开滇缅公路的重要性，但会议的结果则是美国利用争执得到了“美国可以利用自己在太平洋方面的军队获得对日本的主动权”的承诺。美国参谋长联席会议的文件载明，美国“不仅要继续在南部和西南太平洋前进（以腊包尔为目标），而且中太平洋也要开始进攻，通过马绍尔群岛进军菲律宾”。② 这就意味着，美国的战略投入在北非登陆之后，不仅要进一步受“先德”战略的制约，同时在“后亚”中，也需对太平洋美军作战维持相当投入。

1943 年 5 月 12 日，美英间的又一次重要军事会议在华盛顿召开，其代号为“三叉戟”（Trident）。美国参谋长联席会议向总统提交一份为会议准备的报告中提出，应强调 1943 年后“战略概念”的再思考。美国必须在会上强调欧洲战争和反日战争两者之间的内在联系。对美国来说，应集中力量准备 1944 年横渡英吉利海峡的作战。美国接受西地中海作战的基本点是为了支持俄国作战，而英国坚持地中海作战将影响早日打败德国和最终打败日本。③ 尽管这次会议中也强调了全缅作战支持中国的重要性，但是美国的最终意图还是使英国接受开辟欧洲第二战场的观点。④ 美国参加这一会议的主旨表明，如果美英之间在欧洲开辟第二战场这一主要问题上达成

① ［美］拉塞尔·F. 韦格利著；彭光谦等译：《美国军事战略与政策史》，第 393 页。

② Maurice Matloff, Edwin M. Snell. *Strategic Planning for Coalition Warfare, 1941-1942*, p. 26.

③ Maurice Matloff, *Strategic Planning for Coalition Warfare, 1943-1944*, p. 124.

④ Maurice Matloff. *Strategic Planning for Coalition Warfare, 1943-1944*, pp. 124-125.

谅解，其他问题就有可能作出相互妥协与让步。罗斯福明显同意丘吉尔首先“清除意大利出战争”，进一步稳固地中海区域盟国战略地位的观点。这样，英国就赢得了美英继续进行地中海战役，攻占西西里的进一步战争行动的确认。而美国参谋长们也获得了在“先德”的前提下，美国在太平洋上实施“有限进攻”行动的认可。而这种相互妥协的真正牺牲者是中国。英国在此次会议上明确表示完全放弃大规模进行缅战的立场，美国陆军计划者们转而考虑修改(全缅作战)计划。①

美英在这一地域的胜利汇同斯大林格勒保卫战的胜利，使反法西斯盟国稳固了自身战略构架的枢纽环节。同时，也形成了对德国实施战略进攻的有利战略态势。斯大林格勒保卫战的意义与北非地中海战役的意义相同，都为弥合战略“链”中的关键环节作出了巨大贡献，为对德大反攻奠定了坚实的基础。同时，由于分割于中国大陆和缅甸的日军陆军主力不可能西进印度，德国被排除出北非和中东枢纽地，这样，德国和日本中东会师的危险也就完全消除。反法西斯盟国达到了分割对手和连接自己的战略目的。当然，盟国大战略的初步胜利，是与东方亚太对日作战战场的稳定分不开的，其中，中国以付出的沉重战略代价有效支持了美英“德国第一”战略的实施。

二、美英实施“德国第一”对中国的战略需求

美国正式开始实施“先德后日”的战略，就意味着中国战场此时在反法西斯战争中战略地位是双重的。第一，必须继续发挥牵制日本陆军主力在中国大陆的基本战略作用；第二，必须随时为“先德”战略作出牺牲和让位。中国为大战略实施所作的牺牲较集中地反映在“全缅战役”的拖延问题上。

重占缅甸问题是中美英都非常重视的战略问题，无论对于支持中国战场与太平洋战场对日作战局面，还是为印度防卫，都具有极

① Maurice Matloff. *Strategic Planning for Coalition Warfare, 1943-1944*, p. 139.

其重要的意义。就美英战略运行来说，美国更多地是从“保持中国于战争之中”这一战略出发，恢复与中国的陆路交通以运送援华物资，这样就能使中国继续拖住日军大部，与太平洋战场相呼应以继续维持“先德后日”战略，稳固东方战线，并为未来反攻创造条件。但应注意的是，“德国第一”原则以及太平洋战场显然吸纳了美英的主要战略投入，这样，急需战争物资的中国仍然要在困难中担负全球战场的战略牵制责任，中国战场无论对于美英打击德国战略，还是亚太及印度的防卫作战都具有极端重要的战略意义。这就是美英对中国重大战略需求以及这一需求与实际战略援助中国不足的矛盾。

如前所述，英国对反攻缅甸也相当重视，甚至从缅甸败退时英国参谋长委员会和印度总司令就开始考虑反攻缅甸问题。1942 年 3 月 16 日，韦弗尔给英军联合计划参谋下达指令，要他们考虑反攻以重占缅甸。1942 年 5 月 11 日，英军联合计划委员会讨论了重占缅甸问题，并在其 15 号文件中全面分析了与缅战有关的因素。文件认为“大规模的反攻缅甸近期不会实现，它取决于其他地区战略的发展情况，以及这些发展对盟国战略计划的影响”。① 同时，英军参谋长委员会也在考虑反攻缅甸问题，认为重开中国与仰光之间的交通是必要的，这对防卫印度也是十分有好处的。但都认为这一任务有巨大的困难，除非日军的实力大减，否则胜利的希望很小。缅甸的失陷使日军在战略上占据着优势，印度东部处于易受日军攻击的位置。除了印度东部的陆军外，英国也特别重视印度洋，特别是孟加拉湾(the Bay of Bengal)的防御。同时，对于英国来说，印度的保持无论从军事上还是从经济上对英国所正在进行的生死攸关的战争都具有不可估量的重要作用。这一点从日本方面的估计即可以看出。日本大本营联席会议认为，如果持续切断英印之间的相互关系，将会产生下列结果：1. 成为大英帝国支柱的印度将孤立化，

① Bisheshwar Prasad. *The Reconquest of Burma*, Volume Ⅰ. London: Combined Inter-services Historical Section 1958, pp. 16-17.（后文引述该书，仅出注作者及书名、卷数、页码）

削弱英国统治印度的直接压力，使印度产生背离英国的倾向，并使英帝国的权威丧失，其继续进行战争的力量，将受到沉重的打击。2. 英美在印度洋方面，将会失去对日反攻的据点。3. 切断英印间的物资依存关系后，对英国的物资供应能力，虽不致产生直接的和致命的影响，但在西南太平洋区域物资供应被切断后，对其影响将日趋严重。4. 印度在经济上的孤立，随着对外贸易的断绝，必将导致紧急不稳。5. 鉴于印度是向澳洲、非洲和西亚方面提供人力、物力的重要资源地，切断其对外联系，必将使此等地区的军事和经济受到极大的影响。6. 导致完全切断重庆和英美的联系，在物质上和精神上予重庆以极大的影响。①

日军在占领缅甸后拥有很大的优势，控制了缅甸的铁路以及内陆水上运输，以及泰国与缅甸的机场，日本海军此时也控制了孟加拉湾，以及与仰光之间的海上交通，而英印军则据守在印度。因此，英国采取措施全力加强锡兰的防御。英国加强锡兰的防御，是为了确保印度洋，特别是为了加强孟加拉湾的制海权，其最终目的则是为了守住印度。自缅甸失守，英国在远东的殖民地丧失殆尽，日军进入印度洋并逼近印度后，守住印度这个英国在亚洲最大的殖民地，便成了这一时期英国远东战略的首要目标。

在英国考虑反攻缅甸的同时，美国方面也在继续计划如何反攻缅甸，主要注意力是放在支持中国战场方面。1942 年 5 月 25 日，史迪威在发给陆军部的电报中说：“我坚信中国在战略上具有决定性的重要意义，因此我认为美国不向这一战区派遣部队是犯了一个严重的错误。”② 7 月 18 日，史迪威向蒋介石提出反攻缅甸计划。其要点是：由英国出兵 3 个师，美国出兵 1 个师，中国出兵 2 个师，由印度的阿萨姆渡亲敦江入缅，向曼德勒出击。另由中国出兵 20 个师由滇西出击腊戌，与由印入缅的中、美、英联军在曼德勒

① 日本防卫厅战史室编纂；天津市政协编译委员会译：《日本军国主义侵华资料长编》(中)，第 123 页。

② ［美］巴巴拉·塔奇曼著；陆增平译：《史迪威与美国在华经验》(下)，第 431 页。

会师，挥师南下仰光。陆上部队开始进攻后，英国海空军应进攻安达曼群岛(Andaman Islands)并在仰光登陆。10月15日，史迪威飞赴印度与英印军总司令韦弗尔商讨收复缅甸的计划，韦弗尔借口缺乏海军，无法实施两栖登陆作战，只同意收复缅甸北部。韦弗尔还拒绝在印度的中国军队向缅甸推进，只同意中国驻印军进军缅甸中部的胡康河谷。

但是，重占缅甸问题受到美英大战略的严重制约，尤其反映在战略投入方面。1942年8月14日，为适应正在拟定中的北非登陆作战计划，美国参谋长联席会议的战略计划者们就为大战略实施情况下对各战场的战略投入作了排序，中国排在末位的印度之后。①在这种排序之下，美国陆军部强烈坚持不能给中国以大的军事支持。10月9日，陆军部又向罗斯福提出建议，由于准备北非登陆作战，“不能运送军队到中国和印度战场”。② 但是，由于美国实施“先德后日”战略的基本保证是太平洋防线的稳定，因此，美国同样也认为，中国对于日本的牵制，就可能迫使日本从其他地区，特别是太平洋南部和西南部转移兵力。正是基于上述认识，美国尽管不会对中国战场作重大战略投入，但也还是尽量提供可能的物资，使中国战场在困难条件下能坚持下来，同时也要利用中国作为策应太平洋的战场。1943年1月，罗斯福和丘吉尔在卡萨布兰卡会议上强调，紧迫的任务就从空中运送物资增援给在中国的陈纳德(Chennault)将军。相比较日本在其他战场的空战胜利，陈纳德的“飞虎队”取得了瞩目的成就。陈纳德的计划是攻击日本在中国和中国周围的日本舰队，吸引日本空军战斗并加以摧毁，最后以中国为基地轰炸日本本土。③ 关于这一点，美国参谋长联席会议在确定

---

① Maurice Matloff, Edwin M. Snell. *Strategic Planning for Coalition Warfare, 1941-1942*, p. 309.

② Maurice Matloff, Edwin M. Snell. *Strategic Planning for Coalition Warfare, 1941-1942*, p. 312.

③ Arthure N. Younge. *China and Foreign Helping Hands 1937-1945*, Cambidge, Massachusetts: Harvard University Press, 1963, p. 271. (后文引述该书，仅出注作者及书名、卷数、页码)

的《1943 年在远东的行动路线》文件中这样阐述："为重开至中国的供应线路，应在缅甸发动攻势以振奋中国。通过供应中国军火使其继续战争努力。"① 由于美国确定占领缅甸全境完全开通滇缅公路要到 1943 年底，因此，马歇尔极力主张在 1943 年 3 月在缅甸发动有限攻势，目的在于开通印度经北缅至中国的援华路。马歇尔认为，这一举措是"头等重要的"，通过陆路可使美国在华空军得到物资补充，因为"陆路运输比空中运输运载量更大"。这样就可以运用中国基地执行长远计划——轰炸日本本土，使日本在太平洋南部和西南部遇到"严重的麻烦"。② 但是，即便就是基于对中国战略作用认识基础上的这种作战准备，也因为美英北非登陆后持续地在非洲地中海战场的进攻作战和支援苏联战场而受到严重影响。"为修建道路的设备和工程技术人员等都奇缺。"美国军政首脑也知道支持中国的不足对中国战场的消极影响，因此，极其希望中国"不退出战争"。③ 这说明美国对中国战略需求的基本方面就是中国战场的存在。

问题的关键还是在于全球战略物资和力量的投入中必须有战场作出牺牲。在美英"先德后日"与东方战场太平洋优先的战略之下，也由于美英太平洋战争初期战略危机的渡过，中国在投入中放在最后自然是首当其冲。正由于如此，美国军政上层也承认"重开缅甸路对美国来说就是保持中国于战争之中的最好办法"。④ 如霍普金斯就主张，"抽调 22 艘船实施南缅两栖登陆作战，而将其余船只派往地中海"。⑤ 问题在于对于美国来说，重开滇缅公路作战必须

① Maurice Matloff，Edwin M. Snell. *Strategic Planning for Coalition Warfare*，*1941-1942*，p. 373.

② Maurice Matloff，Edwin M. Snell. *Strategic Planning for Coalition Warfare*，*1941-1942*，p. 373.

③ Maurice Matloff，Edwin M. Snell. *Strategic Planning for Coalition Warfare*，*1941-1942*，p. 376.

④ Maurice Matloff. *Strategic Planning for Coalition Warfare*，*1943-1944*，p. 34.

⑤ Grace Person Hayes. *The History of the Joint Chiefs of Staff in World War II*，p. 356.

在英国和中国之间作出选择，而这种选择又与美国所坚持的"先德后日"战略原则联系在一起。

对于中国，真正解决问题的自然是进行南北配合的全缅作战，完全打通仰光至云南的交通，解中国战场的燃眉之急。而从事这一作战，按蒋介石的观点，需南北作战配合。英国舰队在孟加拉湾确保海军优势和阻碍日军增援北缅是前提条件。在英国拒绝提供任何海军到孟加拉湾的情况下，蒋介石政府也就拒绝入缅作战。在整个卡萨布兰卡会议期间，美国确实为了缅甸作战尽力作英国的工作，向英国陈述进行南缅两栖作战控制孟加拉湾的重要性。英国辩称东方舰队舰只不够，金上将表示愿派6艘潜舰助战。当然，美国主张尽快开始缅甸战役，也不单纯是为了中国。美国参谋长联席会议在与英国争辩时就说，全缅作战的意义不仅是在精神上帮助中国，而且对太平洋战场也有价值。马歇尔甚至以美国从欧洲战场转向太平洋战场来促使英国同意进行代号为"海盗"(Buccaneer)的南缅两栖登陆作战。这样，卡萨布兰卡会议终于在纸面上有了"重占缅甸"条款。但是，英美的最后决定是延缓全缅战役，这对中国是不利的。为了补偿中国所付出的代价，稳定蒋介石政府的抗战情绪，罗斯福同意增派200架至250架飞机增强美国在华空军，并配备重型轰炸机以印度为基地，对中国进行援助。但是设置于印度的重型轰炸机基地，任务也是双重的。按罗斯福的话说就是："相信以印度为基地能打击日本船舶，也能实施对日本本土的空袭。"①从战略上讲，推延全缅作战，是罗斯福为了进行中的西线战场对德作战而对丘吉尔所作的妥协。而由于顾及中国的反应，特别担心中国失去牵制作用和配合太平洋战场的作战，罗斯福采取了既支持中国又顾及太平洋战场的策略。1943年2月3日，美陆军航空兵司令H. H. 阿诺德(H. H. Arnold)通知蒋介石有关卡萨布兰卡会议精神，增派1个重型轰炸机组到第10航空队。后在3月又派2个重型轰炸机组到北非第12航空队，另一个派往西南太平洋。其中，只有派到

① Maurice Matloff. *Strategic Planning for Coalition Warfare, 1943-1944*, pp. 35-36.

第10航空队的重型轰炸机组是肩负着支持中国战场和太平洋战场的双重任务。① 如霍普金斯记载的，阿诺德认为，加强克莱尔·陈纳德空军尽快轰炸日本本土是唯一明智的行动。② 这就是美国在卡萨布兰卡会议上没有达成重占缅甸协议之后马上运筹在中国实施空中战略的真实战略原因。

1943年3月，金上将通知英方，他将派遣6艘潜艇加入英东方舰队从事全缅战役，麦克阿瑟也将派2艘潜艇到马六甲海峡警戒，以阻隔日本增援缅甸。但是，英国强化了推延战争的立场。而罗斯福在英国的坚持之下，也开始从原有立场退缩。罗斯福的思路是：修改或放弃代号为"安纳吉姆"(Anakim)的重占缅甸的全缅战役计划。在进攻西欧的"波列罗"和"安纳吉姆"之间，"波列罗"更为重要，为此不惜削减和取消全缅作战。美英联合参谋首脑会议于3月5日作出决定，将用于"波列罗"和印度洋的运兵船调用于代号"爱斯基摩"(Husky)的地中海作战行动，③ 为开辟欧洲第二战场作前期准备。马歇尔此时也认为，若坚持全缅作战，那么极有可能促发日本攻击美国在印度的空军基地，破坏至中国的空中航路。3月30日，罗斯福和马歇尔正式表示："增强'波列罗'更为重要，甚至不惜牺牲'阿纳吉姆'。"④ 由此，马歇尔指示参谋们讨论"波列罗"的全部问题，调查修改"安纳吉姆"的可能性。陆军计划者们的调查结论是：如果放弃全缅作战，日本就很有可能将军队转向所罗门和新几内亚，发动对澳大利亚的作战，继续对缅甸和中国进攻，或者轰炸加尔各答和其他印度城市。⑤

---

① Maurice Matloff. *Strategic Planning for Coalition Warfare, 1943-1944*, p. 47.

② Robert Sherwood. *Roosvelt and Hopkins*, pp. 381-382.

③ Grace Person Hayes. *The History of the Joint Chiefs of Staff in World War II*, p. 350.

④ Grace Person Hayes. *The History of the Joint Chiefs of Staff in World War II*, p. 352.

⑤ Maurice Matloff. *Strategic Planning for Coalition Warfare, 1943-1944*, p. 81.

这样，从事缅甸作战的全部意义就清晰地反映出来：支持中国只是其中之一。美国希望从事全缅作战是从远东整个战局，特别是维持南太平洋地区和印度的防卫方面考虑的。这种实际上让中国单方面承担缅甸有限作战的方案自然引起中方的强烈反应。蒋介石政府拒绝参加缅战，并提出加大援华力度的要求。可以说，全缅作战进一步推延的根本原因是“先德后日”的战略需要，而罗斯福对中国战场的补偿则是因为中国不可忽略的战略地位，同时也是对不能实施全缅作战支持中国战场的一种补救。这一策略是成功的。对于蒋介石及国民党军队来说，是稳定了其抗战态度。陈纳德回到华盛顿与罗斯福谈话时发现，总统真心同意他的观点，即“保持中国于战争之中是重要的”。① 罗斯福既要坚守主要战略目标，也要防止中国战略牵制地位的削弱。事实上，史迪威对缅甸作战的看法也明显是出于配合太平洋战场的目的。5 月，他在给马歇尔的信中就说：“中缅印的作战与西南太平洋地区的作战应联结在一个计划之中，现在是对中国和英国采取坚定立场的时候了，应促使他们履行责任。”② 所以，美国坚持缅甸作战的战略意图并非单纯是为了支持中国。

美国之所以对中国采取补救措施，主要是为了美英战略的需要。1943 年 1 月 3 日，美英联合战略计划第 113 号中关于“中国部分”是这样表述的：“假如我们不给日本施加足够的压力，中国就有退出战争的危险；我们必须继续支持中国，这种支持能确保中国不放弃斗争。”在“f”项中载明：“虽然中国作为一个抗日盟友是重要的，但俄国作为对德作战的盟友则更为重要。再则，打败德国之后，俄国可能是反日战争中的决定性因素，然而中国却在反德斗争中从来不能给予我们什么帮助。”③ 4 月 9 日，美国联合战略勘察

---

① Maurice Matloff. *Strategic Planning for Coalition Warfare, 1943-1944*, p. 88.

② Maurice Matloff. *Strategic Planning for Coalition Warfare, 1943-1944*, p. 87.

③ Hans-Adolf Jacobsen, Arthur L. Smith, Jr.. *World War II, Policy and Strategy, Selected Documents with Commentary*, pp. 243-247.

委员会提出战略原则。第一条是，联合俄国和较小盟友，迫使欧洲的轴心国无条件投降。① 4 月，美英联军在突尼斯获胜后，再一次确定了欧洲—地中海为重心的基本战略，太平洋方面也要维持对日有限进攻的局面。对于中国，也确定必须给中国提供“尽可能的、最大限量的物资援助和空中支持，以保障中国继续参与战争”。②这份文件至少说明，第一，中国战场在大战略中的比重必须采取措施加以“保障”；第二，减轻实施德国第一打击和维持太平洋战场基本态势的战略给中国抗战造成重大不良后果。

1943 年 5 月 14 日，在美英“三叉戟”会议中，美国参谋长联席会议对打败日本问题作了预计：“可能需要入侵日本本土——虽然这一点并未确定。这一入侵，只有在日本的抵抗大大削弱，只有在‘持续地、系统地和大规模地空中进攻日本本土之后’才可以进行。”而这种空中进攻的有效程度，只有从中国基地出发才可以达到。基于这一理由，必须在战争中支撑住中国。建立运输足够战略物资至中国的道路，维持中国和支持在中国和由中国出发的盟国的作战。这样，立即重开滇缅公路和进而占领中国沿海港口是必须的。美参谋长联席会议认为，香港是初期占领的最合适的港口，可与中国从内地开来的军队联合，以实施在南中国海两栖登陆作战。美国参谋长联席会议把未来对日决战分为六个阶段：第一阶段，依靠英国、中国和美国军队的合作占领缅甸。这一行动应为英国主要负责，中国主要稳住国内对日作战局面，美国在太平洋向亚洲大陆方向推进。第二阶段，以美国为主，重占菲律宾，英国执行绕马六甲海峡的作战。中国准备攻占香港。第三阶段，中国在美国军队支持下进行香港战役，美国进入南中国海北部，英国在马六甲海峡(Melaka Strait)继续作战……第五阶段，发动空中进攻。第六阶段，美国提供主要军队入侵日本，其他两盟国予以支持。这一长远设想

① Grace Person Hayes. *The History of the Joint Chiefs of Staff in World War II*, pp. 366-367.

② Maurice Matloff. *Strategic Planning for Coalition Warfare, 1943-1944*, p. 122.

5月20日被确定为作为联合参谋计划者们制定详细计划的基础。从上述对日反攻作战指导纲要看，中国的作战和地理位置都是重要部分。5月21日，金上将也在会上提出对日作战的6个可行的行动方案：1. 在中国和从中国进行空中作战；2. 缅甸作战，目的为增加援华物资的流量；3. 从阿留申群岛逐出日本军队的作战；4. 占领马绍尔群岛和卡罗林群岛（Caroline Islands）；5. 占领所罗门—俾斯麦、科隆群岛（Archipielago）和日本占领的新几内亚部分；6. 针对日本交通线的作战。①5月14日，美英联合参谋首脑会议拟定的对日作战战略计划大致与这一方案相同。②

在“三叉戟”会议上，中美英配合的全缅作战被推延到1945年。这对中国战场的严重影响从史迪威的态度就可以看出。5月13日，史迪威表示坚决反对将开通滇缅公路延至1945年，认为“即便每月空运20000吨也无济于事。总统似乎也强调空运而忽略重开滇缅公路”。中方也作出强烈反应。5月15日宋子文告诉李海，除非仰光遭到进攻，否则中国政府不会派军队进入缅甸。在这种情况下，为使中国坚持并补偿中国所付代价，罗斯福只有允诺将“驼峰”（Hump）运输在1943年7月增至7000吨。③美国陆军部也拒绝了史迪威增援2个师到中缅印战场的建议，认为从西南太平洋和南太平洋转调军队应由主要战略决定，前提是不干扰欧战。史迪威的请求被搁置。唯一积极的决定就是增加空中运输至中国。美国军事首脑也没有派地面部队支持中缅印地区的任何热情，如马歇尔所说，这样做可能会导致另一“牵扯”。④也就是说，美国不会使自己的兵力分配于中缅印，而人力资源利用主要由中国承担。

---

① Maurice Matloff. *Strategic Planning for Coalition Warfare, 1943-1944*, pp. 139-140.

② Hans-Adolf Jacobsen, Arthur L. Smith, Jr.. *World War II, Policy and Strategy, Selected Documents with Commentary*, pp. 258-259.

③ Maurice Matloff. *Strategic Planning for Coalition Warfare, 1943-1944*, p. 141.

④ Maurice Matloff. *Strategic Planning for Coalition Warfare, 1943-1944*, pp. 142-143.

全缅战役的开展与否对中国国民党正面战场确实至关重要，推延也预示国民政府将会付出近期和长远的重大代价。这也是美国每每在对英国让步之后又担心国民党正面战场出现问题的主要原因，也是尽力从物资和精神上补救的主要原因。但是，美国首脑清楚，“日本最有可能的行动方针就是，将主要努力放在确保和利用所占领土之上，将中国清除出战争”。① 这至少说明，美国及英国军政首脑对中国的困难处境是清楚的，同时，也清楚中国是日本战略行动和稳固占领区域的最大障碍。

从1943年5月的“三叉戟”会议到8月的魁北克代号为“四分仪”(Quadrant)会议期间，美英按既定目标完成了“爱斯基摩”计划，在突尼斯打败了德国军队，准备进攻意大利西西里岛，开辟欧洲第二战场南侧翼准备的作战行将完成。美军在太平洋方面推进顺利，准备转入进攻。对于美国来说，极为担心的就是中国战场垮掉。因此，在这一期间，在极力促进空运援华物资的同时，也尽力想促进援华陆路的建立。② 但是，由于运输和气候问题，每月空运10000吨(从7月开始)的许诺没有兑现，罗斯福每月7000吨的承诺也未达到。美国陆军部和参谋长联席会议为此作了努力。如专派中缅印战区轰炸机组的地勤人员到空中运输司令部，协助解决阿萨姆机场运输的“瓶颈”问题，以保证物资运送。另从美国派专门人员去印度处理运输事宜。尽管如此，到7月中旬，每月也只有3200吨飞越驼峰。但应指出的是，美国对中缅印战略交汇地的重视更胜于中国大陆战场。史迪威极力主张从事缅甸作战的原因也在于此。缅甸作战的目的不仅为了建立新的援华线，还在于将日军吸引在缅甸或削弱，不使其转向正在推进中的南部和西南太平洋的美军。同时，也可确保印度，特别是在印度的第10航空队实施策应太平洋的对日战略轰炸。

① Hans-Adolf Jacobsen, Arthur L. Smith. Jr.. *World War II*, *Policy and Strategy*, *Selected Documents with Commentary*, pp. 255-259.

② Maurice Matloff. *Strategic Planning for Coalition Warfare*, *1943-1944*, p. 185.

总之，在开始具体实施“先德后日”大战略计划阶段，罗斯福及其美国军政首脑为战略的顺利进行，采取了不断使中国在战略投入上让位的做法。同时，由于美英对中国的战略需求，美国也尽力采取了一些弥补措施。美英既保持了“德国第一”战略，又得到了维护亚太战场稳定对战略运行的支持。而这些与中国作出的战略贡献与牺牲密切联系在一起。

第二节　中国稳定东亚抗战格局对“德国第一”战略的贡献

中国抗战并没有因为美英先打败德国战略的推行而减弱自反法西斯战争中的战略贡献。在美英苏主要盟国将人力物力主要投入于对德作战的情况下，中国不仅限制了日本向太平洋战场作重大的战略兵力调动，同时也支持美国利用中国基地轰炸日本军事工业目标，策应太平洋战争。但是，中国在美英实施的战略中付出了沉重的战略代价。

一、中国战场支持了“德国第一”战略

美英开始实施先打败德国的战略，无疑对中国战场是极大的考验。美英苏的主要战略投入集中于欧洲对付德国方面，因此，中国抗战一直存在的战略物资与武器短缺的状况得不到根本解决，也无法得到盟国有效的兵力支援，中国独自支撑东亚大陆打击日本陆军主力的境况还须持续。因此，中国战场的保持在战略上不仅对中国自身，同时对反法西斯盟国总体战略都显得特别重要。历史表明，在这一艰难时刻，中国有效地保持了中国战场对日军的牵制与打击，并支持了美英首先打败德国的战略，支持了其他各大战场的战略进展。

如前所述，中国共产党对世界反法西斯战争的整体形势有着准确而客观的分析。1943 年初，毛泽东进一步论述对“先德后日”战略：“对于中国战场，如果打倒了大头子希特勒，那末二头子日本法西斯也一定被打倒。大后方有一部分人弄不清楚这一点，不赞成

先打倒希特勒，这是不对的。现在全世界结成了整个的反法西斯战线，任何国家都不是孤立作战，所以在决定战略的时候，不应只从一个国家的眼前利益来看，而要看先打败哪一个法西斯国家对于整个法西斯阵线最为有利。这样来看，就可以知道，打倒了希特勒，解决日本便会是很顺利的了。”①1943 年 7 月 2 日，中共中央为抗战六周年发表宣言，认为在反法西斯同盟国方面，现在是处在空前有利的形势中，这就是：“第一，苏、英、美三国的团结，由于苏联在斯大林格勒与英美在北非的第一个有计划的联合作战，而更加巩固了，法西斯侵略国想用和平诡计离间苏、英、美团结的企图已经完全失败，这是在整个反法西斯战争中最具有历史意义与最值得庆幸的。第二，苏、英、美战胜德、意法西斯的决战，将在今后一年中展开起来……第三，苏、英、美团结的巩固于对德、意法西斯决战的实现，将不但是德、意法西斯的失败，也是日本法西斯的失败……第四，太平洋上的形势，也因美国力量的增强，英、美联军的几次作战胜利与中国的坚持作战，而转变为对同盟国有利，对日本法西斯不利。”②正是由于这种对世界全局准确的战略判断，中国共产党领导的敌后战场始终将抗战的基点放在自身艰苦奋斗的基础之上，领导抗日军民用智慧与精神与日本侵略者进行较量，使敌后战场在日本战略进攻面前岿然不动，反而不断发展壮大。

1943 年间，通过与日本侵略军的积极作战，使敌后抗日根据地迅速得到恢复，成功地粉碎了日军的扫荡。巩固了华北、华中和华南解放区，并为对日本发动反攻创造了条件。③ 由于此时日本在中国战场上的重点攻击目标仍放在中国共产党领导的敌后抗日根据地方面，因此，中国战场能否在极端困难中坚持下来，首先仍然在于中国共产党及其领导的抗日军民在日军野蛮的进攻面前能否屹立不倒。比较国民党军队和正面战场，中国共产党及其军队仍然处于无任何外援的境地。从中国抗日战争的全面开展到 1943 年初，在

① 中共中央文献研究室：《毛泽东文集》第三卷，第 29 页。

② 中共中央文献研究室：《毛泽东文集》第三卷，第 37 页。

③ 胡德坤：《中日战争史》(修订版)，第 364 ~ 372 页。

长期的艰苦奋战中，中国共产党领导的敌后战场和抗日根据地，在广大抗日军民的支持下，在极端残酷的斗争中坚持了下来，粉碎了日军持续的战略进攻和扫荡。中共不仅继续以正确的战略战术不断打击和消耗日本的有生力量，同时也开始运筹和准备对日本侵略者的大反攻。① 1943 年 1 月 5 日，毛泽东在致陈毅等人的电文中指出：“苏联冬季反攻胜利极大……希特勒总崩溃为期不远，战胜希特勒后，中国时局将好转，日寇亦将夺气，有利于我军抗战，我们应利用这种形势，鼓励军心民心，达到坚持目的。”②1 月 10 日，毛泽东在对陈毅的指示中谈道：“在敌寇扫荡下华中敌后形势可能日趋严重，你们须动员全党准备在最严重形势下坚持斗争。”③中共中央对于中国抗日战争和世界反法西斯战争的前途充满乐观。在 1943 年 7 月 1 日纪念抗日战争六周年干部会议上，毛泽东说：“我国的抗战，现在有正面与敌后两个战场，敌后战场的斗争非常残酷，我们共产党在那里做了很大的努力，几年以来，我们创造了许多新东西，例如反‘扫荡’、反‘蚕食’、精兵简政、拥政爱民、拥护军队、生产运动、整顿三风等等。”④

在 1943 年有利的国际形势下，中共中央以正确的方针指导了各根据地的敌后抗日战争。华北各根据地的抗日军民，贯彻中共中央“敌进我进”，“把敌人挤出去”的战略方针，⑤ 相继粉碎了日军的“扫荡”、“清乡”和“蚕食”。晋察冀根据地的军民在反“扫荡”的基础上，向敌后展开全面攻势，变游击区为根据地、敌占区为游击区，提出“到敌后之敌后去”的口号，从日伪军占领区域恢复并发展了抗日根据地。晋冀鲁豫根据地粉碎了日军的合围，迫使日军最终全部退出根据地。晋绥根据地在中共中央指导下，在积极的游击战争中为完全粉碎敌人的“扫荡”创造了有利条件。山东军民基本

① 中央档案馆：《中共中央文件选集》第十四卷，第 3 页。

② 中央档案馆：《中共中央文件选集》第十四卷，第 5 ~ 6 页。

③ 中央档案馆：《中共中央文件选集》第十四卷，第 7 页。

④ 中共中央文献研究室：《毛泽东文集》第三卷，第 32 页。

⑤ 军事科学院军事历史研究部：《中国抗日战争史》下卷，第 268，271 页。

改变了过去被日军分割封锁的情况，并为未来反攻打下了基础。华中抗日根据地在异常艰难的情况下，也相继粉碎了日军的“扫荡”、“清乡”、“蚕食”等军事进攻和行动。华南抗日根据地的军民在反“扫荡”中不仅坚守了根据地，而且还使根据地得到扩展。由于有中国共产党的领导和正确方针的指导，中国敌后战场各根据地的广大军民，自力更生，艰苦奋斗，发挥极大的智慧，创造了各种歼敌杀敌的作战样式，终于在现代化武装的日军疯狂战略进攻面前挺立下来，并极大地巩固和发展了根据地，大体度过了抗战最困难的时期。1943 年，八路军与日伪军作战 2.48 万次，毙伤日伪军 13.6 万人，俘虏日军 42 人，攻克据点 740 个，使华北解放区迅速得到恢复和发展。新四军与日伪军作战 5000 余次，歼灭伪军 6.6 万余人，攻克据点 200 多个，进一步巩固和扩大了华中各抗日根据地。① 中共领导的敌后战场的稳定坚持和发展，为对日本军队的大反攻奠定了坚实的基础。

中国共产党从抗日战争和世界反法西斯战争大局出发，不但坚持与国民党及其军队共同抗日的方针，坚决反对违背抗日大局、分裂抗日民族统一战线的反共摩擦，而且也希望在反法西斯各战场形势好转的情况下，与国民党携手共同促使抗战局面的改观，并共同建立一个美好的新中国。1943 年 2 月 7 日，毛泽东、朱德、王稼祥、叶剑英致电各战略区域，指示“主动加强统战工作”。电文中说：“我们应不放松每一机会和每一小的事件，主动地加强局部统战工作，改善关系，以求更加促进国内整个形势的好转。”②毛泽东认为：“我们的抗战是在极端艰苦的情境中实行的。我们与苏美英诸同盟国是不同的，他们是先进的工业国家，我们是落后的农业国家。但是我们仍然艰苦地进行了整整六年的抗战，超过任何国家的抗战时间……我们有广土众民的优点、我们的人民又是富有斗争的坚忍性的，六年的抗战就是明显的证明。在这种情况下，我们应该

---

① 军事科学院军事历史研究部：《第二次世界大战史》第四卷，军事科学出版社 1998 年版，第 12 页。

② 中央档案馆：《中共中央文件选集》第十四卷，第 20 页。

怎样努力才算是很好地配合苏、英、美各同盟国的作战，尽到我们的职责呢？……中国共产党中央委员会认为：应该加强作战。整个中国战场上，六年来的作战，实际上是被划分为正面和敌后两大战场，这两个战场的作用，是互相援助的，缺少一个，在目前就不能制止法西斯野兽的奔窜，在将来就不能驱逐这个野兽出中国，因此，必须增强这两个战场互相援助的作用。”①

1943 年 3 月，由于共产国际的解散和国民党对国际形势的错误判断，蒋介石试图发动第 3 次反共高潮。中国共产党从大局出发，依据对国际国内形势的正确分析，仍然采取了求同存异、一致抗日的方针。为了避免内战，毛泽东于 3 月 30 日电告在重庆的中共代表关于根据地的实际情况，并指示他们与国民党当局交涉，制止摩擦行为。4 月 6 日，毛泽东又致电周恩来，申明对国民党的反共活动“应取守势”的原则，“待到彼方进攻再据理反驳”②，充分体现了中共顾全大局，忍辱负重，极端克制的态度。6 月，国民党胡宗南部在洛川开会，决定调集大军分 9 路闪击延安。7 月，国民党军队开始向陕甘宁边区作试探性进攻。对于国民党顽固派不顾抗日大局的举动，中共中央采取了迅疾而有效的措施。一方面准备相应措施还击这种倒行逆施的挑衅，另一方面将国民党顽固派准备进攻边区的消息公开，借助国际反法西斯统一路线的力量制止国民党的内战行动。7 月 4 日，朱德致电胡宗南，呼吁团结，避免内战。7 月 6 日，朱德以第 18 集团军总司令名义又致“万万火急”电给蒋介石、何应钦等，呼吁制止内战，维护抗战团结大局。③ 朱德的这封电报阐发了中国共产党为中国抗战与反法西斯战争大局的全局胸怀。根据毛主席指示，这一电报在交给蒋介石、何应钦等人的同时，也交于英美苏等国大使馆，并分发给在重庆的中外记者。因

---

① 中共中央文献研究室：《毛泽东文集》第三卷，北京：人民出版社 1996 年版，第 40 ~ 47 页。同见，中央档案馆：《中共中央文件选集》第十四卷，第53 ~ 54页。

② 胡乔木著：《胡乔木回忆毛泽东》，第 173 页。

③ 中央档案馆：《中共中央文件选集》第十四卷，第 68 ~ 70 页。

此，“七七”纪念日那天，驻渝记者纷纷就内战危机质问国民党发言人。中国共产党的正确态度和处理危机的策略，赢得美英苏的同情和支持。美英苏驻华大使由此对蒋介石政府施加压力，警告国民党不得发动内战，否则即停止援助。中国共产党还连续发表文章，揭露国民党顽固派的内战图谋，号召全国人民团结起来制止内战危机。在国内外的压力之下，国民党的这次反共高潮在未形成之时就被挫败了。7 月 10 日，蒋介石命令胡宗南停止行动。11 日，蒋介石、胡宗南均复电朱德总司令，声明无意进攻解放区。12 日，胡宗南原拟进攻边区的部分军队撤退。中国抗日战场的分裂再次得到遏制，这是与中共顾全反法西斯战争大局的态度和高超的应对策略分不开的。这对于中国战场的继续坚持，避免在反法西斯战略实施的关键阶段中国局势出现大的动荡，使中国战场进一步为世界反法西斯战争战略作出应有贡献，意义重大。

中国共产党一直坚持中国抗战主要应以本国自己独立自主、艰苦奋斗作为基础，即使在国际反法西斯战线形成之时也是如此，外援只能是一种辅助。这是中国敌后战场成为中国抗战中的中流砥柱的思想理论基础，从而使中共领导的敌后战场能在极其艰难环境下保持并有所发展。1943 年 6 月 1 日，毛泽东在给彭德怀的信中就说：“英、美仍是集中对德，援华甚少，口惠实不至……抗战还须准备三年……我党应在此三年中力求巩固，屹立不败……对国民党应极力避免大的军事冲突，使彼方一切力量均用在对敌上。”①正由于敌后战场是抗击日军的最坚强战线，因此，日本在 1943 年间仍然将解放区作为重点攻击目标，并认为：“中共军队不仅在华北，而且在全中国都妨碍着日军的行动……”5 月中下旬，日本参谋总长杉山元在视察华中日军时指出：“铲除中共军队顽固地在我占领区的阴谋活动，是极为必要的。”9 月 1 日，日本华北方面军司令官冈村宁次大将在兵团参谋长会议上也指出：“最近，中共领导民众的势力竟有增大的倾向……为适应大东亚决战要求，华北方面军迅速消灭中共努力，乃为当务之急。”为了巩固所谓“绝对国防圈”，

① 中共中央文献研究室：《毛泽东文集》第三卷，第 24 页。

日本急于巩固华北这一后方据点和“大东亚战争的兵站基地”。① 敌后战场的积极作战和根据地的恢复，不仅牵制了日本在华陆军的半数，同时也使日本根本没有可能进攻苏联。在 1943 年的日本计划中，只有对苏联动向的分析而没有任何攻击苏联的意图。②

上述这些都反映了中国敌后战场是中国战场得以长期坚持的内在动力。1943 年 3 月 9 日，戴维斯在给高斯的电文中甚至认为，除了共产党军队与少部分国民党军队外，大部分国民党军队士气低落，缺少装备，训练不足。③ 中国敌后战场的艰苦奋斗和中国共产党正确处理与国民党关系的决策路线，使中国抗日民族统一战线始终坚持下来，中国两个战场相互支撑的局面得以保持，也使中国抗日战场能应付各种危机局面，对世界反法西斯战争的大局的意义是重大的。正是由于中国共产党领导下的敌后战场的卓越成就，美国驻华外交官员自全面抗战以来对敌后战场的对日作战有不少报道分析和赞扬。1943 年 6 月 24 日，戴维斯在长篇备忘录中进一步认为，美国应该建立起与中共的联系共同打击日本，“中国共产党已经改变过去革命路线而奉行对付民族敌人的路线，团结全民族进行抗战，美国应该在中共管辖的区域建立起联系管道。同时，中国北方是战略要地，美国也应该建立打击日本的空军基地”。④

中国正面战场在 1943 年初至 6 月进行的“鄂西战役”，1943 年 8 月至 12 月进行的“常德战役”等较大规模的防御作战，都为中国战场的保持，维护正面战场的基本防线起到了积极作用。中国政府也极力在经济上和人力上支持了美国在中国建立重型轰炸机基地的建设，直接支持了太平洋战场。中国战场为美国“先德后日”战略计划的实施在战略投入上所作的牺牲本身就是对世界反法西斯战争全局所作出的重大贡献。前章所阐述的美国在战略投入和对中国的

① 胡德坤：《中日战争史》(修订本)，第 363 页。

② [日]服部卓四郎著；张玉祥等译：《大东亚战争史》第二册，第 713 页。

③ *FRUS*, *1943*, *China*, p. 27.

④ *FRUS*, *1943*, *China*, pp. 258-266.

战略支持上的双重态度和政策都可以清楚地表明这一点。重要的是，中国的战略贡献如同中国长期抗战以来所表现的那样，并不仅表现在付出战略牺牲和付出战略代价之上，而是在这种艰难困苦的形势和环境下，依靠独立抗战为反法西斯战争的大局作出了在一些西方军事家们看来无法做到的战略贡献。这在美国“先德后日”战略计划正式实施的阶段同样是如此。

美国及英国正式开始实施“先德后日”战略，美英苏进行盟国战略链连接的阶段，是彻底粉碎德国和日本战略连接的战略图谋、完成对作为法西斯元凶德国的战略包围的关键时期，也是世界反法西斯战争重大转折的关键时期，对在全球范围内彻底转换反法西斯盟国与德意日法西斯轴心国战略态势至关重要。美英苏盟国能顺利地做到这一点，并同时在太平洋战场维持稳定的有限反攻态势，是与上述中国战场坚持对日军的牵制和持续地对日本陆军主力的消耗和打击分不开的。据日方资料记载，1943 年初，日本陆军总兵力约 240 万人。在第一线作战的部队共 114 万人，其中，中国战场 66 万人，太平洋战场 48 万人。① 中国战场牵制了日军陆军多数兵力，使日军在太平洋战场的兵力更感不足。中国战场，特别是正面战场也没有出现任何美国军政首脑担心的，在物资支持不足和战略支持不够的情况下“崩溃”、“垮掉”、“与日本单独媾和”等影响世界战略全局的形势，相反，凭着中国抗战力量的勇气、智慧、坚忍不拔的精神支持了“先打败德国”战略的关键性一步。中国战场在困难中的坚持，应该说是对“先德后日”战略的最大支撑。这一点还可从日本的形势判断和行动中得到说明。

1942 年 12 月 21 日，日军参谋总长杉山元在“关于对重庆的对策”的讲话中就谈道：“不对重庆进行彻底的作战，而只施展政治谋略工作，要想全面解决中国问题，在目前情况下是极其困难的……帝国在目前形势下应该清算对重庆的一切幻想，谋求政略和战略的抑制……向完成战争迈进。”②1943 年 2 月底，日本大本营

① 胡德坤：《中日战争史》（修订版），第 359 页。

② ［日］服部卓四郎著；张玉祥等译：《大东亚战争全史》第二册，第 660～661 页。

分析了“大东亚战争”形势。关于“美英的动向”，分析中认为，“美英将首先策划德、意的崩溃，摧毁帝国的大东亚建设”，“美英将使尽各种手段督促重庆极力作战”，“美英将确保西亚和非洲方面，并将努力加强阻止日、德、意之间的联系”；在分析中国形势中，日本认为“重庆的抗战能力将继续减弱……将相信美英的最后胜利，还不会放弃其继续抗战的意志”。关于“重庆的抗战能力”，日本判断：“在现在的形势下，可以继续消极抗战。”“财政经济虽极端困窘，但粮食和轻武器尚可自给，所以，不能由此而期望其抗战体制迅速崩溃。”日本还认为国民党军队“装备虽然低劣，但不影响消极战斗。”①这说明在日本的所谓“大东亚战争”中，尽管认为国民党的抗战是“消极抗战”，但也还是重视的，因为这涉及日本太平洋作战的后方或侧翼。

日本在1942年6月太平洋进攻告一段落之后，为了对付中国战场的战争，将相当数量的地面、航空兵力调回中国东北、中国内地和日本国内。日本南方军共有7个师团与7个守备队，其中有5个师团在缅甸和法属印度支那。也就是说，除了在中国的陆军主力师团外，中国战场的侧后也吸引着日本南方军的陆军主力。② 这也是为什么美国在不能进行南缅两栖登陆作战的情况下仍然敦促蒋介石出兵北缅的战略原因。日本大本营陆军部在1943年2月末制定“西南方面作战要领”，其中关于“缅甸”部分是：“缅甸位于我国西南方面防御的第一线上，是切断美、英、华同盟军大陆战线的西陲要冲。即对日军来说，无论是在切断援蒋公路，对‘重庆军’施加军事压力上，还是在策动印度反英的政略和战略施策上，都具有战争指导上的重要意义……因此，日军与同盟军之间注定要在这里展开一场大规模的大陆战。”③尽管中国军队从云南方面的进击到

① ［日］服部卓四郎著；张玉祥等译：《大东亚战争全史》第二册，第712～715页。

② ［日］服部卓四郎著；张玉祥等译：《大东亚战争全史》第二册，第738～739页。

③ ［日］服部卓四郎著；张玉祥等译：《大东亚战争全史》第二册，第749页。

1944年5月才开始，但中国国民党大后方战场的稳定和军队的存在，在盟军暂时不能进行大规模缅战的情况下，汇同印度方面的英军和史迪威指挥下的中国军队，客观上起到了对日本南方军陆军主力战略实施牵制的作用。9月，日本大本营估计，“同盟军方面的反攻，今后必将愈益激烈。世界战争将演变成同盟军方面对轴心国方面的连续性攻势……在东亚，美英将同印度、澳大利亚、中国一起，日益加强对日本的压力，继续加强东南方面的反攻，并且在图谋由西南、东北两方面压缩对日包围圈的同时，从空、海两方面，加强对我占领的重要地区的进攻，以求尽快决定东亚战局的归趋。在中国方面，重庆军仍将继续抗战，并且同盟国方面空军的活动，今后必将逐步加强”。①

关于“美英在东亚反攻”部分，日本大本营在9月25日联席会议中估计，盟国将对日本发动反攻，“特别是增强海洋正面、缅甸方面的兵力以及日本本土与大东亚重要地区的防空兵力”。但就是这样一种形势，日本也不能倾全力去对付美国海上的攻势和进行缅甸战略地带的防御。如会议记录就明显表明：“对华、对苏的正面，还至少需要配备目前程度的军事力量。”②这就说明，日本是将中国战场问题和对华政策问题纳入到整个战局发展中考虑的。特别是对华外交政策，日本此间极为重视对国民党政府“进行政治工作”，以此来对付美军在太平洋上日益加剧的进攻作战。但是日本对中国国民政府的诱降没有奏效。中国派遣军总参谋长河边正三中将在1943年3月初大本营召集的会议中称：“中国派遣军坚信不解决中国事变即不能解决大东亚战争。从而认为迟早必须向重庆采取积极作战，因此也希望中央务必推进此一作战。”5月8日，日本杉山参谋总长视察南京时，日本中国派遣军总司令也提出：“由于奉命推迟重庆作战准备，致派遣军呈半途而废状况。看来要使重庆脱

---

① ［日］服部卓四郎著；张玉祥等译：《大东亚战争全史》第三册，第839页。

② ［日］服部卓四郎著；张玉祥等译：《大东亚战争全史》第三册，第851页。

离美英，除武力以外别无他计。”而畑大将在8月13日的日记中也写道：“始终只为美英反攻对策所左右而致处于守势，同时又无打开难局之策。如此，难以期望使重庆屈服，惜哉！”①

在此期间，由于美国及英国拖延了南北配合的全缅战役，蒋介石与美国之间关系出现一些争执，蒋介石也不时以“中国抗战行将崩溃”相威胁。但这并不反映蒋介石就准备放弃抗战。同时，美国也以利用此时以“驼峰”运输缓解与蒋介石的矛盾，美国在“废约”和“中国大国地位”上的一系列做法，多少也弥补一些因“先德后日”战略实施给中国带来的损失。最为根本的原因还在于，中国国内尚存在屡摧不垮的敌后战场的制约。

从中国战场对日军的战略牵制与打击的成效看，这一时期日本不仅无法解决自己后方的所谓“治安问题”，要对付坚持积极抗战的中共及其军队；而且，基于对国民党政府态度的判断，从而日本也确定了对国民党正面战场发动全面攻击的方针。在前述日本中国派遣军对国民党政府作出了不会妥协的判断之后，日本中国派遣军根据大本营的意图，于8月28日制订了《1943年度秋季以后的中国派遣军作战指导大纲》。大纲对中共领导的敌后根据地的作战是：“华北扫共作战。华北方面军，于今秋务须长期有组织地反复对共军进行扫灭作战，覆灭其根据地。”对国民党正面战场则规定为“常德作战”、“广德作战”、“打通平汉路作战”。1943年9月7日，日本大本营对这一“指导大纲”的答复更清楚指明了对国民党战场作战的意图：“常德作战极力加强对敌压迫，并牵制云南方面敌兵力他调，从全军考虑有此必要，予以实施。”②这一计划无疑是日本在整个战况不佳的情况下，准备孤注一掷在华大举攻势作战的前兆。从另一方面看，由于国民党对日本尚无妥协之意，日本将不得不同时开始对两个战场进行战略作战，反映出主要兵力被牵制于

① 日本防卫厅战史室编纂；天津市政协编译委员会译校：《日本军国主义侵华资料长编》(下)，第39~41页。

② 日本防卫厅战史室编纂；天津市政协编译委员会译校：《日本军国主义侵华资料长编》(下)，第41~42页。

中国战场的焦灼心理。

中国战场的坚持，使美英基本战略目标达到。开罗会议时期，随着北非地中海战役的顺利完成，美英苏在西方战场方面就形成了对德国包围和反攻之势。由于美国太平洋方面的战略投入此间仅略少于西方战场，因此，美军在太平洋上进展顺利，并进行有限反攻，迫使日本退守“绝对国防圈”(指西起缅甸、马来亚，经印度尼西亚、新几内亚西部、西加罗林群岛、马里亚纳群岛、小笠原群岛、千岛群岛)。盟国能顺利实施这一大战略，而在短短一年时间内就能彻底扭转各大战场的形势，一个重要因素就在于中国战场在极困难条件下的坚持，在于中国作出的战略牺牲，还在于中国在特殊情况下对国内矛盾的正确处理。

如前所述，1943 年，日军在中国战场的战略计划相继遭到失败。彻底摧垮中国敌后战场的多次扫荡进攻作战都被挫败。对正面战场的进攻作战也未达到目的。9 月，日本抽出部分兵力支援太平洋，但陆军主力仍在中国。

关于日本对苏联作战更是遥遥无期。1943 年 2 月，德国在斯大林格勒战役中受挫，再次向日本呼吁配合德国进攻苏联，但遭到日本的再次拒绝。日方估计，“只要德苏间的形势没有重大变化，德国将不会在英国本土登陆和进入西亚”。反映了日本对德日中东会师的完全失望的态度。日本还认为，日德意三国“首先迅速分别在大东亚和欧洲确立自强不败的态势”，“保持对苏安宁从日德意三国指导战争上看来也有利”。① 9 月 30 日，日本御前会议进而决定“对苏极力防止引起日苏战争，进而谋求日苏邦交的好转，并相机努力斡旋德苏间的媾和”。② 这些尽管与苏德战场的有利形势转向苏联一方有密切关系，但是，此时日本已经无法摆脱其同时在太平洋战场和中国战场进行作战并逐渐处于不利局面的困境，这是至

① ［日］服部卓四郎著；张玉祥等译：《大东亚战争全史》第二册，第 708～710 页。

② ［日］服部卓四郎著；张玉祥等译：《大东亚战争全史》第二册，第 821～824 页。

关重要的一环。德日间联合夹击进攻苏联的企图彻底失败已成定局。由于长期的相持，日本资源贫乏、军力不足的弱处就更加突出，中国战场，特别是敌后战场形成的战略优势状态逐渐显现出来，中国战场与太平洋战场成为日本陆海作战无法相互呼应顾及的巨大牵制。

因此，中国此间对美英"先打败德国"战略的支持，对日本向太平洋调动兵力的制约，对在华美国空军配合太平洋战场上的美国空军和潜艇对日本交通线的打击，对德意日在中东至印度战略枢纽地的联结的进一步制约，对日本配合德国进攻苏联的战略制约，都仍然具有全方位的战略作用，是反法西斯盟国各大战场整体格局中不可缺少的重要部分。还应注意的是，中国与苏联战场、北非地中海战场、太平洋战场的盟军相比，在进行重大战役时严重缺乏重型武器装备和空中战略支持，中国与日本在战争物资资源上相比仍然敌强我弱。在这种状况下，中国战场能承担起战略牵制的重责，是为反法西斯战争全局作出的重大民族牺牲。可以说，美英战略推进的每一步都有中国战场的贡献与中国军民的鲜血。

二、中国战场为"德国第一"战略付出的代价

客观地讲，在美英"先德后日"战略计划正式启动之后，中国抗日战争，尤其是中国国民党领导的正面战场所面临的形势仍然是十分严峻的。由于美英将主要战略投入放在对付德国方面，在太平洋战场尽管投入不如西线，但是为了维持对日有限进攻，保持已经取得的优势地位，美国在原有太平洋战场投入的基础上并没有降低标准，只是增加幅度不如对德方面。这样，中国在接受外援方面远远不如其他战场，甚至不如美国对自由法国的投入。另外，由于"先德后日"战略的制约，美国在太平洋方面实际上的有限进攻态势，美国及英国从北非地中海地区开始实施的"德国第一"战略，苏联专注于对付德国，这都标志着中国战场承受装备优良的日军重压的局面在短期内不会结束。中国战场不会得到盟国军队的战略支援，物资援助也不会大幅度增加。这些对中国正面战场的影响甚大。

美英军队在北非登陆之后，美国战略投入主要放到了西线战

场，战略投入问题对于中国来说就更为严峻。另外，盟国战争资源的分配重心明显放在西线，预示中国在更长时间内得不到战略投入。1943 年 5 月“三叉戟”会议中美国霍尔(Hull)将军的观点就很能说明问题：“只有确定我们的资源足以对付这些国家(指轴心国——著者)，以有效的武器分配给不同战场才会成为可能。特别是，我认为即使最后决定作出，而且是有关对付日本的全面作战计划，我们都将发现，我们处在这样一种位置上，即不能合乎逻辑地决定，哪些东西应分配给太平洋方面的各个战场，或给印度和中国……开始，日本和德国轴心国处于主动地位，出于这种理由，陆军部面对和应付各个战场的需求是必需的。但是，当我们处于主动位置时，合理运用我们的资源以指导战争就成为我们的选择。我们的资源并非无穷无尽，而且我们的敌人双方都很强大，这样，对于我们人力物力的分配就应有经济的态度。这对战争的成功结局是必需的，我们承受不起铺张。”①霍尔的这番话恰当地表述了美国战略中战场先后排序的根本问题——战略资源的分配。同时，也表明美国在战略调整期为应付危局对东西方战场物资支持处于相对平衡状态的结束。而真正在物资投入和战略上作出牺牲的，还是中国战场。1943 年 6 月至 12 月，美国开始加大了西线的投入，陆军海外物资投入西线战场物资为 10384190 吨，在太平洋方面为 6406719 吨，投入中缅印 1083265 吨。② 中国战场受援少而进展缓慢。

在此期间，中英之间的军事合作也受到“先德后日”战略的重大影响。英国驻华军事代表团也不断要求英国派皇家空军到重庆。当然他们有自己的考虑，而不仅仅是为了中国的需要。更重要的是，在英军马来亚和缅甸大败后，蒋介石对英国的军事力量持蔑视态度，因此要向中国表示英国对这一地区的重视。英国战时内阁研究了这一问题，并认为这样一支力量将会起到重要的政治作用。而

① Maurice Matloff. *Strategic Planning for Coalition Warfare 1943-1944*, p. 206.

② Robert W. Coakley, Richard M. Leighton. *Global Logistics and Strategy 1943-1945*, p. 835.

参谋长委员会于1942年8月26日发出指令，要求印度当局考虑至少派遣一个中队去中国。然而空军元帅皮尔斯(Pears)认为这样做是有困难的，其困难不在于提供一个中队而在于如何去维持这样一个中队。他指出，一个飓风战斗机中队在缅甸作战期间需要3组地勤力量，如果在中国则需要更多。此外，运输机已经十分缺乏，如果发动计划中的反攻缅甸则运输机会更缺乏。他指出，派遣一个中队去中国并不能取得军事上的优势，反而会给本来就不足的印度防御力量增加困难。参谋长委员会于9月3日同意了这一意见并决定不派空军力量去中国。他们指出，中国将不得不依靠美国的援助而英国则要承担这么做的政治后果。① 英国不仅没有向中国派遣空军，而且还要求美国把援华的空军抽调去支援英军的战斗。1942年6月21日，隆美尔的北非军团攻陷了北非的托布鲁克，中东发生危机，英国要求增援，美国认为这些危机比中国所能发生的任何事情都严重得多，因此，取消了已经开始在中国进行的扩大在中国和对中国的空运的部分计划，并开始收回原本给中国但堆积在美国和印度的租借物资和装备，以备它处之需。② 1942年英国在这一地区唯一能采取的步骤是沿阿萨姆边界的进军。韦弗尔将军也提出了占领仰光所面临的困难，借口缺乏飞机、机场，他提出了在雨季前从阿萨姆越过钦山进攻缅甸北部的计划。丘吉尔的话道出了问题的真谛，宋子文在给蒋介石的电报中报告了与丘吉尔的晤谈情况，丘吉尔谈到各战区的情况：“德国力攻利比亚……埃及可守……克复缅甸，以恢复中外交通，亦为保障印度也。印度已到英军甚多，雨季后将由水陆反攻缅甸敌军。”③

在中国为美英等盟国付出的战略代价方面，最重要的莫过于全缅作战的推延与主要由中国军队担负北缅作战的重任。重占缅甸从

① Michael Howard. *Grand Strategy*, Volume Ⅳ. London: Her Majesty's Stationery Office, 1972, p. 82.（后文引述该书，仅出注作者及书名、卷数、页码）

② ［美］赫伯特·菲斯；林海等译：《中国的纠葛：从珍珠港事变到马歇尔使华美国在中国的努力》，北京：北京大学出版社1989年版，第47页。

③ 秦孝仪：《战时外交》(三)，第163页。

战略上讲，对中美英都是同样的重要。中国恢复外援通道，英国确保印度，美国支持太平洋战场作战，都有赖于这一作战。但是，如前所述，全缅战役计划推延下来。对中国而言，其代价就不仅在不能得到充足的外部武器装备的援助，而且还有正面战场的整体布局问题。为了重占缅甸，蒋介石政府将战略进展的重心一直放置在滇缅方向，对日作战正面则是维持基本防线。由于推延，这一战略布置的负面因素就显露出来，并影响到正面战场的对日作战战略。因此，从中国付出的代价而言，缅甸联合作战的推延所造成的问题显然是其重要因素。

美国对战略制约下对中国不能信守重占缅甸和加强对华战略投入的承诺也是清楚的，因此，不断以各种形式来加以弥补，特别是鼓舞国民党正面战场的士气。1942 年 9 月 3 日，罗斯福总统的特使温德尔 · 威尔基（Wendell Willkie）在中国重庆中央训练营对 1200 名受训人员的演说中说："你们反抗侵略的战争持续了 5 年，尽快为中国提供飞机与武器是我们的职责。" 10 月 2 日，威尔基在成都中国西部联合大学对九个大学的师生发表演说："你们是第一个起来抵抗侵略的，你们为胜利付出了全部的代价，现在我们必须分担你们承受的负担，我们必须帮助你们战斗，必须用我们国家有限的资源帮助你们。"①罗斯福在 10 月 12 日给蒋介石的电文中，对进一步援华问题作了解释："深信贵我双方均愿采取步骤，以尽量发展两方之军力，使于最短期间努力达到作战最大之效能，则中美两国均需有适宜之行动，余正以最坦白之态度，研讨一种定策务使得到最有效而且实际之援助。"具体方案为：第一，空军第十大队将仍继续参加中国战区作战，并由美国补充实力。第二，充分发挥根据租借法已经与达中国的飞机的效能。第三，美国扩充中印空运能力。第四，美国军队不能参加中国战区作战，原因是：首先，"远洋运输船只极感缺乏"；其次，"海军护送此项军队，经过最危险水域远道绕赴印度，势为不可能，遂使余极愿派美国军队前往中印战区之举，不克（可）实现，美国战线太长，人力物力有限"；再

① *FRUS*, *1943*, *China*, pp. 495-496.

次，“集中全力充实美国空军实力协助缅甸作战……美参谋部正研究史迪威的收复缅甸计划，共同努力克服缅甸”；最后，“重开滇缅路，是美国完成配备华军三十师计划之关键”。①

1942年11月21日，罗斯福致电蒋介石，说明进攻法属西非、北非之成功将为此次战争中之转机：“当余计划进攻法属西非、北非之际，余意有吾侪将能控制地中海南岸全部之明确信念，因如此，各种军火之运输，尤其由印运华之军火，在时间上当可格外便利。余深信此举之成功，可认为我们在此次战争中之转机。”②罗斯福显然给了蒋介石一个新的希望，即在地中海战役之后，全缅战役可以开展，援华通路问题即可解决。由此，蒋介石在给罗斯福的回电中说：“此次北非胜利，对于远东战争，尤其恢复滇缅路之意义，余已极明了。余正在竭力使在云南之部队准备完成，此举亦颇得史迪威将军之襄助，俾可照同盟军所拟春季攻缅甸之计划，尽一部分责任。”③蒋介石也告知罗斯福，中国正积极准备春季反攻。争取美国增加中印空运，尽管理解北非战事空运繁忙，但仍“争取发动克复缅甸之攻势”，恐雨季来临，“同盟国对于日本之最后胜利，又将迟延一年矣”。12月2日，罗斯福给蒋介石致电中谈另辟中印空运新路线的困难，但又建议蒋介石采取有效步骤收复缅甸，支持史迪威“增强盟国在远东地位之努力”，并允诺在北非战场胜利之后改善援华空运航线。电文中罗斯福仍认为中国基地是打击空中日本的途径。④

1943年1月，罗斯福、丘吉尔联合从魁北克致电蒋介石，告知在北非卡萨布兰卡会议美英联合参谋首脑会议计划，即有关1943年世界范围内各种攻势及战略，在中国战场方面，则允诺立即对陈纳德空军作补充，希望“不仅对于敌人重要航道，并且对于日本本部，能予以打击”。对于蒋介石则是敦促其参加缅甸战役。

① 秦孝仪:《战时外交》(三)，第191~193页。
② 秦孝仪:《战时外交》(三)，第205~206页。
③ 秦孝仪:《战时外交》(三)，第206页。
④ 秦孝仪:《战时外交》(三)，第209页。

罗斯福和丘吉尔谈道："吾等对于德、意之扩大攻势，此举在突尼西亚(突尼斯)轴心军毁灭后即将实现吾等对于同盟国在1943年之攻势，具有伟大之信心。"①蒋介石1月12日发表广播讲话，进一步提出中国应该获得与美英进行战略协商的权利，而中国没有得到美英在军事上的平等地位。蒋介石也非常不满美英在卡萨布兰卡会议上没有邀请中国参与美英最高秘密战略讨论。② 蒋介石并于1943年2月7日致电罗斯福提出三项要求：1. 陈纳德空军应加强而且有独立指挥权；2. 中印空运到本年11月达到10000吨；3. 中国迅速完成空运空军所需地面设施，缅甸作战的联合作战计划，"中国方面于会商后业已有所准备"，"届时中国军队，必能履行应担负之任务"。③ 3月11日罗斯福致电蒋介石，表示必迅速增加陈纳德指挥的飞机至500架，已派工程、医药等人员以加强现正从事于修筑自雷多至中国路线之人员，答应给中国轻轰炸机。④ 蒋认为500架飞机应是给中国空军维持战斗力，而非只给陈纳德。在策略上，蒋介石让宋美龄转告罗斯福，日本正造谣，说美国不许中国有独立空军，美国控制中国领空，不许中国有独立作战的能力。希望罗斯福不要使这些谣言成为事实。⑤ 同时，这也是敦促美方支持中国空军建设的一个策略。为了打消英国担心中国参与反攻缅甸会趁势扩大领土的顾虑，宋子文在1943年3月访问美国时告知英外相艾登，中国对泰国、印度支那、缅甸和马来亚没有领土野心，以消除英国担心中国军队会留在缅甸。中国军队是应英国邀请将进入缅甸，一旦军事任务完成马上撤离。在伦敦，宋子文再次向英方保证，并强调蒋介石在1943年2月26日曾庄严承诺，中国没有危害泰国独立的意图。⑥

---

① 秦孝仪：《战时外交》(三)，第212～213页。

② Sir Llewellyn Woodward. *British Foreign Policy in the Second World War*, Volume Ⅳ, pp. 518-520.

③ 秦孝仪：《战时外交》(三)，第213～214页。

④ 秦孝仪：《战时外交》(三)，第216～217页。

⑤ 秦孝仪：《战时外交》(三)，第218页。

⑥ Sir Llewellyn Woodward. *British Foreign Policy in the Second World War*, Volume Ⅳ, p. 525.

但是，与中国正面战场作战密切相关的重占缅甸问题则拖延下来。2月13日，汉密尔顿在备忘录中就认为，中国的继续抗战为美国在中国东部修建机场直接攻击日本本土与交通线提供了可能，同时也为其后盟国的反攻创造了条件。但是，中国作为四强没有被盟国在军事经济等方面平等对待。① 2月27日，汉密尔顿认为，缅甸战役具有政治与军事的意义，应该由中美英共同作出努力。如果其中之一避开或者没有尽最大努力，将会导致联盟国家在远东的共同努力受到损害。中国继续作为积极的交战国站在盟国一边，最能说明现在的战争没有成为种族战争。这一点非常重要，不仅对于现在，而且是关乎于长远的未来。抗日战争的胜利是盟国共同的胜利。3月5日，汉密尔顿在备忘录中再次提到，中国被英美不公正对待，尤其是在战略物资供应分配的决策与东亚军事战略决策方面，因此主张采取实际步骤尽早使中国积极参与盟国组织，参与战争与作战计划，服务于美国所设计的太平洋政策，加强美中在太平洋方面的军事、经济、政治、情报等方面的合作。美中密切合作推进制定反日心理战计划并实施于作战之中。汉密尔顿认为，中国参与决策将影响中国战时与战后的态度，有助于平息远东及印度在种族方面的怨恨情绪。②

1943年5月5日、5月6日，宋子文致电蒋介石，报告美英的重要决定。第一，反攻缅甸改为占领孟德勒（曼德勒 Mandalay）一线为止；第二，美英仍坚持“先欧后亚”；第三，在美训练的中国空军人员，利用现在克拉其（卡拉奇，Karachi）的飞机成立两个中队；第四，美国援华物资50%输送空军物品，50%给陆军。宋子文分析，空运只够陈纳德之用。这一决定实际打破了蒋介石加强中国独立空军的希望。由此，蒋介石要求的美国在1943年6月间将空运物品增至供中国空军3个大队之用，9月将前线飞机增加至500架也成为不可能。③ 这就引起蒋介石的强烈反应。5月8日，

① *FRUS*, *1943*, *China*, pp. 4-9.

② *FRUS*, *1943*, *China*, pp. 14-15, 17-22.

③ 秦孝仪：《战时外交》（三），第225～226页。

蒋介石致电宋子文，令其向美方提出："反攻缅甸计划必须照北非与重庆会议所决定者实施，非先以英、美海空军遮断敌军接济路线，与确实占领仰光，打通滇缅至仰光全路交通线不可。如果仅占领北缅甸至孟(曼)德勒为止，非仅无益于中国战场，而且费力多牺牲大……达不成目的，徒然牺牲兵力，中国军队决不能再蹈去年覆辙。""所谓利用克拉其机场组织两中队空军，机场为英美弃置不用有害无益，固决不能承受。"美英应决定"中国战区前线五百架之飞机即美国陆、海、空军参加仰光作战"，否则，"会议实等于空谈，可谓对中国战场毫无补救之意，中国军民必对美国从此绝望"。罗斯福回答攻缅计划因英方以海军力量不足为由，待与丘吉尔商讨。宋子文遂与丘吉尔会谈。5 月 13 日，丘吉尔认为，即使占领缅甸，因铁路桥梁港坞需重新修建，1945 年方能通车。滇缅公路运量月仅 2 万吨，中印空运增至 3 万吨比较适宜。这就将球又踢到了美国一边，并说"攻缅涉山越岭似困难……日果进攻苏俄，联军亦可以西伯利亚为根据，进攻日敌，较攻缅甸不知容易几倍"。①

1943 年 4 月，日本进攻鄂西。蒋介石的看法是，中国第六战区主力部队调至云南贵州准备攻缅，日本知道鄂西空虚，乘机全力进攻。到 5 月，宜昌以东的长江南岸阵地完全失陷。日本也有继续向上游长江三峡、巴东等地进攻之势，湖南常德等地危急。陪都重庆受到威胁。这种结果的造成是史迪威"强催我军集中攻缅，乃因抽调部队，而使重庆门户大受威胁"。在 5 月 16 日给宋子文的电文中，蒋介石愤怒地说，取消计划南北配合的全面反攻计划，是"有意陷中国于灭亡之境，不啻协助日本完成其大东亚之新秩序"。5 月 17 日，在美英参谋长联席会议上，宋子文陈述了中国危难局面，要求遵守北非会议诺言。宋子文请与会者注意："攻缅并非一普通计划，实为三国共同决议案，中国方面部队已集中备战，并将各机场扩充整顿……万一有放弃攻缅之决定，中国军民必以英、美背信违约，英、美表示无决心以武力令日敌投降，不但中国人心绝望而

① 秦孝仪：《战时外交》(三)，第 227 ~ 228 页。

瓦解，同盟军若无中国根据地，亦将无法消灭日寇。”中国的强烈反应得到的收效：罗斯福向宋子文告知美方加大援华力度的决定。即，1943 年 7 月 1 日起中印空运约可达 7000 吨：4700 吨给陈纳德，2000 吨给中国陆军，300 吨给中国空军。1943 年 9 月 1 日起，每月空运可达 10000 吨；修理印度机场(其机场由丘吉尔命令赶修)。①

上述表明，美英坚守“德国第一”的原则是不可更改的，但也担心蒋介石会退出战争。5 月 21 日，罗斯福问宋子文缅甸北部作战是否不能克复，宋子文强调必须有缅甸南部作战的配合。罗斯福同意，但指出“英国在印度洋只旧军舰，又无飞机母舰(即航空母舰)，故全赖美国海军……仰光附近有二十三处飞机场之多，海军将必受重大轰炸”。② 这就进一步证明，在罗斯福的心中，缅甸作战肯定将改为缅北作战。5 月 22 日，蒋介石对美英改变全缅作战计划再次作出强烈反应。他在给宋子文的电文中说：“如其英、美不用有力海、空军先收复仰光，断绝敌之后方交通，则攻缅计划决无成功之望，蒋委员长万难同意。应坚决表示与正式声明。而且英、美对北非宣言与重庆及加埠决议与诺言，当此北非军事解决后更应执行，决无理由推脱违约，否则以军事信约为儿戏，其将何昭信于世。务望罗总统力持正义，转移危局为要。”③

蒋介石的意图很明显，警示美英，中国战局关系到美英苏对德作战的全局。5 月 26 日，罗斯福告知宋子文关于攻缅计划及英美的军事准备，美英参谋团正研究攻缅登陆作战计划，期于五六日内完成工作……不能尽量预告军事上详细步骤，关于何处登陆问题，只告知“拟从日军后方袭击之……在登陆二三十日前，亦可预告，军事上原则以知之愈少愈妙”。④ 这就为美英拖延全缅作战计划留下余地。5 月 29 日，蒋介石致电罗斯福，也电告宋子文，再

① 秦孝仪:《战时外交》(三)，第 230 ~ 232 页。
② 秦孝仪:《战时外交》(三)，第 235 ~ 236 页。
③ 秦孝仪:《战时外交》(三)，第 238 ~ 239 页。
④ 秦孝仪:《战时外交》(三)，第 242 ~ 243 页。

次敦促中美英进行南北配合的重占战略作战。① 实际这一时期美英已决定继续地中海战役和反攻欧洲作战，并大体上就推延全缅作战达成妥协。

1943年6月8日，蒋介石再让宋子文“详询罗斯福总统关于美国使用海军兵力”的情况。② 而此时，罗斯福正在思考如何让蒋介石接受推延全缅作战的事实，同时又让中国能配合美英在中缅印及相关区域的军事行动，以支持太平洋战场有限进攻的稳步推进。罗斯福特别担心的是蒋介石因为美英不守信用而不给予战略配合。罗斯福在6月22日一封未发的给丘吉尔的电文中说：“如果（中缅印的）作战不是为了援助中国的话，美国很难肯定蒋介石会给予任何军事作战的支持，而（我们）获得蒋介石的支持是重要的，因为他控制着美国在华空军……美国在印缅的部署基本上是实施支持中国的目的。现在，已集中可观的中国部队于（印度）拉姆格尔，由美国支持和训练。”“我拿不准的是，我们如何能保证元帅（蒋介石）对我们建议的合作。我确信，他将会拒绝与我们一致，也可能采取完全对抗的姿态，直到中国事务得到被关注的时候。”“坦率地讲，直到现在，我们只是将史迪威作为可行的中介，在你们印度以外的军队和可掌握的在缅作战的中国军队之间的实用性中介。我们不得不承认这一极不正常的形势须由极不正常的态度来对待……全部问题是我们面临着最复杂和难以解决的情况。因此，我建议，任何关于这一问题的进一步计划须限定在东南亚盟军司令的考虑之上，这是为了针对缅甸—印度支那—泰国—马来亚—苏门答腊作战的需要。同时，我们应记住元帅（蒋介石）是中国战区的最高司令。为此，直到中国（战场）被关注之时，为了整个东亚，我们都要付出艰苦努力，以保证元帅与（东南亚）最高司令的合作。”③罗斯福的这封电报明白无误地表明了他此时处理与中国战略关系的态度，即，既

---

① 秦孝仪：《战时外交》（三），第244～245页。

② 秦孝仪：《战时外交》（三），第247页。

③ Warren F. Kimball. *Churchill and Roosevelt*, *the Complete Correspondence*, Volume Ⅱ, p. 276.

推延全缅战役，使中国在战略投入方面让位，又获得蒋介石政府对美英西南太平洋作战的支持。

蒋介石认为全缅作战问题的干扰主要来自英国，因此，针对英国的疑虑，1943 年 7 月 28 日嘱宋子文在与英交涉时谈中国立场：“至于我国进入缅甸作战之部队，决不干涉政治，只要能打通滇缅路，达到仰光海口，则中国军队随时可以撤退，此可明言也。”8 月 3 日，宋子文、顾维钧在伦敦参加英陆海空参谋总长会议，电报蒋介石会议情况，说英海军参谋总长称：“义(意大利)事变化，英国不久当可不必在地中海留大部海军，届时即可调至印度洋作战，不过调派及稍加进行，均须时日，惟陆空军准备完成，海军必不延误。”“意军何时归降，不能预料。”当宋子文问及盟军空军在攻缅准备期内轰炸日军缅甸基地及交通线情况时，美英联合参谋首脑会议主席、英陆军参谋总长回答：“进行甚顺，现注重敌占码头与船只，计自 2 月至 7 月炸毁大小敌船 773 只。”宋子文还谈道：“据艾登密告，英、美无进攻巴尔干企图。”此点涉及中国政府对地中海战役之后美、英特别是美国是否能转移到远东太平洋的观测。英陆军参谋总长还对宋子文谈到远东作战方法，如进攻缅甸，切断泰国南部克拉半岛(日军线路)，收复苏门答腊，“攻克南洋群岛，夺回石油、橡皮等原料区”。① 实际上，英方根本没有马上从事缅甸战略作战的意图和计划。8 月 6 日，宋子文致电蒋介石报告太平洋会议情况：丘吉尔仍然坚持英国只进行缅北作战。关于缅南登陆问题，则态度再变，“丘表示英、美既有绝对制海、制空权，不必专以缅南为对象，或选其他敌区无备地点，迫其决战，如……英、美选定西雪里(西西里)集中攻击一点，果将墨索里尼打倒”。②

8 月 11 日，丘吉尔电文隐讳地向蒋介石暗示了地中海意大利战役后，美英将会乘胜解决德国问题。电文中没有对缅战的具体承诺。美英战略移师东向将在欧战结束之后。丘吉尔的想法明显是在欧战结束后移师东向。丘吉尔电文中说：“如果吾人能将义(意)大

① 秦孝仪：《战时外交》(三)，第 254 ~ 256 页。

② 秦孝仪：《战时外交》(三)，第 257 页。

利逐出战场，或将德人驱至义（意大利）国北部，而最要者，如果吾人能攫得义（意）国海军舰队，吾人在印度洋自可大增海军力量，非目下所能比拟……此乃吾人在地中海战略及冒险成功所获得之一主要报酬也……欧洲敌人力量已大见削弱，继续不断之打击或可使西方战场提前结束，而吾人之主要兵力得以东指。此种感觉，几难遏止。”①8 月 15 日，蒋介石致电丘吉尔，督促联合反攻缅甸。谈到对战略理解时说：“阁下同意于余之见解，一俟盟军在义（意）大利之形势改善，即将大量增加在印度洋海军力量，殊为欣慰……中、英、美三国对该方面之反攻，仍照上次议定之计划，务于雨季后预期实施……使又一轴心国在东方开始崩溃，此对整个战局将有甚大之影响也。”8 月 18 日，蒋介石继续努力，致电罗斯福与丘吉尔希望加拿大会议（魁北克会议）对远东战略及反攻缅甸、打通仰光至昆明的交通线，决定具体实施计划：1.“各盟国所负之任务”；2.“联盟国军队在缅统一指挥之人选”；3.“各国所出陆、海、空军兵力之数量”；4.“反攻开始之时间与地区及路线”。②

蒋介石显然未料到美英战略在欧洲还会继续发展。罗斯福、丘吉尔 1943 年 8 月 25 日自魁北克联合致电蒋介石，通报会议关于缅战决定：第一，英海军上将路易斯·蒙巴顿（Louis Mountbatten）为缅甸战役统帅，直接是受“联合参谋长等之指挥作战”。第二，“中国战区及其附近区域内军事行动”：（1）加速建设援华空中运输线，支援中国陆空部队。（2）增加从印度加尔各答至阿萨姆的交通运输，如增加河船与铁路运输，最后达到每月 20 万吨。（3）未来旱季攻击，“其目的在夺取上缅甸”，“增加空中运输量，并使重开入华之陆上路线，成为可能”。“对于以中国为根据地建立空中攻势，极关重要”。第三，（对不能缅南登陆战的补充）（1）正准备海陆两栖攻势。（2）“同时已采取步骤，调动充分海军部队在太平洋中，保障在此区域内我方海军之优势，并切断敌人入仰光之海上交

---

① 秦孝仪：《战时外交》（三），第 257 ~ 258 页。

② 秦孝仪：《战时外交》（三），第 259 页。

通”。① 蒋介石期望的全缅战役实际上不能实现。由此，蒋介石9月4日作出反应，致电罗斯福和丘吉尔，坚持先占领缅甸南部海岸线和交通点才能进行北缅作战。宋子文也于9月8日致电蒋介石，建议在美英战略不能更改的实际情况下，调整与美英的军事关系，从更远处考虑问题。②

这里需要再次强调的是，美国军政首脑非常清楚从事全缅作战与中国战场的坚持及对整个战略重要性的问题，并将再次开通缅甸援华公路视为一系列战略步骤的前提。1943年5月14日美英联合参谋首脑第三次华盛顿会议战略计划中，规定重占缅甸的战略目标是，“在中国完成对空中进攻日本的基地，这依赖于中国继续在战争之中。建立充足的物资供应路线，不仅为了维持中国，也为了联盟国家军队在和自中国的(对日)作战。缅甸的再占是完成在中国足够的基地建设的前提。从印度进行运输的空中运输线的缅甸航路的容量对于支持空中和地面军队的进攻达到所要求的规模是不够的。占领一个中国的港口加大通过缅甸的供应量是必需的”。③

1943年11月23日至26日，中美英举行开罗会议。在缅甸作战问题上，丘吉尔认为只有西西里战役才值得进行两栖登陆作战，而缅甸战役不能与之同日而语。他认为在意大利投降和其他一些海军行动胜利以后，英军将在印度洋上集结强大的海军，这种海上的优势就能保障盟军的海上交通线，并威胁日军的交通线，因此，有没有海军配合作战不是缅甸战役成败的关键。而蒋介石则坚持，要收复缅甸，必须南北夹击，英国需在孟加拉湾发动两栖作战。最后，虽然英国坚持反对缅甸战役的计划，美国总统罗斯福仍向蒋介石保证，于1944年3月发动缅甸战役。紧接着在美英苏德黑兰举行的会议上，丘吉尔提出，孟加拉湾的两栖登陆作战应推迟到

① 秦孝仪:《战时外交》(三)，第260~261页。

② 秦孝仪:《战时外交》(三)，第262~264页。

③ Hans-Adolf Jacobsen, Arthur L. Smith, Jr.. *World War II*, *Policy and Strategy*, *Selected Documents with Commentary*, p. 257. Francis L. Loewenheim, Harrold D. Langley. *Roosevelt and Churchill*, *Their Secret Wartime Correspondence*, p. 275.

1944 年秋季进行，理由是：1. 由于苏联答应参加对日作战，盟国将在西伯利亚得到更好的轰炸日本的基地，因此东南亚的军事行动已经失去了它的部分价值。2. 为了进行横渡英吉利海峡作战，英国不可能调集足够的登陆艇和海军力量进行孟加拉湾两栖登陆作战。① 美国为了使英国全力投入欧洲作战，便向丘吉尔作了让步。12 月 5 日，罗斯福将这一情况告知蒋介石，并给蒋提出两种方案供选择：或者在没有孟加拉湾两栖作战配合的情况下照样进行缅北作战，或者把缅北反攻战推迟到 1944 年 11 月，与两栖登陆作战同时进行。② 就是英国东南亚战区司令蒙巴顿在 12 月 6 日的电文中也强烈反对撤销"海盗"计划。③

上述可见，中美英之间在全缅战役问题上的外交拉锯，其原因是复杂的，根本点在于"先德后日"战略的限制。美英不断对蒋介石作出承诺，在很大程度上不惜隐匿早已确定好的战略目标和方向，使蒋介石始终存有期望。严格地讲，罗斯福确实比丘吉尔更能考虑到中国的战略作用和艰难之处，也始终坚持全缅作战。但是，在支援中国和"先打败德国"大战略发生矛盾时，罗斯福却是从不含糊，这在太平洋战争初期开始就表现出来了。因此，由于多种原因，蒋介石未能真正看出美国大战略的真谛。但是，蒋介石政府的力争，也确实对促使美国军方不中断对华援助起到了重要作用。1942 年 12 月 21 日，日本陆军参谋总长杉山元就说："对美英开战之前，在微妙的国际形势下，不仅从中国沿海对重庆的补给在继续，而且法属印度支那和缅甸公路上的活动也很活跃，因此我方对重庆的经济封锁的实效曾煞费苦心。但在大东亚战争的当前形势下，帝国的战略态势本身就形成了封锁态势，对美英开战前所计划的对华经济封锁的目的也已完成十之八九，所余除西北公路和印支航空线外，只剩下了阻止战争必需物资由我方占领区流入敌占区，

---

① ［美］赫伯特·菲斯，林海等译：《中国的纠葛》，第 134 页。
② ［美］赫伯特·菲斯，林海等译：《中国的纠葛》，第 135 页。
③ *FRUS*, *1943*, *The Conference of Cairo and Teheran*, p. 815.

从整个局势来看，经济封锁的必要性较大东亚战争前已有所降低。”①

由于中美英联合重占缅甸问题的拖延，严重影响了中美拟议中的装备中国师的计划。1943年11月1日，史迪威在备忘录中记载了蒋介石关于美国支持装备90个中国师的计划。30个师为一组共3组。每一组包括1至2个装甲师。第一组包括在印度的中国师，以及在云南省的中国“Y”部队。这些部队应该在1944年1月装备和训练。第二组在中印公路打通后，1944年8月进行装备和训练。第三组的组建将把1945年1月1日作为日期目标，即缅甸的交通开通之后组建，其中1至2个装甲师将被首先组建。在计划中，蒋介石提出中国将参加按照重占缅甸计划的进攻，从印度雷多(Ledo)与中国云南进行进攻。这次作战需要得到海军在孟加拉湾登陆作战的支持。在1944年前预计盟军应做好重开缅甸至中国交通的全部努力，这包括运用陆、空、海军的力量。美国提供3个组的装备和装甲师的装备。蒋介石的计划中还提到，在占领广东香港地区后，美国提供10个步兵师、3个装甲师以及辅助部队进入中国南部，准备中国中部与北部的反攻作战。美国将尽早在中国驻囤长距离轰炸机组，进行轰炸日本本土的作战。② 但是，这一计划与美英的大战略以及联合参谋首脑会议、美国参谋长联席会议的反攻战略计划是不同的。在作战规模和对日反攻主要方向、路线上不同。因此，以重开滇缅公路为核心问题的重占缅甸，进而在中国大陆进行反攻的计划只能是设想，受制于美英的“先德后日”战略和太平洋反攻的双重因素。1943年11月1日，美国参谋长联席会议的报告(给开罗会议)中(附录“C”)对“中国的能力与意图”作了分析。关于中国力量方面的分析是，“中国拥有正规军320个步兵师，16个炮兵师，外加30个不足额的步兵旅。但作战能力不高，自1938年以来就不断下降。现实普遍缺乏营养和医疗条件更是降

① ［日］服部卓四郎著；张玉祥等译：《大东亚战争全史》第二册，第661页。

② *FRUS*, *1943*, *The Conferences at Cairo and Tehran*, pp. 159-160.

低了许多部队的潜在战斗力。而盟国对中国的支援可能直到通往中国的交通恢复之前不可能大幅度增长。大部分中国军队只能进行防御作战，而小部分美式装备的中国师有望从事比有限进攻更大一点的进攻作战……如果给予足够的盟国空军支持，中国就可能能够从事主要战略地区的对日反攻作战，也可能实施比较有限目标的进攻。中国可能试图停留于一般防御作战，直到晚些时候军队被再装备和训练之后再进行进攻作战”。① 实际上，蒋介石提出的计划与罗斯福的想法也不尽相同。罗斯福在 1943 年 11 月 10 给丘吉尔和蒋介石的电文中提出，在中国建立 5 个长距离轰炸日本本土主要战略目标的基地，并提出美国提供装备，中国提供劳务及必要物资。② 可见罗斯福感兴趣的主要还是在于如何利用中国地缘建立重型轰炸基地，以策应太平洋反攻作战。正由于如此，罗斯福在全缅作战推延的情况下并不放松对中国的战略需求，希望促使中国在保持对日军陆军主力牵制的条件下，主要承担北缅作战任务，以直接支持太平洋战场的有限反攻。

总之，中国为美英大战略的实施付出了沉重的牺牲与代价，但是，中国抗战并没有因为外部战略资源的缺乏而减轻自身的责任。中国两大抗日战场在困难环境中维护了中国战场的稳定与发展，将日本陆军主力仍然限制于中国战场。中国战场对日军的打击与消耗会同太平洋美国海军逐渐开始的对日有限进攻，成为保证“先德后日”战略成功实施的稳固东方战线。

---

① *FRUS*, *1943*, *The Conference of Cairo and Teheran*, pp. 242-243.

② *FRUS*, *1943*, *The Conferences at Cairo and Tehran*, pp. 172-173.

第六章　中国抗战与美英全面反攻日本的战略

中国抗战在世界反法西斯战争的反攻阶段仍然具有重要的战略地位，有力地支持了美英苏盟国对德国的最后打击，并为盟国战略重心向亚太对日最后反攻方面转移创造了条件，争取了时间。中国战场是反法西斯战略反攻中的重要一环。中国缅北反攻作战是西南太平洋反攻中的重要环节。这一阶段，中国正面战场出现了军事危机，但是由于有敌后战场的战略支持，中国战场仍然稳定发展，并向对日反攻转化。中国抗战为反法西斯盟国联合对日大反攻奠定了坚实的基础。

第一节　美英全面反攻德国与日本的战略

在对德国反攻即将取得决定性胜利之时，美英开始筹划对日反攻战略作战，无论在其战略计划还是在实际推行中，中国战场都占有重要战略地位，这种状况贯穿了反攻战略运行的全过程。

一、美英制定德国失败后对日反攻战略

美英从事的北非地中海战役的结束和意大利的行将投降，苏联在对德战争中开始转向反攻，反法西斯盟国在东西方战略连接的枢纽地区取得了胜利，并对法西斯元凶德国形成了包围之势，展现了反法西斯战争开始进入大反攻的新局面。美国军政首脑开始考虑部署下一步的西线对德大反攻，以及在结束对德作战之后，对东方的日本实行最后一击。就“先德后日”战略目标来说，也就是首先在欧洲开辟第二战场，与苏联一起，对法西斯德国展开决战。同时，

也要考虑德国问题解决之后如何打败日本的战略步骤。因此，从1943年8月中旬在魁北克“四分仪”军事会议开始，美国及英国就正式开始筹划对德全面反攻事宜。

在准备魁北克“四分仪”美英会议之前，美国就积极准备在会议中提出自己的主张。由于北非地中海战役的胜利，“先德后日”战略“链”中攻防兼备的关键区域已经由盟国占领，加上苏联南部地区作战形势的好转，罗斯福认为攻击德国的战略格局已趋成熟。因此明确告诉美国参谋长们，在代号为“霸王”(Overlord)的横渡英吉利海峡反攻作战和代号为“后爱斯基摩”(Post-Husky)的巴尔干反攻作战的计划之间，他坚持“霸王”反攻作战。① 罗斯福肯定地告诉马歇尔，他不希望为进入巴尔干做任何事情，也不希望英国派远征军到这一地区，从而花费美国至关重要的船舶和登陆艇。但他赞成进攻罗马北部，占领撒丁岛和科西嘉岛，威胁法国南部。8月10日的白宫会上，罗斯福再次申明反对以巴尔干为主攻方向。② 罗斯福认为英国担心苏联的影响，所以希望采取“巴尔干第一”战略。罗斯福说：“试图将军事战略奠基在政治结果的赌注之上是不明智的。”③会议上，美英之间经过激烈的争论，终于使英方认可“霸王”战役，并将地中海方向作战作为反攻欧洲大陆的前期准备。这样，开辟欧洲第二战场，对德进行大反攻的战略就确定下来。结束欧洲战争的目标日期为1944年10月。④ 1943年8月24日魁北克联合参谋长会议达成的结论性报告的主要内容有，关于“全面目标”：联合苏联和其他盟国尽早促成轴心国无条件投降。关于“为实施战争的全面战略概念”：1. 联合苏联和其他盟国尽可能早地使

① Maurice Matloff. *Strategic Planning for Coalition Warfare 1943-1944*, p. 211.

② Maurice Matloff. *Strategic Planning for Coalition Warfare 1943-1944*, p. 212.

③ Maurice Matloff. *Strategic Planning for Coalition Warfare 1943-1944*, p. 215.

④ Maurice Matloff. *Strategic Planning for Coalition Warfare 1943-1944*, p. 241.

欧洲的轴心国无条件投降。2. 联合其他有关太平洋强国维持和扩大对日本的持续压力，其目的是削弱其军事力量，获得迫使(日本)最终无条件投降的地位。3. 在打败欧洲轴心国的情况下，联合太平洋各强国，如果可能，联合苏联，以美国和英国的资源促使日本尽早无条件投降。关于"对德国打击计划"：1. 对德实施潜艇战；2. 打败欧洲轴心国；3. 批准1943—1944年打败欧洲轴心国的作战；4. 对德实施轰炸进攻；5. 批准"霸王"计划草案，准备详细计划和充足准备；6. 紧急重返欧洲大陆。

"四分仪"会议是美英对德战争战略演进的关键性会议。这也说明，美国为反攻德国，在西线将会继续作巨大战略投入。而对太平洋方面，则是维持"三叉戟"会议以来的战略，并为大反攻作准备。"四分仪"会议上没有确定远东太平洋方面的反攻日本整体战略。如"如何"、"何时"、"何地"的问题没有确定下来。"德国第一"战略则得到新的推进。关于中国缅甸战役问题，李海上将在会前就说，美国和英国战略计划小组需要协调的是，"对'保持中国于战争之中'的重要性估价上的分歧"。由于英国的坚持，会议决定成立东南亚司令部，美英盟国战区被分为四个。① 在准备反攻德国的前提下，从1943年秋开始，美国参谋长联席会议计划人员就拟设"平衡两洋"的计划，增加太平洋战场这一"辅助战争"，准备在德国崩溃之后尽快打败日本。但原则是：第一，钉牢欧洲(第一)战略；第二，在可用的资源范围内，保持对日本坚持不懈的压力；第三，不影响打败德国所需的人力和物力。② 到1943年底美英代号为"六分仪"会议(Sextant)，即美英在开罗、德黑兰会议时期召开的军事首脑会议上，正式确定开辟欧洲第二战场之后，美国在欧洲方面兵力投入急剧上升，占海外驻兵总数的2/3。其在太平洋陆军兵力投入的50万人中，有9万人在中缅印，其中绝大多数

① Hans-Adolf Jacobsen, Arthur L. Smith, Jr.. *World War II*, *Policy and Strategy*, *Selected Documents with Commentary*, pp. 273-276.

② Maurice Matloff. *Strategic Planning for Coalition Warfare 1943-1944*, p. 308.

在印度。①

1943年12月3日第二次开罗会议中，美参谋长联席会议备忘录中记载了美英联合参谋首脑会议修订的397号文件，题目为《1944年打败日本的特别作战》。其中，第一条，我们同意应尽力促使俄国在尽可能早的日期内进入对日本的战争之中，计划应以此为基础进行准备。第二条，我们同意计划(反日)准备应在1944年秋之前德国被打败的基础上订立。第三条，计划的目标是获取战略目标和基地……以强使日本早日无条件投降。第四条，为支持获得上述目标，应开展一系列作战。而特别作战和支持作战都应设计为早日摧毁日本舰队；确保最大限度地损耗敌人空中力量；集中空军；潜艇和水雷作战打击敌人船舶和交通线；建立对日本主要岛屿的空中和海上封锁；继续努力保持中国于战争之中，使我们能从陆地和航空母舰从事对日本的空中作战……第七条，我们在中国地区的努力应是在中国和从中国的陆地与空中的密集作战，增强美国空军和中国陆军及空军力量。这包括在物资方面不影响已批准的其他作战的情况下，在加尔各答建立超长距离战略轰炸空军，辅之以成都的进攻基地，攻击日本“防卫圈”中的关键目标。第八条，东南亚地区作战应实施占取上缅甸(北缅)，以促进与中国的空中和陆路交通。“海盗”作战将实施，辅之以包括航母在内的海陆空进攻作战。②

1944年夏初，美国联合计划委员会在考察研究反攻日本全面目标之后提出结论报告，认为进占日本工业中心就可以打败日本。马歇尔谈道：“美国参谋长们都认为，从太平洋近来作战的结果来看，为了尽快结束与日本的战争，必须侵入日本工业中心。”据李海上将记载，罗斯福需要在军事首脑们的争执中作出抉择，或者采取较短路线打败日本，这样就会损失更多的生命；或者采取较长的

① Maurice Matloff. *Strategic Planning for Coalition Warfare 1943-1944*, p. 397.

② A. Russell Buchanan. *The United States and World War Ⅱ, Military and Diplomatic Documents*, pp. 96-97.

路线，可以较少地损失生命。① 这就意味着罗斯福面临更改以前主张的以中国较短路线进攻日本的想法，也意味着减少损失美国人生命问题是主要路线、目标选择的前提之一。特别是陆军部认为，日本陆军实力尤在，甚至比珍珠港事件时更为强大。美国公众也不希望长期战争的消耗。陆军部的看法尽管没有如实说明日本陆军的实力问题，但却反映了美国对与具有“不投降精神”的日本陆军交手的忧虑。②

中美英开罗会议后10个月，即1944年9月，美英在魁北克召开又一次军事会议，代号为“八方会议”(Octagon)。在这次会议中，美国正式提出了从欧洲转移军队到太平洋方面的问题。欧洲第二战场开辟成功，决定了德国失败的命运。在欧洲战场盟军东西推进的情况下，美国加速了远东太平洋战略反攻的计划准备。突出的问题有两个：其一是远东大反攻主要战略路线的选择；其二是争取苏联的合作对日作战。这是两个与中国战场在反攻阶段战略地位相关的问题。美国情报部门估计，是年底德国就会投降。在太平洋，麦克阿瑟率领的美军已经占领新几内亚大部地区，美国切斯特·W. 尼米兹(Chester W. Nimitz)的太平洋舰队也占领了马里亚纳(Mariana Islands)南部，西南太平洋美军攻占莫罗泰岛(Morotai，荷属东印度)南部，对日本的包围已经形成。到此时，应该说，尽管战争还未结束，但“先德后日”的基本目标已经成功实现。因此，美英联合参谋首脑会议决定：“必须尽快开通与中国的陆路交通，确保援华空中线路畅通”，并计划将日本逐出缅甸。③ 这标志着中国为战略所作牺牲艰难苦撑时期行将结束。会议确定的对日作战全面目标是，“入侵和占领日本工业心脏目标”，“建立海上和空中封锁，利用密集轰炸摧毁日本海空军”。但是，美国军事首脑对于最

① Grace Person Hayes. *The History of the Joint Chiefs of Staff in World War II*, pp. 488-489.

② Maurice Matloff. *Strategic Planning for Coalition Warfare 1943-1944*, p. 489.

③ Maurice Matloff. *Strategic Planning for Coalition Warfare 1943-1944*, p. 514.

后能否打败日本并不完全确定，因为日本百万陆军主力仍在中国。1945 年 1 月，尼米兹上将拟定计划，准备进行中国的舟山—宁波地区作战。这一作战的目的是为在日本登陆作准备，即隔断日本与中国大陆的联系。4 月初，美军登陆日本冲绳。美国面临的问题是：下一步目标是否日本九州，或占领和发展在中国沿海地区的战略位置。4 月底，美国联合参谋战略计划人员拿出方案，强调攻入日本本土的愿望。关于日本无条件投降，计划者们认为，这一目标的完成有难度。由于日本民族的特性，在战争中没有日本团队投降的先例。在太平洋的 7 个两栖战役中，美国伤亡比率每天为 7.45/1000 人，在欧洲战场的比率只有 2.16/1000 人，而在欧洲进行的还是持久陆地作战。因此必须限制两栖登陆作战。计划者们认为有必要占取中国东部地区，以极小代价促使日本在中国投降，不必再依靠苏联牵制关东军。①

1945 年 1 月 22 日，鉴于打败德国的大局已定，美国参谋长联席会议拟定“打败日本的计划”是，关于“对日战争的总目标”：迫使日本无条件投降。步骤为：1. 降低日本抵抗能力与意志，通过建立海上与空中优势，实施空袭等方式摧毁日本空、海力量；2. 侵入和占领日本工业中心。关于“太平洋作战概念”：1. 冲绳战役之后占据进一步进攻的（战略）位置，设置障碍，空袭日本，目的在于制造一个有利进攻态势；2. 进攻九州，目的在于进一步通过包围和摧毁敌主要军力减降日本能力，进一步设置障碍，建立起有利的战术条件；3. 决定和进攻日本工业中心，通过东京平原。关于“作战顺序和时间”：1. 1945 年 2 月 19 日，攻占菲律宾的吕宋、莱特（Leyte Island）、民都洛岛（Mindoro Island）；2. 1945 年 4 月至 8 月，攻占冲绳并扩展至琉球群岛。以 1945 年冬德国可能投降为前提，1945 年冬至 1946 年开始下列行动：1. 占领（中国）舟山—宁波地区；2. 占领日本九州—本州。② 这一战略步骤决定的原因

① Grace Person Hayes. *The History of the Joint Chiefs of Staff in World War II*, pp. 702-703.

② Hans-Adolf Jacobsen, Arthur L. Smith, Jr.. *World War II, Policy and Strategy, Selected Documents with Commentary*, pp. 336-337.

是多方面的，一个主要因素就是将打击日本陆军主力的任务留给中国和苏联。从计划中看，中国仍然没有作为首要反攻主要基地，但是配合美国太平洋反攻作战战略地位依旧。德国失败之后，鉴于对德作战的巨大牺牲，美国确定对日作战的原则就是：尽快、尽可能少付代价，缩短战争。① 因此，依据上述计划，美国在加强太平洋上对日本进行持续战略轰炸的同时，努力支持中国战场的作战能力，准备开始对日本的"绝对国防圈"发动最后的冲击。美国计划者们还建议：① 通过战略轰炸和航母攻击实施对日本毫不留情的强压，以减少其战争创造能力和减低其国家的士气，并为美国侵入日本作准备。② 通过空中和海上巡弋方式，空中打击日本在包括朝鲜和九州之间通过黄海的航路，紧缩封锁。③ 实施对入侵日本本土所必需的作战。④ 在可实行的日期内尽早入侵日本。⑤ 占领日本工业体系区域，作为促使其无条件投降的必需。美国计划者们认为，应将"意图"宣布给日本，使他们知道如果继续抵抗，摆在他们面前的将是什么，"无条件投降"将是必需的选择。② 为此，美参谋长联席会议 1945 年 5 月 15 日发布代号为"奥林匹克"(Olympic)的命令：侵入九州，目标日期为 1945 年 11 月 1 日。作为入侵日本本州和东京平原的"王子"(Prince)命令则没有下达。③

总之，美国对德对日反攻战略的确定和实施标志着"先德后日"战略目标的完成。在首先打败德国的目标之下，美国积极为反攻日本作主要路线和目标的选择。根据太平洋有限反攻所形成的有利局面以及物资后勤供应的便捷条件，美国最终确定进攻主要路线放在中太平洋和西南太平洋方面。应该说，这种选择的原因基本与中国战场在 1944 年中期出现的问题无直接联系，反而是以中国战场的支持作为前提。

---

① Maurice Matloff. *Strategic Planning for Coalition Warfare 1943-1944*, p. 524.

② Grace Person Hayes. *The History of the Joint Chiefs of Staff in World War II*, p. 703.

③ Grace Person Hayes. *The History of the Joint Chiefs of Staff in World War II*, p. 707.

二、美英反攻日本计划对中国的战略需求

太平洋战争初期，日军占据了东南亚广大战略要地和资源，并以太平洋上的一系列岛屿构成与美军在中太平洋作战的东正面战线，以缅甸、安达曼群岛以及北部苏门答腊为支点构成与英美军在西南太平洋作战的西正面战线。日军企图以这两个正面为屏障，拱卫日本本土和南方要地的核心地区，形成所谓持久不败的战略态势。但从 1942 年下半年开始，太平洋东正面的战况发生了重大的变化。如前所述，美军 1942 年在整个太平洋展开攻势，8 月开始在瓜达尔卡纳尔岛。随着太平洋东面战况的变化，太平洋西面特别是缅甸的防御对于日本来说具有特别重要的意义。对日军来说，缅甸无论在切断援蒋公路，对重庆施加军事压力上，还是在策动印度反英战略措施上，都具有战争指导上的重要意义。"缅甸如果失守……在战略上必然导致我西南方面防线的崩溃。"①因此日本大本营把缅甸作为其西正面屏障的核心来看待。这样，中国战场、印度及印度洋防御、太平洋战场共同构成了坚固的亚太对日积极防御构架，成为"德国第一"战略实施时期的东亚方面的支撑点。

在反法西斯盟国的反攻阶段，美英以及苏联在集中对德进行最后打击的形势下，对中国战场的战略需求仍然是战略层面的，同时，也比以往增加了分量。首先，仍然需要中国战场对日本陆军主力的牵制与打击，使其不能大幅度增加或者补充在太平洋战场以及与苏对峙的军力；其次，利用中国的空军基地对日本在太平洋的航路、基地以及日本本土的工业目标进行战略轰炸；最后，希望中国出兵北缅与史迪威指挥的中国驻印军进行北缅作战，进而由中美英联合收复缅甸，弥合在西南太平洋反攻中的战略链。第一项战略需求是一直存在的，中国也始终成功制约了日本。第二项与第三项战略需求是除第一项之外，中国还须直接参与太平洋反攻的重任。但

---

① ［日］服部卓四郎著；张玉祥译：《大东亚战争全史》第二册，第 749 页。

是，如前所述，美英对中国的战略需求都因联合从事全面作战计划的推延使中国一直得不到反攻所需的战略投入。

客观地讲，美国与英国对中国战场的认识是有差异的，如1943年8月美国联合计划委员会成员所说，美英之间的基本矛盾，"就是对保持中国于战争之中的重要性的不同估价。英方暗示中国在战争中并非是不可缺少的"。与英方的态度相反，美国计划人员认为："美国的立场应建立在这样一种概念之上，即中国的价值是作为未来作战的基地。具体来说，就是在未来作战中利用中国军队。如果这一观点站得住脚，那么美英双方都应为此作出巨大努力。如果英国观点占上风，打败日本的计划就应作相应的修改，全部缅甸作战就应重新估价。"①这说明，美国军方主张进行缅甸作战的基点之一是支持中国战场作为未来与日本大规模空陆作战的基地。同时，美国也不顾英国的反对，继续从中国调补充师到印度受训，准备缅甸作战。1943年11月10日，罗斯福在给丘吉尔的信中明确表示，要从中国成都地区的空军基地对日本的炼钢厂进行长程空中轰炸。② 1944年初，美国陆军部将中国战场在反攻战略中的地位定位于"抑制日本师团于中国，为盟国飞机提供空军基地"。③

1943年8月，英美双方军事高层"四分仪"会议上通过了建立东南亚司令部的建议，英国海军上将路易斯·蒙巴顿被任命为东南亚司令部的最高指挥官，并作出说明：(1)英美联合参谋长委员会对于东南亚战场的战略，以及在中国战场与东南亚司令部之间有关英美一切人力物力的支配问题，可以全权处理；(2)关于作战的一切问题，由英国三军参谋长委员会行使权力，而发给最高司令官的

① Maurice Matloff. *Strategic Planning for Coalition Warfare 1943-1944*, p. 205.

② Warren F. Kimball. *Churchill and Roosevelt, the Complete Correspondence*, Volume Ⅱ, p. 594.

③ Maurice Matloff. *Strategic Planning for Coalition Warfare 1943-1944*, p. 436.

一切指令，也必须通过这个机构。① 关于远东战略的问题，美国主张，经由缅甸向中国境内展开主要的反击。他们认为为了对日本本土进行猛烈和持续的空袭，必须使用中国的港口和空军基地。英国的观点则认为美国忽视了种种事实：缅甸的丛林和气候导致不可能部署庞大的军队，而这些军队主要必须由英国征调；中国境内有大量极其强大的日本军队，他们沿着内地的交通线展开作战；最重要的是，强大的美国海军力量，对于这种进攻选择，只能作出较小的贡献。英国布鲁克(Bruck)将军谈到，"打通滇缅公路或者占领中国港口的好处必须重新考虑，主要是时间因素和滇缅公路的最大运输量"。② 他建议在北苏门答腊的尖端发动攻击，作为进攻马来亚和新加坡的第一步。在"三叉戟"和"四分仪"会议之间的时间里，英国一直在研究从三个方向——英帕尔、利多、云南进攻北缅和两栖攻击南部海岸的计划。驻印英军新的总司令克劳德·奥金莱克(Claude Auchinleck)将军最后得出的报告是非常悲观的。其中最主要的困难就是印度东北部和北缅糟糕的交通运输线。奥金莱克认为，取消北缅的陆上行动并不影响两栖攻击阿恰布。他的结论是："北缅的有限进攻计划带给我的观点就是要避免这样的行动，而应当着重于从空中支援中国，同时增加和保存实力，准备在下一个冬天大规模两栖进攻马来亚"。③ 与前任韦弗尔相比，奥金莱克更加反对整个"安纳吉姆"(Anakim)计划。

最后，8 月 24 日，美英联合参谋首脑会议在魁北克会议上拟定结论性报告。在规划了"首先打败德国"作战计划之后，对反日战争也作了大致安排。其中，对中国的战略需求归纳起来有以下几个方面：迅速扩大联合国家在中国的空军打击力量，为防御扩大和增强地面部队。这主要通过大宗的空中运输，有效开通至中国"空

---

① ［英］丘吉尔著；李进之等译：《第二次世界大战回忆录》第五卷《紧缩包围圈》，第 84 页。

② Grace Person Hayes. *The History of the Joint Chiefs of Staff in World War Ⅱ: the War Against Japan*, p. 449.

③ Grace Person Hayes. *The History of the Joint Chiefs of Staff in World War Ⅱ: the War Against Japan*, p. 450.

中航线”来完成。利用丛林作战的轻型装备，依靠空中运输线。关于“1943—1944 年的印度—缅甸—中国战场”的表述是：第一，执行占领上(北部)缅甸作战，目的是增进空中线路和建立与中国的陆路交通，目标日期是 1944 年 2 月中旬。第二，继续进行将印度作为最终作战的基地的准备，此由东南亚战区司令考虑。第三，继续建立和增进对中国的空中线路和空中供应，目的是：保持中国于战争之中；加强对日作战；维持已增加的在中国的美国和中国空军；加强中国地面部队。这一努力应该是，增进进攻作战，目的是建立与中国的陆路交通，确保空中航线。①

1943 年 9 月，地中海战役中意大利海军投降。丘吉尔认为，盟国不仅可以腾出自己的军队，而且还拥有了意大利海军舰只，所以，“应尽早转入对日战争”。② 罗斯福此时也提请参谋长们注意“立即从欧洲调集军队参加对日作战”的问题。按罗斯福的想法，有了英国海军舰只的帮助，就有可能在太平洋分四路进击日本：第一路从千岛群岛；第二路从夏威夷；第三路从马绍尔群岛；第四路从所罗门群岛向北。③ 计划主要是确定美国海军在太平洋上的进攻方向，首先从太平洋战场对日本实施海上大反攻路线的初步设想是明确的，同时还应注意到，英国在地中海方面腾出的海军舰只主要也被思考用于太平洋战场的反攻。

1943 年 11 月初，在准备“六分仪”会议的计划中，美国计划者们研究后又发现，利用中国和印度作为轰炸基地将意味着美国为防卫这些基地的投入将大幅度增加，其中包括美国战斗机的 40% 将用于日本方面，还要削减用于开辟欧洲第二战场的兵力。另外还需大大增加与空军基地相配套的后勤部队和防空部队，等等。而这些影响欧洲进攻的调配是短期内不可能实施的。因此，攻击日本工业

---

① Hans-Adolf Jacobsen, Arthur L. Smith, Jr.. *World War Ⅱ, Policy and Strategy, Selected Documents with Commentary*, pp. 285-288.

② Grace Person Hayes. *The History of the Joint Chiefs of Staff in World War Ⅱ*, p. 473.

③ Grace Person Hayes. *The History of the Joint Chiefs of Staff in World War Ⅱ*, p. 474.

目标是一个长期计划。另外，以加尔各答和中国为基地，也存在B-29型轰炸机的飞行半径问题。大部分的测试表明，B-29型机的飞行半径为1304公里，不是原估计的1625公里。这样，中国基地的攻击半径1500公里也不符合要求。因此，利用B-29型机的战略轰炸基地还需进一步研究，使之与打败日本的全部计划相配套。① 这就至少说明，以中国为战略轰炸基地的问题不是因为中国东部机场失去之后有了关键性的改变，而是在此之前就没有最后确定。也就是说，轰炸基地选择的标准不是以中国的战事为主要前提，而是以路线的便捷和物资投入与主攻路线相协调为根据。美国的战略计划中，中缅印战场在1944年至1945年间的任务就是确保雷多—密支那(Myitkyina)—云南交通线；从成都轰炸黄海地区的日本目标，可能的话，从桂林轰炸日本在太平洋方面的目标。② 这一设想尽管未被美英联合参谋首脑会议批准，但说明了美国的大致思路：攻击重心首先放在太平洋方面，中国作为辅助的轰炸基地。收复北缅的作战就是作为策应太平洋进攻的一个部分。

1943年11月开罗会议中，美国军事计划人员首次提出了不以中国台湾作为太平洋进军的目标，而是以日本的北海道为目标，但是遭到马歇尔和金的反对，因为这将改变以打击日本海军主力和断绝其交通线和燃料来源的主要战略，同时也缺乏足够的船舶和登陆舰作为支持。③ 但有一点美国参谋长联席会议首脑之间已无多大争论，这就是将反攻重点放在太平洋方面。中太平洋为计划目标，占领马绍尔群岛作为空军基地。同时也认为，这一努力需要其他战场的配合——“在于努力保持中国于战争之中”。其后，罗斯福在德黑兰高峰会中对美参谋长们谈了他关于太平洋反攻的看法：“美国承担太平洋的主要责任。美国军队从南、东太平洋岛屿向日本挺

---

① Grace Person Hayes. *The History of the Joint Chiefs of Staff in World War II*, p. 499.

② Grace Person Hayes. *The History of the Joint Chiefs of Staff in World War II*, p. 503.

③ Maurice Matloff. *Strategic Planning for Coalition Warfare 1943-1944*, p. 336.

进。在日本西面，必须积极保持中国于战争之中。开展北缅战役，这不仅对于保持中国于战争之中是最重要的，而且有利于尽快攻击日本。”美英联合参谋首脑会议也在“六分仪”会议上确定了对日反攻的主要努力应在太平洋的战略。由中太平洋和西南太平洋轴心进击。为了太平洋反攻，尽力保持中国于战争之中。① 这样，中国在美国太平洋反攻战略中就定位为支持太平洋主攻路线的战略战场，表明中国战场战略责任的增加，因为不会有盟国大规模地面部队的增援。

1943 年 11 月 1 日，美国参谋长联席会议在评估报告中估计，日本将会对苏联采取战略防御态势，除非苏联对日发动进攻，或者同意其他盟国利用苏联西伯利亚空军基地，日本才会进攻苏联。日本将可能会针对盟国在缅甸的作战采取地区性进攻行动，也可能阻隔盟国在中国建立空军基地。北太平洋日本将取防御态势，与对苏联防御相类似。日本将继续在“满洲”(中国东北)避免与苏联的战争，将继续维持与苏联西伯利亚军队的力量平衡。虽然日本寻求用政治手段解决中国问题，但是，莫斯科会议的成功粉碎了日本的这一企图。参谋长联席会议相信日本两年内将实施防御军事作战，而作战的目的仅仅是阻止盟国建立进攻性的空军基地来打击日本的致命目标。日本将寻求维持它在缅甸与东南亚的地位，特别关注缅甸，因为缅甸是日本在扩展阻碍大宗物资与设备到达中国的关键地区。在西南太平洋和中太平洋日本将维持战略防御，将努力建立区域防御力量和设施以及海军打击力量。②

本来，美国在反攻日本问题上就表现出了太平洋优先的意图，中国在战略投入上仍然处于滞后的位置，但是，从战略实施出发，美国还是坚持了打通援华陆路的立场。而英国则是完全根据自己的需要来构思反攻日本计划。在 1943 年 8 月“四分仪”会议上英方推出计划，将大规模南北配合的全缅战役变成了所谓“远程突破”游

① Maurice Matloff. *Strategic Planning for Coalition Warfare 1943-1944*, p. 374.

② *FRUS*, *1943*, *The Conferences at Cairo and Tehran*, pp. 232-233.

击战扩展到北缅相配合的行动。而“远程突破”则是指对北苏门答腊的进攻，是在1944年进攻的一次巨大的战略性袭击。占领北苏门答腊尖头地带的机场，可以控制马六甲海峡，严重威胁日本的海上运输线。丘吉尔把它看成是印度洋上的“火炬”行动。但是美国方面认为这一军事行动，背离了进攻日本的主要方向，同时也是英国企图恢复在东南亚殖民统治的“阴谋”。美国坚持认为在1944年11月时重新占领南部缅甸是很重要的，不仅仅为了改善支援中国的交通线，还可以作为通过马六甲海峡进攻的序曲。他们反对英国计划在1943—1944年重占北缅与1945年3月进攻马来亚之间不作任何行动。英国认为重新占领仰光和缅甸南部是“耗费巨大努力却收获战略所得甚少”。① 另一方面，他们把在重占仰光之前占领新加坡看做“海空力量一次完整和正确的运用”，“震撼东方世界和对日本有巨大的心理震慑作用”。②

对于中国的战略牺牲，罗斯福是清楚的。由于全缅作战的一再拖延，罗斯福也知道中国独自支撑局面的难处。特别是蒋介石的一再呼吁中国战场行将崩溃，更使罗斯福担心中国战场，特别是国民党正面战场垮掉。因此，罗斯福在1943年10月15日给马歇尔的备忘录中就说：“最坏的事情是我们在每一特定时刻都在违背我们的诺言。我们甚至没有兑现一个诺言。”③但是，罗斯福对蒋介石参加北缅作战的压力却没有减轻。1944年1月14日，罗斯福致信蒋介石，强调开通陆路交通至中国的重要性，指出史迪威已经在北缅取得了重大进展，蒙巴顿在印缅前线也在进行激烈战斗。这些作战的成功，事实上是全体盟国在缅甸的努力，“如同你（蒋介石）所知，在很大程度上依赖于从云南的支持”。罗斯福最后说：“如果云南军队不能动用，我们似乎应该避免在有限的交通状况下为其提

① Grace Person Hayes. *The History of the Joint Chiefs of Staff in World War II*, p. 463.

② Grace Person Hayes. *The History of the Joint Chiefs of Staff in World War II*, p. 463.

③ Maurice Matloff. *Strategic Planning for Coalition Warfare 1943-1944*, p. 323.

供紧缺物资的行动，削减在印度的囤积物资的加强，无疑这些物资将用于打击敌人。”3月，英军在缅印边界失败，日本跨过缅印边界，并发动英帕尔战役。3月，罗斯福将这些看法通知了蒋介石。4月早期再次致电蒋介石。4月3日，罗斯福在信中进而强烈要求蒋介石动用“Y”部队（即中国在云南的部队），认为美国装备“Y”军的目的就是使之投入战斗。罗斯福并以停止租借物资相威胁。一星期后，马歇尔命令史迪威的参谋长赫恩将军，如果“Y”军没有被命令进入北缅，就停止对其船运物资。

美英在没有南缅两栖登陆作战的情况下敦促蒋介石出兵北缅，其意图非常清楚，就是至少“从太平洋方面再吸引一个日本师团的空军和舰只到缅甸方向”。美国联合计划委员会也向参谋长联席会议提出：“发展中国作为一个支持太平洋进攻的基地。”①这就是为什么美国为“先德”放弃全缅作战，同时又坚决主张实施北缅作战的原因。也就是说，美国战略棋局中中国仍是重要的，任务是多重的。1944年4月12日，美国联合战争计划委员会建议参谋长联席会议再给史迪威一个一般命令，“使他明确了解太平洋作战的概念，命令他现在就在中国囤积足够供给，准备给以中国为基地的美国空军提供充足的支持，在1945年2月配合进攻台湾和在某种程度上给予进攻棉兰老岛（Mindanao Island）以配合”。② 直至5月，联席会议还通知史迪威，将削减“驼峰”运输吨位以应其他战场之急。而在中国战场，美国“驼峰”运输首先也应支持“空中战略”，支持太平洋战场。因此，1944年5月2日，美参谋长联席会议指示史迪威在中国储存物资，尽管“这意味着削减对中国地面部队的物资供应”。③ 5月24日，为了更清楚了解美国高层的意图，史迪威致电马歇尔询问是否派军队支持北缅作战，马歇尔明确告知史迪

① Grace Person Hayes. *The History of the Joint Chiefs of Staff in World War II*, p. 573.

② Grace Person Hayes. *The History of the Joint Chiefs of Staff in World War II*, p. 589.

③ Maurice Matloff. *Strategic Planning for Coalition Warfare 1943-1944*, p. 441.

威："日本应被击败，但是无需在亚洲大陆从事主要作战。"①而蒙巴顿接到的美英联合参谋首脑会议的命令是："为获取对敌作战的有利地位，准备发展至中国的陆路交通。"②上述指示和命令看似矛盾，但有一点是明确的，就是美国战略投入暂时不会放在中缅印方向，中国战场仍然要在没有战略投入的情况下全力支持其他战场，最直接的是太平洋战场。

1944 年中期，中国正面战场出现极大的挫折，美国极其担心中国战场崩溃，影响到东方战线的全局。在此期间，美国加强了对苏联的工作，希望苏联牵制日本关东军，使其不能抽调部队支持"1 号作战"。另外，也希望中国国共之间合作。1944 年 6 月 15 日，赫尔在给美国驻苏大使哈里曼（W. Averill Harriman）的电文中，也密切注视日本对正面战场的攻势，希望中国国共合作应对危机。③ 1944 年 6 月 24 日，高斯也报告了请正在中国访问的华莱士（Henry Wallace）副总统与蒋介石谈美军在中国前线地区包括中共区域收集日军情报的问题，告知美国的态度。华莱士指导美国在华外交人员在与中国官员们的会谈中表达美国基本观点：在现实中国严峻形势下，中国统一战线、中国与苏联关系是重要的等。④ 7 月 4 日，美国驻华武官安德森也强调中国在应对正面战场危机时中国国共统一战线的重要性。⑤ 7 月 6 日，罗斯福在给蒋介石的电文中谈道，美国人民最为深切地同情和赞赏中国在绝望的敌人凶猛的进攻面前所表现出的坚强的意志。我们深切满意最近盟国的成功，这一成功鼓舞着受到巨大压力的中国军队和人民：和平与正义的完全胜利已经

---

① Grace Person Hayes. *The History of the Joint Chiefs of Staff in World War Ⅱ*, p. 582.

② Grace Person Hayes. *The History of the Joint Chiefs of Staff in World War Ⅱ*, p. 382.

③ *FRUS, 1944*, Volume Ⅵ, *China*. Washington: United States Government Printing Office, 1967, p. 106.（后文引述该书，仅出注作者及书名、卷数、页码）

④ *FRUS, 1944*, Volume Ⅵ, *China*, p. 109.

⑤ *FRUS, 1944*, Volume Ⅵ, *China*, pp. 116-117.

临近。各大战场的成功同样也鼓舞着盟国所有国家与人民加倍努力加快达到共同目标的进程。① 10 月 23 日，赫尔在给高斯的电文中，也谈到，“在面临着军事困难的英勇的中国军队面前，我们很高兴与之共享令人振奋的事实，即完全的胜利现在已经临近，中国的牺牲挫败了侵略者最后的垂死挣扎，中国将在促进盟国的快速积聚打击能力的最后反攻中居于重要地位”。② 这些都从另一个层面折射出中国战场在全球反攻阶段的核心战略价值仍然在于对日本陆军主力的限制与打击。如果失去中国战场，日本将会持续加强太平洋方面的兵力，从而使美军的反攻困难重重。

美国战略对中国的战略需求，还反映在要求中国支持美国对日本的战略轰炸之上。关于 B-29 型超长程轰炸机如何使用，美国联合战争计划委员会 1944 年 1 月的研究结果是：最满意的基地将在马里亚纳群岛发现。但是，计划者们预计，马里亚纳基地可能到 1944 年底也不能投入使用。因此，建议第一批 4 组 B-29 型轰炸机配置于西南太平洋基地，攻击荷属东印度的目标。第二批 4 组则配置于印度—中国，打击日本的工业目标。第三批 12 组安置在未来的马里亚纳基地。而对于日本工业目标的轰击，中国基地最为有利。这样，对日本的战略轰炸就确定为两处：第一，利用中国的有效基地，攻击日本钢铁厂和港口船舶；第二，利用澳大利亚或者锡兰的基地，攻击荷属东印度炼油厂。③ 这样我们可以看到，在马里亚纳基地未能利用之前，美国对日本实施的战略轰炸、配合太平洋反攻的基地就是两处。此时由于日本海军已经在太平洋完全失去制空权和制海权，因此，澳大利亚方面对日本的战略轰炸就不会有日本大规模的报复行动。中国则不同。中国处于日本“绝对国防圈”的要地，并受到在中国的日本陆军主力的威胁。因此，对日本的战略轰炸尽管也有利于中国战场作战，但由于主要目的是配合太平洋

---

① *FRUS*, *1944*, Volume Ⅵ, *China*, p. 118.

② *FRUS*, *1944*, Volume Ⅵ, *China*, p. 177.

③ Grace Person Hayes. *The History of the Joint Chiefs of Staff in World War Ⅱ*, p. 593.

战场，再加上没有足够战斗机加以保护，遭到日本大规模的报复就是必然的。所以，从客观原因分析，日本1944年5月在中国大陆实施的"1号作战"，是自太平洋战争爆发以来在中国大陆最大规模的进攻作战，摧毁中国的这些轰炸基地则是重要原因之一。从这一方面看，国民党正面战场的大溃败有着一定的外部原因。再则，美国以中国为基地的轰炸，大多是针对日本"绝对国防圈"的要害部位。1944年3月美空军司令阿诺德给史迪威关于轰炸的命令是：1. 在"满洲"（中国东北——著者）、朝鲜和日本本土的钢铁厂；2. 日本工业和城市区域；3. 集中在日本主要船舶中心的船舶；4. 在日本的飞机工业的关键目标。另外，攻击日本炼油厂为辅助任务。阿诺德要求美国第14航空队、中国空军与B-29型轰炸机协同进行作战。1944年夏，联合作战委员会又拟定文件，将进攻台湾日期定在1945年2月11日，太平洋进攻绕过菲律宾的吕宋，并大幅度增加在中国的轰炸机组。① 这种空中作战的主要任务，配合了太平洋上的攻势，但是，这些也成了日本的眼中钉和攻击目标。② 从这个意义上讲，1944年中期国民党战场的溃败，与美国为配合太平洋进攻作战战略有一定的关系。这从日本发动的"1号作战"的战略目的也可以看出。

美国也不准备派军队在中国大陆马上从事大规模反攻作战，如美参谋长联席会议1945年春认为的那样，大批美英陆军从欧洲战场转移到远东是一个现实的问题：第一，即便欧战结束，一部分军队必须留守欧洲，况且欧洲战争还未结束。第二，如此庞大军队的转移，需要大批的船舶运送。第三，必须允许美国军人长期在海外作战之后回家逗留一段时间。③ 只有在上述问题的基础上来研究和实施1945年9月底进行世界范围内的大调配。因此，1945年春可

---

① Grace Person Hayes. *The History of the Joint Chiefs of Staff in World War II*, pp. 593-597.

② H. H. Arnold. *Global Mission*, p. 279, 300, 355, 398, 542.

③ Grace Person Hayes. *The History of the Joint Chiefs of Staff in World War II*, p. 708.

界定为美国不准备进入中国战场（进行大规模）作战，而主要依靠中国自己来完成战事的大致期限。

应该说，美国对于反攻主要路线目标的选择并没有减低美国对中国战场的战略需求。从“四分仪”会议到“八方会议”，“保持中国于战争之中”就是美国对德对日反攻战略中的一个基本原则，反映在每一重大战略计划之中。在1945年2月美英联合参谋首脑会议给罗斯福和丘吉尔的报告“反日战争”部分中，第16条“a”项中载明：美国在中国和印度支那战场的基本军事目标是继续在一定规模上援助中国，这样可以允许最充分地利用中国地区和资源对日本进行作战。美国资源在印度—缅甸的利用提供对中国直接或者间接的支持。①

英国在东亚反攻问题上的考虑较多地从战后角度思考，同时，中国正面战场从1944年中期开始的大溃败，确实在一定程度上影响了中国的形象。1945年1月，英国外交部询问驻华大使薛穆（H. Seymour）关于英美合作援助中国的事宜。英国外交部知道英国能给中国的支援很少，但是他们认为如果中国处于崩溃边缘时英国只是袖手旁观的话，英国在华利益及声誉将会受到影响。此外，中国事务关乎所有盟国，如果英国不援助中国，美国便会在中国形成独占地位。薛穆主张英国与美国一起援助中国。他指出，尽管很少有人知道，并且在宣传上效果不大，英国的援助还是会很有用的。薛穆认为东南亚司令部在对日战争中将会起越来越大的作用，但是，中国和美国会认为英国主要考虑恢复其殖民地。薛穆指出，“我们对中国最好的支持应通过空军行动”，并建议：“如果我们有实质性的东西能够给予，我们就应该提供给中国。英国海军的任何重要的行动将会在中国产生重大影响。”②但英国参谋长委员会却提出了不同的意见，他们考虑了外交部给薛穆的信，并指出英国和美国对中

① A. Russell Buchanan. *The United States and World War Ⅱ, Military and Diplomatic Documents*, p. 135.

② Sir Llewellyn Woodward. *British Foreign Policy in the Second World War*, Volume Ⅳ, pp. 535-536.

国的援助在短期内不会产生重大的效益。他们认为重庆政府的崩溃对远东的战争不会产生不可估量的影响。从军事上看这种结果似乎不会是灾难性的。“最多也就是失去中国对缅甸的支持以及失去美军的飞机场。而中国对战争的主要贡献，即用游击队牵制大量日本兵力将仍然存在。不管中国在与不在战争之中，中国沿海地带对空军的作用都始终存在。”参谋长委员会认为中国在军事上没有取得进展，中国积贫积弱，不稳定，无组织性已经太长时间了，对它的军事援助除非是大规模的，否则不能起到作用。外交部并不赞同参谋长委员会的看法，而是认为稳定统一的中国对英国是有益的。如果英国不援助中国，美国将在中国形成独占地位，这对英国来说是十分不愿看到的事。外交部指出，在中国危难之际对其施以援助是保卫英国在华利益最好的办法。① 可见英国在援助中国问题上的争论，其最终着眼点是英国在中国的政治经济利益，取得政治经济利益是英国对战后远东的意图之一。

在美英太平洋反攻中，西南太平洋方面最为重要的就是重占缅甸问题。由于该地为中印及西南太平洋的交汇处，又是东亚大陆的延伸，因此，决定了这一作战弥合西南太平洋反攻的链条的重要战略价值。同时，需要中美英在军队与战略物资方面的充分合作，中国军队的参与是关键。因此美英对中国有极其重要的战略需求。但是，由于“先德后日”战略的制约，中美英合作经历了一个曲折的过程，其中，在没有南缅两栖登陆作战配合的情况下，要求中国出兵北缅更是中美英之间合作的突出问题。

蒋介石在没有南缅作战配合的情况下出兵从事北缅战役，从其主观上讲，是被迫的。北非地中海战役时期，蒋介石利用缅甸作战问题施展谋略，长期与美国及英国周旋，期望借此而使中国获得与其他战场同等的战略对待，并由此使得美国在援华问题上尽量不致松懈。为了大战略的实现，罗斯福与丘吉尔在相当长的时间内没有向蒋介石完全亮出战略目标取向的底牌，总是使蒋介石存有某种希

① Sir Llewellyn Woodward. *British Foreign Policy in the Second World War*, Volume Ⅳ, pp. 536-537.

望。在全缅作战不可能实施的情况下，蒋介石一方面拖延进兵北缅，另一方面接受宋子文的建议，以退为进，即：从更远处考虑问题，调整与美英的军事关系，争取参加美英联合参谋首脑会议和军用物资分配委员会。蒋介石1943年9月1日电令宋子文：加紧进入美英战略决策中枢机构的努力。宋子文认为："最近的将来中国必为联军对日之大战场，届时英、美将有极大部分海、陆、空军参战，如此项联合部队仍由英、美将领统帅，有如今日美方驻中印缅之空军直接受史梯(迪)威指挥，则中国战区统帅徒有其名，危险殊甚。"①可见，在与史迪威矛盾的背后，蒋介石还有更深一步的考虑。1943年底，世界反法西斯战争形势根本改观。德黑兰会议上，美英苏三国确定了联合反攻打败德国的总体计划，这是完成"先德"战略目标的最后一步，而且苏联对参加反日战争的承诺，更使美英军政首脑感到大战略的完成有了把握。② 在这种形势下，罗斯福无须再隐匿战略目的，在1943年12月7日连续的几封电报中，终于明确谈到欧洲反攻与不能继续南缅作战之间的联系。同时，敦促蒋介石进行北缅作战。③ 由于熟知中国战场在美国全球反攻战略中仍存的分量，1943年12月23日，蒋介石再次致电罗斯福，阐明对战略的看法，"对于英、美参谋长会议所决定之总战略，用全部有益物资，以先击溃德国……惟有深信阁下卓见之精当耳。然……盟军战略置中国战区于不顾，已引起各方严重之误会，盖缅甸战役之成败，为中国生死存亡之问题"。"明年均为中国战区最危急之一年，余恐此战区之不利转变，势将影响于太平洋之整个战局形势也。"④蒋介石的说法引起了罗斯福的重视，特别是关联到太平洋战场，因此于12月29日回电："同意在华长距离轰炸机根据地急需有足够之战斗机保护"，"反攻缅甸战事虽已展期但仍请利

① 秦孝仪：《战时外交》(三)，第262～264页。

② Hans-Adolff Jacobsen, Arthur L. Smith. *World War II*, *Policy and Strategy*, *Selected Documents with Commentary*, p. 274.

③ 秦孝仪：《战时外交》(三)，第285～286页。

④ 秦孝仪：《战时外交》(三)，第291～293页。

用各种有利机会。”并敦促蒋介石首先尽快修建长距离轰炸机机场，“盖此整个轰炸之成功与及早之实施”。① 1944 年 1 月 9 日，蒋介石对于罗斯福要求建立长距离轰炸机机场轰炸日本本土的提议，除表示尽力完成外，也发表不同看法：“日本空军基地靠近此构架中五大机场者，仅有六百公里，故彼敌随时可予以摧毁……欲以少数之战斗机，对此等机场作有效之保护，此事实不可能。”②

蒋介石 1944 年 1 月 9 日再次给罗斯福去电表示：“对于重开滇缅路已无希望，中国是已遭遇最艰难之环境，而吾人反侵略之战至今亦已届临最紧要之年，余对中国全体军民甚觉难以置辞，并恐彼等精神或将动摇以至损及吾盟国战争之全局。”③1944 年 1 月 15 日，罗斯福致电蒋介石请调滇西部队配合蒙巴顿自印度发动的攻势。1944 年 3 月 20 日，罗斯福催促蒋介石令云南部队策应对缅作战。④ 对于罗斯福敦促中国进行北缅作战，蒋介石也于 3 月 27 日向罗斯福表示：中国对盟国的义务与责任是，保持中国战区阵地，“以为盟国在陆上轰炸日本本土唯一之基地”。“盟国海、陆军迫近中国海岸时，中国陆军与之连接一气，共同作战，以巩固联合国在东亚大陆进攻日本重要之基地。此乃中国今日最大之任务，亦为其对盟邦应负之责任。”“英国军队如在缅甸海岸海、陆两栖大规模之攻势一经发动，则中国主力军必向缅甸全力进攻。”⑤但罗斯福并不为蒋介石的解释所动，于 4 月 2 日、4 月 4 日再次催促蒋介石抽调云南军队至印，并强调说：“去年吾人装备阁下之远征军，现正当利用此机会，如彼等不能用之于共同作战，则吾人尽其最大之努力，空运武器与供给教官，为无意义矣。”⑥但是，此时的国民党正面战场正经历抗战以来的最严峻的形势。1944 年 5 月 30 日，蒋介石致电驻美军事代表团团长商震，说明敌军已向粤汉路开始进攻，

① 秦孝仪：《战时外交》(三)，第 292 页。
② 秦孝仪：《战时外交》(三)，第 293 页。
③ 秦孝仪：《战时外交》(三)，第 293 页。
④ 秦孝仪：《战时外交》(三)，第 295 页。
⑤ 秦孝仪：《战时外交》(三)，第 298 页。
⑥ 秦孝仪：《战时外交》(三)，第 299 页。

请其转告马歇尔与阿诺德将军，希望加强第14航空队实力。“粤汉路一经被敌打通以后，日本在东亚大陆战略完全成功以后，对日战期至少要延长三年之久，此应请美军事当局特别注意。”①6月9日，商震报告蒋介石，美副参谋长麦克利里将军答复说，蒋介石向罗斯福与马歇尔所提的请求遭到了美英的拒绝。②

由于中国正面战场局势恶化，蒋介石于1944年9月15日向罗斯福与丘吉尔再次呼吁实施开罗会议计划：1. 由仰光方面陆海两栖作战开通滇缅公路；2. 及早实施太平洋方面对日攻势作战。③这可以说是蒋介石的求救呼吁：“敌军如果在中国战场上之企图一旦竟获成功，则亚洲整个大陆上今后对日之作战，恐现有计划又不适用，将非重新另定不可。故此时必须我盟军速有行动，以解中国战场之危。”④美国此时自然更不会为蒋介石而改动战略实施的既定时间表。首先，欧洲第二战场已经开辟，“先德后日”战略目标基本实现，而中国战场战略牵制的重要性相对减弱。其次，美国东方反攻战略的中心战场在太平洋区域，美国军力和战略物资分配主要投向该地的美国海空军。1944年3月马里亚纳群岛作战之后，美国获取了对日本本土进行远程轰炸的基地，更使美国军方把战略轰炸的重心移到太平洋。1944年6月30日美国在塞班岛(Saipan Island)建立B-29型机轰炸基地，11月首次从该基地实施对日本本土轰炸。1945年3月，在中国战场的美国XX轰炸机司令部并入XXI司令部，在马里亚纳群岛组成第20航空队。1944年中期，美国空军在中国战场主要是从成都基地起飞轰炸日本本土。⑤最后，1944年中期，中国正面战场的溃败，无论原因如何，结果是极大地减弱了蒋介石与美交涉中的说话分量。所以，蒋介石不仅要在国

① 秦孝仪：《战时外交》(三)，第303页。

② 秦孝仪：《战时外交》(三)，第307页。

③ 显然，蒋介石的太平洋攻势作战包含中缅印战场，与美国军方计划中太平洋攻势的含义有所不同。

④ 秦孝仪：《战时外交》(三)，第320页。

⑤ Maurice Matloff. The *Strategic Planning for Coalition Warfare 1943-1944*, pp. 475-479. H. H. Arnold. *Global Mission*, p. 524。

内不利局面下支撑正面战场，而且还得按照美国战略意愿进兵北缅。

1944 年 9 月 18 日，罗斯福与丘吉尔自华盛顿致电蒋介石，告之美英魁北克会议内容。关于对日作战计划：第一，已决定以所有力量于可能范围内及早进攻日本本土，并已对此制定计划，包括德国击败后即行调整部署之步骤。第二，继续北缅战役，希望中国在萨尔温江的部队与北缅驻印军配合支持蒙巴顿，重开中印间之陆路。命蒙巴顿准备在孟加拉湾发动大规模海、陆攻击战，但须等“欧洲战况能容许吾人抽调必要设备时即付实施”。第三，已拟订今后加强太平洋以及打通中国海岸之对日作战计划。① 可以说，此时，罗斯福才真正将战略底牌亮给了蒋介石，而蒋介石已别无他法。在对美国战略完全不能施以影响、自身又无积极应对之策的情况下，蒋介石终于在 1945 年 1 月决定在没有大规模南缅两栖登陆作战的配合下出兵北缅。这是蒋介石与美国战略矛盾发展的逻辑结果，也是蒋介石被迫采取的较为冒险的一项军事步骤。

可以说，中国在全缅战役推延之后进兵北缅，是对战略全局的重大配合，同时也作出了重大的牺牲。主要以中国军队承担的北缅战役，在中国正面战场失利的情况下，对中国战场和对太平洋战场来说，都不失为一个重要的战略弥补。中国赴缅远征军将士与史迪威将军指挥下的中国驻印军携手一起，在陈纳德将军航空队的支持下，经过艰苦浴血奋战，终于赢得了胜利。以中国军队为主体所从事的北缅作战，与中国敌后战场战略行动北南呼应，使中国正面战场大失利所造成的近乎于死棋的局面变成了活棋，其对中国战场的坚持，对支持太平洋反攻作战的战略意义是不可低估的。

总之，这一段时期美国对中国的战略需求是多方面的：第一，进一步为其他战场的反攻做出战略投入上的让位，并保持对日军的牵制，以支持“先德后日”战略目标的最终完成。第二，以对日军兵力的牵制和战略轰炸支持太平洋战场的美军作战。第三，在没有缅甸南部大规模登陆作战配合的情况下，以中国军队为主体进行的

① 秦孝仪：《战时外交》(三)，第 311 页。

北缅作战，直接支持弥合西南太平洋反攻的战略“链”，完成对日本南方军的战略包围。日本方面对中美英北缅作战的战略目的估计是：“这是一个庞大的战略计划，一则是为了将重庆军 90 个师改装成美式装备，使之转入反攻；二则是为了加强以中国为基地的美国战略空军对日本本土的空袭，以策应美军横渡太平洋的进攻。”①

第二节　中国在全面反攻日本战略中的地位

中国在全面反攻日本时期的战略作用仍然是突出的。中国战场仍然将大部分日本陆军牵制在中国大陆，为美英苏向东亚方面的战略转移奠定了坚实的基础。中国仍然作为对日重要战略目标的轰炸基地之一。中国出兵北缅直接参加了西南太平洋的战略反攻。总之，中国在整个反法西斯战争过程中的基本战略地位没有发生根本的改变。

一、中国战场在反攻日本中的战略地位

从前面阐释的美国反攻战略的制定与实施，以及在国际反法西斯战争形势转好的情况下，中国战场的战略责任并未由此减轻。按照全球反攻，特别是“先打败德国”、“太平洋优先反攻”的总体形势，中国仍然必须在艰难的条件下主要依靠自己的力量来担负起全球战争中的战略牵制的繁重职责。从反法西斯战争战略性全局对中国战场的需求看，中国战场首要的问题仍然是保持战场的完整性和对日本军队的战略牵制。从日本准备在中国大陆困兽犹斗的情况来看，中国战场面临的形势仍将十分严峻。由于中国正面战场和大后方所面临的危机，特别是军事危机日盛，因此，中国战场的完整保持、准备对日本大反攻、为赢得太平洋战场与盟国军队从欧洲方面向东亚方面的转移这些战略责任都是在极其困难的条件下完成的。

中国共产党的领袖们站在世界反法西斯战略全局的高度，审视

① ［日］服部卓四郎著；禹硕基等译：《大东亚战争全史》第三册，第 1050 页。

全球反攻阶段的形势和中国抗战的职责，坚决支持美英及苏联盟国联合对德决战，支持美英在欧洲开辟第二战场。1944 年 6 月 12 日，毛泽东在接见中外记者西北参观团时指出："（欧洲）第二战场的开辟，其影响不仅在欧洲，而且将及于太平洋与中国。中国要前进，世界要前进，我们必须取得最后胜利。第二战场的开辟，是经过长期发展来的结果，是经过莫斯科、德黑兰会议发展而来的，这些会议上决定了从东、西、南三面打击敌人……全中国所有抗战的人们，应该集中目标，努力工作配合欧洲的决战，打倒日本军阀，现在时机是很好的……1942 年十一月以前，是法西斯凶焰高涨，反法西斯力量被打与退却的时期，赖有苏联的进攻结束了过去的阶段，开辟了新的阶段。接着，北非与太平洋相继有了进攻。这是同盟国从防御到进攻的一个大转变。第二战场开辟，在进攻中又前进了一大步，如果没有它，就不能打倒希特勒。"①

在正确的抗日"持久战"和"游击战争"战略方针的指导下，中国共产党领导的抗日敌后战场在无任何外部物资支援的艰难情况下，在对付日寇长期的残酷的战略进攻中，不仅坚持了下来，而且在征战中愈战愈强，并使日本侵略者的战略困境愈加突出。1943 年初，敌后战场就基本上度过了最困难时期，是年中期，敌后战场更是奠定了连接起各抗日根据地、准备对日本反攻的雄厚基础。敌后战场的这种有利的战略态势，极为有效地支持了正面战场维持基本战略防线和中国抗战大后方的保持。1943 年秋开始，日军又在"中国华北方面组织了对共产党军队的扫荡"。② 敌后战场开始进行局部反攻，先后进行卫南、林南战役，山东军区的攻势作战。1944 年初，又进行华北攻势作战、华中攻势作战。③ 在全球大反攻阶段的局势下，中共中央对中国抗战的艰苦性保持着清醒的头

① 中央档案馆：《中共中央文件选集》第十四册，第 253～254，255～256 页。

② ［日］服部卓四郎著；禹硕基等译：《大东亚战争全史》第三册，第 1098 页。

③ 军事科学院军事历史研究部：《中国抗日战争史》下卷，第 344 页。

脑。毛泽东在1943年12月16日给邓小平的电文中指出："时局对于抗日革命是极为有利的。但困难仍在增加……特别处于敌后之华北须有充分准备，再坚持三五年，防止在德黑兰、开罗会议及苏联不断胜利下，引起轻敌，放松长期准备，请随时注意各区实际情形予以纠正。"①12月24日，中共中央北方局指出："团结全华北人民的力量，克服一切困难，坚持华北抗战，坚持抗日根据地，积蓄力量，准备反攻，迎接胜利，是1944年全华北的方针。"②1944年1月1日，中共中央在致敌后抗日军民的贺电中指出："你们吸引了侵华敌人的大多数，牵制了向正面进攻的敌人，掩护了抗战的后方，保证了最后的胜利……有了你们，中国才有资格与苏美英等同盟国站在一起。在莫斯科、开罗、德黑兰会议以后，欧洲第二战场很快就要开辟了，打倒希特勒解放全欧洲的胜利很快就要在英勇的红军与英美盟军的一致行动下完全实现了，因此，我们中国人民打倒日寇的胜利，也就更加确定与更加逼近了。但是在同盟国对日总反攻之前，我们必然还要忍受一个时期的困难，甚至比以前更大的困难。敌人必然要更加千方百计地来摧残你们，破坏你们，但是你们是不怕困难的!"③ 1月10日，中共中央书记处在对晋察冀分局的指示中又指出："华北是敌人力求掌握的兵站基地，其控制兵力，不会很大减弱。晋察冀区域更处于平津附近，为敌所特别重视。因此在军事上敌强我弱的形势，直到全国反攻前，是不会改变的。我们在思想上还要有在最困难局面下，和敌人熬时间的准备。这就需要我们避免轻敌速胜观念……"④

1943年11月1日，美国参谋长联席会议在给开罗峰会报告的附录"C"中，首先分析了正面战场的状况，其表述是："中国拥有正规军320个步兵师，16个炮兵师，外加30个不足额的步兵旅。但作战能力不高，自1938年以来就不断下降。现实普遍缺乏的营

① 中央档案馆:《中共中央文件选集》第十四册，第138~139页。

② 《毛泽东选集》第三卷，第945页。

③ 中央档案馆:《中共中央文件选集》第十四册，第148页。

④ 中央档案馆:《中共中央文件选集》第十四册，第150~152页。

养和医疗条件更是降低了许多部队的潜在战斗力。而盟国对中国的支援可能直到通往中国的交通恢复之前不可能大幅度增长。大部分中国军队只能进行防御作战，而小部分美式装备的中国师有望从事比有限进攻更大一点的进攻作战。”附录也对中国敌后战场作了分析，虽然有的说法并不符合事实，但也基本上客观地说明了敌后战场在抗击日军中的重要战略地位。其表述为：“中国游击队估计将近60万人，半数体现了价值。在最近的数月内，这些游击部队从事了大多数的对日作战，分担了正规师抑制大部分日军在华占领军的责任。如果给予足够的盟国空军支持，中国就可能能够从事主要战略地区的对日反攻作战，也可能实施比较有限目标的进攻。”① 1944年1月18日，美国驻中国大使高斯在给国务卿的电文中谈到，由于从1943年夏开始从山东的撤退以及从甘肃北部的撤退，国民党政府正规中央军在黄河沿线就已经不存在了。中央政府军和省行政不能在(日本)占领区建立起自给自足的组织，或者通过使人民生活下去的方式来组织民众。而中国共产党能做到这一点，因此，他们继续在中国北部战斗。重庆(领导的)游击队在中国北部只有很小部分，没有积极性和影响力，滞留在未被日本占领区域的供给基地的附近。②

在中国共产党的领导下，敌后战场不仅为未来对日反攻作战做好了充分准备，同时也为整个中国战场稳定坚持、继续支持其他反法西斯大战场的战略反攻奠定了坚实的基础。

1944年4月，随着日本打通中国大陆交通线的战略计划开始实施，中国正面战场出现了军事大失利。河南战役，中国正面战场44天，失掉45座城市。湘桂战役，又连失长沙、衡阳、醴陵、宝庆、肇庆、梧州等城市，昆明、贵阳危急。沿海战役，温州、福州失陷，沿海较大港口都落入日本手中。其原因正如周恩来分析的，是“国民党政府历来的片面抗战、消极抗战、依赖外援、制造内

① *FRUS*, *1943*, *The Conference of Cairo and Teheran*, p. 242.

② *FRUS*, *1944*, Volume Ⅳ, *China*, p. 6.

战”所致。① 中共中央果断地战略决策：在日军正面进攻的后方展开战略扩展和进攻行动。1944 年 5 月 1 日，鉴于国民党正面战场已经出现的败势，中共中央书记处发出指示：“敌人已大举向河南进攻，目的在打通平汉线并控制陇海路潼关以东一段……国民党汤恩伯等部业已大败，溃散者颇多，河南秩序紊乱……河南地方党员在目前情况下应该起来参加与领导河南人民抗战，应该组织抗日游击队及人民武装，建立根据地保卫家乡。”②鉴于日本全部战略重心在攻略粤汉路，中共中央于 1944 年 6 月 23 日要求华中部队向河南发展，使敌后华中、华北、陕西抗日根据地连成一气，③ 形成对日军进攻后方的强大制约。

国民党正面战场在日本“1 号作战”的强劲攻势下临近崩溃边缘，有可能影响中国抗战的整体形势。中共中央于 1944 年 7 月 6 日发出号召：“纪念七七，加强抗日战争，全国军队必须积极作战，加强团结，粉碎敌人的新进攻！西南危急，西北危急，全国人民快快起来，保卫西南，保卫西北，不让敌人打通粤汉路、湘桂路，不让敌人打进潼关，把进攻的敌人打出去！……敌后军民要再接再厉，更有效地打击敌人，巩固和扩大抗日根据地，配合正面战场，阻止敌人的进攻，驱逐敌人出中国！”7 月 25 日，中共中央进一步部署向河南敌后进军的战略步骤。同时，中共中央也准确预见到日本东条内阁的下台并不会影响日军在中国战略行动的既定步骤：“打通粤汉路势必继续。”要求粤汉两省、海南、上海、杭州周围中共武装广泛发展游击战争。10 月 14 日，中共中央发出“巩固太岳、豫西等根据地”的指示，要求华北抗日根据地与中原相衔接。26 日，发出发展广东游击战争的指示。1944 年中国共产党领导的敌后抗日根据地已拥有 9000 万人口和 200 多万民兵，78 万军队，军政素质有了明显提高。④ 其后，中共中央继续指挥敌后各根

① 中央档案馆：《中共中央文件选集》第十四册，第 359 ~ 360 页。

② 中央档案馆：《中共中央文件选集》第十四册，第 231 页。

③ 中央档案馆：《中共中央文件选集》第十四册，第 259 页。

④ 中央档案馆：《中共中央文件选集》第十四册，第 268 ~ 269，293 ~ 294，297 ~ 298，302，379 ~ 390，388 页。军事科学院军事历史研究部：《中国抗日战争史》下卷，北京：解放军出版社 1994 年版，第 358 页。

据地的战略行动，死死拖住日军的进攻后腿。华北的山东军区、晋冀豫军区、冀鲁豫军区、晋察冀军区、晋绥军区相继粉碎日军的扫荡进攻，并转入局部反攻。新四军在华中的苏中军区、苏北军区、淮北军区、淮南军区、鄂豫边区、皖江军区展开攻势作战，打通了津浦路东各根据地的联系。中共领导的抗日武装并向河南、湘粤边、苏浙皖边大举挺进，收复国民党战败丢失的国土，不给日寇建立任何新的战略后方的机会。1945 年初，敌后战场各地都有中共领导的抗日大军南北大会合的景象。① 中共中央根据敌后战场战略行动所形成的有利局面，不失时机地提出"消灭内线点线，开辟敌占区，把敌人挤到交通线上"②的战略方针，确保和继续发展已经取得的成果。中共抗日武装在收复的失地上马上开展抗日动员，"坚持抗战，准备反攻……团结一切抗日友军与地方武装。欢迎伪军反正，共同对日作战……帮助各地民众组织抗日团体，成立抗日自卫队、游击队……抗日高于一切，有钱出钱，有力出力，有智识出智识，共同发挥抗战力量"。③ 3 月 31 日，毛泽东又对王震、王首道发出建立湘北根据地的指示。④ 1945 年间，中共领导的敌后战场建立了 19 大块解放区，发展近百万人民军队，200 多万民兵，抗击 56% 的日本侵华部队和 95% 的伪军。⑤ 中国正面战场军事失利所失去的国土的一半，被中国共产党领导的抗日军民夺了回来，并使日本无法继续扩展对正面战场的攻势，其在中日全面战争开始以来陷于首尾难以兼顾的困境并没有根本改变，中国敌后战场成功地化解了中国战场有可能动摇的危机。

中国共产党极为重视与盟国间的配合和相互支持，极为重视与美国的战时战略关系，大力组织营救美国第 14 航空队遇难的美国飞行员，热情欢迎美国军事代表团到延安联合进行对日战争。中共

---

① 中央档案馆：《中共中央文件选集》第十五册，北京：中共中央党校出版社 1991 年版，第 6 页。

② 中央档案馆：《中共中央文件选集》第十五册，第 13 页。

③ 中央档案馆：《中共中央文件选集》第十五册，第 30 ~ 31 页。

④ 中央档案馆：《中共中央文件选集》第十五册，第 68 页。

⑤ 中央档案馆：《中共中央文件选集》第十五册，第 162 页。

中央在1944年8月18日"外交工作指示"中就谈道："国际统一战线的中心内容，是共同抗日与民主合作，这不仅在抗战中有此需要，即在战后也有此可能，就国家而言，美苏英与中国关系最大，而在目前美英与中国共同抗日，尤以美为最密，美军人员来我边区及敌后根据地的理由，为有对敌侦察和救护行动之需要……有了军事合作的基础，随后文化合作，随后政治与经济合作就有可能实现。"①1944年9月27日，中共中央根据日本进占衢县、丽水、温州等地，控制浙江海岸线以对付美军登陆的行动，指示华中局大力开展工作，准备反攻，创造配合美国盟军在中国沿海登陆的条件。② 10月14日，为了配合盟军在中国沿海的登陆，共同对日决战，中共中央军委在给邓小平等人的指示电中详细分析了对日大反攻的战略形势，认为华北将是"日本陆军在大陆决战最理想的战场……将来盟国在粤闽登陆，日军可能采取运动防御节节抵抗，以拖延时间，华北可能成为主要的决战战场，然而使敌最感头痛的，是共产党八路军许多民兵游击队，这些抗日力量，是英美在华北登陆的最好帮手。因此在决战开始前，可能在华北还有一时期最严重的扫荡和摧毁，我们应有此准备。"③1945年2月24日、3月6日、3月13日，中共中央又多次就配合盟军登陆作出战略部署。④

由于此时中国敌后战场对中国战局所起的主导性作用，日本在"1号作战"未完全达到目的的情况下，于1945年5月，又不得不转而应付中国敌后战场的攻势，决定"加强华中、华北的战略态势……中国派遣军总司令应设法迅速撤出湖南、广西、江西方面的湘桂、粤汉铁路沿线的占据地区，将兵力转用于华中、华北方面"。⑤ 这反映出日本此时在中国战场左右为难的战略窘境，这是

① 中央档案馆：《中共中央文件选集》第十四册，第314~315页。

② 中央档案馆：《中共中央文件选集》第十四册，第357页。

③ 中央档案馆：《中共中央文件选集》第十四册，第377页。

④ 中央档案馆：《中共中央文件选集》第十五册，第32~36，48~49，59~60页。

⑤ 王德贵等编：《八·一五前后的中国政局》，长春：东北师范大学出版社1985年版，第286页。

中共此阶段战略决策的杰作所致。中国敌后战场的战略行动消减了由于正面战场的军事失利带来的有关战略性全局的重大不良后果。为了进一步推进亚洲太平洋对日战争的进程，罗斯福3次电催蒋介石，并派华莱士访华，要求蒋介石同意美国军事代表团到延安，加强联共抗日。美国对华政策也由劝说蒋介石不打反共内战，发展到希望直接与共产党建立起军事联系的阶段。这是美国此间对中国战场战略地位的重视。

如前所述，北非地中海战役胜利之后，“先德后日”战略的实施就进入了最后阶段，即欧洲对德全面反攻和远东太平洋方面准备对日本全面反攻。由于战略投入仍然有重点和非重点之分，再由于美国把对日反攻主要路线大致确定在太平洋战场，中国排在对日战略反攻的最后阶段。因此，中国战场单独抗击和牵制日本陆军主力的局面不仅暂时还不能改变，而且还必须努力配合太平洋战场的作战。人们对中国战场的战略地位的评述，对反法西斯战争全球大反攻时期，多集中于1944年中期国民党正面战场出现的大溃败。客观地讲，中国正面战场的问题确实与全球战争形势极不协调，也极大地影响了中国战场在反攻中本应有的更高地位。但是，这一问题，并未削减中国战场在反攻中的杰出战略贡献。

首先，中国战场战略牵制的基本作用没有根本改变。如前所述，中国抗战的特点是由敌后战场和正面战场所组成。在日军发动“1号作战”中，中共领导抗日军民采取正确的战略行动，死死缠住了日军进攻后方。其战略意义如毛泽东所说：“我们在敌后战斗的63万军队和9千万人民，拖住了日寇的牛尾巴，这样保卫了大后方。”①美国在华人员很早就主张应该援助中国共产党领导的敌后战场。1943年1月，史迪威的政治顾问谢伟斯就敦促美国军政首脑注意中共军队的价值，特别是因为他们控制着中国北部敌后广大农村地区，并应注意中共关于获得援助的意见。1943年11月开罗会议期间，罗斯福的参谋长李海上将针对英国拒绝履行在是年10月在缅甸孟加

① 胡乔木：《胡乔木回忆毛泽东》，第348页；Arthur N. Young, *China and Foreign Helping Hands 1937-1945*, pp. 343-346.

拉湾两栖作战问题时就谈道：英国在德黑兰会议时将两栖作战转移至欧洲，认为“我们正在制造一个极大的危险，中国将被逐出战争。假如中国撤出战斗，麦克阿瑟和尼米兹在太平洋的作战本来困难的局面就更加加剧，日本人的人力资源将被释放出来，反对我们进击日本本土。幸运的是，英勇的中国人仍在坚持战斗”。① 日本“1 号作战”计划的首要目的，就是“特别重视消灭重庆军，尤其是消灭其核心中央军”。② 美英中的南北配合全缅战役最终未能进行，中国则是在重大失利后独自稳定了完整战场，并在正面战场不利的情况下进行北缅作战。应该说，中国是在困难的条件下坚持了抗日战场的战略牵制。

从中国正面战场溃败之后的战略格局上看，中国战场也没有因为这次溃败而垮掉。日本“‘1 号作战’所使用的兵力，是日本发动侵略战争以来，投入兵力最多的一次战役。它打破了日本企图将部分在华兵力调往太平洋战场的计划，使日本在太平洋战场兵力不足的状况依然如故，这对日本在菲律宾战役中的失利，不无影响”。“‘1 号作战’虽然击溃了国民党军队主力，却未能达到使国民党政府屈服的目的。”日本虽然打通了中国南北交通线，但并没有将其变为日本本土与其南方战线联系的、任意通行的“走廊”。“更重要的是，解放区战场乘机发动局部反攻，缩小了日本占领区，日本依然不能摆脱中国解放区战场和国民党战场的两面夹击。”③1944 年初，日本中国派遣军当局数次提出从事“1 号作战”，其理由是：“首先希望迅速瓦解重庆政权，早日解决日华问题……夺取今后势将成为美机 B-29 进攻日本本土的基地桂林、柳州，以保本土万无一失……通过占领桂林、柳州一带，以应付将来敌军经由印度、缅甸、云南方面的进攻……通过摧毁重庆军的骨干力量和取得的综合成果，以策划重庆政权的衰亡。”④1944 年 8 月 19 日，日本小矶内

① William. D. Leahy. *I Was There*. pp. 213-214.

② 日本防卫厅编纂；天津政协编译委员会译：《日本军国主义侵华资料长编》(下)，第 183 页。

③ 胡德坤：《中日战争史》(修订版)，第 406～407 页。

④ [日]服部卓四郎著；禹硕基等译：《大东亚战争全史》第三册，第 1009～1100 页。

阁估计，“重庆将积极努力继续抗战，特别是企图保持华南方面的空军基地，阻止我军向其内地进攻，同时顽强地继续进行打通中印公路的战斗。今后随着战斗力的恢复和增大，必将进行反攻”。日本还准备将对国民党政府的策略再次转向“迅速开展有组织的政治工作，谋求解决中国问题”。① 由于日军在中国大陆的大规模攻势，也就无余力向太平洋方面调配兵力，以对付美军的进攻。日本官方战史承认：“虽攻占了中国西南方面的桂、柳两大空军基地，以及比预期更早打通了法属印度支那连接线，但在全盘战争指导上的意义和价值又将如何？”“在策划‘1号作战’当时所考虑的，要摧毁向我本土的前进基地，因敌在马里亚纳基地的完成而完全失去了意义，并且不能指望利用南方陆上交通代替海上交通。中国派遣军本身的消耗也绝非轻微，如今明显暴露出由于我战场过于偏西，而在美军新的进攻时，处于极不利的态势。”②

这就是说，尽管日本“1号作战”影响了美国利用中国空军基地配合太平洋战场作战，但是并没有影响此时“先德后日”大战略对中国战场的基本战略要求，特别是美英陆军主力仍然在欧洲大陆对德作战的情况下，美英此时无法调配大批军队到亚洲作战，因为美英在欧洲战场的进攻遭到了德军的顽强抵抗，尽快推进到莱茵河的计划受阻。丘吉尔1944年12月6日给罗斯福的信中就谈道：“我们将不得不继续在几周内进行大的战斗……鉴于德国在所有战线的抵抗，英国不能从欧洲抽调5个师到东线。”③可见，中国战场对日本的牵制仍然是事关欧亚大反攻战略成功的关键性因素。

客观地讲，尽管1944年中期中国正面战场出现了问题，但是并没有造成中国战场在反法西斯战争中战略地位下降的后果。也就是说，中国战场的基本战略地位不变。而这种状况，首先还是中国

---

① ［日］服部卓四郎著；禹硕基等译：《大东亚战争全史》第三册，第1150，1153，1171页。

② 军事科学院军事历史研究部：《中国抗日战争史》下卷，第475页。

③ Warren F. Kimball. *Churchill and Roosevelt, the Complete Correspondence*, Volume. Ⅲ, pp. 434-435.

自己解决的。美国在中国出现的这场危机中仍然未派地面部队进行支援，包括在缅印地区。中国共产党领导的敌后抗日军队，采取正确的战略，在日军"1号作战"的后方大力扩展抗日根据地，收复国土，使得日军首尾难顾。敌后战场的发展，日本陆军主力不仅仍深陷于中国，而且在战略上陷于极为被动局面，"被迫着同时挑起两个战场在肩上"。① 国民党广大官兵的浴血奋战，保住了大后方的基本防线。1944年1月11日，罗斯福在给蒋介石祝贺新年的电文中谈到，美国人铭记中国为自由作出的牺牲和坚定的努力。中国军队在常德战役中所表现出的英勇精神使美国发现一种新的鼓舞和中国为了共同的获得最后胜利所作出的巨大贡献……这种沉重的战争牺牲将不会毫无收获。② 中国战场在日军残酷的攻击面前仍然保持了完整的抗日战场局面，没有失去反攻日本陆军主力基地的作用。这一点还可以从前述1945年2月9日美英联合参谋首脑会议在雅尔塔会议上给罗斯福、丘吉尔的报告中充分证明。报告第三部分《支持全面战略概念的基本实施行动》第6条"g"款中载明："采取必需和实际的措施支持中国的战争努力，使之成为有效的盟友和对日作战的基地。"③这说明，中国以巨大的民族牺牲和沉重的代价支持了"先德后日"战略成功实施之际，仍然保持了对日反攻作战基地的战略地位。同时，支持了美国太平洋主要反攻战略和空中战略进攻基地的顺利转移。此间日本也更难进行所谓进攻苏联的作战，只能力求与苏联维持"中立"关系。1944年2月2日，日本大本营政府联席会议决定"关于当前对苏施策问题"。东条在讨论中谈道："从指导战争全局角度来看，北方必须绝对保持平静。"④其后，小矶内阁也多次申明日本应维持与苏联的中立关系。

如美国军政官员在分析中国正面战场军队情况时多次谈到的装

---

① 中共中央文献研究室：《毛泽东文集》第三卷，第174页。

② *FRUS*, *1944*, Volume Ⅳ, *China*, p. 3.

③ A. Russell. Buchanan. *The United States and World War Ⅱ*, *Military and Diplomatic Documents*, p. 132.

④ ［日］服部卓四郎著；张玉祥译：《大东亚战争全史》第二册，第824页。

备问题一样，美国将中国战场定位在牵制日本师团于中国大陆这样一种战略地位，是因为美国非常清楚中国战略资源的欠缺，美国又不可能作大规模投入这样一种状况。比如，1944 年初美国陆军部参谋将中国战场定位在“抑制日本师团于中国，为盟国飞机提供空军基地”。作出这一估计的依据就是美国不可能给中国提供多的装备。如罗伯特将军所说：“中国陆军直到 1946 年和 1947 年才可以装备和训练。”因此，美国主要就是利用中国为支持太平洋进军的空军基地，而“对中国地面部队的装备不再作进一步努力，直到决定地面作战是否实际起到打败日本的作用为止”。① 这种估计也反映在 1944 年 8 月 3 日美国参谋长联席会议在给美国国务卿的备忘录中的第 10 条中，其中说：“中国具有巨大人力资源和地区优势，但是军力微小。”②美国军方的这一估计是客观的，从另一方面讲也证实了中国作出战略牺牲的实际情况。中国战场也正是在“先德后日”战略实施成功期间，在仍然没有战略投入的情况下，完成了大战略的需要。对于这一点，美国约瑟夫·贝勒上校的观点也很能说明问题：“中国过去和现在反日战争中的贡献是被承认的……无论如何，我们采取的最现实的路线就是防止它(中国战场)的崩溃，加强在中国的空军力量，支持太平洋战争。”霍尔将军的说法是：“如果美国希望将中国作为空军基地，保证日本师团在中国受阻，就必须继续支持中国。”③应该说，他们的观点是对中国反攻时期战略地位和战略牺牲，以及美国在保证大战略实施前提下尽量援助中国战略意图的最好注释。

从中国正面战场重大军事失利的客观原因来看，有正面战场所面临的对付正面日军和侧后缅甸之敌的战略不利局面问题，特别是蒋介石极其重视打通缅甸援华路，在战略部署上更加重视与缅甸相

---

① Maurice Matloff. *Strategic Planning for Coalition Warfare 1943-1944*, p. 436.

② A. Russell Buchanan. *The United States and World War II*, *Military and Diplomatic Documents*, p. 114.

③ Maurice Matloff. *Strategic Planning for Coalition Warfare 1943-1944*, pp. 436-437.

连的中国部分。但是应该说，蒋介石消极抗战的政策路线导致正面战场大失败的原因是主要的，如果没有敌后战场的战略行动，其后果确实是不堪设想的。总之，中国战场的战略格局没有因为正面战场的大溃败而动摇，中国国民政府还在坚持抗战，日本在中国的处境不是改善了而是更糟了。

1943 年 11 月 1 日，美国参谋长联席会议报告中关于中国战场的分析是，（除开云南）日本前线以及日占区稳定了许多年。但是日本面临继续扩张方面的后勤困难和在中国的抵抗下不能作进一步的扩张，只能为了有限的目的进行小规模的进攻作战。中国军队在数量上占绝对优势，但是装备低劣，训练较差，因为中国失去了工业区域，孤立于外界的支持以及战争疲劳。① 中国正面战场在 1943 年内进行了两次防御作战，即鄂西会战和常德会战。其正面意义在于，给予了日军消耗和打击，并维持了正面战场的基本防线。② 这是因为日本的重兵仍然放在进攻敌后抗日根据地方面。但从总体上讲，如日本当局 1943 年初的判断一样，国民政府在"继续进行消极的抗战"，"不会发动大规模的攻势"。同时，日本有高层官员也估计，"由蒋介石来实现日中或全面和平，除非日本投降，否则无望"。③ 1943 年 11 月 23 日至 27 日，蒋介石在开罗与罗斯福、丘吉尔进行了晤谈，并于 12 月 1 日发表《开罗宣言》。这就使日本更加感到，"蒋介石相信联合国家必胜，自然不会为日华同盟而有所动摇"。④ 鉴于在亚太战争中的不利局面，日本 1943 年 12 月 3 日就开始作从太平洋撤退的准备，制定打通大陆的作战计划。⑤

---

① *FRUS*, *1943*, *The Conference of Cairo and Teheran*, p. 239.

② 军事科学院军事历史研究部：《中国抗日战争史》下卷，第 456～462 页。

③ 军事科学院军事历史研究部：《中国抗日战争史》下卷，第 475～476 页；日本防卫厅编纂；天津政协编译委员会译：《日本帝国主义侵华资料长编》下，第 10 页。

④ 日本防卫厅编纂；天津政协编译委员会译：《日本帝国主义侵华资料长编》下，第 36 页。

⑤ 天津政协编译委员会编译：《日本帝国主义侵华资料长编》下册，第 72 页。

当然，国民党的溃败，不仅使中国东部的中美空军基地面临危机，更重要的是，这有违于美国“保持中国于战争之中”的基本战略。为使中国顶住日本的攻击，美国加大了对华空运载量。1944年7月超过20000吨。① 因此，8月14日，美国联合战略计划署建议参谋长联席会议拟定命令：(美国)为维持、发展、扩大和确保与中国的空中联系，确保能足以从中国基地从事作战和防御，支持太平洋战场，应该：第一，确保第14航空队的供应(包括中美空军)，使其发挥更大效能，支持在中国和缅甸的作战；第二，在中国储存必要的航空物资，支持拟定的XX长程轰炸指挥部和第14航空队的太平洋作战，同时充分考虑到其后在没有中国东部基地的情况下空中进攻作战的有效性。② 9月11日，美国参谋长联席会议批准一份联合参谋计划委员会报告，其中仍要求从中国基地出发进行空中作战以支持太平洋战场的进攻。第一步骤中重要的内容就是：“支持中国地面部队和保卫在中国的空军基地，保卫‘驼峰’和缅甸密支那地区的空军基地和地面部队的作战。”9月13日到16日，又决定英军向曼德勒方向前进，援助雷多和云南；中国军队尽快开通与中国的陆路交通，确保援华空中航路。③ 这说明美国对中国战场出现的局势是重视的。日方资料记载，1945年2月，“中国远征军和中美联军携起手来，中印公路终于被完全打开了。自1942年5月以来，实际上已被切断两年零八个月之久的援蒋公路又重新开放，并与同盟军的大陆战线连接起来。”④总之，国民党正面战场的大溃败，造成了中国战场有可能动摇，有可能影响到对日反攻的全局。但是，由于中国抗日战场的特殊构成，特别是中国共

---

① Maurice Matloff. *Strategic Planning for Coalition Warfare 1943-1944*, p. 477.

② Grace Person Hayes. *The History of the Joint Chiefs of Staff in World War II*, pp. 600-601.

③ Maurice Matloff. *Strategic Planning for Coalition Warfare 1943-1944*, p. 514.

④ [日]服部卓四郎著；易显石等译：《大东亚战争全史》第四册，第138页。

产党敌后战场的存在和发展以及正确的战略行动，加上广大国民党将士的共同努力，也还在于日本此间在中国大陆所从事的大规模进攻纯属死中求活之举，因此，中国正面战场的问题没有造成中国战场动摇的后果。

中国正面战场的失利也没有直接导致美国太平洋进攻目标的改变，因为中国战场尽管有重大失利但仍完整存在，美国毋需调整战略方向。1944 年 3 月，美国参谋长联席会议给太平洋战场美军司令部的指令是："太平洋战场战略的第一主要目标是吕宋、台湾、中国其他沿海关键地区。" 5 月末，美联合战略勘察委员会在给参谋长联席会议的研究报告中提出美军占领马里亚纳群岛之后的两个进攻目标：1. 占领(中国)台湾；2. 占领棉兰老(菲律宾)，然后向北推进至吕宋。尽管计划者们担心中国正面战场失利会给占领(中国)台湾带来麻烦，但结论却是"尽快实施(中国)台湾作战"。① 9 月，美英军事首脑在魁北克召开的"八方会议"中，讨论了欧洲战事结束后向远东方面转移军力的问题，确定了进攻日本本土的战略目标。其中，也讨论了占领各个岛屿的目标日期，即，1944 年 10 月 15 日，占领印尼的塔劳群岛；1944 年 11 月 15 日，占领菲律宾的萨兰尼加群岛；1944 年 12 月 20 日，占领菲律宾的莱特等地区；1945 年 3 月 1 日，占领(中国)台湾等地区；1945 年 2 月 20 日，占领菲律宾的吕宋。讨论后的计划还提出，如果占领了(中国)台湾，4 月就攻占日本小笠原群岛，5 月攻占琉球群岛，5—6 月间攻占中国沿海地区，10 月攻占日本九州南部和东京平原。② 11 月 23 日，美国联合战争计划委员会拟就一份新修改的计划。其中删除了北千岛群岛，(中国)台湾仍作为进占的目标。不在中国沿海作大规模的全面作战，但是，选择的中国沿海地区仍为进击目标之一，这包括在中国东部获取最低限度的基地，可能一个在中国山东半岛，一

① Grace Person Hayes. *The History of the Joint Chiefs of Staff in World War Ⅱ*, pp. 604-605.

② Grace Person Hayes. *The History of the Joint Chiefs of Staff in World War Ⅱ*, p. 630.

个在朝鲜。最合适目标可能是中国舟山群岛—宁波半岛地区，目标日期为1945年8月20日。1945年1月，美国参谋长联席会议命令尼米兹提前拟定计划，准备在中国舟山—宁波地区作战。① 虽然这些并不是正式的决定和行动，却都反映了美国没有改变既定的太平洋进攻战略，中国仍为未来反攻作战基地之一。

中国此间也仍为反攻中的空中轰炸基地之一。如前所述，美国选择对日战略轰炸的基地的条件，主要是轰炸机的飞行半径和后勤供应的便捷状况。在马里亚纳群岛占领之前，中国是较为理想的地域。1943年8月24日，魁北克美英联合参谋首脑会议报告《反日战争》第21条a项载明：立即扩大盟国在中国的空军力量与用于防卫的地面部队，并以开辟空中航路加以支持。第40条a项：保持中国于战争之中；c项：维持并增强在中国的美中空军。② 12月3日，开罗会议美国参谋长联席会议备忘录《1944年打败日本的特别作战》第7条记载：中国，我们在中国的努力目标是在中国和从中国进行密集的地面与空中作战，加强美国空军与中国空军和陆军部队。在不影响已批准的其他作战的情况下，在加尔各答，会同在成都的进攻基地超长距离战略轰炸空军力量，进攻日本"防卫圈"的关键目标。③ 是年11月12日，罗斯福致电蒋介石请中国在成都区域完成5个长型轰炸机机场及设备。④ 日本发动"1号作战"的目的之一，就是"消灭中国西南的敌航空基地，阻止敌机对本土（日本——著者）中国东海的活动为第一目的。即使将来海上交通断绝，也可将物资经中国大陆运回"。⑤

---

① Grace Person Hayes. *The History of the Joint Chiefs of Staff in World War II*, pp. 658-659.

② Hans-Adolff Jacobsen, Arthur L. Smith. *World War II, Policy and Strategy, Selected Documents with Commentary*, pp. 285-287.

③ Hans-Adolff Jacobsen, Arthur L. Smith. *World War II, Policy and Strategy, Selected Documents with Commentary*, p. 291.

④ 秦孝仪：《战时外交》（三），第85页。

⑤ 日本防卫厅编纂；天津政协编译委员会译：《日本军国主义侵华资料长编》下，第133～134页。

1943 年 9 月 30 日，日本御前会议就指出："对于重庆，继续不断地施加压力，尤其遏制来自中国大陆的对我国本土的空袭和对海上交通的妨碍，并迅速相机解决中国问题。"①几乎就在中国正面战场东部一系列空军基地被占或被毁的同时，1944 年 6 月 30 日，美国在塞班岛建立了 B-29 型轰炸机基地，11 月首次从该基地对日本本土实施轰炸。1945 年 3 月，在中国战场的美国 XX 轰炸机司令部并入 XXI 司令部，在马里亚纳群岛组成第 20 航空队。应该说，这是从美英"四分仪"会议到"六分仪"会议确定的太平洋空中进攻和打击日本的总体计划中的一个部分。马里亚纳群岛早就计划为战略空中进攻的重点基地。而这个轰炸重心的转移，主要是因为从马里亚纳群岛空中进攻日本距离比从中国东部进攻日本距离更短，后勤方面更为方便。同时也意味着美国又多了一个战略轰炸基地。这样，除了美国一直争取的西伯利亚空军基地未能利用外，美国计划中的基地基本得到，但这并不意味着美国就忽视或者说是放弃了以中国为空中进攻日本的基地。1944 年 11 月 11 日，美国战略计划者们在规划针对日本 6 个最重要的城市区域的轰炸打击中，就计划于 1945 年 10 月 1 日开始，从成都基地出发 700 架 B-29 型轰炸机，从菲律宾出发 5500 架，从马里亚纳群岛出发 13500 架。② 将轰炸重心移到马里亚纳的另一原因，就是由于全缅作战的推延，供给战略轰炸的物资运不进中国。由于这个原因，1944 年 10 月底，赫尔利和魏德迈就建议移走 B-29 型主要机群，这样就可"使足够物资用于昆明地区，确保在中国的空军基地的安全，也可维持中国的战争努力"。从他们建议到 1945 年 3 月 XX 轰炸司令部并入马里亚纳的 XXI 司令部近 5 个月时间里，中国也仍是美国太平洋"空中战略"实施的重要基地之一。③

---

① ［日］服部卓四郎著；禹硕基等译：《大东亚战争全史》第三册，第 859 页。

② Grace Person Hayes. *The History of the Joint Chiefs of Staff in World War II*, p. 660.

③ Grace Person Hayes. *The History of the Joint Chiefs of Staff in World War II*, p. 661. Arthur N. Young. *China and Foreign Helping Hands 1937-1945*, p. 300.

总之，在美英东亚反攻中，美英陆军作战部队在中缅印战区没有多少兵力的投入，比较美英对德作战方面和太平洋区域美军的投入来说，美英对中国的战略投入确实是非常不足的。1945 年 1 月连接中国与印度的“史迪威公路”(即雷多公路，Ledo Road)通车后美国援华物资才有大幅度增长。①

二、中美英联合实施对日反攻的缅甸作战

在反法西斯盟国全球大反攻期间，中国除了牵制与打击了日本陆军主力，有力地支持了其他各大战场之外，中国军队也与英美盟军合作从事北缅战役，直接支持了西南太平洋的反攻作战，共同为对日大反攻作出了杰出的贡献。

缅甸是被日本视为其南方军在太平洋方面作战的“右翼支撑点”。② 从战略上讲，重占缅甸有以下几方面的意义：第一，可以重新打通连接海运的从仰光到中国援华通路，这样不仅可以物资支持中国战场继续打下去，牵制日军陆军主力于中国战场，减轻美国在太平洋战场的压力；而且在反攻阶段，则可削弱日本在太平洋“绝对国防圈”的兵力。第二，可以策应太平洋战场。这里面包括援华战略物资道路畅通之后，有效利用中国有利地势对日本的交通线和日本本土进行战略轰炸，并为战略轰炸提供充足的战略资源。第三，可以完全阻隔日本西进印度之路。第四，美国在太平洋战争爆发后一段时间还有从缅甸北上中国对日反攻的设想。但是上述战略意图，一直受到“先德后日”战略的制约，这在全球大反攻阶段仍然如此，全缅作战也最后演化为北缅作战。

中美英从 1942 年春缅甸丢失后就开始进行酝酿重新夺回缅甸的问题。美国和中国对重占缅甸问题都非常重视，并主张开展南北海陆配合的全缅战役，但是因为“先德后日”战略的限制未能尽早

---

① [美]詹姆斯·A. 休斯敦著；王军等译：《美国陆军后勤史》(下)，第 223 页。

② 日本防卫厅编纂；天津政协编译委员会译：《日本帝国主义侵华资料长编》(下)，第 222 页。

实施。然而，中美英对重占缅甸的准备则是从缅甸被日军占领到北缅战役打响的整个时期。早在 1942 年 4 月，美国史迪威将军就向蒋介石提交了《在印度组织训练中国军队的计划》，建议精选中国官兵 10 万人到印度训练，拨用中国所得的租借物资中的装备，由美国军官训练，组成两个军。经蒋介石同意后，空运 5 万军队到印度，连同第一次缅甸战役失败后退入印度的中国军队，在印度进行训练。在印度拉姆格尔训练营受训的中国军队于 1944 年 1 月完成训练工作，受训结业的中国官佐有 2626 人，士兵有 29667 人。中国驻印军也补充了充足的武器装备，尤其是重型装备，是重占缅甸作战的一支生力军。① 从太平洋战争爆发到 1943 年 11 月，中美英经过长时间的重占缅甸讨论之后，在 1943 年 8 月的美英首脑魁北克会议与 11 月 28 日至 12 月 1 日的德黑兰会议上，终于确定了重占缅甸的计划，但是，英国没有担负在南缅从事水陆夹击的重要战略作战。反攻北缅与滇北的战略作战主要落在中国身上。1943 年 10 月 19 日，蒋介石召集英国蒙巴顿、美国史迪威将军等在黄山官邸讨论了魁北克会议关于反攻缅甸问题的议案，再次要求中国赴缅远征军在 1944 年准备齐全。其后，国民政府军事委员会任命卫立煌担任远征军司令。② 1943 年年底，中国远征军第 11 集团军的第 2 军、第 6 军、第 71 军，第 20 集团军的第 53 军、第 54 军已按每军 3 师的编制改编完毕。除了整编部队外，还有 7 个军派员参加整训，远征军各部队逐步获得了美械装备，轻重武器配备趋于完善，通信、运输器材完备，士气旺盛，战斗力大大提高。③

对北缅的反攻作战是史迪威指挥的中国驻印军首先发动的。1943 年春，中国驻印军开始为反攻缅甸作准备，史迪威先后派出美国 2 个工兵团和中国 2 个工兵团，开始修筑雷多和野人山区的中

① 军事科学院军事历史研究部：《中国抗日战争史》下卷，第 409 ~ 411 页。

② 军事科学院军事历史研究部：《中国抗日战争史》下卷，第 412 ~ 413 页。

③ 时广东，冀伯祥著：《中国远征军史》，重庆：重庆出版社，1994 年版，第 184 ~ 185 页。（后文引述该书，仅出注作者及书名、卷数、页码）

印公路。10月下旬，中国为实施魁北克会议决定，以驻印军为主力，联合英美军一部，正式开始北缅反攻作战。12月28日攻克于邦。1944年3月5日进攻北缅军事重镇孟拱，史迪威指挥的英军远程突击队切断了孟拱西面的铁路线。3月29日，中国驻印军打开了通向孟拱河谷的门户。5月25日，中美突击队攻占孟拱。①

为了策应中国驻印军的反攻以及解英帕尔战役英军之围，1944年4月10日，中国国民政府军事委员会决定先以远征军一部，攻击腾冲，策应中国驻印军的作战。13日，中国远征军主力进行滇西反攻。中国远征军开始反攻，有力地支持了中国驻印军与英军在印缅的作战。丘吉尔致电蒋介石，对中国的滇西反攻表示非常欣慰。② 4月21日，中国远征军制定了详细的渡江攻击计划，并依据计划重新调整了编组和装备。③ 5月11日，中国远征军渡过怒江，发起滇西反攻作战，8月5日占领腾冲，10月25日占领龙陵，并向畹町、芒友追击作战。1945年1月28日，中美两军高级将领在畹町举行会师典礼。④ 1945年1月21日，中国驻印军与从滇西反攻北缅的中国远征军取得联系。1月27日，中国驻印军与中国远征军在芒友胜利会师。中印公路完全打通。中国驻印军经过一个多月的奋战，占领腊戍，其后与中国远征军向东西两个方向发展。中国驻印军于3月30日与英军会师。⑤

由于各种原因，英国对重占缅甸问题的态度远不如中国与美国的积极，在中美英决定从事北缅作战问题之后也仍然有保留意见。1944年2月，作为东南亚战区的总司令，英国的蒙巴顿表示全力支持北缅的例行作战，但是不同意美国在中缅印战区的长期计划。

① 军事科学院军事历史研究部：《中国抗日战争史》下卷，第428～429页。

② 转引自军事科学院军事历史研究部：《中国抗日战争史》下卷，第420～423，432～433页。

③ 时广东，冀伯祥：《中国远征军史》，第186～187页。

④ 军事科学院军事历史研究部：《中国抗日战争史》下卷，第443～451页。

⑤ 时广东，冀伯祥：《中国远征军史》，第223～224页。

他不相信英国或者美国的军队可以达到美国参谋长联席会议确定的目标，也不相信雷多公路可以运送足够的物资，认为没有必要为此而努力。丘吉尔也认为，西南太平洋的反攻重点应放在苏门答腊方面，目的在于彻底消除日本海军对印度洋方面的威胁，维持印度和澳大利亚的交通线，最终占领新加坡和荷属东印度。英方的观点与美国军方的太平洋全面战略以及北缅作战的战略目的相冲突。① 但是，由于日本先行向印度发起进攻，英国在反击中也参与了北缅反攻作战。

1944 年 3 月 8 日，日军发动“乌”号作战，日军第 15 集团军正式开始对英帕尔发动进攻，3 月 8 日至 4 月中旬日军迅速进攻，英帕尔守军陷于包围。4 月上旬，蒙巴顿向中国紧急求援，史迪威也请求蒋介石火速向印度增兵，丘吉尔与罗斯福也给蒋介石去电催促中国出兵。蒋介石命令 2 个中国师于 4 月初空运印度，并令远征军于 5 月中旬开始进攻。在此阶段，日军攻势凌厉。至 4 月中旬，日军将英军第 14 集团军 3 个师包围于英帕尔。4 月中旬至 5 月底，英帕尔的英军在中国驻印军与远征军反攻作战对日军的牵制打击配合下，在中国空运援军的增援下，依托盆地周围的环形防御阵地，通过强大的火力配置和大规模的空中补给，对日军进行了强有力的反击，先后数次击退日军的总攻，稳定了战局，并极大消耗了日军的实力，使日军陷入弹尽粮绝的境地。1944 年 6 月，英美联合参谋首脑会议命令盟军东南亚战区统帅蒙巴顿准备实施收复全缅的作战计划。为此，东南亚战区盟军总部制定了两个作战计划，一个是“首都”作战计划，即以陆上进攻收复缅甸北部和中部；一个是“吸血鬼”作战计划，即以两栖登陆作战收复缅甸南部。由于日军主力在英帕尔战役中元气大伤，使盟军有可能不依赖大规模的两栖作战，而经陆路就可以收复缅甸。因此在这两个作战计划中，盟军把重点放在“首都”作战计划上。具体计划是：以英第 14 集团军向东推进，中国驻印军从缅甸密支那南下，首先歼灭曼德勒附近之敌，

---

① Warren F. Kimball. *Churchill and Roosevelt, the Complete Correspondence*, Volume Ⅱ, pp. 757-759, Vol. Ⅲ, pp. 37-38, 40.

而后向南部发展进攻，在两栖部队的配合下收复仰光。6月底至7月中旬，日军由于弹药、粮食储备告罄，加上伤亡惨重，被迫于7月中旬开始撤退。至此，英帕尔战役以英军的全胜而结束。英国在英帕尔战役和其后缅甸反攻作战中也付出了较大的牺牲，“在东南亚，英国和英帝国投入部队在缅甸的山地和丛林中以及在印度边境上作战6个月，仅由于疾病就损失了28.8万人”。为此，英第14集团军于1944年秋季在钦敦江西岸的印缅边境休整补充，准备东进。而中国驻印军在1944年8月收复密支那。此后，中国驻印军继续在缅甸南下，向八莫和南坎方向进攻。

日本在英帕尔战役失败后，不但不能增兵缅甸，反而由于美军进攻菲律宾需从缅甸抽调兵力去防卫马来亚、泰国，因此日军决心改变缅甸方面的作战指导方针，放弃缅甸北部和中部，将切断中印公路的主要任务改为确保缅甸南部地区，使之成为其“南方圈”北翼的支撑点，① 并制定了相应的作战计划，但也宣告失败。

1944年10月雨季过后，经过休整的英军第14集团军即开始实施向缅甸中部进军的“首都”作战计划。由于日军已经决定放弃北缅，因此英军进展顺利。到12月，英军第14集团军的第3军和第4军已向缅中挺进。英第15军也在12月开始向实兑地区发动进攻。到1945年1月，中国远征军和中国驻印军在芒友地区胜利会师，打通了中印公路，接着中国驻印军南下直趋腊戌。因此，中美英盟军攻势相互呼应，日军则溃不成军。3月，英军占领缅甸重要地区敏拉，并击溃了日军的反扑。此后，英军第14集团军乘胜南下，占领了漂贝、彬马那、东吁等地，并于5月占领勃固，切断了日军的退路。同时，英军第15军开始实施进攻仰光的“吸血鬼”作战计划。5月3日，英军进入仰光，到5月6日，英军几路部队在仰光胜利会师，这标志着中美英盟军缅甸反击战已取得最后胜利。

北缅战略作战打通了中印之间的陆地交通，对于中国抗战，尤其是正面战场来说，解决了获得大宗重要战略物资的通道，也是中

① ［日］服部卓四郎著；易显石等译：《大东亚战争全史》第四册，第1380页。

国长期争取和迫切希望的。中美英北缅反攻作战的辉煌胜利，也极大地鼓舞了中国抗日军民的士气。同时，以中国军队为主体反攻北缅以及中美英合作赢得反攻缅甸作战的胜利，对盟国的战略意义也是重大的。中国军队在国内战况不利情况下出兵参加北缅作战，是对美英反攻战略的重大配合和支持，有力地支持了太平洋战场的战略反攻，也彻底破灭了日本稳固其防御“内圈”的战略。早在1943年12月，日本最为担心的就是盟军对其“绝对防卫圈”纵深的进攻。日本判断盟军反攻路线有五条：第一，从阿留申方面指向千岛群岛。第二，从太平洋中部指向日本本土及菲律宾、(中国)台湾方面。第三，从新几内亚方面经澳北指向菲律宾。第四，从海洋方面指向爪哇、苏门答腊。第五，从缅甸指向马来亚、泰国方面。日本大本营还认为：“据观察，美国将不拘欧洲形势如何演变，定要强行发动对日攻势，所以感到决战时期正在逼近。”①

综合起来，中美英合作配合重占缅甸有以下几方面的意义：

第一，重新打通连接海运的从仰光到中国援华通路，这样不仅可以物资支持中国战场继续打下去，牵制日军陆军主力于中国战场，减轻美国在太平洋战场的压力；而且随着北缅援华陆路的开通，援华物资运量大幅度增加，“保持中国于战争之中”的战略目标也就成功实现。在反攻阶段，则是削弱日本在太平洋“绝对国防圈”的兵力。

第二，完全阻隔日本西进印度之路，彻底解除了英国属下的印度之危。中国驻印军首先揭开了盟军反攻缅甸的序幕，为收复全缅甸创造了条件。英军对英帕尔的坚守和对缅中的出击，都因中国军队牢牢钳制和重创了北缅、滇西日军，大大减轻了英军的压力而终于获胜。1944年3月第一个星期，日本曾攻击到“驼峰”运输线的印度方面的终端阿萨姆，严重威胁了至中国的航路和印度的安全。其后4月至7月，中美英北缅作战完全解除了这一威胁。

① ［日］服部卓四郎著；禹硕基等译：《大东亚战争全史》第三册，第929～931页。

第三，最为重要的是策应太平洋战场，支持了太平洋反攻战略的顺利进行，是给日本视为其南方军在太平洋方面作战的“右翼支撑点”的沉重打击，配合了太平洋南部和西南部的美军进攻作战。北缅反攻前，中国驻印军和远征军分别在印度东北部和云南怒江以东进行的反攻准备，对驻缅日军构成了极大的威胁与钳制，使其不敢贸然向印度深入，进而实现与德国中东会师的迷梦。1943 年 9 月，日本大本营就指出：“今后我军如在缅甸粉碎敌军反攻，战局演变得对我有利，出现美英难以取得彻底胜利的前景时，根据条件，并不是没有实现和平的可能性。”①12 月末，日本大本营列举了美英太平洋反攻的五条路线后指出，在五条反攻战线中“特别需要重视美军从太平洋方面来的海上攻势与英、美、中从缅甸方面来的大陆攻势……关于缅甸方面的作战，因为泰国和法属印度支那在政略上形成我防卫圈内的薄弱环节，加上这方面作战的进展，将显然直接增加重庆军的反攻力量，因此判断，敌军在缅甸发动攻势，将是极为有利的方策。”②1944 年日本大本营指令南方军，“以缅甸重要地区、安达曼、尼科巴、苏门答腊、爪哇、澳北为重要地区、菲律宾岛组成主要防卫线，确保这些地区与印度支那、泰国，同时在四角要塞和菲律宾、缅甸及孟加拉湾正面以及巴邻旁地区指挥反击战”。日本早在 1943 年 6 月末就进行了仰光作战的图上模拟演习。③ 因为孟加拉湾两栖登陆作战并未举行，因此缅战的战略任务实际上是由以中国军队为主的北缅作战承担的。以史迪威将军指挥的中国驻印军和中国赴缅远征军，在陈纳德将军指挥的航空队的大力支持下，与英美合作从事的北缅作战，配合了太平洋南部和西南部的美军进攻作战。1944 年 7 月，在缅日军达到 10 个师及 1 个独

---

① ［日］服部卓四郎著；禹硕基等译：《大东亚战争全史》第三册，第 857 页。

② ［日］服部卓四郎著；禹硕基等译：《大东亚战争全史》第三册，第 930 页。

③ ［日］服部卓四郎著；禹硕基等译：《大东亚战争全史》第三册，第 946，1045 页。

立混成旅，这些日军的覆灭给美军在太平洋的反攻减轻了压力。① 援华战略物资道路畅通之后，美国也能有效利用中国的有利地势对日本的交通线和日本本土进行战略轰炸，并为战略轰炸提供充足的战略资源，也为英美盟军对苏门答腊发动的两栖攻击创造了良好条件。

总之，在打败日本法西斯这个共同目标下，在世界反法西斯战争取得最后胜利时期，中美英在反攻缅甸上化解分歧，相互支持，密切合作，并肩作战，圆满取得了胜利，是中美英战时战略合作的又一个突出例证，也为彻底打败法西斯作出了不可磨灭的贡献。

① 军事科学院军事历史研究部：《中国抗日战争史》下卷，第452～453页。

本卷综论

一、中国抗战推动了美英东亚战略的转换

自鸦片战争后，中国沦为半封建半殖民地国家，在国际问题上没有发言权，中国自己的命运也操纵在帝国主义国家手中。只是到了抗日战争时期，中国在国际社会的地位才开始发生重大变化。其中，最为显著的就是中国抗战对美英东亚战略的影响，并最终推动美英加入到东亚抗击日本法西斯侵略的行列之中。

从“九一八”事变到太平洋战争爆发前夕，美英的东亚战略经历了一个从消极维护自身东亚权益战略到制衡日本侵略战略的转化过程。从历史缘由上讲，美英自华盛顿体系建立之后就处于维护既得利益的地位，而日本侵略中国以及世界法西斯的兴起，则使美英在维护权益的过程中必须完成战略的转换，这是因为法西斯的侵略未来必将冲击到美英自身的国家核心利益及国家安全，美英不可能幸免于国际社会共同面临的世界战争的灾难。而这一国际形势的发展，世界主要矛盾的变化，对于世界各国来说都是一个新的课题。遗憾的是，在日本侵华初始阶段，美英的应对是消极的，仍然囿于帝国主义列强处理矛盾与冲突的传统方式，对日本的侵略采取绥靖政策，企图牺牲他国利益与主权来保全自己。这种理念与实践显然只能推动法西斯祸水最终蔓延到自己头上。

但是，20 世纪的中国已经不再是受帝国主义任意宰割的中国，中国已经具有独立自主掌握自己命运的现实力量，这就是中国共产党登上了中国历史舞台。在中国沦亡之际，中国共产党会同中国抗日党派和力量，从理论与实践上推动了中国向着全面抗战方向发展，并终于使中国摆脱内战，建立起了以国共合作为基础的抗日统

一战线，开始进行全民族抗战。在全面抗战中，中国运用民族智慧与大战略思维，确立持久战与游击战略，形成稳固的正面与敌后抗日战场。由此，中国在对外关系上也发生了重大的变化，作为一支主动的现实力量登上东亚国际关系舞台，在纷繁复杂的东亚局势中以抗日战争的英勇壮举影响着世界，昭示着反法西斯战争的正确方向和道路，并以自身的实践告示世界，法西斯是可以制约并最终战胜的。中国抗战在极其艰难条件下的坚持，极大地转换了包括美英在内的国际社会各阶层的观念，使之从同情中国受到日本侵略转变为敬佩与支持中国抗战，并将中国抗战的命运与美英自己的命运联系起来。中国通过抗日战争浴血奋战改变了自身从近代以来一直受人摆布的被动地位，开始主动地影响东亚国际关系，尤其是影响美英的东亚战略选择，这是一个伟大的转变。

从美英应对日本开始启动争霸东亚侵略的初期战略看，确实存在着极其严重的危险。这一危险就在于奉行对法西斯侵略的绥靖政策，以此来维护它们在东亚的既得利益。由日本侵略中国开始的欧亚法西斯对外侵略战争，分别在亚非欧启动，因此，美英在东亚对日绥靖政策，是以英美为代表的西方资本主义国家在世界范围内实行对法西斯侵略的绥靖政策的最初表现。由于非洲、欧洲的弱小国家在主观与客观上都没有具备成功制约法西斯侵略的条件，再加上英法美西方大国以牺牲弱小国家绥靖法西斯侵略的政策，因此，埃塞俄比亚、西班牙、捷克斯洛伐克、波兰都在对付法西斯侵略的局部战争或者对抗中失败，其结果是德国及意大利迅速地将欧非的局部战争扩展为世界性战争，英法美等国也相继丧失与德国对抗的缓冲地带，直接处于与德国法西斯对峙并受到其进攻的境地。在1940年5月10日开始的德国西北欧战略闪击进攻下英法联军顷刻瓦解，法国的败亡，进一步推动了世界大战的全球蔓延与升级，英法美的绥靖政策是这一过程的重要推进因素。可以说，从日本侵略中国开始，西方国家的绥靖战略就有一个发生、发展到完备的过程。在欧非，由于首先受到法西斯侵略的弱小国家没有形成对绥靖政策产生强有力制约的因素，因此使英法美的绥靖政策发展到了顶峰，也给世界带来了巨大灾难。

但是，东亚方面是一个例外。中国全面抗战不仅展开，而且在日本现代化武装军队的疯狂进攻之下坚持了下来，并形成持久制约和打击日本的两大战略战场——正面战场与敌后战场，突破了西方国家军界在战争力量对比问题上的传统分析模式，美英政军界某些人士依据这一模式所作出的中国抗战很快就要失败的预言也失去了现实根据。中国在世界局部战争时期所创造的奇迹，将美英一些人士眼中的不可能变为了可能。中国抗战之初虽然没能争取到国际联盟根据盟约条款对日本进行制裁与美英的全力支持，但是，也使其不能像对待捷克那样随心所欲地安排中国的命运。中国虽然没有像波兰那样有英波条约的保护，但同样也没有像波兰那样因为英国失约而吞咽亡国的苦果。中国成功地运用自己的力量不仅保卫了自己，同时也反过来影响了美英等西方大国。总之，中国抗战实践走出的是一条中国特色的反法西斯道路，很大程度上摆脱了其他国家在从事局部抵抗斗争中受到大国消极制约的局面，这是中国能反过来影响大国政治的根本基础。

中国持久抗战的精神，同样感动着美英社会。美英下层民众及上层有识之士都极其赞誉中国抗战的意志，认为在如此弱的国力之下中国顶住了现代化武装的日本军队是一个“奇迹”。中国对美英上层和基层民众的积极工作也是推动美英战略转换的重要原因。从中国全面战争开始，中国的政治家、外交官员、学者都利用国际讲坛，宣传中国抗日战争的正义性，揭露日本侵略者的暴行。中国人民抗击侵略的英勇斗争，不仅为中国抗战争取到国际支持，同时也为世界反法西斯战争动员了各国民众。中国抗战坚持下来之后，中国就不断向美英上层从战略层面说明中国抗战的重要地位，即对亚太地区总体和平与稳定的意义，说明中国的抗战是为了东亚与世界和平，说明支持中国抗战就是支持美英自己的道理。

在中国抗日战争的影响下，从1938年开始，美英政府在东亚战略上开始进行局部调整，一个重要的方面就是以贷款方式对中国抗战进行间接支持。但是，美英仍然与中国建立反对日本侵略统一战线的主张保持着距离，希望通过某些妥协使日本的战争祸水不要蔓延到太平洋地区。中国对美英战略中这正反两个方面的因素进行了区别对待，凡是有利于抗日战争的就支持，凡是不符合反法西斯总体趋势的就坚决反对和抵制，并努力推动中美英之间建立战略合作关系。中国的努力成为美英不可能完全倒退到中国全面抗战前的单一妥协绥靖政策的一个重要因素。而日本在1938年后就显露出的南进太平洋地区的野心，并在1939年占领中国海南岛的现实，也使美英开始将中国抗战与其维护太平洋核心利益联系起来进行思考，并在一定程度上反映在其战略转换之中。中国在世界反法西斯局部战争中的杰出表现与随着世界形势发展在东亚安全以及对欧洲形势影响方面显示出的战略地位，是加强美英抗战派人士声音的关键性因素。

可以说，在世界战争威胁面前，美英有识之士就认识到世界的危险与美英自身的危险，美英政府内也存在着要求制约法西斯侵略的声音。但是由于英国的“绥靖”战略选择与美国孤立主义影响下的“中立”选择，都使这些真知灼见未能及时地反映在对外战略层面。也就是说，美英的战略选择与调整需要外部因素的推动，这种外部因素有两个：一个就是法西斯在侵略过程中逐步暴露出来的称霸世界的野心；第二个，也是最重要的因素，就是弱小国家不畏强霸，成功制约法西斯的斗争。中国抗战是局部战争中成功的范例，因此具备影响美英战略的现实条件。中国在坚决反对美英对日绥靖的同时，更从战略层面努力促进东亚反法西斯联盟的进程，将形势发展与美英政策的未来趋势、美英国内存在着与绥靖不同的声音等问题联系起来加以考察与分析，辩证地看待美英的战略与政策，对于美英战略转换过程中政策的积极面及时地表示欢迎与支持。中国国民政府也赞成维护第一次世界大战后国际法与国际条约原则，尤其是《九国公约》与《非战公约》的原则尊严。尽管这些公约本身存在着极不合理的内在问题，但中国的举措的确在一定程度上争取了美英的上层决策人士对中国抗战持同情与支持的态度，影响了美英政策的发展方向。

1940年法国败降之后，美英犹豫不定的双重政策遭到现实的沉重打击。美英面临来自欧亚法西斯两个方面战火的严重威胁。由于德国闪击西北欧的胜利，刺激了日本南进战略的确立，并开始大规模武力南进侵略太平洋地区的准备。由于美英的主要关注点放在大西洋方面，加上长期绥靖政策所导致的在东亚方面的准备不足，因此，对中国牵制与打击日本的战略需求加深，而这一战略需求又与美英首先致力于削减欧洲大西洋方面的直接威胁联系在一起。这样，长期坚持的中国抗战更显示出其世界性的战略地位。在法西斯轴心国侵略祸水横溢的情况下，中国抗战所展示的正确道路与中国长期争取东亚反法西斯联盟的主张都得到世界形势发展的证实。美英也逐步加强了对日本经济制裁的力度，最后发展到全面禁运石油与冻结日本在美英资产的高度。美英也加强了对中国抗战的支持，并于1941年5月明确宣布“租借法”适用于中国。

从中国抗战开始到太平洋战争爆发，由于中国首先受到日本法西斯的侵略，中国尽一切可能促进中美英苏反法西斯联盟的建立，特别是希望建立起军事合作关系。中国全面抗战开始之后，中国国民政府外交的一个重要方面，就是在争取国际援助中，力促东亚抗日国际阵线的形成，特别是争取苏美英大国的合作。中国政府特别强调中国抗战“从中国立场言，则为捍御外侮，为国家民族争取独立生存；从国际立场言，则为维护(国际)条约之尊严，对于破坏条约、甘为戎首者予以坚决抵抗”。① 1939年2月以后，鉴于欧亚局势的进一步恶化，蒋介石多次向苏美英提出军事合作的建议，并希望美国起牵头的作用，但是，没有得到美国的积极回应。② 1940年9月，法西斯轴心军事同盟建立之后，侵略战争迅速向全球蔓延，美国面临东西两洋方面的战争威胁加剧。由此，中美军事合作对中美双方都成为紧迫的问题。1940年10月31日，蒋介石分别向美英政府正式提出中美英三国军事合作方案，从目的、具体做法、机构设置等方面明确提出在战争中相互支持的联盟问题。③ 同

① 荣孟源主编：《中国国民党历次代表大会及中央全会资料》(下册)，北京：光明日报社1985年版，第465页。

② 关培凤：《中国推动反法西斯联盟建立的方式浅论》，载于彭训厚等主编：《第二次世界大战与人类持久和平》，重庆：重庆出版社2007年版，第80页。

③ 秦孝仪：《战时外交》(一)，第107～108页。

时，中国派遣军事代表团访美。1941年4月，美英等国召开新加坡军事会议拟订的ABD计划中，列入了支持中国抗日正规军和游击作战的内容。罗斯福支持陈纳德的空军援华“飞虎队”直接加入中国的抗日战争。5月，中国成为租借法案受援国后，中美军事合作扩展到武器装备援华范畴。8月，美国派遣马格鲁德军事代表团访华，商讨军事合作的各项事宜。12月7日太平洋战争爆发后的当天下午，蒋介石分别约见英、美、苏驻华大使，建议成立多国军事联盟。晚间约见美英驻华大使馆武官，表示中国“必尽我全力与责任，决与美英共存亡，同成败，毫不有所犹移”。①

但是，美英在1941年春确立的“先德后日”战略原则限制了美英在应对日本南进侵略问题的举措，其标志就是美英还不敢放手支持中国抗战，美英相互间也不能建立起密切合作对日作战的太平洋军事体系。其中，美国仍然想用妥协方式延缓太平洋战争爆发是问题的关键。在1941年5月到11月的美日谈判中，美国仍然想采取与日本达成某些妥协、牺牲中国利益的本末倒置的做法。但是，美国不合时宜的想法遭到中国的坚决抵制，在中国的努力之下，英国及澳大利亚、美国政府内的对日钳制派人士都明确不同意美国放松对日本的经济制裁与屯兵印度支那，而日本则是按其既定步骤秘密开始了在太平洋对美英进攻的战略。在这种形势下，美国终于选择了与日本拼死一搏的战略。中国通过不懈的努力，不断推动着美英东亚战略向积极的方向发展，抑制其战略与政策中妥协绥靖因素，终于建立起了以中美英为主体的东亚抗日联盟。可以说，如果没有中国的抗战，没有中国坚持不懈的推动，美英在东亚将循着妥协绥靖的道路走得更远，东亚与世界的局面将会变得更为险象环生，反法西斯战争的进程将延续相当长的时间。

总之，中国抗战使近百年的东亚国际关系格局发生了重大变化，也是中美英关系发展到战略互动的前提条件。在共同的危险面前，中美英关系在战争的激变与演进中迅速超越着传统关系。中国也加快了影响与参与国际问题的步伐。中美英互动关系的形成，标

① 秦孝仪：《战时外交》(三)，第41，43页。

志着近百年来东亚国际问题传统处理模式的终结，也标志着中国影响与主动参与处理东亚国际问题的开始。

二、中国抗战支持了美英战时战略的成功

在反法西斯战争之中，中国不仅克服了自身国力的不足，运用民族智慧、发扬民族精神，创造了以弱制强的奇迹，而且也在国际战略领域占有了重要的地位，为世界反法西斯战争的胜利作出了杰出的贡献。其中，对美英涵括欧亚非战略的支持是一个极其重要的方面。在支持美英战时战略的过程中，中国承受了巨大的民族牺牲，付出了沉重的战略代价，在外部战略支持与投入严重不足的情况下，为“先德后日”战略在东亚的战略需求，即一个稳定发展的亚太战场格局奠定了坚实的基础。

中国抗战的坚持和发展，为美国赢得了较长时间的和平和准备战争的时间。1936 年 8 月 7 日，日本广田内阁在召开的五相会议上，就将向太平洋地区侵略扩张作为国策之一，① 日本 1937 年 7 月全面侵华战争的目的就是企图通过短期占领中国，获得进一步打击美国和英国的基地。但是，中国的英勇抗战粉碎了日本速战速决的幻想，反而迫使日本陆军主力陷入中国无法自拔。这就使日本的“国策”无法实施，打乱了日本预设的战略步骤。中国抗战与中国战场的稳定与发展，创造了第二次世界大战局部战争阶段的奇迹，并为未来反法西斯联盟战争奠定了东亚方面的基础，使美国及英国在太平洋方面得到了 3 年时间的和平。1940 年 9 月 27 日，德意日三国军事同盟正式建立，其条约的矛头直接指向美国。日本加紧了侵略太平洋地区的准备。这期间，英国正进行本土保卫战，美国的主要注意力也集中在大西洋援助英国方面。德国急切希望日本履行三国军事同盟条约，马上南进以分散美英的实力和注意力。从英伦保卫战开始，希特勒等纳粹德国军政要员就多次催促日本采取这一行动。在 1941 年 3 月 5 日德国国防军总司令凯特尔签署的德日军

---

① 复旦大学历史系日本史组编译：《日本帝国主义对外侵略史选编 1931—1945》，第 199 ~ 203 页。

事合作草案中提出："鉴于敌人（英美）处于低水平的军事准备阶段，日本愈快发动作战，成功的前景就愈好。""三国同盟对原料的需求要求日本占领那些使其能继续进行战争的领土……占领新加坡这一英国在远东的关键地域。"①由于中国战场的牵制与打击，日本不可能在这一于己有利的时机南进。因此，美国及英国又有了一年多的时间准备应对日本的战争。

世界反法西斯战争演变成全球规模，反法西斯大同盟建立之际，首先扭转反法西斯阵营在太平洋战争初期不利的战略局面是第一要务。鉴于中国的实际战略地位，中国得以在 1942 年 1 月 1 日的《联合国家宣言》中与美英苏一道领衔庄严签名，这是反法西斯各国对中国抗日战争贡献的认可。

中国抗战在战略上支持美英化解了太平洋战略危机。日本在太平洋战争初期获胜。更为重要的是，如果日本进一步侵略印度和澳大利亚，就会动摇美英在太平洋的防御底线。印度是美国及英国视为从中东开始延伸到南亚的生命线与战略枢纽的南端。1942 年 2—3 月，日本攻占缅甸威胁到印度，其造成的严重后果将是德日中东会师，形成法西斯轴心联盟两大主力连接，分割反法西斯盟国战场格局的局面。而德日中东会师的危险在这一阶段主要来源于日本太平洋战争初期的胜利。美国陆军部长史汀生认为应将防止德日中东会师的注意力放在日本方面，空中支援的重点也应在这一方向。②日本若攻占澳大利亚，就会将美国与西南太平洋交通线彻底切断，在地缘上形成东北亚半岛，日本、东南亚、澳洲大陆相连接的隔离带，将中国战场与太平洋战场完全切割开来。

面对危局，中国战场成为罗斯福与丘吉尔挽救太平洋危局的主要战略关注点，因为日本扩大进一步侵略的软肋在于它的"兵源"，而其陆军主力仍然被牵制在中国无法随心所欲地调动。这一点对美

① Hans-Adolf, Smith Jacobsen, Arthur L. Jr. Smith. *World War II*, *Policy and Strategy*, *Selected Documents with Commentary*, pp. 162-163.

② Maurice Matloff. Edwin M. Snell. *Strategic Planning for Coalition Warfare*, *1941-1942*, p. 200.

英最终能否顶住日军的疯狂进攻至关重要。因此，太平洋战争爆发之初罗斯福就对中国大使胡适表示："至盼中国在各方面袭击，务使敌军疲于应付，不能抽调大量军力。"①1942 年 2 月 11 日，罗斯福在给丘吉尔的信中谈道："我正密切地关注着中国。"②1941 年 3 月 30 日丘吉尔估计："日本不会进犯澳大利亚。在我看来，日军的上策是结束中国的战争。"③5 月，应罗斯福要求，麦克阿瑟估计，攻占缅甸之后，日本只能腾出"两个师"用于作战，没有可能再攻击印度和澳大利亚。④ 中国战场在美英处于危机局面的情况下，牢牢将日本大部分陆军困在中国战场。太平洋战争爆发时，日本陆军总兵力为 51 个师团……用于太平洋战场的兵力，仅占日本陆军总兵力的 19.6%。中国战场抗击的日军占日本在国外作战的陆军总兵力的 69%。⑤ 美国参谋长联席会议与美英联合参谋首脑会议在拟定的历次事关全局的军事战略计划中，将中国战场置于战略层面来表述，"保持中国于战争之中"及其类似条款，是反法西斯战争的每一关键阶段战略计划中在"战略概念"部分突出强调的内容之一。⑥ 正由于如此，美国在实施"先德后日"战略中，在反攻缅甸、开通援华陆路交通、对华物资投入等问题上，坚持不能忽略中国战场的战略作用，必须支持中国抗日战争。事实也是如此，中国战场对日本扩大太平洋战果，冲击美英战略整体构架的图谋起到了至关重要的作用。1942 年 3 月 7 日，日本大本营和内阁联席

① 秦孝仪：《战时外交》(三)，第 43 页。

② Warren F. Kimball. *Churhill and Roosevelt, the Complete Correspondence*, Volume Ⅰ, p. 353.

③ [英]丘吉尔著；吴万沈译：《第二次世界大战回忆录》第四卷《命运的关键》，第 167 ~ 168 页。

④ Grace Person Hayes. *The History of the Joint Chiefs of Staff in World War II, the War against Japan*, pp. 126-127.

⑤ 胡德坤：《中日战争史》(修订本)，第 456 ~ 457 页。

⑥ A. Russell Buchanan. *The United States and World War II, Military and Diplomatic Documents*. Hance-Adolf, Smith Jacobsen, Arthur L. Jr. Smith. *World War II, Policy and Strategy, Selected Documents with Commentary*.

会议认为，如果削减中国战场的兵力转而进攻澳大利亚，日本将在整个战略态势上陷于极大的不利。① 由于日本缺乏进攻印度的陆军战略后续部队，日本根本无法攻击印度。这样，美国得以稳住太平洋防线，在较短时间内动员强大战争工业能力，并发挥海上力量的优势扭转战局。特别应该强调的是，中国也为美英“先打败德国”战略付出了巨大的民族牺牲。由于战略限制，中美英合作从事全缅作战的战略计划一再推迟，中国正面战场的战略配置也受到反攻缅甸因素的较大影响。因此，中国一直得不到所需的战略物资，在各反法西斯主要战场中受援也最少。但是，中国在极其困难的条件下一直将日本陆军主力拖在中国大陆，有效地支持了美英“先德后日”战略。

中国也通过各种方式参与了太平洋战场的作战。中国支持美国在中国的重型轰炸机基地，并为基地的保护付出了极大的代价。中国军队第二次远征缅甸的作战则是太平洋反攻的一个组成部分，弥补了西南太平洋反攻链中的薄弱环节。② 中国军民积极援救美国空军飞行员，其中有很多是在太平洋作战的空军人员。中国军民搜救足迹遍布 17 个省市，成功救援美国空军飞行员百余名。③ 正由于如此，从 1941 年美国确立“先德后日”战略开始，美国参谋长联席会议和美英参谋首脑联合会议的主要军事计划中，都将支持中国抗战和“保持中国于战争之中”列入战略条款。1945 年 2 月 9 日，美英联合参谋首脑会议在雅尔塔呈报给罗斯福和丘吉尔的列为军事计划之首的“全面战争概念”中，将支持中国的战争努力和对日作战

---

① ［日］服部卓四郎著；张玉祥等译：《大东亚战争全史》第二册，第 521 页。

② 胡德坤，韩永利：《美国“先德后日”战略目标的完成与中国抗日战场》，载于苑鲁，谢先辉主编：《第二次世界大战与国际亚太合作——中国第二次世界大战史（重庆）学术研讨会论文集》，第 70～83 页。

③ 邓平：《二战期间中国军民救护遇险美国飞行员述论》，转引自苑鲁，谢先辉主编：《第二次世界大战与国际亚太合作——中国第二次世界大战史（重庆）学术研讨会论文集》，第 240～241 页。

基地明确地列在其中。① 1945 年，罗斯福说："我们也忘不了中国人民在七年多的长时间里怎样顶住了日本人的野蛮进攻和在亚洲大陆广大地区牵制住大量敌军。"②

从"先德后日"战略订立到战略的完成，中国都担负了在亚洲大陆抗击牵制日本陆军主力的任务。太平洋战争初期，日本陆军 51 个师团中，有 35 个陷在中国战场上（包含关东军 13 个师团，还不算在缅甸的 5 个师团）。日本只能动用 11 个师团到太平洋配合海军作战。到战争结束时，在中国境内的日本陆海军仍有 186 万余人（包括关东军 75 万余人），占海外日军总数（350 万余人）的近 1/2。③ 日本为太平洋战争计划从亚洲大陆抽调的精锐兵力几乎都是自"满洲国"（中国东北）。到 1944 年夏季为止，从中国东北抽调的兵力达到关东军的 1/2。日本无法从中国关内抽调兵力，④ 中国战场有可能动摇战略牵制地位是在 1944 年中期。而这一危机则由中共在敌后的迅猛发展和积极作战而化解。同时，由于敌后战场的牵制和国民党部分军队的英勇奋战以及成功的缅北作战，中国虽丧失大片国土，但原有的完整战场格局并未变化。正因为如此，到 1945 年 2 月雅尔塔会议时，美国军事当局仍然把中国战场作为未来反攻基地和轰炸基地之一。同时，美国还为了保持中国战场的战略牵制作用，推进与中国共产党解放区的军事联系，加大对国民党援助的力度，这些都是仍然重视中国战场战略地位的表现。

最值得强调的是，中国抗日战争之所以能在国力贫弱的条件下发挥如此巨大的战略作用，是中国全民族在抗日民族统一战线的旗帜下浴血奋战的结果，作为代表时代进步的中国共产党起着中流砥

① A. Russell Buchanan. *The United States and World War II*, *Military and Diplomatic Documents*, pp. 131-132.

② ［美］富兰克林·德·罗斯福著；关在汉编译：《罗斯福选集》，第 480 页。

③ 吴春秋著：《广义大战略》，北京：时事出版社 1995 年版，第 177 页。

④ ［日］服部卓四郎著；易显石等译：《大东亚战争全史》第四册，第 1508 页。

柱的作用。从支持美英战时战略层面讲，中国共产党总揽反法西斯战争全局，始终以宽广的战略视野和胸怀容纳和支持这一战略原则，并以主动牺牲精神付诸中国抗日战争的实践。在美英订立“先德后日”战略时期，中共对于苏美英首先对付德国的战略和行动，在战略投入上对华不会有大幅度增加有着充分的思想准备。1941年4月18日中共中央指出，英德决战的“主要战场，首为地中海一带，继则将移至大西洋……美国在援英名义下亦已进入实际的参战。英美之总方针为先对德后对日”。4月20日，毛泽东谈道：“英美总方针是先对德后对日……”① 6月4日周恩来指出：“太平洋上的冲突迟早不可避免的，但是英美政府主观看来，他们不能听任地中海的失败，而且要用全力来改变目前的局势，所以暂时缓和太平洋上的冲突，也是他们政策的当然逻辑。”②太平洋战争爆发初期，也就是美国被迫对大战略作暂时调整期间，中共从世界全局出发，不仅赞成反法西斯盟国“先击败德国”的战略，同时也深知肩负的历史责任。1941年12月9日，中共中央发出指示：“中国人民与中国共产党对英美的统一战线特别有重大的意义。一方面，在与英美合作之下，消灭日寇是中国民族解放的必要前提；他方面，中国内部团结一致，改革政治军事，积极牵制打击敌人，积极准备战略反攻，又是英美战胜日寇的重要条件。”③12月12日，毛泽东进一步指出：“英美的总方针可能是对日取守，而对德取攻，先集合英美苏力量解决德国，然后集合英美苏中力量解决日本……”④周恩来也分析说：“在世界战局上说，德为主，日、意为辅……如果能速战解决日本，则移西于东，未尝不可使世界反法西斯的战略部署一时改变……这是不可能的，而且也必然会中纳粹诡计，使主战场上遭受难于挽救的损失。”⑤由此，中共中央号召全体军民继续

① 中央档案馆：《中共中央文件集》第十三卷，第78~79，82页。

② 周恩来：《论目前形势》，《解放日报》，1941年6月14日。

③ 中央档案馆：《中共中央文件选集》第十三卷，第251~252页。

④ 中共中央文献研究室：《毛泽东军事文集》第二卷，第672~673页。

⑤ 中共中央文献研究室：《周恩来军事文选》，第二卷，第386~387页。

坚持持久抗战的方针，顶住日军对解放区持续的压力。中国共产党号召“在敌后艰难困苦条件下英勇斗争的全体同志，咬紧牙关，渡过今后两年最困难的斗争，同时准备一切条件……迎接全世界反法西斯的胜利与新的伟大时期的到来”。①

1943 年初，毛泽东再次精辟论述说：“对于中国战场，如果打倒了大头子希特勒，那末二头子日本法西斯也一定被打倒。大后方有一部分人弄不清楚这一点，不赞成先打倒希特勒，这是不对的。现在全世界结成了整个的反法西斯战线，任何国家都不是孤立地作战，所以在决定战略的时候，不应只从一个国家的眼前利益来看，而要看先打败哪一个法西斯国家对于整个反法西斯阵线最为有利。这样来看，就可以知道，打倒了希特勒，解决日本便会是很顺利的了。”② 7 月 2 日，中共中央在《为抗战六周年发表宣言》中认为，在反法西斯同盟国方面，现在是处在空前有利的形势中，这就是：“第一，苏、英、美三国的团结，由于苏联在斯大林格勒与英美在北非的第一个有计划的联合作战，而更加巩固了，法西斯侵略国想用和平诡计离间苏、英、美团结的企图已经完全失败。这是在整个反法西斯战争中最具有历史意义与最值得庆幸的。第二，苏、英、美战胜德、意法西斯的决战，将在今后一年中展开起来……第三，苏、英、美团结的巩固与对德、意法西斯决战的实现，将不但是德、意法西斯的失败，也是日本法西斯的失败……第四，太平洋上的形势，也因美国力量的增强，英、美联军的几次作战胜利与中国的坚持作战，而转变为对同盟国有利，对日本法西斯不利。”③中国共产党的领袖们站在世界反法西斯战略全局的高度，审视全球反攻阶段的形势和中国抗战的职责，坚决支持苏美英盟国首先对德决战，支持美英在欧洲开辟第二战场。1943 年 10 月 5 日，毛泽东指出：“世界反法西斯战争问题的枢纽在欧洲；欧洲问题解决，就决定了世界法西斯和反法西斯两大阵线的命运。日本帝国主义者已感

① 中央档案馆：《中共中央文件集》第十三卷，第 262 ~ 265 页。
② 中共中央文献研究室：《毛泽东文集》第三卷，第 29 页。
③ 中共中央文献研究室：《毛泽东文集》第三卷，第 36 ~ 37 页。

到走投无路，它的政策也只能是集中一切力量准备作最后挣扎。”①1944年6月12日，毛泽东在接见中外记者西北参观团时指出：“(欧洲)第二战场的开辟，其影响不仅在欧洲，而且将及于太平洋与中国。中国要前进，世界要前进，我们必须取得最后胜利。第二战场的开辟，是经过长期发展的结果，是经过莫斯科、德黑兰会议发展而来的，在这些会议上决定了从东、西、南三面打击敌人……全中国所有抗战的人们，应该集中目标，努力工作，配合欧洲的决战，打倒日本军阀。现在时机是很好的。”②

中国共产党的战略视野和胸怀，以及艰苦卓绝的抗战实践，引导着中国抗日战争的发展方向。中国共产党领导下的敌后战场在无比艰难的条件下依靠广大人民群众坚持作战并得到迅猛发展，在中国抗战进入相持阶段之后吸引和承受了日本战略进攻的重压，在日本“1号作战”中牢牢掌握限制日本持续进攻的战略后方，有效地支持了正面战场的防御战线及其作战，维护了中国战场的稳定性及战略格局，由此奠定了中国战场在世界反法西斯战争中的战略地位，这是贫弱的中国在“二战”中创造奇迹的奥秘。

从世界反法西斯战争全局看，自中国抗日战争开始形成东方反法西斯唯一战场到后来的重要战场，没有中国在战争中承受的巨大民族牺牲，没有中国战场的坚持，美英“先德后日”战略的成功几乎是不可能的，世界反法西斯战争胜利进程也会延缓。中国作为反法西斯大国中最为贫弱的国家，在“先德后日”战略限制之下受援状况简直不能与英国和苏联甚至法国抵抗力量相比，同时还得配合支持太平洋战场。这种战略贡献如果没有中华民族的精神和智慧是不可能实现的。因此，战时中美英军事支持和援助是相互的。在反法西斯战争的整体战略结构中，中美英相互间的支持与合作各有特点与优势。正是通过互补与互利，包括中美英在内的反法西斯联盟获取了合作共赢的结果。

---

① 中共中央文献编辑委员会：《毛泽东选集》第三卷，第914页。

② 中央档案馆：《中共中央文件选集》第十四卷，第253页。

三、中国抗战确立了中美英战时战略关系

东亚抗日战争的胜利，是与中美英之间的战略合作分不开的，而这一战略合作，奠基于中美英战时相对平等关系之上。中美英战时战略关系的建立，完全是由于有了中国抗日战争的推动。在近百年的中外关系中，中国都是帝国主义列强争夺的场所，谈不上平等的中外关系，更谈不上战略关系的相互影响。可以说，没有中国抗日战争，就没有中国的战时战略地位，就没有赢得战争胜利的中美英战略互动关系，中国抗战将民族解放战争与中外关系历史性改变有机地结合起来。

自中国于1842年中英订立《南京条约》开始，就受着西方列强强加于中国的不平等条约的束缚。第一次世界大战后，帝国主义列强共同支配下的中国半殖民地地位并没有真正改变。中国抗日战争的进展则将中外关系的改变推进到一个新的历史时期。1937年7月15日，中国共产党在《中共中央为公布国共合作宣言》阐述的抗战目标是："争取中华民族之独立自由与解放，首先须切实地迅速地准备与发动民族革命抗战，以收复失地和恢复领土主权之完整。"①1938年4月1日，中国国民党召开临时全国代表大会通过《抗战建国纲领》，其总纲第一条规定，"确定三民主义暨总理(孙中山——本书著者)遗教，为一般抗战行动及建国之最高准绳"。对外求得中国民族之独立解放……②

美英的一些有识之士看到了中国抗日战争对美英本身利益和安全的价值，同时，也认识到中国抗日战争胜利的前途将与美英固守对华不平等条约之间的矛盾，因此，提出废除对华不平等条约的建议。1938年，英国驻华大使卡尔主张应该给予中国财政援助，支持中国抗战以维护英国远东地位，提出"中国的胜利将会带来治外法权的废除和我们与这个国家关系的彻底重建。但我感到，不管怎

① 《周恩来选集》上卷，第76~77页。

② 苗建寅主编：《中国国民党史》，西安：西安交通大学出版社1990年版，第319页。

么说，这些事是早就该做的，一个不再受任何掠夺性强国剥削的强大的独立的中国将为远东前途提供最有建设性的前景”。① 同时，日本也在中外不平等条约上做文章，再加上日本占领区西方国家特权实际上的丧失，特别是不能无视中国抗日战争的现实以及援华制日的构想，都开始促使美英等国思考恢复修约谈判，在政治上争取对华政策上的主动。1939年1月14日，英国驻日大使克莱琪表示：“和平恢复时，英国政府准备和一个独立的中国政府讨论这一问题和其他类似的问题。”1940年4月10日，燕京大学校长司徒雷登向罗斯福总统建议，未来的条约讨论应该“包括一些诸如犯有时代错误的在华外国权利（领事裁判权、租借等）。其特大好处是将能淡化日本人对整个问题的处理”。② 但是，由于美英此时仍然主要是从维护自身在华权益作想，因此，在废约问题上不会有大的进展，中国在这一方面的努力也仍然得不到实际的效果。

1940年春夏法国败降后，国际形势发生了深刻的变化，欧亚法西斯利用欧洲发生的有利于自己的形势，加快了获得全球霸权目标的侵略步伐。由于西北欧全部落入希特勒德国之手，英国困守英伦三岛，美洲安全受到威胁问题不再是遥远的事情。在东亚，日本利用欧洲殖民宗主国的失败，加快了南进的步伐，不仅美英在太平洋方面的传统势力范围受到染指，而且美英自身国家安全也受到东西方法西斯的威胁。正由于如此，中国抗日战争对于美英来说，就不能只从自身在华权益维护方面来考虑，而必须与其在战争中的胜败存亡联系起来。这样，中国抗日战争的战略意义就不仅仅是民族的，而是世界的。这种形势巨变，促使美英在对华关系上在更加广阔的领域内进行重新思考，这对长期悬而未决的废约问题来说，无疑是一个重大的转换。1940年7月18日，英国首相丘吉尔表示：“当远东和平恢复之后，英国政府准备与中国政府谈判废除治外法

① 章伯锋，庄建平：《抗日战争》第四卷《外交》（上），第691～692页。

② 吴孟雪：《美国在华领事裁判权史》，北京：社会科学文献出版社1992年版，第231页。（后文引述该书，仅出注作者及书名、卷数、页码）

权，放弃租界，在互惠与平等的基础上谈判修改条约。"①19 日，美国代理国务卿韦尔斯也表示："美国政府传统的和已宣布的政策以及愿望是，在条件许可的任何时间内，通过与中国政府进行有序的谈判与协商，加快取消美国和其他国家根据国际协定获取的在华领事裁判权和所有其他所谓'特权'。"②鉴于法国败降后国际力量格局的重大变化，美国对外政策的思路开始发生转变，在对华政策上也鉴于中国抗战的地位向积极方面转化。7 月 19 日，美国国务卿赫尔发表声明，美国将放弃在华治外法权，表示美国将"遵循法律程序迅即与中国进行谈判，订立协议，只要条件许可，将可向放弃美国和其他国家通过各种国际协议拥有的在华治外法权和全部所谓的'特殊权利'方向迈进"。③

1941 年 4 月 29 日，中国驻英大使郭泰祺奉命与美国商谈废除治外法权及其他有关权益问题。4 月 29 日，郭泰祺报告中国国防最高委员会秘书长王宠惠，赫尔答称，改订基于平等互惠原则新约问题，与其所主张的国际政策与经济政策的基本原则相同，表示同情并转告罗斯福总统。5 月 25 日，郭泰祺和美国国务卿赫尔在华盛顿进行非正式换文，美方同意废除治外法权及其他有关在华特权。正式谈判留待和平状况恢复之后商谈。1941 年 5 月 31 日，(罗斯福宣布租借法案适合于中国)美国国务卿赫尔致电中国外交部长郭泰祺："美国政府将继续采取步骤，以回应中国调整其在国际关系中不正常状态的愿望，美国期望在和平条件再次具备之后，尽快与中国通过正常的谈判程序并达成协议，以实现放弃美国和其他国家通过各项条约在中国所拥有的具有特殊性质的一些最后的权利，及治外法权和相关的惯例。"④6 月 11 日，英国政府外交次长白特勒发表声明，表示英国准备在将来和平恢复后，放弃在华治外

① 1941 年 6 月 11 日英国外相艾登重申丘吉尔的这一声明，并在同年 7 月 4 日通知中国政府。Sir Llewellyn Woodward. *British Foreign Policy in the Second World War*, Volume IV, p. 501 页.

② *FRUS*, *Japan*: *1931-1941*, Volume Ⅰ, pp. 927-930.

③ *FRUS*, *Japan*: *1931-1941*, Volume Ⅰ, p. 927.

④ *FRUS*, *Japan*: *1931-1941*, Volume Ⅰ, pp. 929-930.

法权并解决有关问题。7月4日，英国命驻华大使卡尔照会中国外交部，正式表示"俟远东和平恢复时，英国政府愿与中国政府商讨取消治外法权，交还租界，并根据平等互惠原则，修改条约"。① 可见，尽管美英在废约问题上在这一时期没有实质性的动作，但为在法理上废除中外不平等条约奠定了基础，这种进展是与中国抗日战争紧密联系在一起的。同时应该看到的是，美英尽管有了上述的明确的表示，但是其基本意向是等待战争结束之后再作处理，在时间上仍然留有余地。

太平洋战争爆发后，中国促使美英在废除对华不平等条约问题上进入到新的阶段。1941年12月9日，中国政府在对日、对德意宣战文中宣布："所有一切条约、协定、合同，所有涉及中、日间之关系者一律废止。""所有一切条约、协定、合同，有涉及中、德或中、意间之关系者，一律废止。"②这同时也表示了中国废除中外不平等条约的决心。太平洋战争的爆发标志着反法西斯战争发展到全球规模，中国无疑是反法西斯阵线的主要一员，中国战场也是反法西斯战争战场格局中的主要战场之一，中国国际地位不容置疑。中国战场对日本陆军主力牵制打击对各大战场的重要意义，都使中国的战时国际地位空前提高。

美英在太平洋战争初期的失利中更加深刻地认识了中国抗战的战略地位，挽救太平洋危机，中国战场是不可缺少的一环，中美英战略互动关系更加明晰。1941年12月8日，丘吉尔给蒋介石电讯说："大英帝国和美国已经受到日本的进攻，我们一直是朋友，现在我们面临一个共同的敌人。"12月9日罗斯福给蒋介石的电文说："中国在进行四年半反对掠夺成性的邻国武装侵略的英勇抗战中，已经意识到我国在原则上和实践中的同情……我国能与你和你领导的国家联合起来，引以为荣。"③ 12月16日，罗斯福复电蒋介石：

① 秦孝仪：《战时外交》(三)，第696，707~708页。

② 章伯锋，庄建平：《抗日战争》第四卷《外交》(下)，第1038~1039页。

③ 章伯锋，庄建平：《抗日战争》第四卷《外交》(下)，第1039~1040页。

“立即发动步骤，准备一致行动以御共同敌人，应视为异常重要之举。”并建议由蒋介石在重庆召集联合军事会议。① 丘吉尔在1941年12月20日提出的《作战计划和以后战事的演变》中也预见：“日本的资源是一种消耗性的因素，由于在中国进行的消耗巨大的战争，这个国家已经长期处于过度紧张状态中。”②12月23日，由中英美三国举行的著名的“东亚军事会议”在重庆召开，正式结成中美英军事同盟。美英首脑的评价是中国在反法西斯大同盟中作为领衔国家的坚实基础。

中国抗战的战略地位是中国国际地位上升的基础，推进了中美英之间废除不平等条约的进程。第一，1942年1月1日，中、美、英、苏等26国在华盛顿签订反侵略共同宣言，中、美、英之间由于共同的反法西斯目标，由战前国际地位不同向战争中的盟友关系跨越。第二，太平洋战争爆发初期，由于美英在太平洋防御战中遭到惨败，日本的侵略危及反法西斯战争整体战略形势，中国战场成为挽救盟国危机的关键性因素之一，也是反法西斯全球战争战略实施的关键性因素之一。第三，日本在中国占领区内不仅独占了租界和司法管辖权，全面摧毁了美英“特权”，同时，还利用要与汪伪政权签订“平等”条约离间中美英之间的战略关系。正因为如此，改变不平等关系，作为平等盟国并肩作战，是中国再度争取、也是美英必须考虑，而且要尽快见诸行动的重要问题。

1942年3月，美国开始对废除治外法权的谈判程序准备，按3月19日美国远东司官员备忘录的说法，最近的美国与中国提出废约问题是1941年5月31日赫尔给中国外长郭泰祺电文中提及的。在太平洋战争初期的状况下，美国远东司有的官员的看法是，此时废除在华治外法权美国的损失将大于所得，应该等到战争结束后修正条约更为智慧。美国远东司司长汉密尔顿则是从中国抗战战略地位考虑，主张立即告知中国政府在和平取得时开始废除条约的谈

① 秦孝仪：《战时外交》（三），第66页。

② ［英］丘吉尔著；吴万沈译：《第二次世界大战回忆录》第三卷《伟大的同盟》，第642页。

判，并提出废约谈判的原则，也告知英方。美国与英国开始商谈这一问题。英国则认为废约问题至少应该在战争发生转折之后进行。3月27日，汉密尔顿在备忘录中提出："我国愈来愈明显地感到，当前的战争是一场人民战争，美国和联合国家不仅为保存自身而战，而且为人类权利与尊严以及为取得超过以往的一般的政治、经济与社会制度方面平等而战。美国人民认为治外法权以及其他相关的权利是与时代不合已经有些年了，这种与时代不合的东西，和我们正在为之而战的越来越深入人心的概念形成强烈的反差。因此，放弃治外法权及其他特殊权利，符合联合国家的战争目的，并是这种目的的体现。"结论是："美国政府此刻主动采取行动，与中国协商缔结一个新的标准条约，内容着重于美国将放弃其国民在华享有的治外法权和其他相关特权。"①3月28日，英国外交部在经过多次研究之后认为，最好在战争发生转折之时与中国进行谈判，否则中国此时会认为是英国虚弱的表现。② 英国显然有着进一步的考虑，希望在中英谈判中占据主动，在它所不愿意放弃的香港问题上得到交换。4月至10月，美国和英国之间外交接触中的一个主要议题，就是放弃对华不平等条约的问题。4月23日，宋美龄在《纽约时报》上撰文《如是我观》，谴责了外国在华领事裁判权等特权，并呼吁有关各国尽早废除，在美国舆论界引起强烈反响。4月25日，英国大使馆致美国国务院备忘录中提到："英国政府和美国政府以声明将在远东恢复和平时商谈放弃治外法权……如果中国政府自己在此时提出此问题，则情况当然不同，而英国政府当然要作出同情的表示。"4月25日，英国大使馆在给美国国务院的备忘录中也表示赞成放弃在华"治外法权"的态度。但是，英国要求和美方一起不在这一问题上采取主动行动。③

---

① 章伯锋，庄建平：《抗日战争》第四卷《外交》(下)，第1250页。

② Sir Llewellyn Woodward. *British Foreign Policy in the Second World War*, Volume IV, pp. 501-502.

③ 章伯锋，庄建平：《抗日战争》第四卷《外交》(下)，第1256～1257页。

由于日本在太平洋进攻的胜利，特别是进一步占领了缅甸，危及英国的殖民地印度，美英在太平洋方面的形势危急，中国抗日战争的坚持对于整个太平洋防御底线的意义更加突出，也影响到世界反法西斯战争的整体战略形势。因此，作为政治上支持中国坚持抗战，牵制住日本陆军主力于中国的一部分，废除对华不平等条约就成为维护中美英战略联盟关系的重要因素。1942 年 8 月 17 日，美国参议员、参院外委会委员托马斯发表演讲，要求立刻放弃在华领事裁判权，并说："作为一种战时措施，美、英应向中国表示，他们将放弃其领事裁判权……当日本突袭我们时，中国人像英国人一样站在我们一边，而且，所有的领事裁判权目前在中国实际上已不复存在。我想不出为什么我们要等到和平之后，才和中国谈判一份领事裁判权条约……放弃我们权利的最好时机，莫过于 1942 年 8 月 29 日——鸦片战争条约强加后的第 100 周年。"8 月 27 日，赫尔致电美驻英大使怀南特转告英方，美国政府遇到来自公众舆论方面的强大压力，希望政府采取行动废除外国在华治外法权与相关权益。因此，中国政府关于废除条约的任何请求都将得到美国强烈的支持。虽然目前不是完全成熟的时机，但是也很难说最近的将来是否有合适的机会来处理这一问题。因此，美国考虑不仅应关注时机是否便利，而且应该考虑对于有关方在采取最有影响与最有利的方式来决定应该采取的行动。鉴于远东形势，与中国谈判废约有利于中国的战争努力。① 同时将新约草案交英方征求意见。9 月 1 日，怀南特复电赫尔，说英方的看法与美方是一致的。英国的立场一直是"治外法权已永远成为过去"。② 9 月 8 日，英国复照表示同意美国的意见。③ 9 月底，美国共和党领袖威尔基访问中国，也提到要废除在华不平等条约。

10 月初，蒋介石电令在美国的外交部长宋子文对美交涉，希望美国先行自动放弃对华不平等条约。其后又让陈布雷发表新闻

---

① *FRUS*, *1942*, *China*, pp. 282-286.

② 章伯锋，庄建平：《抗日战争》第四卷《外交》（下），第 1260 页。

③ 吴孟雪：《美国在华领事裁判权史》，第 244-245 页。

稿，敦促美国废约。中国新任驻美大使魏道明也加紧敦促谈判，英国也得知中美之间即将就终止治外法权问题达成协议。① 10月6日，美国驻英大使致电赫尔，英国全心全意同意美国提出的废约主张。艾登并提出在10月10日公布这一消息。10月8日，美国驻英大使电告英国关于废约声明全文。10月9日，美国副国务卿韦尔斯向中国驻美大使魏道明宣读美国关于废除在华治外法权的声明，并表示美国从1931年就提出了废约谈判的问题。② 10月10日，美英政府分别发表声明，宣布准备立即与中国政府谈判，缔结一个放弃两国在华治外法权，即解决有关问题的条约。美国政府希望在近期内完成上述问题的草约，提交中国政府考虑。美国还通报了美英交换意见，英方具有同美方相同意见的信息。③

美英公开声明废除对华不平等条约，标志着近代以来中国追求完全民族独立主权的斗争推进到了新的高度。10月16日，罗斯福致电蒋介石，称废约之事是美国政府早就想实行之事，也在函中提及了废约与中国抗战的关系，"吾等甚慕中国在亚洲为自由而给予侵略者以有效之打击，吾人并全信中、美二国联合其他盟军，将向全面胜利之途共同迈进也"。④ 10月24日，中美关于签订新约的谈判开始。日本为了巩固自己在中国的占领地位，试图抢先"废除"在华不平等条约，以占取对美英政治上的优势，这也从反面促使了中国在对英、对美谈判废约的力度。美英也不愿因此处于被动地位，特别是在仍然需要中国战略支持之时。11月13日，中国向英方表示，中国没有提出香港问题，但是1898年中英订立的九龙租借协定应该包含在废除的条约之中。12月5日，艾登表示不准备考虑将九龙租借协定包含在现行废止的条约之中，因为在这里不存在治外法权问题。这是英国领土的延伸，与在中国的租借地是不

① Sir Llewellyn Woodward. *British Foreign Policy in the Second World War*, Volume Ⅳ, pp. 510-511.

② *FRUS*, *1942*, *China*, pp. 302-307.

③ 秦孝仪：《战时外交》(三)，第712~713页。

④ 秦孝仪：《战时外交》(三)，第715页。

同类型的问题，英国已经在中国的租借地放弃了特权。①

1943年2月11日，美国参议院通过国务院1月11日与中国的换文，5月20日生效，罗斯福5月24日批准美中关于废除在华治外法权与此相关联的条款。同时赫尔也认为，敌对方批评美英在华治外法权也是促使尽早废约谈判的重要原因，不必等到与中国订立新约的时候。② 4月至5月，中美双方也多次就朝鲜及东南亚被日本占领的国家与地区的战后归属问题交换看法。中国坚持朝鲜及东南亚国家的独立。③

上述证明，中国抗日战争的战时战略地位，是推动美英"废约"的关键所在。在反法西斯战争进行之中，特别是在美英致力于"先打败德国"的战略实施中，中国作为东方战线中牵制日本陆军主力的战略地位始终没有动摇。中国从法理层面完成了近代以来中外不平等关系的一大跨越，并为彻底独立解放奠定了坚实的基础。不平等条约的废除是中国抗日战争的重大成果之一，是中国长期争取民族独立解放斗争的逻辑结果。

中国抗日战争促使中国战时国际地位发生了历史性的改变。依据在反法西斯战争所作的贡献以及在战争中的实际战略地位，中国不仅赢得了世界人民和各大国的尊敬，而且也获得了战时大国的实际地位。

早在1942年8月，罗斯福与美国国务院在战后国际组织的考虑中就主张将中国列为维护国际安全的四强，也就是由中美英苏组成"最高理事会"。尽管英国认为中国的实力无法与美英苏相比，但根据美国的态度，英国外交部10月5日拟就题为《四强计划》(Four Power Plan)的备忘录送交丘吉尔。英国外相艾登开始也同意将中国列为四强之一。11月8日，艾登认为，英国必须在与美国、苏联和中国合作的基础上进行工作。英国战时内阁暂时没有对"四

① Sir Llewellyn Woodward. *British Foreign Policy in the Second World War*, Volume Ⅳ, pp. 512-513.

② *FRUS*, *1943*, *China*, p. 690.

③ *FRUS*, *1943*, *China*, p. 893.

强问题”表态。1943年1月16日，艾登综合外交部等方面的意见拟就修正文件，题目是《联合国计划》，其中主张，“联合国的领导为美英苏。考虑到美国的态度，中国也应该包括在强国之中，尽管从各方面情况看，她在很长时间还只是在名义上的强国”。英国将“四强概念放置于联合国草案之中，作为英国战时与战后外交政策的现实基础”。① 可见，英国在中国大国地位问题上尽管有保留，但还是开始接受美国意见，并在其计划中明确界定了四强概念。

中国抗战的战略价值是中国获得战时大国地位的客观条件。可以说，对于中国的大国地位问题，因为涉及战后世界安排，英国和苏联都作出过不同意的表态，认为中国的国家实力不能与美英苏三大国相比。但是，他们都不得不承认一个基本事实，就是中国在战争中的实际战略地位。在1943年5月的“三叉戟”会议上，英国向美国明确表示，不同意把中国作为大国对待，但是也不得不承认，将中国列为战时强国的行列，“对战争是必需的”。② 9月3日，赫尔告知宋子文：“总统所云世界性组织，数日内将以书面交文，希望不久成立。”③因为此时在英美苏将主要注意力集中在打击德国的时候，没有中国的战略支持不行。而英国在远东印度方面的防卫，美国在太平洋上的有限进攻，更是离不开中国对日本的牵制和打击。美国还希望中国在没有重大战略物资投入和支持、没有南缅重大战略配合的情况下，支持开辟北缅战役，以支持太平洋战场和美国全球战略的实施。

1943年10月，在苏美英外长会议期间，美国国务卿赫尔就是以此说服英苏的。莫斯科会议讨论战时和战后问题，发表《中、苏、英、美关于普遍安全的宣言》(《四国宣言》)(Four Power Declaration)是核心内容，表明联合国家的战时团结，对战后和平

---

① Sir Llewellyn Woodward. *British Foreign Policy in the Second World War*, Volume. V, pp. 2-3, 8-10, 12-13.

② Maurice Matloff. *Strategic Planning for Coalition Warfare, 1943-1944*, p. 139.

③ 吴景平，郭岱君：《宋子文驻美期间电报选(1940—1943)》，第213页。

和国际安全的基本考虑。《宣言》的意义更在于鼓舞世界人民的反法西斯斗争，昭示国际社会光明远景。关于中国是否继联合国家宣言之后继续领衔莫斯科宣言的问题，10月10日，霍恩贝克在备忘录中认为，四国领衔发布宣言比三国领衔要好。① 美国国务卿赫尔在10月21日苏美英三国外长会议上以及在会议间歇期间与莫洛托夫的交谈中，谈了美国对中国作为四强之一的理由，归纳起来是：第一，四强宣言"将中国包括在内是最重要的，因为宣言完全遵照和延续联合国家宣言的原则路线，即联合所有国家从事反法西斯战争。如果我们现在抛弃联合国家事业的这一精神、特征和签字，就会造成观点的分裂从而导致混乱，因为在战争中无论是与我们全面或部分合作的每一个国家，都同样赞赏上述普遍原则"。第二，考虑参战国的心理状态是重要的。"如果一个正在和已经在战争中作出了重大贡献的大国被排除在(四强宣言)之外，将对联合国家的团结产生最为有害的心理影响"。第三，"在战争的运行中，中国已经作为四强之一。如果在四强协议问题上被苏英美排除，将会在太平洋地区引起最为可怕的政治军事反响，极有可能导致我(美)国政府在维持太平洋政治与军事形势方面进行全面的重新评估。英国也将受到同样的影响，将关注点转到太平洋方面"。② 赫尔的看法显然是建立在中国在反法西斯战争中已经具有的世界性战略地位基础之上的，是美国从战略层面思考中国的客观表述。也就是说，中国的大国地位并不是他人的施舍，而是中国人民在极端艰难的条件下运用民族智慧与奋斗精神建立的。也正是由于苏联和英国此时不可能忽略中国战场对其自身的战略意义，因此，《四国宣言》最终得以签署。

中国第二次与美英苏一起作为战时大国签署有关世界事务的宣言，提高了中国的国际地位，也为后来成为联合国安理会常任理事国奠定了基础。11月3日，蒋介石致电罗斯福说："此一宣言不仅将加强我四国间之合作，已达成吾人之共同信念，同时亦将给予全

① *FRUS*, *1943*, *China*, pp. 821-822.

② *FRUS*, *1943*, *China*, pp. 824-826.

世界爱好和平人士，一项建立国际和平，及全面安全之保证；因而即行构成对未来世界一项史无前例之贡献。”①罗斯福在致蒋介石的电文中说：“宣言已给予保证，在战争中之密切合作，将可成为有效持久和平之合作……当前吾人重要责任，乃击败侵略者。瞻望前程，缔结永久和平之各项重要工作，责任甚重。”②

在1943年11月的中美英开罗会议上，中美英三大国讨论了战时对日作战与战后对日处置问题，日本非法占领领土的处理问题，战后东亚国际关系主要问题等。蒋介石与罗斯福和丘吉尔还就建立战后有力的国际和平机构问题分别交换意见，一致希望将莫斯科《四国宣言》早日具体化。会议中罗斯福对蒋介石进一步表示，中国应该具有四大国之一的地位，应该平等参与四大国机制与决定。蒋介石表示，中国很高兴参加全部四大国机制与决定。关于日本是否废除日本天皇制的问题，蒋介石认为这包括选择何种政府形式的问题，应该留给日本人民自己在战后决定。关于领土恢复问题，蒋介石与罗斯福同意，东北四省、台湾、澎湖列岛这些日本从中国强行夺走的领土在战后归还给中国，辽东半岛与其两个港口旅顺和大连包括其中。蒋介石强调朝鲜独立是必要的，中美应该努力促使印度支那战后的独立，恢复泰国的独立地位，罗斯福同意。③ 12月1日的中美英《开罗宣言》(Cairo Declaration)庄严宣布，中美英“三大盟国正在战争中以战斗抑制和惩处日本的侵略。它们无意于谋求私利，没有领土扩张的意图。它们的目的是，日本必须被剥夺自1914年第一次世界大战以来在太平洋地区非法掠取和占有的岛屿；

---

① 章伯锋，庄建平：《抗日战争》第四卷《外交》(下)，第1151页。

② 章伯锋，庄建平：《抗日战争》第四卷《外交》(下)，第1152页。

③ *FRUS* 编辑者在注释中的说明：1943年11月23日晚8时，罗斯福与蒋介石举行晚餐会，没有发现美国官方记录。中方当时在会议上有中文记录，1956年FRUS将翻译为英文的中方记录收录于该卷。按照罗斯福的儿子埃利奥特·罗斯福的叙述，会谈涉及了中国摘要记录中没有提到的讨论问题有：在中国组建联合政府；英国在上海与广东的权利；美国比英国提供更多的战舰在未来作战中以中国港口为使用基地；未来马来亚湾、缅甸和印度的地位等。*FRUS*, *The Conference of Cairo and Teheran, 1943*, pp. 322-325.

日本从中国所窃取的全部领土，如‘满洲’、台湾和澎湖列岛，必须全部归还给中国；日本也将被驱逐出它通过暴力和贪欲侵占的其他全部领土”。① 由于《开罗宣言》还涉及除中国外的日本非法所占全部领土的归属问题，因此开罗会议与宣言的意义就不仅限于中国自身主权的恢复。

中国的战时表现同样提升了中国参与维护战后和平等国际事务准备中的地位。罗斯福在1943年11月德黑兰会议期间就提出“四警察”理论，主张由美英苏中四大国作为“四警察”维护战后国际安全，限制德国与日本再次成为战争因素。11月29日德黑兰会议中，罗斯福与斯大林会谈提到建立国际组织问题中的第三个组织，即维护国际安全组织的构想。这一组织将有权立即处理任何威胁和平和突发紧急事态。罗斯福提出，在联合国家基础上建立战后维护和平的国际组织问题。这一组织包括联合国家的35个成员，执行委员会包括苏联、美国、英国和中国，补充两个欧洲国家、一个南美国家、一个近东国家、一个远东国家、一个英联邦国家。执行委员会将处理全部非军事问题，如农业、食品、健康、经济问题。而第三个国际组织就是罗斯福所描述的“四警察”——苏联、美国、英国和中国。这一组织将有权迅即处理威胁和平与任何突发的需要这一组织采取行动的事件。② 罗斯福认为，作为拥有4亿人口及其未来的发展趋势的中国理应作为四强对待，应与其保持友好的关系。主张中国作为维护战后世界安全的“四警察”之一。③ 12月1日，罗斯福与斯大林在会谈中再次提到“四警察”问题，解释这是

① A. Russell Buchanan. *The United States and World War Ⅱ*, *Military and Diplomatic Documents*, p. 95.

② 罗斯福继续谈到，在1935年，意大利进攻埃塞俄比亚的时候，只有存在的国际联盟唯一机制。他曾私下请求法国关闭苏伊士运河，但是它们坚持提交给国际联盟，国际联盟经过争论后毫无结果。意大利军队通过苏伊士运河摧毁了埃塞俄比亚。罗斯福提出，如果有一个在他心目中存在的四警察机制，它将可能关闭苏伊士运河。*FRUS*, *1943*, *The Conference of Cairo and Teheran*, pp. 530-531.

③ *FRUS*, *1943*, *The Conferences at Cairo and Tehran*, pp. 532-533.

他的初步想法，需要进行研究。①

罗斯福对中国在战后国际安全问题上作用问题的想法，显然是基于中国在反法西斯战争中的现实地位。1944 年 3 月 10 日，美国国务院远东司办公室执行主任在给国务卿的备忘录中，分析了影响亚洲与相邻地区的政策因素，主要观点就是，战后欧洲不再是远东和太平洋区域的“庇护者”，一个明显的趋势预示着西方政治控制在东南亚和相邻岛屿的瓦解。美国对这些地区的政策将寻求两个基本目标：(1)维持安全和稳定；(2)构建一个条件，在这个条件之下太平洋地区权力调整(苏联和中国的作用将越来越显著)，这可能有利于美国自己的政治和经济利益。② 苏联在德国战败后出兵对日作战问题上，同样不能忽略中国的支持，6 月 30 日，赫尔致电美国驻华大使高斯转告中国政府，斯大林及苏联政府表示了在战后四强问题上支持中国的立场，希望中国不要听信苏日会达成谅解的传闻。③

1944 年 6 月，美英等国诺曼底登陆开辟欧洲第二战场之后，中、美、英、苏四国间就华盛顿会议准备问题，不断交换意见。1944 年 6 月 5 日，蒋介石在给罗斯福的电文中说，中国一直就主张早日建立维护世界和平的国际组织，如果可能在战争结束前就建立，很高兴罗斯福领头支持了这一观点，也感谢罗斯福与赫尔坚持中国必须出席会议，没有亚洲人民的参与，会议将对人类的半数毫无意义。④ 中国政府拟定了提交会议的文件《关于国际安全和平组织问题之主张(要点)》，其中阐发了中国对联合国建立的原则，大体部分是：基本政策；设立程序；组织原则。特别是意见中有“不主张美、英、苏、中四国享有过大之特权”，表明中国同情和代表弱小国家的基本态度。⑤ 7 月 24 日，中国代表草拟了中国对国际

① *FRUS*, *1943*, *The Conference of Cairo and Teheran*, p. 595.

② *FRUS*, *1944*, Volume Ⅵ, *China*, p. 33.

③ *FRUS*, *1944*, Volume Ⅵ, *China*, p. 111.

④ *FRUS*, *1944*, Volume Ⅵ, *China*, p. 94.

⑤ 章伯锋，庄建平：《抗日战争》第四卷《外交》(下)，第 1157 ~ 1158 页。

组织的基本态度和对重要问题的立场，提出，“凡美、英、苏在世界和平机构中所参与之事项，我国应以平等地位同样参与”。对战后国际组织及国际政治经济秩序等重要问题也提出了中方的观点，包括“一切国际争议应用和平方法解决”；“承认种族平等”；“何为侵略，应有明确详细之规定；如何应用制裁，亦应有具体之规定”等16条意见。①

在敦巴顿橡树园会议和旧金山制宪会议上，中国代表团起到了应有的作用。中国的身份既是大国又是弱国(半殖民地)，因此中国在许多情况下起到了弱小国家代表的作用。顾维钧回忆说，“中国在外交事务中一向十分重视”“得到小国的同情”。中国代表团在敦巴顿橡树园会议第一阶段提交给美英代表团的草案以及在第二阶段提出的补充建议都是这样。如，保障会员国的政治独立及领土完整，反对外来侵犯，依正义和国际法原则用和平手段解决争端，等等。在英国的提案中，就不主张保障会员国的政治独立及领土完整，也不主张规定侵略的定义及对侵略实行制裁的条件。旧金山会议上，中国代表团主持公道，坚持正义。如关于托管制度，美国提出的结合托管制度建立战略地区的方案，将所有战略地区都置于安理会控制之下。小国代表虽认为托管制度的基本构想是令人向往的，但认为托管领土应能向自治和独立的方向发展。中国代表团支持了小国的意见，坚持托管制度的目标应是“争取独立”，托管领土应“根据各自的特殊状况和当地人民的意愿朝着独立或者建立自治政府的方向发展”。中国的提议遭到法、英、美、澳等国代表的反对。为谋求一个折中方案，美国代表到中国代表团驻地进行私下洽商，建议在托管理事会给中国一个永久性席位，而中国则将其意见与其他大国一致起来。中国代表坦率表示，中国并不想在这一问题上为自己谋取任何特殊好处，也没有什么特殊利益可图，但中国政府衷心希望把民族独立包括在联合国的基本目标之中。②

---

① 章伯锋，庄建平：《抗日战争》第四卷《外交》(下)，第1156~1157页。

② 中国社会科学院近代史研究所译：《顾维钧回忆录》第5分册，北京：中华书局1987年版，第526~527，530~531页。

中国的这些意见既是对第二次世界大战经验教训的历史总结，也是对战后国际组织对世界和平和国际关系的良性运转责任的严肃思考。8月中旬，中国派顾维钧等出席华盛顿会议，“详示我方基本态度与对重要问题之立场”。在9月中旬的第二次魁北克会议上，顾维钧为中国在联合国中的世界第四大国的地位作出了努力，并促使联合国宪章写进了“依正义及国际法之原则”解决国际争端这一提法。① 10月9日，中、美、英、苏四国同时公布会议所拟定战后国际组织——联合国计划。

1945年2月初，美、英、苏三巨头在雅尔塔会议上，决定同年4月25日在旧金山召开联合国大会，根据顿巴敦橡树园会议所建议的方案，制定联合国宪章，由中、美、英、苏四强为邀请国，于3月5日向46个国家发出请柬。4月25日，联合国大会举行，6月25日，50国代表在《联合国宪章》上签字，中国代表顾维钧为第一个签字人。中国作为创始国之一载入联合国宪章。② 8月11日，中、苏、美、英作为反法西斯联盟四大国，完成了反法西斯战争中最后具有历史性意义的使命，即联合对日本接受《波茨坦公告》的乞降照会发出复文。复文庄严宣布，由美国国务卿代表美、英、苏、中四国政府，经由瑞士政府转达日本政府：“自投降之日起，日本天皇及日本政府统指国家之权力，即须听从盟国最高统帅之命令。最高统帅将采取其认为适当之权力，实施投降条款。日本天皇必须授权并保证日本政府及日本帝国大本营能签字于必须之投降条款，俾波茨坦公告之规定能获实施，且须对日本一切陆、海、空军当局以及彼等控制下之一切部队(不论其在何处)，实施号令停止积极活动，交出武器，此外并须发布盟国最高统帅在实施投降条款时所需之其他命令。”③

美国官方与中国共产党的联系与了解也起始于抗日战争期间。罗斯福总统通过美国记者斯诺的著作了解到中国共产党领导的敌后

① 章伯锋，庄建平：《抗日战争》第四卷《外交》(下)，第1176页。
② 秦孝仪：《战时外交》(三)，第786，787页。
③ 章伯锋，庄建平：《抗日战争》第四卷《外交》(下)，第1786页。

战场生机勃勃的状况。罗斯福还委托美国驻华武官卡尔森两次到华北敌后抗日根据地考察，① 受到中共领导人毛泽东、朱德、贺龙、邓小平、聂荣臻的会见。1937 年上半年，有 8 名美国人到访延安，其中 7 名是记者。从 1937 年底到 1939 年，又有 9 名美国记者访问敌后抗日根据地。周恩来并同美国作家斯特朗、海明威以及史沫特莱、斯诺等保持着密切联系。斯诺、史沫特莱和拉铁摩尔还应邀给中共干部作有关国际问题、美英外交政策、妇女问题的报告。② 罗斯福不赞成中国发生不利于抗战的内战，通过特使居里、蒋介石的政治顾问拉铁摩尔做国民党政府的工作，希望国共两党团结合作，一致抗日。③ 1944 年 7 月至 8 月，美国政府军事观察团到达延安。毛泽东主席亲自改定了《解放日报》的欢迎社论。中共中央专门作出指示，要求各解放区在军事情报、修建机场、沿海登陆等方面积极配合美军行动。④ 美军观察团在实地考察中，发回国内 50 余份报告书，客观地报道了延安的社会、经济、军事状况。这些都在一定程度上促进了美国社会对中国共产党及其政治主张的了解。同时，中共领导人也从他们那里了解到美国及英国的对外政策和美英社会状况，这是中共制定和实施国际抗日统一战线的政策、推动反法西斯国际合作、肯定美英战时大战略原则的重要信息来源之一。

总之，没有中国抗战的世界性战略地位，要完成中美英关系的历史性跨越，建立起中美英战时战略关系是不可想象的。更重要的是，中国以中国特色的反法西斯战争，进入到战时四强的行列，展示了中华民族精神与智慧的伟力。

---

① ［美］迈克尔·沙勒著；郭济祖译：《美国十字军在中国 1938—1945》，第 23～24 页。

② 卢来宾，宋谦：《抗日战争时期中国共产党对美国外交述略》，载于苑鲁，谢先辉主编：《第二次世界大战与国际亚太合作——中国第二次世界大战史（重庆）学术研讨会论文集》，第 409，411，414 页。

③ ［日］矶野富士子整理；吴心伯译：《蒋介石的美国顾问，欧文·拉铁摩尔》，第 74～75 页。

④ 中央档案馆编：《中共中央文件集》第十四册，第 573 页。

四、中国抗战奠定了中美英全新关系的基础

中国抗日战争在中外关系的历史上是一个划时代的转折点。如前所述，中国抗日战争在法理层面推动了中国平等参与国际事务的进程，并确立了中国的战时大国地位，这对中国在国际社会中的地位与影响直至当代都仍然起着重要作用。更为重要的是，抗日战争为中国完成彻底的民族独立解放伟业奠定了基础，为中美英战后走向平等合作的新型关系开辟了航道。

中美英关系在第二次世界大战中的确是一个历史性的转变，中国抗日战争促使美英废除了在华以治外法权为核心的不平等条约，中国获得了法理意义上的国际平等地位。同时，中国也与美英苏齐名成为反法西斯联盟国家的四强之一，这是中华民族近百年争取，并在抗日战争浴血奋战中获得的辉煌成就。同时应该看到的是，战时中国在民族独立解放的道路上的成就还不能说中国取得彻底民族独立任务的完成，因为战时中外关系仍然遗留着诸多问题，需要中国进一步努力去解决，使中国真正作为平等的一员立于世界先进民族之林。

对于抗日战争中中国民族独立解放道路上所取得的历史性的胜利，中国共产党给予了高度的评价，认为是“中华民族广大人民的成功”，号召中国抗日军民“为完成中国独立解放而斗争到底，以实现一切平等条约的规定”。① 中国共产党在欢迎英美各国采取废除一些不平等条约的同时，对中国彻底独立解放的斗争还须有艰苦的努力才能达到有着清醒的认识和思想准备。这是因为中共深知，中国完成近代以来中华民族彻底独立使命还有曲折的路要走，不是单纯的“废约”就告成功的。1943 年 1 月 25 日，中共中央作出关于庆祝中美中英间废除不平等条约的决定：“最近中美中英间签订了废除不平等条约的协定，美英放弃了在华的特权。我们应当庆祝不平等条约的废除……庆祝中美中英间新的关系与新的团结，坚定军民抗战信心，号召军民为驱逐日寇，完成中国独立解放而斗争到

① 《解放日报》，1943 年 2 月 5 日。

底……中国今后的命运是要在抗日战争的烽火中得到决定……中国要变成独立的国家，要变成与世界列强列于平等地位与平等关系的国家，不仅有赖于对日战争的胜利，而且有赖于战后国家之建设。”①中国共产党还指出：“中国人民欢迎许多外国政府宣布废除对于中国的不平等条约，并和中国订立平等的措施。但是我们认为不平等条约的废除，并不就表示中国在实际上已经取得真正的平等地位。这种实际的真正的平等地位，绝不能单靠外国政府的给予，主要地靠中国人民自己努力争取。”②中国共产党的分析，是基于中国在民族解放道路上所取得的成功还是初步的、还须进一步努力才能最后胜利这一客观事实。就中国本身而言，由于执政的国民党在战时存在着诸多军事、政治、经济问题，在对外关系上也不可能完成民族独立解放的最终任务，这些都反映战时中外关系获得重要突破的同时，也还存在着最根本的问题，这就是，中美英不平等关系的本质并没有完全改变。

第一，在中外关系上，中英之间并没有解决中国香港和九龙的归属问题。从 1942 年到 1943 年，在整个讨论废除不平等条约的过程中，英国以各种理由尽量推延废约时间，以获得英国保留对中国香港、九龙统治权的有利地位。③ 在法理层面，中美新约也存在着诸多的局限性。美国没有放弃它根据不平等条约取得的所有特权，要求中国应承认美国领事法庭过去作出的判决仍然有效，对于领事法庭未结案件要根据美国法律判定。就在中美新约生效的第二天，1943 年 5 月 21 日，中美两国又达成了《中美关于处理在华美军人员刑事案件换文》，规定在华美军人员如触犯中国刑律，由美军军事法庭及军事当局裁判，该办法在战争期间及战后 6 个月内有效。换文对中国主权的损害是不容置疑的事实。美国历史学家约翰·K. 费正清(John King Fairbank)也抨击说，这一换文“使在华美军可

① 中央档案馆：《中共中央文件选集》第十四册，第 17 ~ 18 页。

② 《毛泽东外交文选》，第 44 页。

③ Sir Llewellyn Woodward. *British Foreign Policy in the Second World War*, Volume Ⅳ, pp. 501-502, 510-517.

以不受中国刑法的约束……这同中国新的大国地位是很不相称的”。①

第二，美英在战后规划上仍然存在强权政治、无视中国国家主权与领土完整、危害中国利益等问题。英国称西藏为“独立”国家。中国坚持西藏是中国领土，而英国及英印当局则提出在中国拥有对西藏所谓“宗主权”的情况下西藏自治，实质上就是策划西藏独立。中国坚决反对英国在西藏问题上干涉中国内部事务。② 1943 年，宋子文在给蒋介石的电文中报告了与丘吉尔争辩西藏问题情况：“丘相谓，近闻中国有集中队伍准备进攻西藏之说，致该独立国家大为恐慌，希望中国政府能保证不致有不幸事件发生。文答，并未闻有此项消息，且西藏并非首相所谓独立国家，中英间历次所定条约，皆承认西藏为中国主权所有，当早在洞见之中。”1943 年 5 月，宋子文在给蒋介石电文中也提到罗斯福关于西藏问题看法：“总统(罗斯福)谓，邱(丘吉尔——作者注)行前，余问其何以提西藏问题，邱答英方并无占领西藏之企图。余又追问西藏乃中国帝制时代之一部分，现乃民国之一部分，与英国无涉。邱答中国在西藏无实权。余谓中国有无实权，与英国何涉，邱无以为答云。”③罗斯福与斯大林在雅尔塔会议期间背着中国所作出的相互承诺，存在严重损害中国独立主权和领土完整的问题。另外，美国的部分官员在战时就表示出不希望中国战后实际上的强大，尤其对中国军事建设方面表现了特别的关注。1944 年 5 月，为了显示中美合作及美国对中国抗战的支持，美国海军部准备按租借法转让 4 艘中国所请求的驱逐舰给中国。5 月 19 日，美国国务院中国事务司主任范宣德(John Carter Vincent)在备忘录中就表示不同意按租借法转让 4 艘驱逐舰给中国，认为应该从战后更长远的政策出发来看待美国自己战后海

① 陶文钊，杨奎松，王建朗：《抗战时期的中国对外政策》，第 351 页。

② Sir Llewellyn Woodward. *British Foreign Policy in the Second World War*, Volume Ⅳ, p. 524 及页下注 2.

③ 吴景平，郭岱君：《宋子文驻美时期电报选(1940—1943)》，第 188，195 页。

军相对于中国的地位。很明显，中国希望在战后建立起海军力量。同时也很明显的是，中国无法负担起经费，如果他们可以，可能不能有效地操持一支力量均衡的强大海军。他表示，美国不应该鼓励中国努力拥有大型海军，不能使其对美国海军构成潜在威胁。① 5月23日，霍恩贝克在备忘录中也表示，随着“治外法权”的废除，中国应该拥有自己的海军维护沿海与内河的安全，但是霍恩贝克同样不希望中国成为一个海军大国。但他认为，中国过去75年内两次成为海军大国都没有效果，因此也不必担忧。② 可以说，他们的看法间接地反映了美国对中国获得平等大国地位的保留态度。

第三，美英在战争后期明显地在东亚殖民地问题上达成妥协，维护部分英国的殖民地与势力范围，也为美国战后在亚太地区霸权追求铺垫基础。诸如在法属印度支那问题、太平洋诸岛屿问题上，美英就各自根据战后目的进行了协调。这些都预示着战后东亚国际关系不会风平浪静，维护反法西斯战争的胜利成果和原则精神，构建战后东亚和平与发展的新秩序还将有一个曲折发展和努力争取的问题。

英国的殖民统治思想是根深蒂固的，正如英国历史学家A. J. P. 泰勒(A. J. P. Taylor)所说：“档案材料显示，大不列颠进行第二次世界大战的目的是为了恢复大英帝国，甚至还要给大英帝国增添些什么。”③丘吉尔亲自签署的《大西洋宪章》中宣布：“尊重所有人民选择政府形式的权利，他们将在这个政府的领导下生活，并使那些已经被剥夺了权利的人们能够重新得到主权和自治权。”但英国政府不久便对《大西洋宪章》作了说明：英国的东南亚殖民地不包括在战后可以自由选择政府形式的范围之列。在1943年底召开的德黑兰会议上，斯大林和罗斯福谈到了托管殖民地问题，丘吉尔对此极为反感，他说：“英国不想取得任何新领土，却希望保持原

① *FRUS*, *1944*, Volume Ⅳ, *China*, p. 75.

② *FRUS*, *1944*, Volume Ⅳ, *China*, pp. 79-80.

③ 泰勒：《走投无路的帝国主义》，转引自陶文钊《太平洋战争期间的香港问题》，《历史研究》，1994年第5期，第87页。

有的领土，并重新取得被夺走的领土——具体是指新加坡和香港，他最终可能要自愿出让帝国的一些领土，但不会不经过战争而被迫放弃任何东西。"①1943年，赫尔利访问英国，曾向英方提出香港归还中国问题，丘吉尔反应强烈："他决不会把大英帝国旗帜下的任何一寸领土让给他人。"②

罗斯福在战争期间多次表示了战后非殖民化的思想，也多次试图弱化英帝国，反对法国战后重返殖民地。然而，在非殖民化问题上美国有自己的打算。在殖民地托管问题上，1942年6月1日，罗斯福在华盛顿与莫洛托夫会谈时，就以印度支那、马来属邦和荷属东印度为例，认为这些托管地具备自治条件可能需要二十年时间。③ 1944年10月，罗斯福在美国外交政策协会发表了一篇关于美国外交政策的演说。在演说中罗斯福声称："吾国因拥有道义、政治、经济及军事各方面力量，故自然负有领导国际社会之责任，且随之亦有领导国际社会之机会。"④战争后期美英苏冷战阴影已经在不同程度上呈现，因此，罗斯福明显从以往的"理想主义"立场后退，相继对英国殖民主义观念与行动作出了退让，在东亚比较明显的表现就是在中国香港、印度支那以及东南亚殖民地问题上与英国达成妥协。

美国军方人士甚至强烈地反对罗斯福提出的托管制。在太平洋战争中，美国占领了太平洋上一些原来由日本委任统治的岛屿，即加罗林群岛、马绍尔群岛和马里亚纳群岛。这些岛屿覆盖中太平洋广大水域，形成防卫关岛和菲律宾的安全带，具有重要战略意义。美国军方人士认为如果美国坚持印度支那被托管，那么美国在这些

---

① ［美］舍伍德著；福建师范大学外语系编译室译：《罗斯福与霍普金斯：二次大战时期白宫实录》上，第437页。

② Sir Llewellyn Woodward. *British Foreign Policy in the Second World War*, Volume Ⅳ, p539.

③ Edward R. Drachma. *United States Policy toward Vietnam, 1940-1945*. New Jersey: Rutherford, 1970, p. 36.

④ 何春超等选编：《国际关系史资料选编》下册，武汉：武汉大学出版社1983年版，第67页。

太平洋岛屿的地位也将受到影响，这一观点得到了美国国务院一些官员的支持。美国国务院甚至建议在有些地区托管制的实施应该是形式上的而不是实质上的。① 1944 年，法国再次向美国提出要求参加在太平洋尤其是印度支那的军事行动，美国陆军部则不仅认为可以使用法国部队，甚至提议法国参与对军事行动和占领区的管理。② 1945 年 3 月 15 日，罗斯福与加勒比地区事务顾问查尔斯·陶西格就托管概念和印度支那未来地位问题进行磋商。罗斯福指出："如果我们得到法国方面行使托管国责任的积极保证，那么我将同意法国占有这些殖民地，但以使其最终独立为附加条件。"③ 1945 年 4 月 3 日，美国政府发表声明，宣布经过雅尔塔会议对托管问题的讨论，美国认为战后托管体制适用于上一次大战后委任统治下之领土，此次战争中自敌国割离并在后来获得一致同意对之实行国际托管之领土，以及自愿置于托管制度之下的其他领土。④ 这个声明其实是对最初提出的国际托管领土范围的改变。

美英在战时所表现出来的不符合历史潮流的局限性，对战后世界有着不可忽略的影响。就东亚国际关系而言，也存在着是在反法西斯战争胜利成果的基础上继续前行，还是向殖民时代回复的问题。在战争与和平问题上，这也是战后因越南问题所导致的东亚局部战争紧张局势的重要原因。

上述第二次世界大战在东亚的遗留问题，一方面涉及中国必须完全彻底摒弃对帝国主义列强的传统依附关系，建立起在国际关系中独立自主的新中国；另一方面，也预示着中国在完成独立之后必须巩固民族独立的成果，而这又是与中国在东亚国际关系中维护和平、反对新老殖民主义的问题联系在一起的。中国抗日战争为中国处理这些问题，迎接光明的前途准备了力量基础，这就是代表时代

---

① Christopher Chorne. *Allies of a Kind: the United States, British and the War Against Janpan, 1941-1945*, p. 597.

② *FRUS, 1944*, Volume Ⅴ, pp. 190-1194.

③ *FRUS, 1945*, Volume Ⅵ, p. 293.

④ Christopher Chorne. *Allies of a Kind: the United States, British and the War Against Janpan, 1941-1945*. pp. 596-597.

进步的中国共产党领导中国人民在抗日战争的基础上决定了中国的前途命运，也奠定了推动战后初期东亚国际关系向着和平与发展方向发展的现实基础。

在伟大的抗日战争的基础上，中国不仅取得了战时大国的地位，同时也为新中国的建立奠定了坚实的基础。中国抗日战争以激烈的方式检验着中国一切党派和政治势力，使其必须回答抗战后中国的走向问题，中国共产党从理论到实践提交了决定性的答卷。在中国抗战中，中国共产党为了民族解放与世界和平奋斗的远大目标，将民族独立解放与社会改革有机结合起来，为中国战后走上独立解放和社会主义道路奠定了坚实的基础。正由于如此，中国共产党在抗战中领导中国人民大众，从小到大，从弱到强，号召与吸引中国各阶层人民为了新的中国而团结奋斗。到战争后期，中国共产党及其领导下的抗日军民已经成为决定中国前途命运的决定性力量。中国共产党在抗日战争中从中国与世界的大局出发，坚持求同存异，维护抗日民族统一战线，维护了中国抗日力量在整个抗战过程中的团结统一，没有因为国民党顽固派的干扰而使中国退回到抗战前内战分裂的局面，始终保持了中国正面与敌后战场的战略支持格局。尤其是在 1944 年正面战场出现大溃败的危急时刻，中国共产党领导抗日军民在日本进攻的后方采取至关重要的战略行动，有力地支持了正面战场，中国战场的战略格局没有发生根本的改变，这些都体现了中国共产党为民族解放事业顾全大局的博大胸怀。

1945 年 8 月 13 日，毛泽东在《抗日战争胜利后的时局和我们的方针》中指出："人民要解放，就把权力委托给能代表他们的、能够忠实为他们办事的人，这就是我们共产党人。"①抗日战争结束后，中国共产党尽了最大努力积极争取和平，反对内战，希望中国早日进入战后重建。1945 年 8 月 16 日，毛泽东指出："中国共产党是坚决反对内战的。'确立内部和平状态'，'成立临时政府，使民众中一切民主分子的代表广泛参加，并确保尽可能从速经由自由选举以建立对于人民意志负责的政府'，这是苏美英三国在克里米

① 中共中央文献编辑委员会：《毛泽东选集》第四卷，第 1128 页。

亚说的话。中国共产党正是坚持这个主张，这就是‘联合政府’的主张。实现这个主张，就可制止内战。一个条件：要力量。全体人民团结起来，壮大自己的力量，内战就可以制止。”①中共提出民主和平建国的主张，并以最大诚意与国民党进行谈判。由于蒋介石政府的倒行逆施，坚持内战，腐朽没落，将中国推向了内战的深渊。中国共产党领导中国人民经过三年解放战争，建立了新中国，将中国人民抗日战争的胜利成果进一步发展为中国获得完全独立平等的国际地位。就中美英关系而言，新中国的建立则是中美英彻底告别传统的不平等关系，建立起新型关系的主要标志，尽管中美英关系在战后仍然经历了一段曲折磨合的过程。

在中外关系上，抗日战争中中国共产党始终坚持中国民族独立的奋斗目标，并以实事求是的精神分析思考美英的战时政策以及中美英在战争与和平认识上的交汇点，辩证地评判与对待美英政策的正负两方面因素与总体发展趋势，并通过各种方式、途径与美英建立起民间与官方的联系，进行相互了解与交流，并注意了解与吸收美英苏等国在国际关系处理中的有益成分。可以说，中国共产党在抗战中开始实践的中国对外战略与国际事务处理，为中国完成彻底民族独立解放后在国际舞台上实践和平与发展的路线与战略奠定了坚实基础。

在抗日战争基础上发生的中外关系的历史性转变直接影响到东亚国际关系的历史进程。与第一次世界大战后国际关系相比较，第二次世界大战后东亚国际关系发生了天翻地覆的历史性变化，东亚国际社会也赢得了伟大的进步。其中，中国自近代以来的发展历程通过抗日战争而发生的革命性转折是东亚巨变的主要标志。从近现代历史看，中国是东亚国际关系能否健康发展的关键性因素之一。作为在东亚大陆占有重要地缘位置的中国，其在殖民帝国主义控制与压榨之下的贫弱分裂与没有独立主权的被动状况，是东亚历经战乱不得安宁的一个重要原因，20 世纪 30 年代初日本法西斯发动的对华侵略战争则将东亚战乱推向了顶峰，同时也深刻地影响到第二

① 中共中央文献编辑委员会：《毛泽东选集》第四卷，第 1151 页。

次世界大战的发生。也就是说，一个依附于外国强权的中国，是东亚国际关系处于严重失衡、百年战火连绵的核心问题。而经历了反法西斯战争与中国抗日战争的洗礼之后，随着中华人民共和国的成立，东亚国际关系发展的历史进程也随之向和谐和平、合作共赢的方向转变。1945 年 4 月 24 日，毛泽东预言："中国是全世界参加反法西斯战争的五个最大的国家之一，是在亚洲大陆上反对日本侵略者的主要国家。中国人民不但在抗日战争中起了极大的作用，而且在保障战后世界和平上将起极大的作用，在保障东方和平上则将起决定的作用。"①

值得提出的是，在中国抗日战争中，中国共产党领导集体在辩证唯物主义和历史唯物主义的基本原理的指导下，创立了马克思主义中国化的理论——毛泽东思想，在时代特征、国际力量对比、反法西斯统一战线、独立自主与外部援助关系、战争与和平、中外关系、国际战略等一系列国际关系问题上作出了代表时代进步的理论建树。尤其重要的是，中国共产党始终从世界反法西斯战争大局思考中国抗战的问题，具有高远的战略视野。在整个反法西斯战争中，中国共产党紧紧依靠中国人民，在敌后坚持独立自主的抗战，在外援匮乏，几乎没有武器供给来源，在抗战主要时期内经受日军战略进攻重压的困难境况下，坚持与发展了抗日敌后战场，维护了中国战场的稳定，有力地支持了苏联战场与太平洋战场的反法西斯战争。中国共产党坚决支持美英苏先打败德国的战略与战争努力，多次指出与强调"先德后日"战略原则的重要性，并自觉承担起世界反法西斯战争赋予中国牵制与打击日本侵略军的历史使命。

中国共产党在战争形势下的国际战略观及其重要实践，是中国在战后长达半个多世纪分析与处理国际问题的先导。在伟大的抗日战争和世界反法西斯战争中，中国共产党领导中国人民为世界的和平作出了伟大贡献，为中华民族获得彻底独立解放奠定了基础，同时也获得了实践其和平理念、促进国际关系民主化的政治基础。新中国成立后所倡导的和在对外关系中所实践的和平共处五项原则，

① 中共中央文献研究室：《毛泽东军事文集》第二卷，第 763 页。

逐渐为世界绝大多数国家和人民接受和认同，成为当代和未来国际关系中共同遵守的准则，极大地推进了战后世界和平的历史进程。新中国既是社会主义国家，也是从帝国主义、殖民主义压榨下获得独立解放的最大发展中国家。中国共产党以马克思主义理论为指导，继承和发展着中华民族的优秀文明传统。在为民族独立解放和世界和平的奋斗中，中国共产党将本国的发展前途与世界和平前景的争取紧密结合起来，始终是战后世界和平的重要力量。这些既反映在中国独立自主的和平外交路线和政策之中，也反映在为维护民族独立主权与世界和平安全，敢于以大无畏的牺牲精神与侵略者浴血奋战的实践之中。中国的崛起和在国际事务中大国地位的奠定，不仅推动了亚洲太平洋地区的稳定、安全与发展，也使中国成为推进世界和平发展的重要力量。

中国抗战与美英东亚战略的演变历程，战时中美英战略关系的建立与发展，总体上给了当代人们以正面的启示：在追求人类和平、赢得反法西斯战争胜利的崇高目标中，世界各个国家、民族，不分大小、强弱都是平等的，相互依存的。没有这一相互间的理解和共识，反法西斯盟国之间就不可能建立起以合作为主，争取反法西斯战争胜利的战略关系。对于世界各国，特别是对人类和平负有重大责任的大国来说，维护世界和平，推进人类文明的发展，必须要有战略家的远见卓识和现实主义基本态度。在伟大的反法西斯战争中，中美英苏领衔的反法西斯联盟合作战胜了野蛮的法西斯，推进了人类文明的进程。第二次世界大战后，中美英在经历了近30年的曲折过程之后，终于建立起了正常发展的国家关系，并从战略高度出发，求同存异，淡化分歧，不断推进相互间在各个领域内的合作关系，这是和平与发展时代的需要，也是中美英领导人敏锐把握世界大局，注重相互间以及国际社会面临的在和平与发展问题上的机遇与挑战共同问题的结果。现在，中美英正常关系走过的历程已经超过战后不正常关系的时间，并进入了新的21世纪。回溯20世纪中美英关系发展的历史，第二次世界大战时期中美英反法西斯战略关系所提供的经验至今仍然有诸多的启示，这就是：人类的和平、安全、生存、发展是国际关系良性发展的主题，国家间应从人类共同利益出发，建立起互信、互利、互惠、合作共赢的平等战略关系，这是反法西斯盟国在战时战略选择问题上的经验教训所展示的真理。只有这样，人类就不仅可以为了生存“赢得战争”，同时，也可以团结一致，运用各方的智慧与力量克服面临的共同难题，使全人类最终免于饥饿、贫困、战乱、恐惧，共同拥有一片精神与物质文明的蓝天，使在反法西斯战争中浴血奋战的英烈们与世界正义力量的理想与努力进一步升华为真正永久和平与持续发展的现实。

第二次世界大战后60余年世界尽管不太平，局部战争硝烟此起彼伏，但终究没有演化为世界大战，这是与世界各国和人民扬弃人类文明历史经验，选择继续前行的健康因素相关联的。正是这样，第二次世界大战后的世界没有重复战前历史，反而不断地强化了和平与发展的时代主题，世界整体发展更加稳健与充满活力。中美英作为在伟大的反法西斯战争基础上诞生的联合国安理会常任理事国，具有共同的国际责任。应该牢记反法西斯战争的经验教训，从战略的高度继续推进和发展健康良好的合作关系，与时俱进，彼此尊重，放眼长远，这不仅有利于中美英本国核心利益，也有利于全世界的福祉与全人类和平和谐、共同繁荣的崇高理想与光明未来。

参考文献

[1] 北京大学法律系．毛泽东同志国际问题言论选录[M]．北京：世界知识出版社，1960．

[2] 本书编译组．德黑兰、雅尔塔、波茨坦会议记录摘编[M]．上海：上海人民出版社，1974．

[3] 重庆市政协文史资料研究委员会．抗战时期国共合作记实：上、下卷[M]．重庆：重庆出版社，1992．

[4] 陈小功．抗日战争中的国民党战场[M]．北京：解放军出版社，1987．

[5] 樊亢，宋则行．外国经济史：一、二、三册[M]．北京：人民出版社，1983．

[6] 复旦大学美国研究中心．中美关系史论丛[C]．上海：复旦大学出版社，1985．

[7] 复旦大学历史系．日本帝国主义对外侵略史料选编，1931—1945[M]．上海：上海人民出版社，1983．

[8] 复旦大学历史系中国近代史教研组．中国近代对外关系史资料选辑，1940—1949 年：下卷，第二分册[M]．上海：上海人民出版社，1977．

[9] 方连庆．现代国际关系史[M]．北京：北京大学出版社，1990．

[10] [法]亨利·米歇尔．第二次世界大战：上、下册[M]．九仞译．北京：商务印书馆，1980．

[11] 公安部档案馆．在蒋介石身边八年[M]．北京：群众出版社，1991．

[12] 顾维钧．顾维钧回忆录：第三、四、五册[M]．中国社会科学院近代史研究所译．北京：中华书局，1983，1986，1987．

[13] 郭汝瑰，黄玉章. 中国抗日战争正面战场作战记：上、下册[M]. 南京：江苏人民出版社，2002.
[14] 高克. 外交家与战争——顾维钧外交生涯片断[M]. 上海：上海人民出版社，1995.
[15] 王绳祖，何春超，吴世民. 国际关系史资料选编：上、下册[M]. 武汉：武汉大学出版社，1983.
[16] 胡乔木. 胡乔木回忆毛泽东[M]. 北京：人民出版社，1994.
[17] 胡德坤. 中日战争史，1931—1945[M]. 武汉：武汉大学出版社，2005.
[18] 胡德坤，罗志刚. 第二次世界大战史纲[M]. 武汉：武汉大学出版社，2005.
[19] 胡德坤，罗志刚. 第二次世界大战与战后世界性进步[M]. 武汉：湖北人民出版社，1993.
[20] 胡德坤，韩永利. 中国抗战与世界反法西斯战争[M]. 北京：社会科学文献出版社，2005.
[21] 海奈尔·威克勒. 帝国主义争夺东南亚原料的斗争[M]. 北京编译社译. 北京：世界知识出版社，1963.
[22] 洪育沂. 1931—1939 年国际关系简史[M]. 北京：三联书店，1980.
[23] 黄玉章. 第二次世界大战[M]. 北京：世界知识出版社，1984.
[24] 韩永利. 绥靖与抗衡——太平洋战争爆发前美国的远东政策研究[M]. 武汉：武汉大学出版社，1994.
[25] 韩永利. 战时美国大战略与中国抗日战场[M]. 武汉：武汉大学出版社，2003.
[26] 汉斯·阿道夫·雅各布森. 第二次世界大战的决定性战役，德国观点[M]. 军事科学院外国军事研究部译. 南京：江苏人民出版社，1982.
[27] 金冲及. 毛泽东传，1893—1949：上、下卷[M]. 北京：中央文献出版社，1996.
[28] 金冲及. 周恩来传：第一、二卷[M]. 北京：中央文献出版社，1998.

[29] 军事科学院军事历史研究部. 中国抗日战争史：上、中、下卷[M]. 北京：解放军出版社，1994.
[30] 军事科学院军事历史研究部. 第二次世界大战史：第一～五卷[M]. 北京：军事科学出版社，1995.
[31] 江涛. 抗战时期的蒋介石[M]. 北京：北京华文出版社，2005.
[32] 李宗仁口述，唐德刚撰写. 李宗仁回忆录[M]. 南宁：广西人民出版社，1988.
[33] 刘思慕. 第二次世界大战：历史与现实[M]. 北京：国防大学出版社，1990.
[34] 黎永泰. 毛泽东与美国[M]. 昆明：云南人民出版社，1993.
[35] 李世安. 太平洋战争时期的中英关系[M]. 北京：中国社会科学出版社，1994.
[36] 李巨廉. 战争与和平——时代主旋律的变动[M]. 上海：学林出版社，1999.
[37] 罗志刚. 中苏外交关系研究，1931—1945[M]. 武汉：武汉大学出版社，1999.
[38] 梁敬錞. 史迪威事件[M]. 北京：商务印书馆，1973.
[39] 梁敬錞. 开罗会议与中国[M]. 台北：亚洲出版社有限公司，1962.
[40] [美]约瑟夫·格鲁. 使日十年[M]. 蒋湘泽译. 北京：商务印书馆，1983.
[41] [美]罗斯福. 罗斯福选集[M]. 关在汉编译. 北京：商务印书馆，1989.
[42] [美]约瑟夫·W. 史迪威. 史迪威日记[M]. 北京：世界知识出版社，1992.
[43] [美]拉塞尔·F. 韦格利著. 美国军事战略与政策史[M]. 彭光谦译. 北京：解放军出版社，1986.
[44] [美]阿瑟·林克. 1900年以来的美国史：上、中、下册[M]. 刘绪贻，等译. 北京：中国社会科学院出版社，1983.
[45] [美]托马斯·帕特森. 美国外交政策：上、下册[M]. 李庆余译. 北京：中国社会科学出版社，1989.

[46] [美] 詹姆斯·A. 休斯敦. 美国陆军后勤史：上、下册[M]. 王军，等译. 北京：解放军出版社，1989.

[47] [美]舍伍德. 罗斯福与霍普金斯——二次大战时期白宫实录：上、下册[M]. 福建师范大学外语系编译室译. 北京：商务印书馆，1980.

[48] [美]巴巴拉·塔奇曼. 史迪威与美国在华经验，1911—1945：上、下册[M]. 陆增译. 北京：商务印书馆，1984.

[49] [美]罗伯特·达莱克. 罗斯福与美国对外政策，1932—1945：上、下册[M]. 伊伟译. 北京：商务印书馆，1984.

[50] [美]赫伯特·菲斯. 通向珍珠港之路——美日战争的来临[M]. 周颖如译. 北京：商务印书馆，1983.

[51] [美]迈克尔·沙勒. 美国十字军在中国 1938—1945[M]. 郭济祖译. 北京：商务印书馆，1982.

[52] [美]迈克尔·沙勒. 二十世纪的美国和中国[M]. 王扬子译. 北京：光明日报社，1985.

[53] [美]欧内斯特·梅. 美中关系史论[C]. 齐文颖译. 北京：中国社会科学出版社，1991.

[54] [美]赫伯特·菲斯. 中国的纠葛[M]. 林海译. 北京：北京大学出版社，1953.

[55] [美]费正清，费维恺. 剑桥中华民国史：第一部[M]. 章建刚，等译. 上海：上海人民出版社，1983.

[56] [美]费正清，费维恺. 剑桥中华民国史，1912—1949：下卷[M]. 刘敬坤，等译. 北京：中国社会科学出版社，1993.

[57] [美]约翰·科斯特洛. 太平洋战争，1941—1945：上、下册[M]. 王伟译. 北京：东方出版社，1985.

[58] [美]约翰·托兰. 日本帝国的衰亡：上、下册[M]. 郭伟强译. 北京：新华出版社，1982.

[59] [美]威廉·哈代·迈克尼尔. 美国、英国和俄国，他们的合作和冲突，1941—1946：上、下册[M]. 叶左译. 上海：上海译文出版社，1978.

[60] [美]入江昭，孔华润. 巨大的转变：美国与东亚，1931—

1949[M]. 上海：复旦大学出版社，1991.
[61] [美]孔华润. 张静尔. 美国对中国的反应[M]. 上海：复旦大学出版社，1980.
[62] [美]麦克唐纳. 美国、英国与绥靖，1936—1939[M]. 何抗生译. 北京：中国对外翻译出版公司，1987.
[63] [美]赫伯特·菲斯. 中国的纠葛，从珍珠港事变到马歇尔使华美国在中国的努力[M]. 林海译. 北京：北京大学出版社，1989.
[64] 南京大学约翰斯·霍普金斯大学中美文化研究中心. 新的视野，中美关系论文集[M]. 南京：南京大学出版社，1991.
[65] 钮先钟. 现代战略思潮[M]. 台北：黎明文化事业公司，1985.
[66] 彭明. 中国现代史资料选辑：第一～五册[M]. 北京：中国人民大学出版社，1988，1989.
[67] 齐世荣. 世界通史资料选辑：现代史部分[M]. 北京：商务印书馆，1980.
[68] [日]矶野富士子. 蒋介石的美国顾问——欧文·拉铁摩尔回忆录[M]. 吴心伯译. 上海：复旦大学出版社，1996.
[69] [日]古屋奎二. 蒋总统秘录：第十～十四册[M]. 台北："中央"日报社，1977.
[70] [日]日本防卫厅战史室. 日本军国主义侵华资料长编：上、中、下册[M]. 天津市政协编译委员会译校. 重庆：四川人民出版社，1987.
[71] [日]信夫清三郎. 日本外交史：上、下册[M]. 天津社会科学院日本问题研究所译. 北京：商务印书馆，1982.
[72] [日]服部卓四郎. 大东亚战争全史：第一～四册[M]. 张玉祥译. 北京：商务印书馆，1984.
[73] 荣孟源. 中国国民党历次代表大会及中央全会资料：上、下册[M]. 北京：光明日报社，1985.
[74] [苏]瓦·伊·崔可夫. 在华使命，一个军事顾问的笔记[M]. 万成才译. 北京：新华出版社，1980.
[75] [苏]萨拉柯耶夫. 德黑兰、雅尔塔、波茨坦会议文件集[C].

北京外国语学院俄语、德语专业译. 北京：三联书店，1978.

[76] [苏]维戈斯基. 外交史：第三卷，上、下册[M]. 大连外语学院俄语系翻译组译. 北京：三联书店，1979.

[77] [苏]杰列维扬科. 第二次世界大战史：第一～十二卷[M]. 厦门大学外文系俄语教研室译. 上海：上海译文出版社，1981.

[78] 师哲回忆，李海文整理. 在历史巨人身边[M]. 北京：中央文献出版社，1991.

[79] 时广东，冀伯祥. 中国远征军史[M]. 重庆：重庆出版社，1994.

[80] 沈庆林. 中国抗战时期的国际援助[M]. 上海：上海人民出版社，2000.

[81] 沙健孙. 中国共产党与抗日战争：上、下[M]. 北京：中共中央文献出版社，2005.

[82] 萨本仁，萨支辉. 丘吉尔与英国对外政策，1933—1945[M]. 北京：世界知识出版社，2003.

[83] 陶文钊，杨奎松，王建朗. 抗日战争时期中国对外关系[M]. 北京：中共党史出版社，1995.

[84] 陶文钊. 中美关系史，1911—1950[M]. 重庆：重庆出版社，1993.

[85] 王德贵，等编. 八·一五前后的中国政局[M]. 长春：东北师范大学出版社，1985.

[86] 吴景平，郭岱君. 宋子文驻美时期电报选(1940—1943)[M]. 上海：复旦大学出版社，2008.

[87] 外交学院. 现代国际关系史参考资料，1939—1945[M]. 北京：外交学院出版社，1957.

[88] 吴东芝. 中国外交史，中华民国时期，1911—1949[M]. 郑州：河南人民出版社，1990.

[89] 吴春秋. 广义大战略[M]. 北京：时事出版社，1995.

[90] 吴孟雪. 美国在华领事裁判权史[M]. 北京：社会科学文献出版社，1992.

[91] 吴相湘. 第二次中日战争史：上、下册[M]. 台北：综合月刊社，1973.
[92] 王真. 动荡中的同盟，抗战时期的中苏关系[M]. 桂林：广西师范大学出版社，1993.
[93] 王振德. 第二次世界大战中的中国战场[M]. 北京：社会科学文献出版社，1991.
[94] 王庭科. 毛泽东独立自主思想的历史发展[M]. 成都：四川大学出版社，1995.
[95] 王俯民. 蒋介石详传：上、下卷[M]. 北京：中国广播电视出版社，1993.
[96] 王绳祖. 国际关系史：第四～六卷[M]. 北京：世界知识出版社，1995.
[97] 徐蓝. 英国与中日战争，1931—1941[M]. 北京：北京师范学院出版社，1991.
[98] 向青. 苏联与中国革命[M]. 北京：中央编译出版社，1994.
[99] 杨生茂. 美国外交政策史，1775—1989[M]. 北京：人民出版社，1991.
[100] 袁明. 中美关系史上沉重的一页[C]. 北京：北京大学出版社，1989.
[101] [英]温斯顿·丘吉尔. 第二次世界大战回忆录：第一～六卷[M]. 吴万沈译. 长春：时代文艺出版社，1996.
[102] [英]利德尔·哈特. 第二次世界大战史：上、下册[M]. 上海市政协编译工作委员会译. 上海：上海译文出版社，1978.
[103] [英]阿诺德·托因比. 大战和中立国[M]. 复旦大学外文系英语教研组译. 上海：上海译文出版社，1981.
[104] [英]F. C. 琼斯，休·博顿，B. R. 皮尔恩. 1942—1946年的远东[M]. 复旦大学外文系英语教研组译. 上海：上海译文出版社，1979.
[105] [英]C. A. 麦克唐纳. 美国、英国与绥靖，1936—1939[M]. 何抗生译. 北京：中国对外翻译出版公司，1987.
[106] 中共中央文献研究室. 毛泽东文集：第一～四卷[M]. 北京：

人民出版社，1993.
[107] 中共中央文献编辑委员会. 毛泽东选集：第一～四卷[M]. 北京：人民出版社，1991.
[108] 中共中央文献研究室. 毛泽东军事文集：第一～四卷[M]. 北京：中央文献出版社，1993.
[109] 中华人民共和国外交部. 毛泽东外交文选[M]. 北京：中央文献出版社，1994.
[110] 中共中央文献编辑委员会. 周恩来选集：第一卷[M]. 北京：人民出版社，1980.
[111] 中共中央文献研究室. 周恩来军事文选：第一、二卷[M]. 北京：人民出版社，1997.
[112] 中央档案馆. 中共中央文件选集：第七～十五册[M]. 北京：中共中央党校出版社，1991.
[113] 中国国民党中央委员会党史委员会编印，秦孝仪主编. 中华民国重要史料初编，对日抗战时期：第三编，《战时外交》(一)～(三)[M]. 台北："中央"文物供应社，1981.
[114] 中国人民政治协商会议全国委员会文史资料研究委员会. 远征印缅抗战，原国民党将领抗日战争亲历记[M]. 北京：中国文史出版社，1990.
[115] 中美关系资料汇编[M]. 北京：世界知识出版社，1957.
[116] 赵荣起. 蒋委员长与罗斯福战时通讯[M]. 台北：台北幼狮文化事业公司，1978.
[117] 章伯锋，庄建平. 抗日战争：第四卷《外交》(上)、(下)[M]. 成都：四川大学出版社，1997.
[118] 张继平. 历史的反思，第二次世界大战的政略与战略[M]. 北京：时事出版社，1990.
[119] 张继平，胡德坤. 第二次世界大战史[M]. 兰州：甘肃人民出版社，1984.
[120] 张蓬舟. 近五十年中国与日本，1932—1982：第四、五卷[M]. 成都：四川人民出版社，1988.
[121] 张宪文. 中国抗日战争史，1931—1945[M]. 南京：南京大

学出版社，2001.

[122] 邹谠. 美国在中国的失败[M]. 王宁译. 上海：上海人民出版社，1997.

[123] 周文琪，褚良如. 特殊而复杂的课题，共产国际、苏联和中国共产党关系编年史，1919—1991[M]. 武汉：湖北人民出版社，1993.

[124] 中国人民抗日战争纪念馆，北京市社会科学联合会. 抗战时期的对外关系[M]. 北京：燕山出版社，1997.

[125] ADMS H H. Witness to Power, The Life of Fleet Admiral William D. Leahy[M]. Maryland: Naval Institute Press, 1985.

[126] ALLEN L. The End of the War in Asia[M]. New York: Beekman, Esanu Publishers, Inc., 1979.

[127] ANDERSON I H Jr. The Standard-Vacuum Oil Company and the United States East Asian Policy, 1933-1941 [M]. London: Princeton University Press, 1978.

[128] ARNOLD H H. Global Mission[M]. New York: Harper & Brothers, 1949.

[129] BOURNE K, CAMWERON D, PARTRIDGE M. British Documents on Foreign Affairs: Reports and Papers from the Foreign Office Confidential Print, Part Ⅱ, From the First to the Second World War, Series E, Asia: Volumes 40, 45[M]. University Publications of America, 1996.

[130] BORTON J H, PEARM B R. Survey of International Affairs, 1939-1946, The Far East 1942-1946[M]. London, New York, Toronto: Oxford University Press, 1955.

[131] BUCHANAN A R. The United States and World War Ⅱ, Military and Diplomatic Documents [M]. South Carolina: University of South Carolina Press, 1972.

[132] BARU B K M. The Role of China in American Military Strategy from Pearl Harbor to the Fall of 1944[D]. Michigan: New York University, the dissertation of PHD, 1981.

[133] BEARD C A. President Roosevelt and the Coming of the War, 1941[M]. New Haven: Yale University Press, 1948.

[134] BURNS R D, BENNETT E. Diplomats in Crisis: United States-Chinese-Japanese Relations, 1919-1941 [M]. Santa Barbara: California ABC-Clio, 1974.

[135] BLUM J M. From the Morgenthau Diaries, Years of War, 1941-1945[M]. Boston: Houghton Mifflin Company, 1967.

[136] BORG D, OKAMOTO S. Pearl Harbor as History, Japanese-American Relations, 1931-1941 [C]. New York and London: Columbia University Press, 1973.

[137] BORG D. The United States and the Far Eastern Crisis of 1933-1938[M]. Cambridge: Harvard University Press, 1964.

[138] BUTLER J R M. Grand Strategy [M]. London: Her Majesty Stationery Office, 1957.

[139] COAKLEY R W, LEIGHTON R M. Global Logistics and Strategy, 1943-1945 [M]. Washington, D. C. : Office of the Chief of Military History, United States Army, 1968.

[140] CURTIS M. Documents on International Affairs, 1938 [M]. London, New York, Toronto: Oxford University Press, 1942.

[141] CHERN K S. Dilemma in China, America's Policy Debate, 1945 [M]. USA: The Shoe String Press, Inc. , 1980.

[142] CHOW S R. Winning the Peace in the Pacific[M]. New York: The Macmillan Company, 1944.

[143] CLEGG A. Aid China, 1937-1949: a memoir of a forgotten campaign[M]. Beijing: Foreign Languages Press, 2003.

[144] CLIFFORD N R. Retreat from China, British Policy in the Far East, 1937-1941[M]. New York: Da Capo Press, 1976.

[145] DALLEK R. Franklin D. Roosevelt and American Foreign Policy, 1932-1945 [M]. New York: Oxford University Press, 1979.

[146] DONNISON F S V. CBE: British Military Administration in the

Far East, 1943-1946 [M]. London: Her Majesty's Stationary Office, 1956.

[147] DOERR P W. British Foreign Policy, 1919-1939[M]. London: Manchester University Press, 1998.

[148] DOCKEILL S. From Pearl Harbor to Hiroshima, The World War in Asia and the Pacific, 1941-1945 [M]. London: Macmillan Press, 1994.

[149] EISENHOWER J S D. Allies: Pearl Harbor to D-Day[M]. New York: Doubleday and Company, Inc., Garden City, 1982.

[150] ELIOT S M. The Two-Ocean War, a Short History of the United States Navy in the Second World War[M]. Boston & Toronto: Little Brown and Company, 1963.

[151] FEIS H. The Road to Pearl Harbor[M]. New Jersey: Princeton University Press, 1963.

[152] FORD D. Britains Secret War Against Japan 1937-1945 [M]. London, New York: Rutledge, 2006.

[153] FRIEDMAN I S. British Relations with China, 1931-1939[M]. New York: Institute of Pacific Relations, 1940.

[154] GALLUP G H. The Gallup Boll: Public Opinion, 1935-1971: Volume V[M]. New York: Random House, 1972.

[155] GILBERT M. The Second World War, A Complete History[M]. New York: Henry Holt and Company, 1989.

[156] GOOCH J. Decisive Campaigns of the Second World War[M]. England: Frank Cass, 1990.

[157] HAYES G P. The History of the Joint Chiefs of Staff in World War Ⅱ, the War Against Japan[M]. Maryland: Naval Institute Press, 1982.

[158] HEALD S. Documents on International Affairs, 1937 [M]. London: Oxford University Press, 1939.

[159] HOWARD M. Grand Strategy: Volumes Ⅱ, Ⅲ, Ⅳ, V[M]. London: Her Maiesty's Stationery Office, 1972, 1975, 1976.

[160] HULL C, The Memoirs of Cordell Hull: Volumes Ⅰ, Ⅱ[M]. New York: The Macmillan Company, 1948.

[161] HAJO H. American Military Government Organization and Policy [M]. Connecticut: Greenwood Press, 1977.

[162] IRIYE A, COHEN W. American, Chinese, and Japanese Perspectives on Wartime Asia, 1931-1949 [M]. The United States of America: Wilmington, 1990.

[163] JACOBSEN H-A, SMITH A L Jr.. World War Ⅱ, Policy and Strategy: Selected Documents with Commentary[M]. California, Oxford, England: Santa Barbara, Clio Press, 1979.

[164] JOHNSON N T. American Policy toward China 1925-1941[M]. USA: Michigan State University Press, 1968.

[165] KIMBALL W F. Churchill and Roosevelt, the Complete Correspondence: Volumes Ⅰ, Ⅱ, Ⅲ [M]. New Jersey: Princeton University Press, 1984.

[166] KEGLEG C W Jr., WITTKOPF E R. American Foreign Policy, Pattern and Process[M]. New York: St. Martin's Press, 1987.

[167] KENNEDY G. Anglo-American Strategy Relations and the Far East, 1933-1939, Imperial Crossroads[M]. UK: Joint Services Command and Stuff College, 2002.

[168] LOEWENHEIM F L, LANGLEG H D, JONAS M. Roosevelt and Churchill, Their Secret Wartime Correspondence [M]. E. P. Dutton and New York: Saturday Review Press, 1975.

[169] LEIGHTON R M, COAKLEY R W. Global Logistics and Strategy, 1940-1943 [M]. Washington, D. C.: Office of the Chief of Military History, Department of the Army, 1955.

[170] LANGER W L, GLEASON E. S. The Challenge to Isolation, 1937-1940[M]. New York: Harper and Brothers Publishers, 1952.

[171] LASH J P. Roosevelt and Churchill, 1939-1941 [M]. New York: W. W. Norton and Company. Inc, 1976.

[172] LAQUEUR, W. The Second World War, Essays in Military and Political History[M]. London: Beverly Hills, 1982.

[173] LEE B A. Britain and the Sino-Japanese War, 1937-1939[M]. California: Stanford University Press, 1973.

[174] LEVERING, R B. American Opinion and the Russian Alliance, 1939-1945[M], Carolina: The University of North Carolina Press, 1976.

[175] LEUTZE J R. Bargaining for Supremacy, Anglo-American Naval Collaboration 1937-1941[M]. Carolina: North Carolina State University Press, 1977.

[176] LOWE P. Great Britain and the Origins of the Pacific War[M]. Oxford: Clarendon Press, 1977.

[177] LOUIS W R. British Strategy in the Far East, 1919-1939[M]. Oxford: Clarendon Press 1971.

[178] MOUNTBATTEN L. Report to the Combined Chiefs of Staff by the Supreme Allied Commander Southeast Asia, 1943-1945[M]. London: His Majesty, Stationery Office, 1951.

[179] MATLOFF M, SNELL E M. Strategic Planning for Coalition Warfare, 1941-1942[M]. Washington, D. C.: Office of the Chief of Military History Department of the Army, 1953.

[180] MATLOFF M. Strategic Planning for Coalition Warfare, 1943-1944[M]. Washington, D. C.: Office of the Chief of Military History, Department of the Army, 1959.

[181] MANSERGH N. Survey of British Commonwealth Affairs: Problems of Wartime Co-operation and Post-War Change, 1939-1952[M]. London: Oxford University Press, 1958.

[182] MOSLEY. Leonard Marshall, Hero for Our Times[M]. New York: Hearst Books, 1982.

[183] MORISON S E. Two Ocean War, A Short History of the United States Navy in the Second World War[M]. Boston, Toronto: Little Brown and Company, 1963.

[184] NISH I. Anglo-Japanese Alienation, 1919-1952[M]. London: Cambridge University Press, 1982.

[185] PERSTON P, PARTIDGE M (General Editors). British Documents on Foreign Affairs: Reports and Papers from the Foreign Office Confidential Print, Part Ⅲ, From 1940 through 1945, Series E, Asia: Volumes 1, 2, 3[M]. University Publications of America, 1997.

[186] PATERSON. American Foreign Policy: Volumes Ⅰ, Ⅱ[M]. New York: Lexington Mass, 1988.

[187] ROMANUS C F, SUNDERLAND R. China-Burma-India Theater, Time Runs Out in CBI[M]. Washington, D. C.: Office of the Chief of Military History, Department of the Army, 1959.

[188] ROMANUS C F, SUNDERLAND R. China-Burma-India Theater, Stilwell's Command Problems [M]. Washington, D. C.: Office of the Chief of Military History Department of The Army, 1956.

[189] RAUCH B. Roosevelt, From Munich to Pearl Harbor[M]. New York: Creative Age Press, 1950.

[190] REYNOLDS D, KIMBALL W F, CHUBARIAN A O. Allies at War, The Soviet, American, and British Experience, 1939-1945 [C]. New York: ST. Martin's Press, 1994.

[191] ROBERTSON E M. The Origin of the Second World War[M]. London: The Macmillan Press, 1971.

[192] PAUL W D. British Foreign Policy, 1919-1939[M]. London: Manchester University Press, 1998.

[193] PERRY H D. The Panay Incident, Prelude to Pearl Harbor [M]. Toronto: The Macmillan Company, 1969.

[194] PETER L. Great Britain and the Origins of the Pacific War[M]. London, New York: Oxford University Press, 1977.

[195] POLMAR N, ALLEN T B. World War Ⅱ, America at War,

1941-1945[M]. New York: Random House, 1991.

[196] PRASAS B. The Reconquest Of Burma: Vol. Ⅰ[M]. London: Combined Inter-Service Historical Section 1958.

[197] PULESTON C W D. The Influence of Sea Power in World War Ⅱ[M]. New Haven: Yale University Press, 1947.

[198] RUSSELL F W. The American Way of War, A History of United States Military Strategy and Policy [M]. London: Indiana University Press, 1973.

[199] STAUFFER A P. The Quartermaster Corps: Operations in the War Against Japan[M]. Washington D. C.: Office of the Chief of Military History, Department of the Army, 1956.

[200] STIMSON H L, BUNDY M. On Active Service in Peace and War [M]. New York: Harper and Brothers, 1948.

[201] SAINTSBURY K. The Turning Point, Roosevelt, Stalin, Churchill, and Chiang-Kai-Shek, 1943, The Moscow, Cairo, and Teheran Conferences[M]. New York: Oxford University Press, 1985.

[202] SCHALLER M. The U. S. Crusade in China, 1938-1945[M]. New York: Columbia University Press, 1979.

[203] SCHALLWE M. The United States and China in the Twentieth Century[M]. New York, Oxford: Oxford University Press, 1979.

[204] SCHROEDER P W. The Axis Alliance and Japanese-American Relations, 1941[M]. New York: Cornell University Press, 1958.

[205] SHAI A. Origins of the War in the East: Britain, China and Japan, 1937-1939[M]. London: Croom Helm, 1976.

[206] SHERWOOD R E. Roosevelt and Hopkins[M]. New York: Grosset & Dunlap, 1950.

[207] SIH P K T. Nationalist China during the Sino-Japanese War, 1937-1945[M]. New York: Exposition Press, 1977.

[208] SMITH S R. The Manchurian Crisis, 1931-1932: a Tragedy in International Relations[M]. New York: Columbia University

Press, 1948.

[209] STOLER M A. Allies and Adversaries, the Joint Chiefs of Staff, the Grand Alliance, and U. S. Strategy in World War Ⅱ [M]. London: The University of North Carolina Press, 2000.

[210] STETTINIUS E R Jr.. Lend-Lease [M]. New York: The Macmillan Company, 1944.

[211] STETTNNIUS E R. Jr.. Roosevelt and the Russians, the Yalta Conference[M]. USA: Greenwood Press, 1970.

[212] STEPHEN L E. Diplomacy and Enterprise: British China Policy, 1933-1937 [M]. London: Manchester University Press, 1975.

[213] THORNE C. Allies of a Kind: the United States, Britain and the War Against Japan, 1941-1945, [M]. New York: Oxford University Press, 1978.

[214] THORNE C. The Limits of Foreign Policy: The West, the League, and the Far Eastern Crisis of 1931-1933, London: Oxford University Press, 1972.

[215] TROTTER A. Britain and East Asia 1933-1937[M]. London: Cambridge University Press, 1975.

[216] TOLAND J. The Rising Sun, the Deline and Fall of the Japanese Empire, 1936-1945[M]. New York: Random House, 1970.

[217] U. S. Department of State. Papers Relating to the Foreign Relations of the United States, Japan: 1931-1941: Volumes Ⅰ, Ⅱ [M]. Washington: U. S. Government Printing Office, 1943.

[218] U. S. Department of State. Foreign Relations of the United States, Diplomatic Papers, 1936: Volume Ⅳ, The Far East [M]. Washington: United States Government Printing Office, 1954. (University of Wisconsin Digital Collection)

[219] U. S. Department of State. Foreign Relations of the United States, Diplomatic Papers, 1937: Volume Ⅳ, The Far East

[M]. Washington: United States Government Printing Office, 1954. (University of Wisconsin Digital Collection)

[220] U. S. Department of State. Foreign Relations of the United States, Diplomatic Papers, 1938: Volume Ⅲ, The Far East [M]. Washington: United States Government Printing Office, 1954. (University of Wisconsin Digital Collection)

[221] U. S. Department of State. Foreign Relations of the United States, Diplomatic Papers, 1938: Volume Ⅳ, The Far East [M]. Washington: United States Government Printing Office, 1955. (University of Wisconsin Digital Collection)

[222] U. S. Department of State. Foreign Relations of the United States, Diplomatic Papers, 1939: Volume Ⅲ, The Far East [M]. Washington: United States Government Printing Office, 1955. (University of Wisconsin Digital Collection)

[223] U. S. Department of State. Foreign Relations of the United States, Diplomatic Papers, 1940: Volume Ⅳ, The Far East [M]. Washington: United States Government Printing Office, 1955. (University of Wisconsin Digital Collection)

[224] U. S. Department of State. Foreign Relations of the United States, Diplomatic Papers, 1941: Volume Ⅳ, The Far East [M]. Washington: United States Government Printing Office, 1956. (University of Wisconsin Digital Collection)

[225] U. S. Department of State. Foreign Relations of the United States, Diplomatic Papers, 1942, China [M]. Washington: United States Government Printing Office, 1956. (University of Wisconsin Digital Collection)

[226] U. S. Department of State. Foreign Relations of the United States, Diplomatic Papers, 1943, China [M]. Washington: U. S. Government Printing Office, 1957. (University of Wisconsin Digital Collection)

[227] U. S. Department of State. Foreign Relations of the United

States, Diplomatic Papers, 1943, The Conferences at Cairo and Tehran[M]. Washington: U. S. Government Printing office, 1961. (University of Wisconsin Digital Collection)

[228] U. S. Department of State. Foreign Relations of the United States, Diplomatic Papers, 1944: Volume V, The Near East, South Asia, and Africa, The Far East[M]. Washington: U. S. Government Printing Office, 1965 (University of Wisconsin Digital Collection)

[229] U. S. Department of State. Foreign Relations of the United States, Diplomatic Papers, 1944: Volume Ⅵ, China[M]. Washington: United States Government Printing Office, 1967. (University of Wisconsin Digital Collection)

[230] WOODWARD L. British Foreign Policy in the Second World War: Volumes Ⅱ, Ⅲ, Ⅳ, Ⅴ[M]. London: Her Majesty's Stationery Office, 1971, 1975, 1976.

[231] WEDEMEYER A C. Wedemeyer Reports! [M]. New York: Henry Holt and Company, 1958.

[232] WEISS S. Anglo-American Strategic Negotiations, 1938-1944 [M]. London: King's College, 1996.

[233] WHITE T H, JACOBY A. Thunder Out of China[M]. New York: William Sloane Associates, INC, 1946.

[234] YOUNG A N. China and Foreign Helping Hand[M]. Massachusetts: Harvard University Press, Cambridge, 1963.

出版后记

本卷是胡德坤教授主持的教育部哲学社会科学重大课题攻关项目《反法西斯战争时期的中国与世界研究》之子项目成果，也是本卷作者负责的教育部人文社会科学研究2006年度一般项目(项目名称:《中国抗战与美英战时东亚战略的演变》，项目批准号:06JA770030)的最终成果。在论著的构思与写作中，胡德坤老师给予了衷心指导，课题组陶文钊教授、王建朗教授、李世安教授、马振犊教授、戚如高教授、彭敦文教授、徐友珍教授、刘晓莉博士、关培凤博士给予了大力支持和帮助，并对书稿的资料取舍、观点阐发等提出了许多宝贵意见和建议。博士生张愿、张士伟、方长明，硕士生梁少颖、王广辉、胡珊、丁海江参与了本书的资料收集与整理工作，并对本书写作中的某些难点问题的突破提供了重要支撑。张士伟撰写了《引言》部分中“学术前史介绍”的初稿，方长明撰写了第二章第一节第二目的初稿。武汉大学校友、现在北京大学历史系攻读博士学位的殷红同学为资料收集提供了热情的帮助。我的妻子谭白英提供了全力的后方支持，也为本书撰写贡献了良多心智。

中国国家图书馆、中国社会科学院近代史所、世界史所，北京大学图书馆、中国第二档案馆、武汉大学图书馆等为本书资料收集以及写作前期准备提供了诸多方便。武汉大学历史学院、世界史研究所，武汉大学国际问题研究院、武汉大学学报编辑部对本书的撰写给予了极大的支持与鼓励。武汉大学出版社学术分社陶佳珞社长、责任编辑杨华副编审为本书编辑出版付出了辛劳，并做了细致的技术修订工作。在此一并致谢。

韩永利

于武汉大学珞珈山·人文馆